ONTDEK

Zwitserland

anwb

Helikopterview

Naar Zwitserland ga ik vooral voor het uitzicht. Sommige uitzichtpunten bereik je pas na een inspannende klim. Maar de beloning is er dan ook naar: om je heen besneeuwde vierduizenders, indrukwekkende rotswanden en slingerende gletsjers. Soms strakblauwe luchten, soms dreigende onweerswolken. Maar je hoeft je niet overal in te spannen om een fraai uitzichtpunt te bereiken, honderden kabelbanen, tandradtreintjes met panoramarijtuigen of verticale glazen liften brengen je in Zwitserland naar de mooiste panoramatoppen. De nieuwste trends zijn Tibetaanse hangbruggen, die overal worden aangelegd over spectaculaire ravijnen. De nieuwe 'cabrio-kabelbaan' naar de Stanserhorn (1898 m) is zelf een uitkijkplatform geworden. Het open zonnedek voor dertig personen bovenop de kabine, zorgt voor een vrij uitzicht op de bergen en de meren in de diepte.

CABRIO

In vogelvlucht

Zwitserland — Bergland tussen het noorden en het zuiden van Europa! We vliegen er even overheen, over blauwgroene meren, gletsjers en besneeuwde Alpentoppen, vlaktes en valleien vol historische stadjes.

Van hot naar her

Bevindingen — Zwitsers vormen een mix van culturen, mensen en heel veel talen. Steden vol kunst en cultuur staan in contrast met hoge bergen en een woeste natuur. Avonturenland voor bergsporters, maar ook perfect voor city trips.

Eiger, Mönch, Jungfrau

Zwitserland ligt in het hart van de Alpen. Iedereen kent de 'grote drie': Eiger, Mönch, Jungfrau, en natuurlijk de Matterhorn, de meest gefotografeerde berg ter wereld. Maar liefst 48 vierduizenders zijn het letterlijke hoogtepunt en de gletsjers van het Jungfrau-Aletschgebied zijn opgenomen op de UNESCO-Werelderfgoedlijst. Voor het uitzicht op deze hoge toppen neem je natuurlijk een van de vele kabelbanen, waarvan dit land de pionier is. Bij het Jungfraujoch (3454 m), de Metro Alpin in Saas-Fee, of de Klein-Matterhorn (3800 m) bij Zermatt zit je er middenin.

Wijnland

Tussen al die hoge bergen worden in de dalen van Vaud, Wallis en Ticino de lekkerse wijnen verbouwd. Het beste koop je hier direct bij de wijnboer, want de meeste Zwitserse wijnen (98%) worden in het land zelf opgedronken.

Zwitserse precisie

In het land waar bussen en treinen stipt op tijd rijden is de horloge- en klokkenindustrie ontstaan. Ook een ander precisie-instrument, het Zwitsers zakmes, werd wereldberoemd.

Wie kent het niet? Het geklingel van de koebellen op de alpenweide. Voor de meeste bergbewoners en toeristen een vertrouwd geluid. Maar volgens activisten zijn koebellen geluidsoverlast en dierenmishandeling. Gelukkig worden de grootste bellen alleen bij speciale gelegenheden gedragen en hopelijk horen we de koeien nog lang (zachtjes) klingelen.

De perfecte city trip

Zwitserland heeft mooie steden en heel veel kleine historische stadjes. Meestal met een goed behouden historische binnenstad. Leukste steden voor een city trip zijn (in volgorde van persoonlijke voorkeur): Basel, Bern, Lausanne, Zurich, Luzern en Lugano. Maar ook veel wat kleinere mooie stadjes die je op een rondreis niet mag overslaan. Bijvoorbeeld: Solothurn, Murten, Fribourg, Sion, Thun, Sankt Gallen, Winterthur, Chur, Bellinzona en Locarno. Door de korte afstand tussen veel steden is een gecombineerd bezoek aan twee of drie steden dan ook goed te doen. Denk aan Basel-Solothurn-Bern, of Zurich-Winterthur-Sankt Gallen.

Fondue of raclette?
Kaasfondue (een mix van gesmolten kaas, geserveerd in een pan), raclette (voor het vuur gesmolten plakken raclettekaas) en croute au fromage stammen oorspronkelijk uit Franstalig Zwitserland, maar zijn in heel Zwitserland geliefd.

Outdoorparadijs: 'Zwitserland heeft meer dan 20.000 km aan wandel-, fiets- en kanoroutes'.

Ook een land voor waterratten

Persoonlijk ga ik graag naar Zwitserland om in de Alpen te wandelen en om te klimmen of te skiën, maar Zwitserland is ook een heerlijk land voor waterratten! Het heldere en schone water van de meren van Ticino, Genève of Bodensee nodigt 's zomers uit tot een duik. En met een waterdichte drijftas voor je kleren kun je bij mooi weer gewoon meedoen met die Zwitsers, die massaal in de Rijn bij Basel en de Aare in Bern springen, om zich mee te laten drijven met de rivier. Zwemspullen dus niet vergeten!
En nodigt het weer niet uit tot een duik in de buitenlucht, dan zijn er altijd nog de vele verwarmde zwembaden, thermen, wellnesscentra, hotels met spa's en sauna's om heerlijk te ontspannen.

Thun, een van die typisch Zwitserse stadjes in het Mittelland: prachtig gelegen aan het water, met gave historische binnenstad

Inhoud

Ter plekke

Basel en de Jura 14

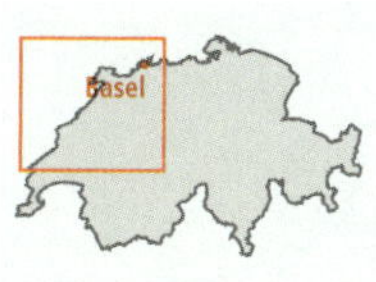

Mittelland 42

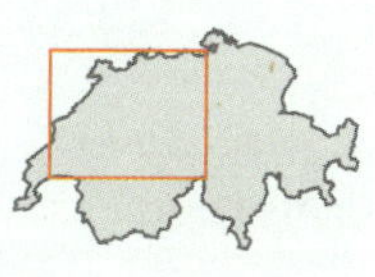

Zürich en Noordoost-Zwitserland 74

Centraal-Zwitserland 106

Meer van Genève 144

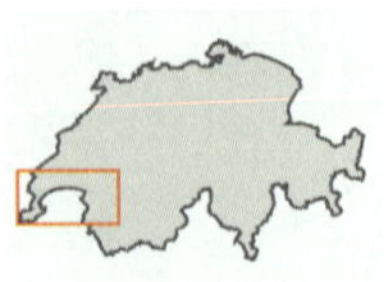

Wallis (Valais) 172

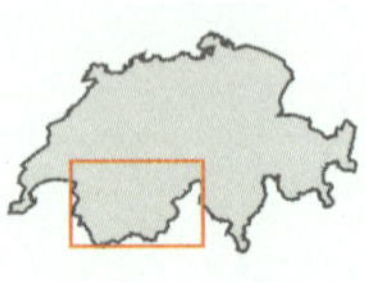

Ticino (Tessin) 204

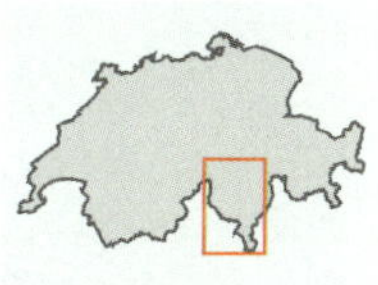

Graubünden 234

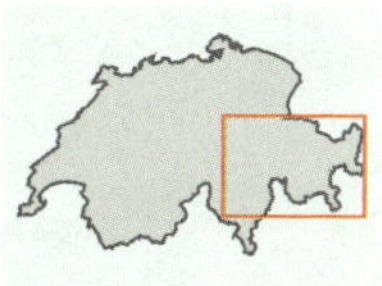

De kleine lettertjes

Het magazine

Ter

Vanaf de Fuorcla Surley heb je een fantastisch uitzicht op Piz Bernina, Piz Scerscen en Piz Roseg, Oberengadin

plekke

Basel en de Jura

Poort tot Zwitserland — Een eerste kennismaking met Zwitserland: de metropool Basel met zijn historische binnenstad, vele musea, moderne kunst en architectuur.

blz. 24

Fondation Beyeler

De privéverzameling van Hildy en Ernst Beyeler geeft met 250 topstukken een schitterend overzicht van de klassiek-moderne kunst.

blz. 32

Watch Valley

'Vallei van de horloges' is de bijnaam van de Zwitserse Jura, de streek van de horloge-industrie. Die begon in de 15e eeuw in Genève en verspreidde zich over de hele Jura, waar nog steeds de bedrijven en musea van beroemde horlogemerken zijn gevestigd.

Veilig zwemmen met een drijftas in de Rijn bij Basel.

Erin duiken

blz. 17

Basel ✪

De tweede stad van Zwitserland is een levendige studentenstad met een internationale sfeer. Met zijn middeleeuwse binnenstad, de hoogste museumdichtheid van het land, moderne architectuur en een swingend uitgaansleven is het een echte cultuurstad.

blz 31

Mont Chasseral (1607 m)

Een van de hoogste bergen van de Jura. Het uitzicht op de Berner Alpen vanaf de top is fenomenaal.

blz 26

Rhybadhüsli

Op de hoge badsteiger tegenover het Tinguelymuseum in Basel vind je het zonneterras Veronica. Daar kun je de Rijnzwemmers met hun drijftassen zien voorbijkomen, terwijl je geniet van een lunch of diner.

blz. 28

St-Ursanne

Schilderachtig gelegen aan de rivier de Doubs, het mooiste middeleeuwse stadje van de Jura.

blz. 29

Freiberge

Wandelen door een mozaïek van bossen en open velden met reusachtige sparren en grote boerderijen. Het smalspoortreintje tussen Saignelégier en Glovelier maakt lange trein-wandelcombinaties mogelijk.

&

blz. 31

La Chaux-de-Fonds

Bezit maar liefst zeventig horlogefabrieken. Bezoek het Musée International d'Horlogerie, bekroond om zijn prachtige collectie.

blz. 24

Le Bar Rouge

Alleen al vanwege het uitzicht! Op de 31e verdieping van de Messeturm in Basel.

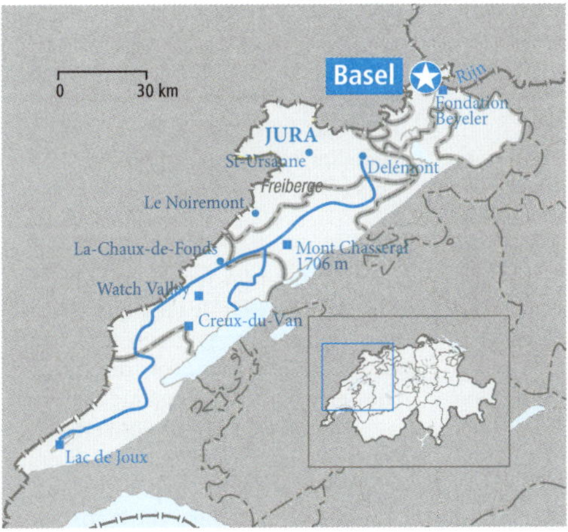

In Basel mag je baden in enkele stadsfonteinen. Ja, je leest het goed! Dat is een lange traditie. Trek je zwembroek aan en stap op warme dagen in een heerlijk koele fontein.

beleven

De poort tot Zwitserland

V

Voor velen de eerste kennismaking met Zwitserland: in een bocht van de Rijn, op het drielandenpunt met Frankrijk en Duitsland, ligt de metropool Basel. Het is een levendige studentenstad met een internationale sfeer, een prachtige historische binnenstad, toonaangevende musea en overal moderne kunst en architectuur. Als poort tot Zwitserland vormt de stad een ideaal startpunt voor een rondreis door het land.

Tussen Basel en het Meer van Genève rijst de Jura op, een langgerekt middelgebergte dat zich over 250 km uitstrekt langs de grens met Frankrijk. Het smalle gebergte is ooit ontstaan doordat de oprijzende Alpen het vlakke kalksteenplateau als een tafelkleed wegduwden en in steile golven plooiden. Aan de oostkant is de Jura op zijn hoogst en steekt 1000 m uit boven het vlakke Mittelland. De hoogste Juratoppen liggen hier als het ware op een rij: Chasseral (1607 m), Chasseron (1607 m) en Mont Tendre (1679 m), uitzichtpunten hoog boven de meren van Biel en Neuchâtel.

Achter die hoge Juratoppen gaat een landschap schuil van parallelle bergketens en golvende hoogvlakten. Bossen met grote sparren wisselen af met geïsoleerde boerderijen en bergweiden vol gentianen. De Juraketens worden doorsneden door rivieren en kloven. Het gebied is grotendeels dunbevolkt, in de dalen liggen dorpen, middeleeuwse stadjes en kastelen. Delémont en horlogestad La Chaux-de-Fonds zijn de enige steden van enige omvang.

We volgen de Jura van noord naar zuid, beginnend in de Duitstalige kantons Aargau, Basel, Solothurn en Bern komen we naar het zuiden toe al snel in de Franstalige kantons Jura, en (delen) van de Neuchatel en Vaud, die het grootste deel van de Jura innemen.

O

TER ORIËNTATIE

Toeristische info: Basel en Baselland: baselland-tourismus.ch; Kanton Jura, Bielersee/Berner Jura, Lac du Neuchâtel, Jura Vaudois; j3l.ch

Vervoer: Euro airport Basel-Mulhouse-Freiburg ligt op Frans grondgebied niet ver van het drielandenpunt. Er is een tram en busverbinding met het Zwitserse treinstation Basel SBB (20 min.). Treinreizigers uit Duitsland stappen het beste uit op Basel Badische Bahnhof, het station langs de spoorlijn uit Duitsland.

Basel

C1

In een bocht van de Rijn, op het drielandenpunt met Frankrijk en Duitsland, ligt de metropool Basel. Het is de enige Zwitserse stad met een haven, die voor grote schepen bevaarbaar is. De ligging aan de Rijn heeft de ontwikkeling van de stad sterk bevorderd. Al sinds de Romeinse tijd werd de rivier met legerkampen en vestingen verdedigd.

De toegangspoort Basel vormt het economisch zwaartepunt van Noordwest-Zwitserland. Met 187.000 inwoners is Basel, na Zürich en Genève, de derde stad van Zwitserland. Groot geworden door de chemische en farmaceutische industrie, de haven, de handel en het bankwezen. En met zijn charmante middeleeuwse binnenstad, moderne architectuur en een swingend uitgaansleven is Basel een echte cultuurstad. De stad heeft de hoogste museumdichtheid van het land en telt maar liefst dertig musea.

Geschiedenis

Basels historie gaat terug tot de 3e eeuw, toen de Romeinen langs de Rijn de legerplaats Basilia aanlegden. In de 4e eeuw werd Basel prijsgegeven aan de Alemannen die de Rijn overstaken. In de middeleeuwen vestigden de Franken zich op deze plaats en ontwikkelde Basel zich tot een zelfstandige stadstaat met een bisschop aan het hoofd. In 1501 trad Basel toe tot het Zwitserse Eedgenootschap. Kort daarna kreeg de Reformatie er een grote invloed, zozeer zelfs dat de bisschop en het domkapittel de stad verlieten: Basel werd een protestantse stad. Papierindustrie, drukkerijen en de zijde-industrie brachten in de 16e tot 18e eeuw grote welvaart. Met de bereiding van kleurstoffen voor de zijde-industrie werd de basis gelegd voor de grote chemische en farmaceutische concerns van tegenwoordig.

Het Rathaus van Basel is gebouwd in renaissancestijl, heeft gotische ornamenten, een prachtige klok en kleurige schilderingen

Toonaangevende architectuur

In de 20 eeuw groeide de handel en vestigden veel banken in Basel hun hoofdkantoor. De laatste decennia volgde een bouwgolf van moderne musea en steeds hogere kantoorgebouwen, ontworpen door toonaangevende Zwitserse en internationale architecten. Projecten als de uitbreiding van het Kunstmuseum (2016) en de recente Roche-torens 1 (2015) en 2 (2022), van de bekende chemiereus Hoffmann-La Roche maken Basel tot de onbetwiste architectuurhoofdstad van Zwitserland. Roche Turm 2 is met 205 m momenteel het hoogste gebouw van Zwitserland.

F

FASNACHT

Als middeleeuwse stad bezit Basel nog talrijke oude tradities waarvan de oorsprong nauwelijks meer te achterhalen valt. De belangrijkste is de Baseler versie van carnaval, Fasnacht, een katholiek feest dat de Reformatie heeft overleefd. Het begint wel een week later, op de eerste maandag van de Vasten. Om 4 uur 's morgens, de lichten in de stad worden iets eerder gedoofd, ontwaakt de stad met de Morgestraich. Een bonte stoet mensen, gemaskerd en verkleed, loopt met een hoge fakkel naar de Marktplatz, begeleid door snerpende piccolo's en roffelende trommels.

Altstadt

Concurrentie tussen Rijnoevers

Basels historische binnenstad of Altstadt wordt door de Rijn gescheiden in twee delen: **Grossbasel** en **Kleinbasel**. Grossbasel ligt op de zuidoever rond de Münster, de heuvel waarop de Münsterkirche is gebouwd. Het heeft allure en is het eigenlijke centrum en oudste deel van de stad. Het terras achter de kerk, de Pfalz, biedt een weids uitzicht over de Rijn. Kleinbasel ligt op de andere oever, de noordoever en was in de 13e en 14e eeuw een ommuurd bruggenhoofd. Deze latere arbeiderswijk heeft zich ontwikkeld tot een trendy buurt.

Pontjes en bruggen over de Rijn

Zes bruggen verbinden Gross- en Kleinbasel. De oudste, de Mittlere Brücke, stamt uit 1225. Tussen de Rijnbruggen in varen sinds jaar en dag pontjes langs kabels heen en weer tussen de oevers, zonder motor, gebruikmakend van de stroming. De drukke straten tussen de Mittlere Brücke, Marktplatz, Barfüsserplatz en het centraal station vormen de hoofdas van Grossbasel. De tramlijn op deze route vormt een gemakkelijk herkenningspunt. Aan weerszijden van die tramlijn liggen de heuvels waarop de Altstadt is gebouwd. Een groot deel van de binnenstad van Grossbasel is voetgangerszone en is gemakkelijk te voet te verkennen, de afstanden zijn niet groot.

Stadswandeling

Langs fonteinen en bronnen

Alle pleinen in Basels Altstadt hebben fonteinen of bronnen, waarvan het water is te drinken. Neem een flesje mee op je stadswandeling en vul het onderweg bij. De beschreven rondwandeling voert je in een paar uur langs de belangrijkste bezienswaardigheden.

Fontein en kunstwerk tegelijk

Gemakkelijk herkenbaar startpunt van de wandeling vormt de **Theaterplatz** met de speelse **Fasnachtsbrunnen** ❶, een fascinerend kunstwerk van Jean Tinguely die elders in Basel een eigen museum kreeg. Het terras onder de kastanjebomen van restaurant Kunsthalle, aan de oostkant van de fontein, vormt een heerlijke plek om iets te eten of te drinken na je stadswandeling. Aan de noordkant van dit plein bevindt zich aan de Steinenberg 14 de **Basel Tourist Information**.

Aan de zuidkant van de Theaterplatz ligt Basels schouwburg (Theater). Aan de noordkant bevindt zich de **Kunsthalle** ❷, een centrum voor hedendaagse kunst, waar ook het **Schweizerisches Architekturmuseum** is ondergebracht over Zwitserse en internationale architectuur.

Kunsthalle, Steinenberg 7, di.-wo. 11-18, do. 11-20.30, za., zo. 11-17 uur, ma. gesl.

Avondstemming aan de Rijn in Basel, met restaurant Rhynbadhüsli en Rochetoren aan de overkant

Iets ten zuiden van de Theaterplatz kun je nog de **Elisabethkirche** bezoeken, een zogenaamde *Offene Kirche*. De kerk heeft zelfs een klein café bij de ingang. Aan de overkant van de Steinenberg wandel je naar de **Barfüsserplatz** ❸ rond de 14e-eeuwse Barfüsserkirche (genoemd naar de oorspronkelijk op blote voeten lopende fransiscaner monniken). Dit stadsplein is vooral geliefd bij studenten. In de Barfüsserkirche is sinds 1894 het **Historisches Museum Basel** gevestigd, over stadsgeschiedenis, cultuurhistorie en wooncultuur.

Het mooiste stadsplein

Vanaf de Barfüsserkirche, de Bäumleingasse en de Rittergasse wandel je naar de **Münsterplatz** ❹. Je loopt door een wijk met prachtige rijke historische huizen. De ouderdom van de huizen is af te lezen aan de op de gevels vermelde jaartallen. Je kruist de Freie Strasse, de belangrijkste (autovrije) winkelstraat van Basel. Op de Rittergasse kun je rechtsaf naar het Kunstmuseum. De Münsterplatz is beplant met kastanjebomen en wordt omringd door zorgvuldig onderhouden laatmiddeleeuwse woningen. Het is een levendige ontmoetingsplaats. Aan de noordkant bevindt zich het **Museum der Kulturen**, met een moderne uitbouw en een extravagant tegeldak van architecten Herzog & De Meuron. Mooiste plek is het hoog boven de Rijn gelegen terras achter de kerk, dat Pfalz (paleis) wordt genoemd omdat zich daar ooit de woning van de bisschop bevond. Vanaf het Pfalz heb je een geweldig uitzicht over de rivier en de oude stad.

Blikvanger

Opvallend in het stadssilhouet van Basel is de **Münsterkirche** ❺, de kathedraal. Deze aanvankelijk romaanse kerk werd later in rode en gele zandsteen in gotische stijl herbouwd en in 1500 voltooid met de St. Martinsturm. De kathedraal maakt

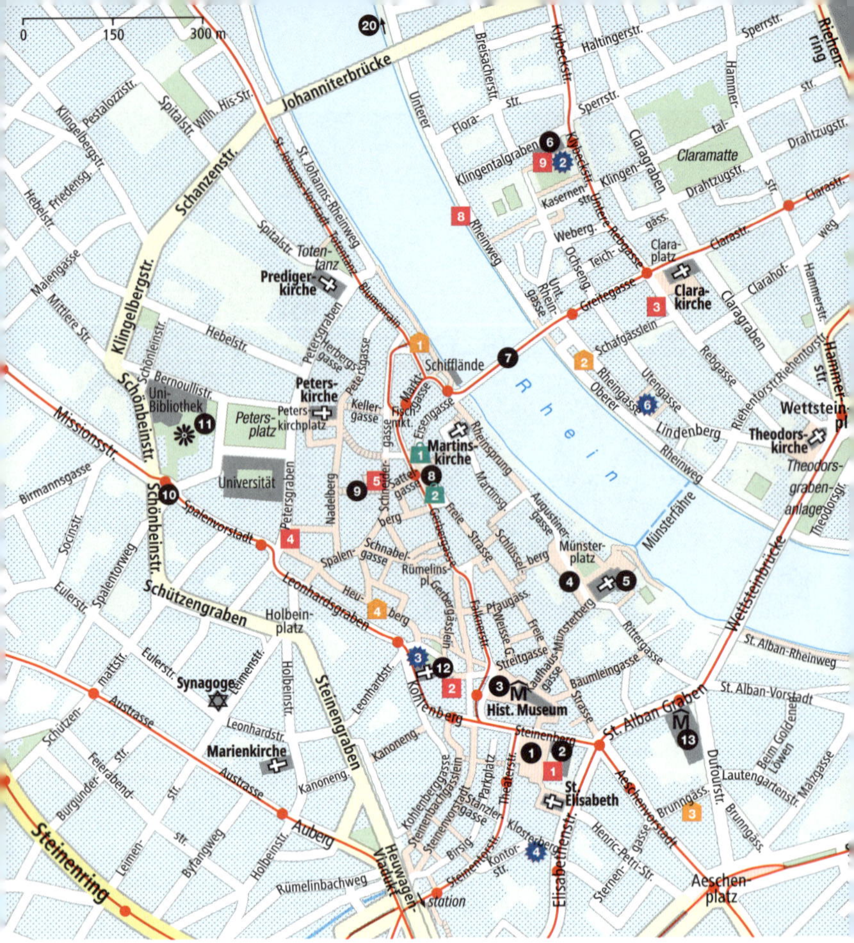

indruk met zijn vele sculpturen. Als mooiste portaal geldt de Gallus-pforte, aan de noordzijde, genoemd naar Sankt Gallen die het christendom verbreidde in Noordoost-Zwitserland. Dit portaal stelt het Laatste Oordeel voor en is versierd met laatromaanse figuren. In het linker zijschip ligt de Rotterdamse theoloog en humanist Erasmus begraven; een rood marmeren grafmonument herinnert aan hem. Erasmus heeft in Basel het Nieuwe Testament vertaald en laten drukken en stierf er in 1536.

Münsterkirche, baslermuenster.ch, 's zomers ma.-vr. 10-17, za. 10-16, zo. 11.30-17; 's winters ma.-za. 11-16, zo. 11.30-16 uur

Pontje naar Kleinbasel

Vanaf de Pfalz daal je af over trappen naar de Rijn, neem je het pontje (Münsterfähre) naar de overkant en sla je op de **Rheinpromenade** links af. De Rijn vormt voor veel Baselers een rustpunt en recreatiegebied. Op de Rheinpromenade is het bij mooi weer goed toeven op de treden aan de oever. Op warme zomer-

Basel

Gaan zien

1. Fastnachtsbrunnen
2. Kunsthalle
3. Barfüsserplatz
4. Münsterplatz
5. Münsterkirche
6. Kaserne Basel
7. Mittlere Rheinbrücke
8. Marktplatz en Rathaus
9. Handwerkersbuurt
10. Spalentor
11. Botanische tuin
12. Lohnhof
13. Kunstmuseum
14. Museum für Gegenwarts-kunst
15. Basler Papiermühle
16. Museum Tinguely
17. Beursplein
18. Fondation Beyeler
19. Villa Wenkenhof
20. Drielandenpunt

Slapen

1. Grand Hotel Les Trois
2. Hotel Krafft
3. Nomad Hotel
4. Der Teufelhof
5. Jugendherberge Basel

Eten

1. Kunsthalle
2. Au Violon
3. Volkshaus
4. Zur Harmonie
5. Hasenburg
6. Papiermühle
7. Rhybadhüsli
8. Buvette Rhyschänzli
9. KaBar

Shoppen

1. Globus
2. Marktplatz

Uitgaan

1. Gare du Nord
2. Kaserne Basel
3. The bird's eye
4. Atlantis
5. Le Bar Rouge
6. Fischerstube

dagen is de rivier vol met zwemmers die zich met drijftassen laten meevoeren met de stroom. De vijf terrasjes of buvettes langs de Rijnoever van Kleinbasel zijn leuke plekken om op een stadswandeling een pauze in te lassen (zoals Buvette Flora of Buvette Rhyschänzli bij de Kaserne, beide ten noorden van de Mittlere Rheinbrücke).

Langs de Rijn naar het noorden ligt voormalig klooster Klingental. In een deel ervan en in enkele voormalige militaire gebouwen bevindt zich sinds 2004 **Kaserne Basel** ❻, een groot cultuurcentrum voor populaire muziek, hedendaags theater, dans en performance. Restaurant KaBar op het binnenplein verzorgt lunch, snacks en drankjes (zie uitgaan).

Met de Klingentalfähre of over de **Mittlere Rheinbrücke** ❼ ga je terug naar Grossbasel. Deze brug is het symbool van de stad Basel en werd al in 1226 opengesteld. Het is daarmee de oudste Rijnbrug tussen het Bodenmeer en de Noordzee. De brug kan door veel grote

R

RIJNZWEMMEN EN BADEN IN FONTEINEN

Verrassend genoeg is zwemmen in de Rijn bij de Baselers erg populair. Waag een duik en laat je vanaf het Rhybadhüsli Breite (of aan de overkant vanaf het Tinguelymuseum) met een zogenaamde Treibtasche (een waterdichte drijftas, waarin je je kleren stopt; vraag er een te leen in je hotel) 3 km afzakken op de rivier en wandel terug.
Of geniet vanaf het terras van het 'Rivièragevoel'. Badhuizen en steigers zijn er bij de Johanniterbrug, Rheinbad Breite en bij het Tinguelymuseum.
In Basel mag je bovendien baden in enkele stadsfonteinen. Ja, je leest het goed! Dat is een lange traditie. Trek je zwembroek aan en stap op warme dagen in een heerlijk koele fontein. Welke dat zijn vind je op de website basel.com (zoek op fountains/bathing).

cruiseschepen niet worden gepasseerd en de Rijnschepen leggen hier aan langs de kade, de Schifflände. Vanaf hier vertrekken excursieboten naar de Rijnhaven of de Romeinse ruïnes van Augusta Raurica (bij Augst).

Altijd levendige Marktplatz

Onze excursie bereikt de **Marktplatz**, het centrum van de stad. Op de Marktplatz werd het **Rathaus** ❽ gebouwd, kort nadat de stad zich in 1501 als nieuw lid bij het Eedgenootschap had aangesloten. Het gebouw in renaissancestijl heeft nog gotische ornamenten, een prachtige klok en kleurige schilderingen. Het interieur bezit nog meer schilderingen en een volledig in hout uitgevoerde raadszaal. In het Rathaus zetelen de regering en het parlement van het kanton Basel. Op de Marktplatz wordt dagelijks een markt gehouden (behalve op zondag).

Handwerkersbuurt

Vanaf het Rathaus steek je de Marktplatz recht over en wandel je via de Sattelgasse een van de mooiste stukjes van Basels Altstadt binnen. Je kunt de vele smalle steegjes induiken en dwalen door de middeleeuwse **handwerkersbuurt** ❾, waar zich vroeger handwerkslieden hadden gevestigd. Bijvoorbeeld via de Andreasplatz, het Imbergässlein (genoemd naar *Imber* – gember – waarmee het herinnert aan de specerijenhandel) of het Totengässlein (lijkstoetweg) omhoog naar de Nadelberg. Op Imbergässlein 31 zit het **Hoosesaggmuseum** (broekzakmuseum), het kleinste museum van Basel: een kleine etalage met wisselende mini-tentoonstellingen (hoosesaggmuseum.ch).

Nog een prachtig en stil stukje middeleeuwse stad met 14e-eeuwse huizen bevindt zich tussen de straten Heuberg, Spalenberg en Gemsberg (met de fraaie Gemsbrunnen). Lievelingsstraat van de Baseler is de Spalenberg met de vele kleine winkels, antiquariaten en boetiekjes (geen grote winkelketens). Er zijn hier volop cafés en restaurantjes.

Via de Spalenberg wandel je over de **Spalentvorstadt**, waar je een van de beroemdste fonteinen van Basel kunt zien, gemaakt naar tekeningen van Holbein en Dürer. De originele fontein bevindt zich in het Historisch Museum, maar hier staat een getrouwe kopie. Dan kom je bij de **Spalentor** ❿. Het puntige dak van deze mooie stadspoort is, net als de Münsterkerk, bekleed met geglazuurde tegels in geometrische patronen. Twee ronde torens flankeren de massieve poort, die ooit een ophaalbrug heeft gehad over een ringgracht. De Spalentor geeft het uiterste puntje aan van de middeleeuwse stadsmuur die rond de Altstadt liep. De stadsmuur bleef tot 1859 in functie.

Direct achter de Spalentor ligt de **botanische tuin** ⓫ van de universiteit van Basel, gesticht in 1589 en daarmee een van de oudste ter wereld. De vrij kleine tuin heeft schitterende oude bomen, stille hoekjes en enkele plantenkassen, waaronder het Viktoria Haus, een orchideeën- en succulentenkas.

Schönbeinstrasse 6, botgarten.unibas.ch, dag. geopend, 's zomers 8-18, rest v/h jaar tot 17, kassen 9-17 uur, toegang gratis

Via de Spalentvorstadt, Spalenberg en Heuberg wandel je naar de op een heuvel gebouwde **Lohnhof** ⓬, eerst een klooster, later een gevangenis en nu een hotel-restaurant (terras) en een muziekinstrumentenmuseum. Via steile trappen daal je af naar de Barfüsserplatz en het startpunt van de stadswandeling.

Musea

St. Alban & Tinguely

Aan de oostkant van de binnenstad ligt het Kunstmuseum van Basel en ten oosten daarvan de stadswijk St. Alban. Een rustige en fraaie historische wijk, waar langs een molenbeek in de 16e eeuw de voor Basel belangrijke papierindustrie ontstond. Een wandeling door St. Alban eindigt aan de Rijn bij het Tinguelymuseum (aan de overkant), of bij het Rhyschänzli-terras aan de rivier.

Toonaangevend kunstmuseum

Het **Kunstmuseum Basel** ⓭ behoort tot de toonaangevendste Zwitserse kunstmusea en werd in 2016 uitgebreid met een nieuwe vleugel, die via een ondergrondse gang is verbonden met het hoofdgebouw. Het museum bestaat nu uit drie gedeelten. In de **nieuwbouw** worden speciale tentoonstellingen gehouden en werken getoond uit de periode 1960-heden (pop art, Warhol, Stella, hedendaagse kunst).

De kinetische assemblages voor de ingang van het Museum Jean Tinguely zijn onmiskenbaar het werk van de kunstenaar

Het **hoofdgebouw** aan de St. Albangraben toont de werken uit de 15e eeuw tot 1960: Werken uit de renaissance van Hans Holbein, Hollandse en Vlaamse meesters. Er zijn topstukken uit de 19e eeuw van de Zwitsers Hodler en Böcklin en o.a. Van Gogh, Monet en Pisarro. Van de 20e eeuw ligt het zwaartepunt op het kubisme (Picasso, Braque en Léger), Duits expressionisme (Kirchner, Marc, Nolde, Klee) en abstract expressionisme (Rothko, Newman).

St. Albangraben 16, kunstmuseumbasel.ch, di.-zo. 10-18, wo. tot 20 uur; museumbistro tot 19, resp. 21 uur, vaste collectie CHF 16, incl. speciale exposities CHF 26

Het **Museum für Gegenwartskunst** ⓮, de derde afdeling van het Kunstmuseum toont vooral hedendaagse kunst uit de VS.

St. Alban-Rheinweg 60; di.-zo. 10-18, do. tot 21 uur, toegang met het entreebewijs voor het Kunstmuseum

Zelf papier scheppen en drukken

De **Basler Papiermühle** ⓯ in de prachtig gerestaureerde middeleeuwse Gallician-Mühle produceert opnieuw handgeschept papier. Ooit was de papierfabricage een van de belangrijkste inkomstenbronnen voor de stad Basel. Je maakt hier kennis met het oude productieproces op waterkracht en met de nieuwe ontwikkelingen in de papier-, druk- en printindustrie. Op de bovenverdiepingen van het museum leer je alles over de geschiedenis van het schrift, de boekdrukkunst en boekbinderij. Het is een klein, maar leuk museum, waar je van alles zelf kunt doen zoals papier scheppen en bedrukken.

St. Alban-Tal 37, papiermuseum.ch, tel. 061 225 90 90, di.-vr. en zo. 11-17, za. 13-17 uur, CHF 15

Moderne blikvangers

Met de St. Albanfähre kun je naar de overkant varen. Langs de 205 m hoge Roche-2 toren van farmacieconcern Hoffmann-La Roche (hoogste gebouw van Zwitserland) wandel je langs de Rijn naar het oosten. Pal tegen de Autobahn naar Duitsland ligt het **Museum Tinguely** ⓰. Dit museum werd in 1996 ontworpen door de Tessiner architect Mario Botta en is gewijd aan het leven en werk van de ijzerkunstenaar Jean Tinguely. De kinetische kunst (bewegende assemblages en sculpturen van ijzer en sloopmaterialen) is ook erg leuk voor kinderen. Aan de Rijnzijde van het museum ligt museumbistro Chez Jeannot met een groot terras. Dit is een favoriet startpunt van de vele Rijnzwemmers, die zich vanaf hier tot wel 4 km op de rivier laten meedrijven.

Paul Sacheranlage 1, tinguely.ch, di.-zo. 11-18 uur, CHF 18

De beurs van Basel

Op het uitgestrekte **Beursplein** ⓱ (Messeplatz, vlak bij Basel Badische Bahnhof) verzamelt de hele wereld zich voor de nieuwste trends tijdens de **Art Basel**. Maar ook als er geen grote beurs wordt gehouden is een omweg naar dit plein de moeite waard vanwege de schitterende architectuur. De hal uit de jaren 50 met de karakteristieke klok, de 105 m hoge **Messeturm** en de nieuwbouw van de toparchitecten Herzog & De Meuron geven Basel een architectonisch oriëntatiepunt. De **Bar Rouge** op de 31e verdieping biedt spectaculair uitzicht tot ver over de landsgrenzen.

Topmuseum

In Riehen, dat tegen de noordoostkant van Basel aan ligt, bevindt zich **Fondation Beyeler** ⓲. De privéverzameling van Hildy en Ernst Beyeler geeft met ongeveer 250 topstukken een schitterend overzicht van de klassiek-moderne kunst en er zijn regelmatig opzienbarende tentoonstellingen. De Fondation is dan ook het meest bezochte museum van Basel. Ook het lichte gebouw, in 1997 ontworpen door de Italiaanse architect Renzo Piano, en het bijbehorende beeldenpark zijn een bezoek meer dan waard. Kunst, natuur en gebouw vormen een perfecte eenheid.

Baselstrasse 101, Riehen, fondationbeyeler.ch, dag. 10-18, wo. tot 20 uur, entree CHF 25, di. CHF 20, tram 6 vanuit het centrum van Basel

Ook in Riehen vind je de Baseler versie van Versailles: **Villa Wenkenhof** ⓳, een barokvilla met Franse tuin en landschapspark met beelden van Richard Serra. De tuinen zijn alleen 's zondags opengesteld.

Bettingerstrasse 121, 4125 Riehen, tel. 061 601 11 95, wenkenhof.ch

Drielandenpunt en havenmuseum

Aan de noordpunt van de stad ligt de Rijnhaven. Bij het restaurant Dreiländereck markeert een hoog metalen plastiek het **drielandenpunt Zwitserland-Duitsland-Frankrijk** ⑳. Vlak bij, aan deWestquaistrasse 2, ligt het **Hafenmuseum**, met een permanente expositie over de binnenvaart over de Rijn. Het museum is in 2021 opnieuw ingericht en bevat onder andere een moderne scheepssimulator.

Westquaistrasse 2, tel. 061 631 42 65, hafenmuseum.ch, di.-zo. 10-17 uur

Musea in de omgeving van Basel

In Weil am Rhein, net over de grens in Duitsland, ligt het **Vitra Design Museum**, een van de belangrijkste musea voor industrieel meubeldesign. Het hoofdgebouw was Frank Gehry's eerste deconstructivistische ontwerp in Europa (1989). De collectie toont moderne meubelen en lampen en er is aandacht voor het werk van architecten als Mies van der Rohe en Alvar Aalto. In 2016 werd het door Herzog & de Meuron ontworpen **Schaudepot** geopend, waarin topstukken van het museum permanent worden tentoongesteld. Naast het museum staat sinds 2010 het **Vitra Haus**, met café en een museumshop, waar je designobjecten en Vitra-meubels direct kunt aanschaffen. Het Design Museum is een onderdeel van de grotere Vitra Campus, een terrein met gebouwen van toonaangevende architecten uit de hele wereld. Het terrein is niet openbaar toegankelijk, afgezien van de 30 m hoge glijbaan/uitkijktoren, die in 2014 werd gebouwd door kunstenaar Carsten Höller.

Vitra Design Museum: Charles-Eames-Strasse 2, 79576 Weil am Rhein, Duitsland, tel. +49 7621 702 32 00, design-museum.de, dag. 10-18 uur. Vitra Haus en Vitra-shop: vitra.com

Slapen

Exclusief

Grand Hotel Les Trois Rois 1: midden in de stad, waar in de middeleeuwen de schepen aanlegden aan de kade, staat dit vijfsterrenhotel. Kosten nog moeite werden gespaard om dit hotel uit 1681 in volle glorie te herstellen. Suites met uitzicht op de Rijn, restaurant met drie Michelinsterren.

Blumenrain 8, 4001 Basel, tel. 061 260 50 50, lestroisrois.com, 2 pk vanaf CHF 720

Aan de rivier

Hotel Krafft 2: aan de Rijnoever in Kleinbasel gelegen historisch hotel, waar Hermann Hesse zijn *Steppenwolf* moet hebben geschreven. Zeer goed restaurant met tuinterras. Ingericht met moderne designklassiekers. Gasten hebben de beschikking over gratis vouwfietsen voor een stadsverkenning.

Rheingasse 12, 4058 Basel, tel. 061 690 91 30, krafftbasel.ch, 2 pk vanaf CHF 185

Design & Lifstylehotel

Nomad 3: nieuw modern designhotel aan de rand van de Altstadt met kleurige kamers en bijbehorend trendy restaurant.

Brunngässlein 8, 4052 Basel, tel. 061 690 91 60, nomad.ch, 2 pk vanaf CHF 160

Uniek kunsthotel

Der Teufelhof 4: hotel met 33 kamers midden in Basel. Het historische gedeelte wordt *Kunsthotel* genoemd, de kamers zijn als bewoonbare kunstobjecten ontworpen; de moderne uitbouw heet *Galeriehotel*. Behalve een hotel is er ook een cultuurcentrum gevestigd met restaurant en theater.

Leonhardsgraben 49, 4051 Basel, tel. 061 261 10 10, teufelhof.com, 2 pk vanaf CHF 178

Betaalbaar alternatief

Jugendherberge Basel 5: de moderne, verbouwde jeugdherberg, ligt op een rustige locatie in St. Alban, vlak bij de Rijn en staat open voor iedereen; 2-persoons kamers en familiekamers.

St. Alban-Kirchrain 10, tel. 061 272 05 72, youthhostel.ch, 2 pk CHF 144

BASEL CARD

Alle hotelgasten van Basel (ook B&B) ontvangen gratis de **Basel Card** voor de duur van hun verblijf. Met de kaart kun je gratis gebruikmaken van bus en tram (ook van/naar het vliegveld) en krijg je kortingen op attracties en musea: 50% korting op veel musea, stadsrondleidingen, Basel Zoo, korting op boottochtjes, bioscoopkaartjes en theater en korting in diverse restaurants. De Basel Card is exclusief voor overnachtende gasten en niet los te koop voor dagjesbezoekers.

Eten

Inspirerend

Kunsthalle 1: traditioneel stadsrestaurant naast de Tinguelyfontein, met informeel bruin deel, tafeltjes onder kastanjebomen en formele (en duurdere) witte eetzaal. Als je alleen iets kleins wilt eten, vraag naar de dessert-trolley en probeer het dessert St-Honoré.

Steinenberg 7, tel. 061 272 42 33, restaurant-kunsthalle.ch

Franse ambience

Au Violon 2: een bijzondere plaats om lekker te eten, gevestigd in de voormalige stadsgevangenis op een heuvel vlak bij de Barfüsserplatz (met terras). Je kunt er ook overnachten in een van de twintig verbouwde gevangeniscellen.

Im Lohnhof 4, tel. 061 269 87 11, au-violon.com (zo gesl.)

Modern en klassiek

Volkshaus 3: moderne, door Herzog & De Meuron vormgegeven brasserie aan de overkant van de Rijn. De keuken vormt een evenwicht tussen traditioneel en modern.

Rebgasse 12-14, Kleinbasel, tel. 061 690 93 10, volkshaus-basel.ch

Buurtrestaurant

Zur Harmonie 4: kleine brasserie in jugendstil vlak bij de Spalentor. Het lokale trefpunt sinds 1807 voor een apéro, lunchmenu of goed glas wijn; ook voordelig middagmenu (zo. gesl.).

Petersgraben 71, tel. 061 261 07 18, harmoniebasel.ch

Gutbürgerlich

Hasenburg 5: klein restaurant met klassieke keuken met typisch Zwitserse gerechten.

Schneidergasse 20, tel. 061 261 32 58, hasenburg.swiss

Sympatieke stube

Papiermühle 6: eenvoudig restaurant naast het papiermuseum in St. Alban. In de zomer met ontspannen terras langs de molenbeek. Voordelige dagschotels en vegetarische gerechten.

St. Alban-Tal 35, tel. 061 272 48 48

Zonneterras

Rhybadhüsli 7: op de badsteiger Breite, tegenover het Tinguelymuseum vind je het openluchtrestaurant Veronica. Daar kun je de Rijnzwemmers voorbij zien komen, genieten van een lunch of diner (alcohol alleen na 19 uur).

Rivièra aan de Rijn

Buvette Rhyschänzli 8: eenvoudig terrasje langs de Rijn, geopend als het mooi weer is van april tot oktober.

Unterer Rheinweg (aanlegsteiger Klingental-veerpont)

Trendy bar

KaBar 9: chillen op de binnenplaats van cultuurcentrum Kaserne Basel; voordelige lunch en snacks.

Klybeckstrasse 1b, Kleinbasel, kaserne-basel.ch

Shoppen

De belangrijkste winkelstraten in Basel zijn: Aeschenvorstadt, Freie Strasse, Marktplatz, Spalenberg, Schneidergasse, Heuberg (Altstadt), Claraplatz, Greifengasse (Kleinbasel). Probeer op zondag de Spalenberg; de kleine boek-, mode- en souvenirswinkeltjes zijn daar dan ook geopend.

Mode en design

Globus 1: Jean Tingely verzorgde hier ooit de decoraties. Globus is nog steeds cult. Alles wat je hart begeert, van stropdas tot fileermes, vind je op de vijf verdiepingen van het warenhuis.

Marktplatz 2, globus.ch

Vlooienmarkt

Za. 7.30-16 uur op de Petersplatz en elke 2e en 4e wo. in de maand 7-19 uur op de Barfüsserplatz

Markt

1 Levensmiddelenmarkt

Marktplatz ma.-za. 06-13.30 uur

Uitgaan

Liefhebbers van opera, ballet of theater vinden op theater-basel.ch een actuele agenda. Basels uitgaansleven concentreert zich vooral in de Altstadt van Kleinbasel. Met name de wijk Klingental kent veel gezellige bruine cafés en kroegjes.

Moderne muziek

1 Gare du Nord: voor moderne muziek kun je 's avonds terecht bij het station van de spoorlijn uit Duitsland.

Badischer Bahnhof, garedunord.ch

Alternatieve scene

2 Kaserne Basel: een breed palet aan livemuziek, theater en dansvoorstellingen.

Klybeckstrasse 1b, kaserne-basel.ch

Jazz club

3 The bird's eye: 's zomers dag. 19:45-23.30 uur, gerenommeerde jazzclub met veel buitenlandse gasten.

Kohlenberg 20, birdseye.ch

Rockcafé

4 Atlantis: overdag een restaurant, 's avonds livemuziek in dit oudste rockcafé van Zwitserland (house, R&B, soul, rock).

Klosterberg 13, parterre.net

Geweldig uitzicht

5 Atlantis: Le Bar Rouge: alleen al vanwege het uitzicht vanaf de 31e verdieping. Dagelijks vanaf 17 uur, 's avonds zowel bar, disco als restaurant.

Messeturm, barrouge.ch.

Kroeg en brouwerij

6 Fischerstube: in dit café annex bierbrouwerij wordt het lokale Ueli-bier geschonken, en kun je terecht voor een eenvoudig streekgerecht; met tuinterras.

Rheingasse 45, tel. 061 6929200

Evenementen

- **Carnaval – Fasnacht:** een groteske uitbarsting van muziek, kleur en humor. Het begint op de maandag na aswoensdag, een week later dan carnaval.
- **Horloges – Baselworld:** toonaangevende uurwerk- en sierradenbeurs (maart/april).
- **Internationale kunstbeurs – Art Basel:** hedendaagse en 20e eeuw. Elk jaar in juni verwelkomt de Art Basel kunstliefhebbers uit de hele wereld; driehonderd kunstgalerieën tonen werk van hedendaagse en moderne kunstenaars.
- **Kerstmarkt:** elk jaar vanaf eind november is er de Basler Weihnachtsmarkt (Kerstmarkt) op de Barfüsplatz, baslerweihnacht.ch

Info

- **Toeristenbureaus:** aan de Barfüsserplatz en in het station Bahnhof SBB, tel. 061 268 68 68, basel.com, ma.-vr. 8-18.30, za. 9-17, zo. 10-15 uur. Bij het toeristenbureau kun je een *iGuide*, een elektronische stadsgids boeken. Kies uit een van de vijf voorgeprogrammeerde citytours en de zakcomputer wijst je de weg. CHF 15 voor 4 uur.
- **Vervoer:** dagelijks zijn er rondvaarten vanaf de Schifflände in Basel naar de Rijnhaven, het drielandenpunt en de sluizen of de andere kant op naar Rheinfelden en terug. Dienstregeling: bpg.ch.

Kanton Jura en Ajoie ✪ C2

De landstreek **Ajoie** is een aanhangsel van de Jura die uitstulpt in de aangrenzende Franse Jura. Een plateau met bossen en golvende akkers waarop graan, fruit en druiven worden verbouwd. In 1978 wist de Franstalige Ajoie zich samen met het gebied rond Delémont los te maken uit het kanton Bern en ontstond het kanton Jura. De hoofdstad van het kanton **Delémont** is met de historische binnenstad een bezoek waard. Het Château des Princes-Évêques dat in 1721 werd gebouwd, diende als buitenverblijf van de bisschoppen van Basel, die tijdens de reformatie uit die stad werden verdreven. Langs de hoofdstraat staan 16e-eeuwse fonteinen, die nog herinneren aan de heerschappij van de Baselse bisschoppen. In Delémont worden sinds lang horloges en precisie-instrumenten gemaakt, zoals de beroemde Zwitserse zakmessen (zie ontdekkingsreis blz. 32).

Saint-Ursanne E3

Waar de rivier Doubs (spreek uit: *doe*) het verst doordringt op Zwitsers grondgebied, aan de rivierarm Clos du Doubs, ligt het mooiste middeleeuwse stadje van het kanton Jura: St-Ursanne. Het stadje dankt zijn naam aan Sint Ursinicus, die zich hier in de vroege middeleeuwen vestigde en het stadje stichtte. Drie stadspoorten, met het wapen van de prins-bisschop van Basel, beschermen de stad nog steeds. Ze zijn zo nauw dat er geen vrachtverkeer doorheen kan rijden. Het is een leuk stadje rond een schilderachtige oude brug met vier bogen. Overal karakteristieke huizen met torentjes. De kloosterkerk dateert van de 12e eeuw. De zonnewijzer op de toren draagt het jaartal 1845. Door een verbod op gevelreclame is de authentieke sfeer bewaard gebleven. De tijd lijkt hier te hebben stilgestaan.

Slapen en eten

Modern en centraal

Le Lion d'Or: geheel gerenoveerd hotelletje met zeven ruime en lichte kamers, brasserie en pizzeria.

Rue des Malvoisins 12, 2900 Porrentruy, tel. 032 467 13 77, 2 pk vanaf CHF 110

Hotel en natuurcamping

Centre de vacances Tariche: mooie viersterrencamping langs de Doubs; ook hotelkamers en chalets. Bij de camping is een zelfbedieningsveerpontje om naar de overkant van de rivier te gaan voor een mooie wandeling.

2883 Montmelon, tel. 032 433 46 19, tariche.ch

Bij de stadspoort

Hôtel-Restaurant de la Couronne: charmant hotelletje bij de ingangspoort

Schilderachtige huizen in het stadje Saint-Ursanne

naar de middeleeuwse stad. 's Zomers voor een aperitief, koffie of een diner op het aangename, grote terras.

Rue du 23 juin 3, Saint-Ursanne, tel. 032 461 35 67, hotelcouronne.ch

Nergens eet je beter forel

Relais du Doubs: de kaart vermeldt onder meer *La Truite aux fines herbes comme nulle part ailleurs* (als nergens anders); met een groot terras langs de rivier.

Les Moulins 13, 2887 Soubey, tel. 032 955 12 44, ma., di. gesl.

Actief

Natuurgebied Clos du Doubs

Voor circa 40 km vormt de Doubs de grens met het gelijknamige Franse departement. Het natuurgebied in de bocht van de rivier, **Clos du Doubs**, is deels een beboste kloof, deels een agrarisch heuvelland. Vanuit St-Ursanne kun je kanoën op de Doubs, wandelen op het pad langs de rivier of mountainbiken in de heuvels.

Info

- **Toeristenbureau:** Place Roger Schaffter, Saint-Ursanne, tel. 032 432 41 90, j3l.ch.
- **Les Médiévales:** drie dagen lang hult St-Ursanne zich in middeleeuwse sfeer; medievales.ch, in juli, wordt alleen in oneven jaren gehouden.

Franches-Montagnes C2

De mooiste streek van het Franstalige kanton Jura is zonder twijfel de Franches-Montagnes. De Duitse naam van de streek, Freiberge, verwijst naar de vrijheidsgezinde bevolking, die eeuwenlang onafhankelijk was. De Freiberge vormen een uniek parklandschap in de Zwitserse Jura. De grote hoogvlakte op 1000 m tussen de rivier de Doubs (Frans-Zwitserse grens) en de Montagne du Droit is een mozaïek van bossen en open velden met reusachtige vrijstaande sparren. Het doet met zijn grote boerderijen denken aan het Zwarte Woud. Tussen de sparren grazen koeien en draven de Freiberger paarden. Soms hebben deze vierbenige voorrang: de velden zijn open en de huizen zijn omgeven door hekken. Door de geringe hoogteverschillen is dit een ideaal wandel- en fietsgebied met uitstekend gemarkeerde routes. Aan de zuidkant wordt de streek afgesloten door de Mont Soleil (1291 m) met zijn zonnecentrale en sterrenwacht.

Saignelégier D3

Het centrum van de Franches-Montagnes is Saignelégier, een geschikt uitgangspunt voor fiets- en wandeltochten met diverse hotels en een mooie camping. In dit gebied is het fokken van paarden, de Freiberger, een van de belangrijkste bezigheden en van groot economisch belang. In Saignelégier wordt een beroemde paardenmarkt gehouden, de Marché-Concours, met keuringen, kleurrijke optochten en wedstrijden met vier- en zesspannen die boerenkarren trekken. Kortom, een groot folkloristisch feest.

Typisch landschap van de noordelijke Jura: weilanden met reusachtige vrijstaande sparren

Slapen, eten

Mini-kasteel

Maison Wenger: overnachten kun je in comfortabele en originele themakamers. Maar uit heel Zwitserland komt men vooral naar het mini-kasteeltje van Georges Wenger voor de uitstekende keuken met twee Michelinsterren.

Rue de la Gare 2, 2340 Le Noirmont, tel. 032 957 66 33, maisonwenger.ch, 2 pk vanaf CHF 330

Romantisch chalet

Auberge de la Gare: negen kamers in een sfeervol pension direct naast het stationnetje van Montfaucon. Je kunt ook kiezen voor het naastgelegen romantische chalet. Wandel- en fietsroutes starten voor de deur; een picknickmand wordt voor je geregeld.

Le Pré-Petitjean 71, 2362 Montfaucon, tel. 032 955 13 18, aubergedelagare.ch, 2 pk vanaf CHF 90

Een jongensdroom

Camping Saignelégier: een eigen tent, een boomhut, tipi of yurt. Alle soorten accommodatie zijn hier mogelijk.

Sous la Neuvevie 5a, Saignelégier, tel. 032 951 10 82, campingsaignelegier.ch, 6p-tipi CHF 80, 4p-yurt CHF 120

Bijzondere kaas

Maison de la Tête de Moine: Tête-de moine is de kaas die al acht eeuwen wordt gemaakt in deze streek. Er zijn negen kaasmakerijen (fromagerie) die dit merk mogen voeren. Grote kaasboerderij, met winkel, café/proeverij en kaasmuseum.

Le Domaine 1, 2713 Bellelay, tel. 032 484 03 16, maisondelatetede moine.ch, juni-sept. di.-zo. 10-18, jan.-feb. za. 11-18 uur

Actief

Wandeling

Étang de la Gruère: een smalspoortreintje tussen Saignelégier en Glovelier maakt wandeltochten mogelijk over de hoogvlakte rond Saignelégier. Bijvoorbeeld naar het natuurreservaat Étang de la Gruère, een idyllisch natuurlijk hoogveen. Wandel om het meertje of kies een lange afdaling door het kloofdal Combe de Tabeillon, waarbij je comfortabel per trein terug reist, en de wandeling naar believen bij een van de stations kunt afbreken.

Indrukwekkend panorama

Mont Chasseral: met 1607 m de hoogste berg van de noordelijke Jura. De steile kalkrotsen zijn het domein van een populatie gemzen en de opnieuw geïntroduceerde alpenmarmot. Het uitzicht op de Berner Alpen vanaf de Chasseral is fenomenaal. De top is op verschillende manieren te bereiken. Je kunt over de steile pas naar de parkeerplaats en het hotel op 1548 m hoogte rijden, of vanuit Nods met de kabelbaan het hoogteverschil overbruggen. Het panorama vanaf de oriëntatietafel is indrukwekkend: aan de voet van de berg de meren van Biel, Neuchâtel en Murten. Daarachter doemt bij helder weer het Berner Oberland op, met reuzen als de Eiger, Mönch en Jungfrau. Via een wandelpad kun je in een kwartier de top van de Chasseral bereiken. Op de top staat een reusachtige zendmast.

Evenementen

- **Marché-Concours:** jaarlijks trekt in Saignelégier in het tweede weekeinde van augustus een paardenkeuring en springwedstrijd met Freiburger paarden en een indrukwekkende optocht veel bekijks.

Info

- **Toeristenbureau:** Centre de loisirs 2350 Saignelégier, tel. 032 420 47 70, j3l.ch.

La Chaux-de-Fonds

D4

Deze op 1000 m hoogte gelegen, op het oog weinig inspirerende stad met 40.000 inwoners vormt al meer dan 100 jaar het centrum van de Zwitserse uurwerkindustrie. De in de middeleeuwen ontstane stad brandde in 1794 grotendeels af en werd volgens een symmetrisch schaakbordpatroon herbouwd. Deze rationele stadsplanning, mede om in (horloge) werkplaatsen zo veel mogelijk daglicht te ontvangen, is het argument waarmee La Chaux en buurstad Le Locle in 2009 op de UNESCO-lijst van cultureel Werelderfgoed werden geplaatst. La Chaux-de-Fonds bezit maar liefst zeventig horlogefabrieken.

Musea

Musee international d'horlogerie (MIH): in het bijbehorende park staat een monumentaal klokkenspel, dat circa 15 ton weegt en dat elk kwartier eigentijdse muziek ten gehore brengt. Als het donker is, vindt er een lichtspel plaats.

Le Corbusier: La Chaux-de-Fonds is de geboorteplaats van deze befaamde architect (Charles Édouard Jeanneret), die hier in 1912 zijn eerste woningen ontwierp. Op de chemin de Pouillerel staan enkele van zijn vroege huizen (nrs. 1, 6, 8 en 12).
Maison Blanche, chemin de Poullerel 12, 2300 La Chaux-de-Fonds, tel. 032 910 90 39, maisonblanche.ch, bezichtiging vr.-ma. 10-17 uur, CHF 10

Musée des beaux-arts: in een rood jugendstilgebouw toont dit museum kunst uit de 19e en 20e eeuw. Naast schilderijen en beelden van Zadkine en Van Gogh

ONTDEKKINGSREIS
Watch Valley

Rondrit door de vallei van de horloges

Info

Planning:
autoroute van een of meer dagen.

Begin/Einde:
Porrentruy / Vallee de Joux

Kaart:
B/C 1/2

Watch Valley (vallei van de horloges) is de bijnaam van de Zwitserse Jura, de streek van de horloge-industrie. Die begon in de 15e eeuw in Genève en verspreidde zich over de hele Jura. Eeuwenlange traditie en kennis zorgden voor de grote reputatie van de huidige horlogemakers. De reis van noord naar zuid door Watch Valley neemt je mee langs beroemde horlogemerken als Rolex, Omega, Swatch, Breitling, Corum, Girard-Perregaux, Patek Philippe, TAG Heuer, Tissot en Ulysse Nardin.

Van heiligenbeelden naar uurwerken

De uurwerkindustrie ontstond tijdens de Reformatie, toen Franse vluchtelingen de technologie meebrachten naar Genève. Omdat Calvijn het vervaardigen van heiligenbeelden en crucifixen verbood, werd naarstig naar een andere broodwinning gezocht en gevonden: uurwerken. Eerst alleen torenklokken, maar toen in de 18e eeuw een handelsreiziger een zakhorloge uit Londen meebracht, was de belangstelling gewekt.

Het originele Zwitserse zakmes

In Delémont, het startpunt van onze route, worden sinds lange tijd precisie-instrumenten gemaakt. Niet alleen horloges, maar ook de beroemde zakmessen.

Musée d'horlogerie, La Chaux-de-Fonds

Bij 'Zwitsers zakmes' denk je aan **Wenger** of **Victorinox**. Sinds Victorinox concurrent Wenger heeft overgenomen mogen beide het 'originele Zwitserse zakmes' claimen. In ❶ **Delémont** kun je een bezoek brengen aan de winkel van de beroemde messenfabriek.

Saint-Imier, fabrieksmuseum Longines

Liefhebbers van uurwerken en horloges kunnen het uitstapje overwegen naar St. Imier. In dit levendige uurwerkstadje worden al meer dan 100 jaar de horloges van Longines gemaakt. Het ❷ **fabrieksmuseum van Longines** bezit het oudste polshorloge ter wereld, uit 1867, dat destijds CHF 800 kostte.

Neuchâtel

Een omweg voert ons naar het ❸ **Musée d'Art et d'Histoire** in Neuchâtel. Veel bekijks trekken hier de 18e-eeuwse poppenautomaten van uitvinder en uurwerkmaker Jaquet-Droz. De poppen werken nog steeds, al ruim 200 jaar. Een ervan kan zelfs een brief schrijven, waarvan hij de tekst opgegeven krijgt. Demonstraties op de eerste zondag van de maand om 14, 15 en 16 uur. Verder toont het kunstmuseum werken van Zwitserse en Franse schilders, onder wie Hodler, Seurat en Monet.

La Chaux-de-Fonds

Deze tweede stad van de Jura vormt al meer dan 100 jaar het centrum van de Zwitserse uurwerkindustrie en telt maar liefst zeventig horlogefabrieken. De rationele stadsplanning, volgens een symmetrisch schaakbordpatroon, mede om in (horloge)werkplaatsen zo veel mogelijk daglicht te ontvangen, plaatste **La Chaux-de-Fonds** en buurstad Le Locle in 2009 op de UNESCO-We relderfgoedlijst. Het ❹ Musée international d'horlogerie (MIH) is het bekendste museum in La Chaux-de-Fonds, bekroond om zijn architectuur van F. Zoelly en G.J. Haefeli, maar ook vanwege de prachtige

Adressen

Victorinox, route de Bâle 63, Delémont, wenger.ch, winkel: ma.-vr. 9-12 en 13.30-17.30 uur

Longines, rue des Noyettes 8, 2610 St-Imier, ma.-vr. 9-12 en 14-17 uur, longines.com

Musée d'Art et d'Histoire, quai Léopold Robert 1, Neuchâtel, tel. 032 717 79 25, mahn.ch, di.-zo. 10-18 uur, CHF 8

Musée international d'horlogerie, rue des Musées 29, La Chaux-de-Fonds, mih.ch, di.-zo. 10-17 uur, CHF 15

collectie met vierduizend objecten. Je vindt er alles op het gebied van tijdmeting, horloges en klokken door de eeuwen heen.

Le Locle, de bakermat

Klokkenmakersstadje Le Locle was de oorsprong van de uurwerkindustrie in de Jura. Daniel Jean Richard, inwoner van Le Locle, was de eerste Zwitser die erin slaagde een zakhorloge dat uit Engeland afkomstig was, te repareren. Al doende doorgrondde hij het mechaniek en hij besloot hiervan zijn beroep te maken. Met het knutselwerk van Richard begon de opmars van de Zwitserse horloge-industrie. Het Château des Monts, een statig 18e-eeuws landhuis, herbergt het ❺ **Musée d'horlogerie**: een fabelachtige collectie klokken, pendules, instrumenten en automaten uit de 16e tot 19e eeuw.

Vallée de Joux

Aan de westoever van het Lac de Joux kun je in Le Sentier, in het ❻ Espace Horloger de la Vallée de Joux (wo.-zo. 14-17.30 uur) oude en nieuwe uurwerken van topmerken bekijken, in een modern interactief museum.

❼ Musée Atelier Audemars Piguet

Horlogemerk Audemars Piguet liet in 2020 in Brassus, aan de rand van het fôret de Risoul, door architectenbureau Bjarke Ingels Group (BIG) twee toonaangevende gebouwen neerzetten naast hun oude bedrijfpand: het spiraalvormige Musée Atelier Audemars Piguet en het Z-vormige Hotel des Horlogers (zie blz. 40). Het museum toont meer dan driehonderd bijzondere horloges en vertelt het verhaal van de ontwikkeling van de horlogefabricage in de Vallée de Joux sinds 1875. Reserveren verplicht.

Zelf je eigen horloge bouwen?

En als je na deze rondrit zo enthousiast geworden bent dat je een eigen klokje wilt bouwen, keer dan terug naar Porrentruy voor een unieke Zwitserse workshop. Bij ❽ **Time Experience** bouw je in ongeveer zes uur voor CHF 1990 je eigen horloge; workshops vanaf drie personen.

Adressen

Musée d'horlogerie, route des Monts 65, 2400 Le Locle, mhl-montd.ch

Espace Horloger de la Vallée de Joux, Le Sentier, wo.-zo. 14-17.30 uur

Musée Atelier Audemars Piguet, route de France 18, 1348 Le Brassus, tel. 021 642 39 00, museeatelier-audemarspiguet.com, rondleiding di.-vr. om 14 en 15, za. om 10 en 11 uur, reserveren verplicht, CHF 30

Time Experience, Pierre-Péquignat 6, Porrentruy, timeexperience.ch

Swatch (Swiss+Watch), het meest succesvolle Zwitserse horloge

vooral veel Zwitserse kunstenaars: Robert, Hodler, Anker, Vallotton en enkele doeken van Le Corbusier.

Rue des Musées 33, 2300 La Chaux-de-Fonds, tel. 032 967 60 77, di.-zo. 10-17 uur, entree CHF 10

Louis Chevrolet monument: de stad heeft nog een beroemde zoon: Louis Chevrolet, de autopionier werd hier in 1878 geboren, trok later naar de VS en startte daar de Chevrolet Motor Company. Ter ere van Chevrolet staat in het Parc de l'Ouest een blinkend 8 m hoog borstbeeld van chroomstaal.

Slapen en eten

4-sterren

Hôtel Athmos: dit traditionele hotel combineert de charme van de jaren 50 met modern comfort.

Avenue Léopold-Robert 45, 2300 La Chaux-de-Fonds, tel. 032 910 22 22, athmoshotel.ch, 2 pk vanaf CHF 130

Fantasievol ecologisch

Evologia: een ecologisch centrum dat fantasie uitstraalt, met kassen, tuinen, paddenstoelenmuseum, restaurant en onderzoekscentrum.

Route de l'Aurore 6, 2053 Cernier, tel. 032 889 36 00, evologia.ch (4 km van Les Hauts Geneveys)

Actief

Col de la Vue des Alpes

Tussen La Chaux-de-Fonds en Neuchâtel klimt de weg naar een geweldig uitzichtpunt: de **Col de la Vue des Alpes** (1283 m). Je ziet de meren aan de voet van de Jura en op afstand de Alpen met de Mont Blanc. Voor een nog mooier uitzicht volg je het pad naar de top van de Tête de Ran op 1422 m (30 min.).

Een parapenter zweeft omlaag vanaf een van de toppen van de Jura

Info

- **Toeristenbureau:** Montagnes Espacité 1, 2302 La Chaux-de-Fonds, tel. 032 889 68 95, j3l.ch.

Saut du Doubs

De rivier de Doubs vormt in de Jura een lang stuk de grens tussen Zwitserland en Frankrijk. De Doubs heeft een grillige en diepe bedding uitgeslepen in de kalkrotsen, met soms loodrechte oevers. Door een bergstorting is het 4 km lange en slechts 200 m brede Lac des Brenets ontstaan, dat eindigt met een 29 m hoge rotsdrempel waar de rivier overheen stort: de Saut du Doubs. Je kunt de waterval bereiken per boot uit Les Brenets, of over het pad langs een van de oevers. De rivier baant zich slingerend een weg door de ontoegankelijke Gorges du Doubs.

Slapen

Vredig aan het meer

Les Rives du Doubs: dit moderne hotel, met panoramarestaurant, direct aan het Lac de Brenets, is een omweg waard. De kamers op de bovenste verdieping hebben elk een eigen terrasje met uitzicht op het meer.

Pré-du-Lac, 2416 Les Brenets, tel. 032 933 99 99, rives-du-doubs.ch, 2 pk vanaf CHF 119

Val de Travers C5

Dit dwarsdal, vanaf de Franse grens tot het Meer van Neuchâtel, is een van de mooiste dalen in de Zwitserse Jura. Dicht bij de Franse grens ligt de bron van de Areuse, een riviertje dat zich een weg baant langs kleine plaatsjes en onderweg naar het Meer van Neuchâtel een diepe kloof door het Juragesteente heeft uitgeslepen, de **Gorges de l'Areuse**. Het Val de Travers heeft meer aparte attracties: het absintmuseum in Môtiers, de asfaltmijnen van Travers en het beroemde geologische natuurfenomeen **Creux-du-Van** (zie hiernaast).

Môtiers

De 'Groene Fee'

Maison de l'Absinth: in Môtiers werd in 2014 het absintmuseum geopend, dat inzicht geeft in de bewogen geschiedenis van de geheimzinnige Groene Fee, een sterkedrank met een anijsachtige smaak. Absint wordt in het kanton Neuchâtel sinds de 18e eeuw geproduceerd, maar werd in 1910 in Zwitserland verboden vanwege het gevaar voor de volksgezondheid. Pas sinds 2005 is productie en verkoop weer toegestaan. Ironisch genoeg is het museum uitgerekend gevestigd in het voormalige kantongerecht, waar politie en rechters de toenmalige illegale absintstokers veroordeelden.

Grande rue 10, 2112 Môtiers, tel. 032 860 10 00, maison-absinthe.ch, di.-zo. 10-18, zo. tot 17 uur, CHF 12, met proeverij CHF 17

Asfaltmijn van Travers

In de unieke Site de la Presta kun je afdalen tot diep in het hart van de aarde: de asfaltmijn, de enige in Europa. Bijna 100 jaar lang werd hier asfalthoudende kalk gedolven en over de hele wereld getransporteerd. In 1986 sloot de mijn en werd het een museum. Een rondleiding duurt 1,5 uur; trek warme kleding aan, het is er maar 8°C.

Site de La Presta, 2105 Travers, tel. 032 864 90 64, apr.-okt. om 10.30 en 14.30; juli-aug. ook 12.30 en 16.30 uur, mines-asphalte.ch, CHF 17,50

Gorges de l'Areuse C2

Een van de indrukwekkendste kloofdalen van het Juragebergte, met schitterend wandelpad langs het ingesneden kloofdal van de Areuse. Met watervallen, smalle loopplanken en bruggetjes. (Tip: neem de trein naar Boudry, klim door de kloof van de Areuse omhoog naar het Val de Travers en neem het treintje terug.)

Slapen en eten

Zomercafé en berghut

Ferme Restaurant le Soliat: bovenop het kalkplateau, op 300 m van de Creux du Van kun je eten en overnachten in

Lievelingsplek

Creux-du-Van: natuurspektakel boven het Val de Travers

Ten zuiden van Noiraigue in het Val de Travers is een van de indrukwekkendste natuurfenomenen van het Juragebergte te zien: het reusachtige amfitheater Creux-du-Van. De 1463 m hoge bergtop Le Soliat stort aan de noordzijde loodrecht af in het keteldal van de Creux-du-Van met een hoefijzervormige loodrechte rotswand van 160 m hoog. Het amfitheater ontstond doordat een groot deel van de Soliat door de rivier de Areuse is ondermijnd en ten slotte is ingestort. Op de steile rotsen leven gemzen en steenbokken.

Er zijn twee toegangen naar dit natuurspektakel. Naar de voet van het keteldal rijd je vanuit Noiraigue omhoog naar de uitspanning Ferme Robert, waar de wandelpaden starten naar de bovenrand van de Creux-du-Van.

Je kunt ook met de auto omhoogrijden op het weggetje vanuit Couvet (bordje Le Soliat-Creux du Van), dat eindigt bij de parking Creux du Van boven op de hoogvlakte. Vandaar is het nog een halfuur lopen naar restaurant Le Soliat en de rand van de Creux du Van.

Langlaufen op de Mont Tendre (1679 m). Aan de horizon het meer van Genève met rechtsachter de Mont Blanc

deze sfeervolle verbouwde boerderij. Eenvoudige kamers, dortoir of slapen in een *yurt* of *dôme* (grote koepeltent); leuk met kinderen.

Creux-du-Van, 2108 Couvet, tel. 032 863 31 36, lesoliat.ch, 2 pk vanaf CHF 86

Parc du Jura vaudois

Het zuidelijk deel van de Zwitserse Jura, behorende tot het kanton Vaud (ter hoogte van Lausanne) is voor een groot deel beschermd in het **Parc du Jura vaudois**, een 530 km² groot gebied, tussen het middeleeuwse stadje Romainmôtier in het noorden en het bergmassief La Dôle in het zuiden. Het natuurpark vormt het hoogste deel van de Zwitserse Juraketen.

Romainmôtier

Aan de voet van de Jura ligt het plaatsje Romainmôtier tussen beuken, linden en notenbomen. Dicht opeengepakte middeleeuwse huizen omringen een van de oudste bouwwerken van Zwitserland, de romaanse Abdij van St. Pierre. Deze werd in de 11e eeuw door monniken van de orde van Cluny gebouwd, naar het voorbeeld in het Bourgondische Cluny. Het door de jaren heen uitgebreide klooster is goed bewaard gebleven en te bezichtigen. De sobere kerk van lichtgekleurde jurakalk heeft een voorhal met 13e-eeuwse fresco's over Sint-Franciscus en Adam en Eva die worden verdreven uit het paradijs. Ook het dorp zelf is een rondwandeling waard; het behoort tot de 'mooiste dorpen van Zwitserland'. Een dorpswandeling eindigt steevast op de Rue du Bourg, waar je in de Brasserie kunt genieten van de lokale biertjes van brouwerij La Brasse-Mortier.

Abdijkerk dag. 8.15-18.30 uur, gratis toegang

Vallée de Joux

De dunbevolkte Vallée de Joux is een hooggelegen vallei aan de grens met Frankrijk met daarin het **Lac de Joux** op 1004 m hoogte. De flanken van het dal worden gevormd door twee bergketens: de Mont Risoux (1419 m) aan de Franse zijde en de hoogste top van de Zwitserse Jura, de Mont Tendre (1679 m) aan de andere kant. Het riviertje de Orbe meandert vanuit Frankrijk over de vlakke dalbodem naar het 9 km lange Lac de Joux. Aan het andere uiteinde staat het meer in verbinding met het kleine Lac Brenet. Het water van de twee meren vindt zijn weg via onderaards uitgeholde gangen in het gesteente en komt bij de Source de l'Orbe (bij Vallorbe) weer bovengronds.

Top wandel- en langlaufgebied

De Vallée de Joux biedt volop ruimte aan wandelaars en fietsers, terwijl de oevers op watertoerisme zijn gericht. 's Winters verandert de sneeuwzekere vallei in een van de mooiste langlaufgebieden van Zwitserland. Rond het meer liggen kleine vakantieplaatsen, waar houtverwerking en uurwerkindustrie traditionele bronnen van bestaan zijn, net als de fabricage van een speciale romige kaas die in houtspaan wordt verpakt, de *Vacherin Mont d'Or*.

V

VALPASS

Bij een overnachting of meer in de Vallee de Joux (ook op campings) ontvang je als gast de ValPass, waarmee je gratis gebruik kunt maken van lokale trein, bus en boot en die 50% korting geeft op musea en attracties ('s winters krijg je ook korting op skipassen en huur van sneeuwschoenen en langlaufski's).

Vallorbe

Vallorbe is een grensplaatsje met een internationaal station op de TGV-lijn Parijs-Lausanne. Handig, ook vanwege de goede verbinding met het omliggende gebied. Via het aansluitende smalspoorbaantje naar het Lac de Joux vormt het zo een perfect uitgangspunt voor wandelaars. Vallorbe zelf heeft de toerist weinig te bieden, je rijdt het beste direct verder (met auto, postbus of trein) naar de Vallée de Joux en maakt onderweg nog een stop bij de grotten van Vallorbe.

Grottes de Vallorbe

De Orbe heeft prachtige druipsteengrotten gevormd in de kalkformaties. De subtiel verlichte grotten, de grootste van de Jura, eindigen bij de 'schatkamer van de feeën', een grote collectie van 250 mineralen uit de Jura.

3 km ten zuiden van Vallorbe, tel. 021-843 22 74, grottesdevallorbe.ch, zomer 9.30-17.30, rest v/h jaar 13.30-16 uur, CHF 13

Espace Horloger

Aan de westoever van het Lac de Joux kun je in de **Espace Horloger de la Vallée de Joux** oude en nieuwe uurwerken van topmerken bekijken. Waar zou het anders over moeten gaan in een streek die Watch Valley wordt genoemd?

Le Sentier, wo.-zo. 14-17.30 uur

Le Brassus

Horlogefabrikant Audemars Piguet liet in 2020 in het dorp Brassus aan de rand van het fôret de Risoul door architectenbureau Bjarke Ingels Group (BIG) twee gebouwen ontwerpen naast hun bestaande historische bedrijfpand: het spiraalvormige **Musée Atelier Audemars**

Het Musée Atelier Audemars Piguet ligt spiraalvormig ingebed in het landschap en is tevens werkplaats van het exclusieve horlogemerk

Piguet (zie Ontdekkingsreis, blz. 31), en (vlak ernaast) het Z-vormige Hotel des Horlogers. Beide gebouwen zijn toonaangevend op het gebied van hedendaags design, duurzaam en ecologisch bouwen.

Actief

Traversée du Jura

Vallorbe is een etappeplaats en startpunt voor meerdaagse trektochten door de Frans-Zwitserse Jura over de netwerken van de Grande Traversée du Jura (GTJ) of de Traversée du Jura Suisse (TJS), met varianten voor wandelaars, mountainbikers en langlaufers.

Mollendruz en Marchairuz

Diverse pasweggetjes voeren over de hellingen naar de bergkam met als hoogste top de **Mont Tendre** (1679 m). Over de kam zelf loopt een wandelpad tussen twee cols, de **Col du Mollendruz** (1180 m) en de **Col du Marchairuz** (1447 m). Een klassieke wandel-, langlauf- en mountainbikeroute met fantastische vergezichten op het Meer van Genève en de Alpen. Op de Col du Marchairuz staat een herberg waar je kunt overnachten. Aan de zuidkant van de col daal je meer dan 1000 hoogtemeters af naar Nyon aan het Meer van Genève, een mooie afsluiting van je bezoek aan de Zwitserse Jura.

Slapen en eten

Sympathiek berghotel

Hôtel Le Marchairuz: berghotel op 1450 m hoogte, voor bezoekers die de bergen rond het hotel willen verkennen.
Col du Marchairuz, 1348 Le Brassus, tel. 021-845 25 30, hotel-marchairuz.ch, 2 pk CHF 120-140, dortoir vanaf CHF 45

Zomercafé

Buvette du Mont-Tendre: bij de boerderij (chalet d'alpage) onder de top van de Mont Tendre, alleen bereikbaar voor wandelaars en fietsers, is van half mei tot eind september een zomercafé is geopend. De fondue au gruyères is altijd een succes.
1147 Montricher, tel. 021-864 37 19, buvette-mont-tendre.ch

Avant-garde architecture en sterrenkeuken

Hotel des Horlogers: aan de rand van het fôret de Risoul bouwde architectenbureau Bjarke Ingels Group (BIG) een exclusief Z-vormig luxehotel.
Route de France 8, 1348 Le Brassus, tel. 021 845 08 45, hoteldeshorlogers.com

Info

- **Toeristenbureau:** Centre Sportif, Rue de l'Orbe 8, 1347 Le Sentier, tel. 021 845 17 77, myvalleedejoux.ch.

Toegift
Horlogemaker Roger Peeters

De Nederlander Roger Peeters woont in Neuchâtel en is uitvinder/ontwerper van beroep. Hij werkt momenteel aan iets wat je typisch 'Zwitsers' zou kunnen noemen: een nieuw exclusief en uniek horloge.

Roger Peeters aan het werk

Toen ik hem in de jaren 90 leerde kennen op een skitocht in de Alpen was hij nog geen horlogemaker. Uitvinder was hij toen al wel. Zijn 'glazen tafel', die tevens aquarium was, maakte grote indruk op mij. Na een carrière als technisch ontwerper bij Océ en een wereldreis van 3 jaar, werd hem bij toeval een baan in Zwitserland aangeboden. Na het ontwikkelen van grote machines (kopieerapparaten, geldautomaten), raakte hij daar steeds meer gefascineerd door het ontwerpen van het 'superkleine' precisie-instrumenten, zoals horloges. Roger richtte een eigen horlogebedrijf op en besteedde meer dan 7 jaar aan de ontwikkeling van een nieuw horloge. Om de concurrentie aan te kunnen met meer dan vijfhonderd (!) Zwitserse horlogemerken bedacht hij een ingewikkeld en uniek mechanisch horloge. Het nieuwe horlogemerk wordt in 2023 geïntroduceerd en krijgt dan zijn officiële naam. Het eerste jaar moeten er zo'n honderd horloges in elkaar worden gezet, daarna mikt hij op een groei tot duizend per jaar. Door het gebruik van zeer hoogwaardige onderdelen gaat het uurwerk ongeveer 25.000 Zwitserse franken kosten. Roger zegt dat experts dat eigenlijk te goedkoop vinden. Zelf geeft hij niet zo veel om geld en luxe, de uitdaging ligt vooral in het ontwerpen van technisch ingewikkelde en mooie vindingen. De naam van zijn horlogemerk begint met een H, maar meer krijg ik nog even niet te horen, tot de introductie is alles nog 'top secret'. Googel over een paar jaar nog eens zijn naam, misschien is hij dan wereldberoemd ...

Roger leerde zichzelf de techniek van het horloge-bouwen

Roger woont in het stadje Neuchâtel, aan het gelijknamige meer. In zijn weinige vrije tijd geniet hij van zijn zeilboot op het meer en trekt hij graag de kloofdalen en bergen van de Jura in. Enkele tips van Roger: 'Ik heb al veel gezien van de wereld, maar het keteldal Creux du Van en de Gorges de l'Areuse in het Val de Travers zijn toch echt spectaculaire landschappelijke hoogtepunten van de Jura', zegt hij. ■

Mittelland

Tussen de Jura en de Alpen — Het Schweizer Mittelland, een heuvelachtig gebied met meren en echt Zwitserse steden als Bern, Fribourg en Solothurn. Naar het zuiden leiden prachtige dalen naar de Voor-Alpen, zoals het beroemde Emmental.

Erin duiken

blz. 55

Bern ✪

Bern: de hoofdstad van Zwitserland, heeft een prachtige middeleeuwse binnenstad, fraai gelegen in een meander van de rivier de Aare. Uniek is de sfeer door zijn vele arcades, fonteinen, zandsteengevels en historische torens. Bern is een levendige culturele stad met belangrijke musea, theaters en festivals.

blz. 63

Zwemmen in de Aare

Heel speciaal en heerlijk op een warme zomerdag is dat men vrij kan zwemmen in de snelstromende Aare, midden in de stad Bern.

Niet meer in een kuil, maar nog steeds het symbool van Bern.

blz. 51

Biosfeer reservaat Entlebuch

Dit berggebied in de Voor-Alpen tussen Bern en Luzern is Zwitserlands eerste biosfeerreservaat, van internationaal belang om de flora en fauna van het Vooralpiene hoogveen-, heide- en karstlandschap.

blz. 46

Solothurn

Dit stadje aan de Aare wordt de mooiste barokstad van Zwitserland genoemd. Italiaanse grandezza mengt zich met Franse charme en Duits-Zwitserse degelijkheid.

blz. 51

Emmentaler Käseroute

Met fiets of e-bike langs elf punten die met kaas te maken hebben.

blz. 71

Gruyères

Het stadje Gruyères gaf zijn naam aan de beroemde kaas. Maar Gruyères is meer dan kaas alleen. Ook het schilderachtige plaatsje zelf is een bezoek waard. Het werd in 2014 verkozen tot het mooiste dorp van Frans-Zwitserland.

blz. 65

St. Petersinsel

Het alleen te voet, per fiets of boot bereikbare Klosterhotel St. Petersinsel is de ideale plek om volledig te ontspannen. In 2010 werd het verkozen tot historisch hotel van het jaar.

&

blz. 60

Zentrum Paul Klee

Restaurant en rozenpark hoog boven de Aare. Een heerlijke plek om heen te gaan voor de ondergaande zon met uitzicht op de binnenstad van Bern.

blz. 68

Fribourg

Een volledig tweetalige universiteitsstad met prachtige gebouwen en interessante kunst van Niki de Saint Phalle en Jean Tinguely.

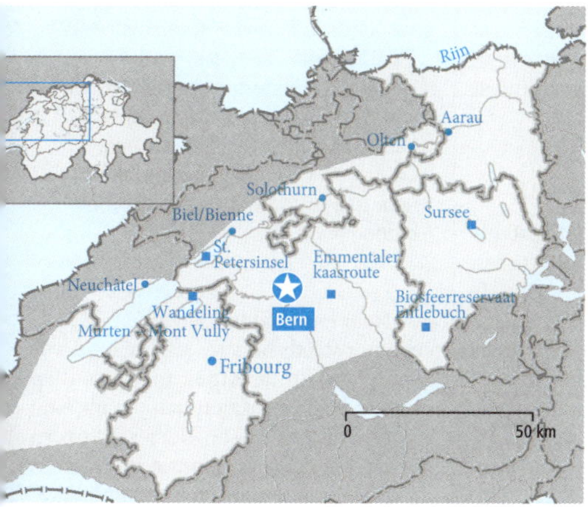

Zeker 6 km aan overdekte promenade: onder de Lauben van Bern kun je eindeloos shoppen (zie blz. 63).

beleven

Heuvelland tussen de Jura en de Alpen

S

Schweizer Mittelland. De naam zegt het al: het midden van Zwitserland, in grote lijnen tussen de oprijzende wanden van de Jura in het noorden en de Berner en Freiburger Alpen in het zuiden. Het bestaat uit golvende hoogvlaktes en heuvelland, dat tijdens de ijstijden is geschuurd en gepolijst door reusachtige gletsjers uit de Alpen. Langgerekte meren liggen aan de voet van de Jura, in een warm klimaat dat wijnbouw mogelijk maakt.

Typisch Zwitserse steden

Het Mittelland is vanwege de strategische ligging op de handelsroute tussen Italië en Duitsland altijd een van de dichtst bevolkte streken van Zwitserland geweest. Langs oude handelsroutes getuigen burchten en kastelen van roerige tijden. In zeldzaam mooie, typisch Zwitserse steden, met nog gave middeleeuwse centra, als Solothurn, Bern, Murten en Fribourg sieren fonteinen, historische gebouwen en brede straten het stadsbeeld. Centraal in het Mittelland ligt Bern, de hoofdstad van Zwitserland. Deze levendige stad heeft de bezoeker veel te bieden met de kilometerslange arcades, fonteinen en musea.

TER ORIËNTATIE

O

Toeristische info: Schweizer Mittelland Tourismus: Bahnhof (station), 3000 Bern, tel. 031 328 12 28, smit.ch; Fribourg en omgeving: Restoroute de la Gruyère, 1644 Avry-devant-Pont, tel. 026 915 92 92, fribourgregion.ch.
Neuchâtel en omstreken: Watch Valley Coordination, route de Sorvilier 21, 2735 Bévilard, tel. 032 492 71 32, watchvalley.ch.
Vervoer: alle steden van het Mittelland zijn goed bereikbaar per trein. Vliegen kun je op Basel, Zürich, Lausanne en Bern. Bussen rijden naar alle dorpen en stadjes in het binnenland.

Naar het zuiden toe wijken de heuvels voor steeds hogere bergen. De voorgebergten van de Alpen met hun diep ingesneden rivierdalen hebben elk hun eigen karakter: tussen Bern en Luzern ligt het landelijke Emmental, bekend om de enorme gatenkazen. Iets zuidelijker ligt de Gruyèrestreek, een berggebied, eveneens bekend om zijn kaas. De taalgrens ligt langs de lijn Biel – Murten – Fribourg; aan de zuid/westzijde wordt Frans gesproken, aan de noord/oostzijde Duits.

Aarau

G3

Het stadje Aarau op de rechteroever van de Aare (waaraan het zijn naam heeft te danken) is de hoofdstad van het kanton Aargau. Interessant is een stadswandeling door de ommuurde stad, die is gebouwd op een heuvel boven de Aare. Het oorspronkelijke stratenpatroon van de Altstadt is nog goed bewaard gebleven en heeft rijen laatgotische huizen en barokke gevels met bijzondere, beschilderde 'dakhemels'. In 1798, tijdens de Franse bezetting, was Aarau een blauwe maandag hoofdstad van de Helvetische Republiek.

Moderne kunst

Het **Aargauer Kunsthaus** bezit een van de grootste collecties moderne Zwitserse kunst vanaf eind 18e eeuw tot heden. Het museum werd in 2003 uitgebreid door de bekende Baseler architecten Herzog & de Meuron en toont onder meer werken van Arnold Böcklin, Caspar Wolf, Ferdinand Hodler en Cuna Amiet.

Aargauerplatz, 5001 Aarau, tel. 062 835 23 30, aargauerkunsthaus.ch, di.-zo. 10-17, do. 10-20 uur, CHF 17

Info

- **Toeristenbureau:** Schlossplatz 1, 5000 Aarau, tel. 062 834 10 34, aarauinfo.ch.

Lenzburg

H3

Aargau is het kanton van de kastelen. Ongeveer 8 km oostelijk van Aarau ligt het vriendelijke plaatsje Lenzburg, dat wordt gedomineerd door een ridderkasteel.

Kasteel en museum

Het **kasteel Lenzburg** werd tussen de 11e en 16e eeuw op een heuvel gebouwd en is sinds 1987 als Museum Aargau 's zomers te bezoeken. Het is een populair museum met diverse thematische exposities over zijn duizendjarige geschiedenis en het heeft een aangenaam slotcafé.

Museum Aargau, Schloss Lenzburg, 5600 Lenzburg, tel. 062 888 48 40, schloss-lenzburg.ch, april-nov.: di.-zo. 10-17 uur, CHF 14

Gauklerfestival

Jaarlijks vindt in augustus in Lenzburg het Gauklerfestival plaats, waarbij internationale straatkunstenaars halsbrekende toeren uithalen. Jongleurs, muzikanten en goochelaars zorgen voor een bijzondere ambiance.

Info

- **Toeristenbureau:** Kronenplatz 24, 5600 Lenzburg, tel. 062 886 45 46, lenzburg.ch.

Schloss Hallwyl, een van de sfeervolste waterburchten van Zwitserland

Hallwilersee

H3

Op de route door het Mittelland tussen Basel en Luzern kun je een rit maken langs drie langgerekte meren in het golvende morenelandschap: de Hallwilersee, de Baldeggersee en de Sempacher See. Een mooi gebied, waar de meeste toeristen snel doorheen rijden op weg naar de hogere Alpen. Toch is het een stop waard, voor een ontspannen verblijf aan een van de meren of een bezoek aan een van de vele kastelen. Langs het water zijn veel zonneweitjes vrij toegankelijk en kan er worden gezwommen in het schone water.

De grote **Hallwilersee** ligt in een heuvelachtig gebied waarin akkers, weiden en boomgaarden elkaar afwisselen. Op dit rustige meer wordt gezeild, geroeid, gesurft en er is een bootdienst tussen de oevers. Overal zijn mooie strandjes (goed zwemwater) en zonneweiden zoals bij Beinwil, Tennwil, Fahrwangen en Aesch.

Waterburcht

De Hallwilersee, door gletsjers uitgesleept in de ijstijden, is genoemd naar **Schloss Hallwyl**, een waterburcht uit de 11e tot 15e eeuw. Het slot ligt op twee eilandjes in de Aabach bij Seengen. Het ommuurde kasteel is te bezichtigen en heeft op de binnenplaats een sfeervol café.

5707 Seengen, tel. 062 767 60 10, schlosshallwyl.ch, apr.-okt. di.-zo. 10-17 uur, CHF 14, alleen toegang tot café CHF 2,50

Slapen

Totaalkunstwerk

Seerose Resort & Spa: hotelresort van topklasse aan de Hallwilersee; een combinatie van design, chic, wellness en culinair genoegen.

Seerosenstrasse 1, 5616 Meisterschwanden, tel. 056 676 68 68, seerose.ch, 2 pk vanaf CHF 268

Vogels spotten vanaf de camping

TCS camping Sempach: de camping aan de Sempachersee heeft bijzonder buren: een vogelreservaat en vogelwacht; alle voorzieningen zoals huurtenten, bungalows, strandbad en restaurant.

Seelandstrasse 6, 6204 Sempach, tel. 041 460 14 66, tcs.ch

Actief

Rondwandeling Hallwilersee

De Seeuferweg is een ontspannende rondwandeling rond de grotendeels onbebouwde Hallwilersee. Vanaf diverse plekken kun je met de boot terugkeren; voor een korte route is vooral de rustige oostoever aan te raden.

Route: Schloss Hallwyl–Delphin–Seerose–Aesch (zonneweide, zwemmen)–Mosen–Beinwil–Birrwil–Schloss Hallwyl.

22 km, 4-5 uur; info: seetaltourismus.ch

Solothurn

F4

Solothurn aan de Aare heeft een geschiedenis die teruggaat tot de Kelten. De Romeinen stichtten er hun vesting Salodurum en in de middeleeuwen had de plaats een belangrijke handelsfunctie. De grootste bloeiperiode lag tussen de jaren 1530 en 1792 toen de Franse gezanten hier verbleven. In die tijd groeide het uit tot wat nu de mooiste barokstad van Zwitserland wordt genoemd. Italiaanse grandezza mengt zich met Franse charme en Zwitserse degelijkheid. Solothurn heeft enkele mooie musea en organiseert jaarlijks veel tentoonstellingen en festivals.

Het prachtige historische centrum op de noordoever van de Aare is compact en wordt omgeven door nog intacte stadsmuren en parken op de voormalige bolwerken. De schilderachtige binnenstad met oude huizen, stadspoorten en torens, elf 16e-eeuwse fonteinen en vele kerken is grotendeels autovrij en gemakkelijk te voet te verkennen. De binnenstad bereik je vanaf het station over de brede Kreuzackerbrücke (voetgangersbrug).

De belangrijkste bezienswaardigheden liggen rond de Marktplatz met de 12e-eeuwse Zeitglockenturm en fonteinen (er is markt op woensdag en zaterdag).

Barokkerken

Pronkstuk van Solothurn is de imposante barokke **St. Ursenkathedraal** met classicistische elementen. De kathedraal is in de 18e eeuw gebouwd van helwitte Jurakalk, heeft een vermaarde kerkschat en een mooi uitzicht vanaf de toren. Ook de nabijgelegen Jesuitenkirche aan de Hauptgasse is een bezoek waard. De interieurs van beide kerken tonen mooie voorbeelden van zogenaamd Italiaans stucwerk (geschilderd marmer).

Hauptgasse, 4500 Solothurn, dag. 8-18:30 uur; torenbeklimming: apr. t/m okt., CHF 3

Oude meesters

Het **Kunstmuseum** toont onder andere de *Solothurner Madonna* van Holbein (1522) en de nog oudere *Maria tussen de aardbeien*. De toegang tot het museum is gratis, maar de in de foyer opgestelde *Bedelaar* van Jean Tinguely nodigt uit tot een vrijwillige donatie.

Werkhofstrasse 30, 4500 Solothurn, tel. 032 624 40 00, kunstmuseum-so.ch, di.-vr. 11-17, za., zo. 10-17 uur

Slapen

Swiss historic hotel

Baseltor: *eten, drinken, slapen* is het motto van deze historische stadsherberg in de binnenstad. Vooral 's avonds

St. Ursenkathedraal, Solothurn

is het heerlijk rustig achter de dikke hotelmuren.

Hauptgasse 79, 4500 Solothurn, tel. 032 622 34 22, baseltor.ch, 2 pk vanaf CHF 150

Boven op de berg

Hotel Weissenstein: Vermaard hotel met 54 kamers, boven op de huisberg van Solothurn (1285 m). Prachtig uitzicht over de Jura en het hele Mittelland. Klim te voet, per auto of kabelbaan naar het hotel.

Vorderer Weissenstein 2, 4515 Oberdorf Solothurn, tel. 032 530 17 17, hotelweissen stein.ch

Voor jong en oud

Jugendherberge: direct aan de Aare gelegen, gehuisvest in een groot historisch pand. Aanbevolen!

Landhausquai 23, 4500 Solothurn, tel. 032 623 17 06, youthhostel.ch, 2 pk vanaf CHF 122

Eten

In de Altstadt vind je cafés en Konditoreien; probeer zeker de fameuze *Solothurner Torte*. 's Zomers zijn er terrasjes langs de Aare.

Italië aan de Aare

Il Bar: voor een heerlijke Italiaanse koffie, een aperó of een hapje.

Landhausquai 13, 4500 solothurn, tel. 032 621 13 73

Ongedwongen

Kreuz: hotel-restaurant met biologische keuken en voordelige lunchmenu's. De hotelgasten roemen de voldoende harde bedden.

Kreuzgasse 4, 4500 Solothurn, tel. 032 622 20 20, kreuz-solothurn.ch, 2 pk vanaf CHF 95

Info

- **Toeristenbureau:** Hauptgasse 69, 4500 Solothurn, tel. 032 626 46 46, solothurn-city.ch. Je kunt bij het toeristenbureau een *iGuide* huren voor een individuele rondleiding (60-90 min.).

Omgeving Solothurn

Nog een highlight van de barok

Niet ver van Solothurn en 5 km ten oosten van het welvarende industrie- en handelsstadje Langenthal staat de voormalige **cisterciënzerabdij St. Urban**, waarvan de geschiedenis teruggaat tot 1194. Het sinds 1848 opgeheven klooster heeft reusachtige afmetingen en wordt gedomineerd door de kerk, die wordt beschouwd als een van de hoogtepunten van de barok in Zwitserland. De kerk heeft een relatief sober interieur met spierwit stucwerk en geschilderde marmeren zuilen. Rond de kerk liggen een Gasthof, een beeldenpark en een kunstpaviljoen, waar heel regelmatig exposities van hedendaagse kunst worden gehouden.

4915 St. Urban, tel. 058 856 57 10, st-urban.ch, kerk ma.-za. 9-18, zo. 11-18, in de winter tot 16.30 uur

Emmental

Feitelijk is het Emmental het dal van de Emme tussen Burgdorf en Schangnau, onder de Hohgant (2197 m) waar de Emme zijn oorsprong vindt. Gewoonlijk verstaat men onder het Emmental echter een veel groter gebied: het hele bergachtige oostelijke deel van het kanton Bern dat zich uitstrekt tussen Thun, Bern en Langenthal. Een aantrekkelijk kleinschalig middelgebergte met riviertjes, boomgaarden, weiden vol bergkoeien, bossen en dorpen met de karakteristieke, grote boerderijen die schuilen onder enorme daken. Op veel

Emmentaler boerderij, Ramisgummen

gevels is traditioneel houtsnijwerk aangebracht. De sfeer in het Emmental is gemoedelijk en tradities worden in ere gehouden. Bijna elke zondag wordt er *geschindeln'd*, een bijzondere vechtsport, en 's avonds kun je verrast worden door de prachtige, diepe klanken van het spel van alphoorns.

Verken op je reis door het Emmental bij voorkeur de vele kleine weggetjes en dorpjes, bijvoorbeeld op de fiets over het uitgestrekte bewegwijzerde fietsnetwerk. Ook wandelaars kunnen hun hart ophalen in de bergachtige gebieden van het Emmental.

Langnau

F/G 5

De belangrijkste plaats op de route tussen Bern en Luzern (per trein bereikbaar) en toeristisch centrum van het Emmental is Langnau. Een plaats met veel traditionele huizen, hotels en overal geraniums. Op de Bärenplatz staat het 16e-eeuwse Chüechlihus met Heimatmuseum (di.-zo. 13.30-18 uur). Langnau is een geschikt uitgangspunt voor wandelingen, fiets- en mountainbiketochten in de omgeving. Het bekendste wandel- en mountainbikedoel is de Napf (1408 m), de hoogste top van het noordelijke Emmental.

Burgdorf

F 4

Liefhebbers van moderne kunst is een omweg aan te raden via het stadje Burgdorf aan de ingang van het Emmental. Het ontleent zijn naam aan de strategisch op de heuvel gelegen 12e-eeuwse *Burg* die uitkijkt over het Emmental. Rond de burcht ligt de kleine Oberstadt, die middeleeuws van karakter is met kenmerken van de Berner bouwstijl met donkergroene zandstenen huizen, booggalerijen en pleinen met fonteinen. De benedenstad van Burgdorf verrast met twee kleine musea over de Zwitserse kunstenaars Franz Gertsch en Bernhard Luginbühl.

Metaalsculptuur Bernard Luginbühl, Burgdorf

Schloss Burgdorf

Burgdorf heeft iets met goud, want de Emme met alle zijstroompjes zijn goudvoerende riviertjes, die ontspringen in het goudhoudende Napfgebergte. In het gebied van de Napf werd eeuwenlang goud gewassen, namen als Goldbach verwijzen ernaar. Schloss Burgdorf huisvest dan ook het Helvetisches Goldmuseum over de winning van goud in Zwitserland.

Helvetisches Goldmuseum, Schloss Burgdorf, tel. 034 423 02 14, schloss-burgdorf.ch, dag. 10-18, CHF 14

Museum Franz Gertsch

Op het terrein van de oude Milkakaasfabriek is in 2002 het Musuem Franz Gertsch gebouwd, over een van de belangrijkste hedendaagse Zwitserse kunstenaars, de hyperrealist Franz Gertsch (1930). Met café en videolounge, waar een documentaire draait over Franz Gertsch.

Platanenstrasse 3, 3400 Burgdorf, tel. 034 421 40 20, museum-franzgertsch.ch, wo.-vr. 10-18, za., zo. 10-17 uur, CHF 16, op za. CHF 12

Museum Bernhard Luginbühl

Kunstenaar Bernhard Luginbühl (1929-2011) leefde en werkte in Mötschwil, vlak bij Burgdorf. Het museum in het oude slachthuis van Burgdorf is gewijd aan zijn werk en toont grafiek, metaalsculpturen, hout, brons en keramiek.

Metzgergasse 15, 3401 Burgdorf , tel. 079 665 08 47, luginbuehlbernhard.ch/museum, apr.-nov. za., zo. 10-17 uur, juli gesl., CHF 8

Affoltern

Emmentaler Schaukäserei

Het Emmental heeft internationale faam verworven met zijn Emmentaler kaas, pittig met een kruidig nootachtige smaak en grote gaten. Enkele kaasmakerijen openen hun deuren om te laten zien hoe deze kazen gemaakt worden. Een bezoek aan de beroemde Emmentaler kaasmakerij van Affoltern mag je niet missen; erg toeristisch, maar zeer interessant. In de boerderij Küherstock wordt al meer dan twee eeuwen de beroemde Emmentaler AOP-kaas geproduceerd. De kaasmakerij bestaat uit verschillende gebouwen en een klein openluchtmuseum. In de kleine boerderij uit 1750 wordt als demonstratie voor de bezoekers nog kaas gemaakt in een grote ketel boven het vuur (zoals nog steeds gebeurt op de hooggelegen almen). In de moderne boerderij kun je via een glazen wand meekijken bij de kaasbereiding. In de winkel wordt een groot assortiment kazen en Emmentaler streekproducten verkocht en in het restaurant kun je diverse (kaas) gerechten proberen.

Schaukäsereistrasse 6, 3416 Affoltern i. E., tel. 034 435 16 11, e-sk.ch; winkel en restaurant, dag. 9-17 uur; bäckerei di.-zo. 8-18 uur; je kunt dagelijks bij kaasbereidingen meekijken; audiotours en rondleidingen (za., zo. 13, 15.30 uur, CHF 10).

Actief

Höhenweg Lüderenalp-Mettlenalp

De mooiste wandeling in de omgeving van Langnau is de **hoogtewandeling over de Napf** (1408 m). Een afwisselende bergwandeling op smalle paden over bergkammen en langs originele bergrestaurants. En een fenomenaal uitzicht van de Jura tot de Berner Alpen. Naar begin- en eindpunten Lüderenalp en Mettlenalp gaan in de weekenden van mei t/m okt. speciale wandelbussen (bls.ch/bus).

Fietsen

Emmentaler Käseroute: Rond Burgdorf is een 35 of 75 km lange *Käseroute* uitgezet voor fiets of e-bike. Een app voert je langs elf plekken die met het proces van melkproductie tot kaasexport te maken hebben. Zoals langs de Emmentaler Schaukäserei in Affoltern (download de gratis app op: kaeseroute.ch).

Verstild berglandschap in het biosfeerreservaat Entlebuch

Verhuur e-bikes

Velostation: Bahnhof, 3400 Burgdorf, tel. 034 423 42 46, rentabike.ch.

Slapen

Luxehotel in chaletstijl

Hotel Kemmeriboden-Bad: dit houten hotel in traditionele emmentalerstijl aan de voet van de Hohgant is beroemd om de regionale keuken. Moderne zeer diverse kamers, 'stro deluxe' of een tent met boxspring bed. Een wellness met hot tub en sauna laten je compleet ontspannen.
Schangau, tel. 034 493 77 77, kemmeriboden.ch, 2 pk vanaf CHF 150

Info

- **Toeristenbureaus:** Burgdorf: Bahnhofstrasse 14, 3400 Burgdorf, tel. 034 402 42 52; Langnau: Schlossstrasse 3, 3550 Langnau, tel. 034 402 42 52.
- **Internet:** emmental.ch

Entlebuch

G 5

Minder bekend dan het Emmental maar zeker zo aantrekkelijk is het Entlebuch, het dal ten oosten van het Emmental en behorend tot het kanton Luzern. Beboste hellingen worden afgewisseld door bergen met hoogvenen, heidevelden, alpenweiden en rotsen. Aan de zuidkant wordt het Entlebuch afgesloten door de 2350 m hoge Brienzer Rothorn, een uitzichtberg boven de Brienzer See.

Het Entlebuch is door de UNESCO als eerste Zwitserse biosfeerreservaat aangeduid en om zijn flora en fauna van internationaal belang. **Schüpfheim** is de hoofdplaats van het Entlebuch en heeft een klein Heimatmuseum (beperkt

ONTDEKKINGSREIS
Biosfeerreservaat Entlebuch

Hoogvenen, karst en steenbokken

Info

Kaart: G 5/6

Sörenberg Tourismus: Rothornstrasse 21, 6174 Sörenberg, tel. 041 488 011 085, soerenberg.ch.
Infocentrum Biosphäre Entlebuch: Chlosterbüel 28, 6170 Schüpfheim, tel. 041 485 88 50, biosphaere.ch
Luftseilbahn Sörenberg – Brienzer Rothorn ❶, tel. 041 488 15 60, soerenberg.ch, mei t/m okt., CHF 40.

Een biosfeerreservaat is een natuurgebied waarbinnen het ecosysteem beschermd wordt en waar mens en natuur zorgen voor een duurzame ontwikkeling. In Zwitserland zijn het **Val Müstair/Zwitsers nationaal park** en het **Entlebuch** door de UNESCO als Zwitserse biosfeerreservaten van internationaal belang aangeduid. Entlebuch vertegenwoordigt het Vooralpiene hoog- en laagveen, bergheide, bergdennenbos en karstlandschap.

Hoogvenen
De kernzone van het reservaat bestaat uit gebieden rond het riviertje de Entle en het bergmassief **Schrattenflue**. Hier liggen meer dan honderd hoogvenen, laagvenen en overgangsvenen. In deze natte, arme ecosystemen hebben zich unieke planten weten aan te passen, zoals de vleesetende zonnedauw. Er leven bijzondere insecten en vlinders en de zeldzame auerhoen.

Karstgebied Schrattenflue
Een karakteristiek bergmassief van het Entlebuch is de **Schrattenflue**, een kaal gebergte met karstformaties als

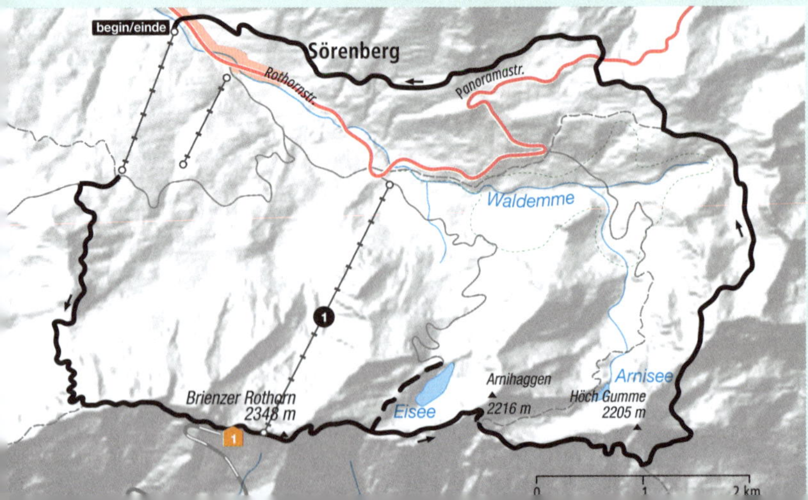

Steenbokvrouwtje

karren, dolines en grotten. In tegenstelling tot de natte veengebieden is op de kale rots geen water aanwezig, want het zakt meteen in spleten en kloven en stroomt onderaards weg. Met een verrekijker zie je hier onderweg misschien een steenarend boven de rotsen van de Achsflue. In het Entlebuch leven drie tot vier paartjes steenarenden.

Steenbokken op de Rothorn

Aan de zuidkant wordt het Entlebuch afgesloten door de **Brienzer Rothorn** (2350 m), de hoogste berg van het kanton Luzern. Vanaf de top heb je schitterend uitzicht op de blauwgroene Brienzer See en de reuzen van de Berner Alpen. Rond de top leeft een grote kudde steenbokken, meer dan tweehonderd dieren. Zo veel, dat het een heuse toeristenattractie is geworden. Dat was ooit anders. Nadat in 1809 de laatste steenbok in Wallis was geschoten werden in 1911 de eerste steenbokken in St. Gallen geherintroduceerd. Sinds 1921 werden er ook steenbokken uitgezet in het Rothorngebied en heeft zich weer een gezonde kolonie ontwikkeld. Overdag houden ze zich op in de steile rotsen, waar de wandelaars niet kunnen komen, maar 's avonds als de wandelaars weg zijn komen de steenbokken naar het berghotel bij de top van de Brienzer Rothorn, waar zoutblokken voor de dieren zijn geplaatst. Wie hier boven overnacht kan de dieren van zeer nabij bekijken!

Brienzer Rothorn

De top van de Brienzer Rothorn bereik je met de kabelbaan vanaf Sörenberg, het romantische stoomtreintje vanuit Brienz (zie blz. 121), of te voet via de uitdagende Steinbock Trek, een wandelroute over de steile Lättgässli naar de top van de Rothorn.

Uitzicht op de Berner Alpen

Vlak onder de top ligt het eenvoudige 1 **berghotel Rothorn Kulm** met grandioos uitzicht. Voor een mooie zonsondergang en -opkomst moet je een beetje geluk hebben met het weer, maar de steenbokken bij de hut zie je gegarandeerd. Het hotel heeft enkele tweepersoons kamers en een voordeliger *Touristenlager*.

Steinbock Trek
Een uitdagende graatwandeling, geschikt voor ervaren bergwandelaars zonder hoogtevrees (10 km, 1250 hoogtemeters, 4,5 uur).

Berghaus Rothorn Kulm 1: tel. 033 951 12 21, brienz-rothorn-bahn.ch.

Zilverdistels in het biosfeerreservaat Entlebuch

geopend). De beste uitgangspunten voor wandelingen in het gebied vormen echter de zuidelijke dalen met de dorpjes Marbach en Sörenberg.

Panoramastrasse

Vanuit Schüpfheim leidt de *Panoramastrasse* zuidwaarts, via Flühli en Sörenberg naar de Glaubenbielenpass (1611 m) en verder naar Sarnen en Luzern. De postbus heeft op deze smalle weg voorrang en toetert luid om tegemoetkomend verkeer te waarschuwen.

Slapen

Sympathiek berghotel

Berggasthaus Salwideli: berghotel op de alpenweiden boven Sörenberg. Eigenaar Ernst Wegmuller wekt 's morgens zijn gasten met de prachtige klanken van zijn alphoorn. Goed vertrekpunt voor bergwandelingen.

6174 Sörenberg, tel. 041 488 11 27, berggasthaus-salwideli.ch, wegens verbouwing gesloten tot herfst 2023

Landelijk sportief

Hotel Sporting: modern hotel buiten het landelijke Marbach. Midden in een aantrekkelijk wandelgebied.

Dorfstrasse 62, 6196 Marbach, tel. 034 493 36 86, hotelsporting.ch, 2 pk vanaf CHF 200

Eten

Alchemistische natuurkeuken

Gasthof Rössli: schrijver en chef-kok Stefan Wiesner kookt met alles wat de natuur te bieden heeft: wild uit het Entlebuch, hooi, dennennaalden, bergkruiden. *Alchemistische natuurkok* noemt hij zichzelf. Een unieke culinaire ervaring; met zeventien Gault Milau-punten en een Michelinster. Geïnspireerd? Volg dan een van de enerverende *workshops*.

Hauptstrasse 111, 6182 Escholzmatt-Marbach, tel. 041 486 12 41, stefanwiesner.ch, 8-gangenmenu CHF 195

Käserei Marbach

Marbach is een stop waard om zijn kaasmakerij uit 2008. Uniek aan deze *bergkäserei* is het gebruik van zowel koe- als buffelmelk (voor mozzarella) en de zogenaamde *Tigre*, een vierkante Emmentaler kaas, speciaal geproduceerd voor de Amerikaanse markt. De winkel heeft ook een uitgebreid assortiment lokale kazen. In de zomer van 2022 werd een nieuwe bezoekersgalerie aangelegd waar je allerlei soorten kaas kunt proeven.

Dorfstrasse 16, 6196 Marbach, tel. 034 493 31 44, kaeserei-marbach.ch, ma.-vr. 8-12, 13.30-18, za. tot 16 uur, zo. (alleen in aug.) 8.30-12, 14.30-18 uur

Info

- **Toeristenbureau:** Rothornstrasse 21, 6174 Sörenberg, tel. 041 488 011 085, soerenberg.ch.
- **Sörenberg Card:** als hotelgast van de gemeente Sörenberg kun je met deze *Gästekarte* gratis gebruikmaken van alle kabelbanen gedurende je verblijf.

Bern

E5

Bern, een overzichtelijke middelgrote stad van 130.000 inwoners is de hoofdstad van Zwitserland. Door de eeuwen heen is Bern goed bewaard gebleven en de prachtige middeleeuwse binnenstad met zijn vele fonteinen, groengrijze zandsteengevels en historische gebouwen is opgenomen op de UNESCO-Werelderfgoedlijst. Het oude Bern ligt op een soort schiereiland in de binnenbocht van een grote slinger van de Aare, en wordt door grote bruggen verbonden met de overzijde. De verkeersluwe binnenstad heeft met in totaal meer dan 6 km arcades de langste overdekte winkelpromenade van Europa.

Openbaar vervoer is met trams en trolleybussen goed geregeld en rijdt frequent. Bern is een levendige stad: het is een komen en gaan van toeristen en congresgangers en terrassen, muzikanten en straatspelen bepalen overdag het beeld. 's Avonds bloeit het uitgaansleven. Op de vele terrassen, zoals op de Waisenhausplatz of Bärenplatz is het dan 'zien en gezien worden'. Op de Bärenplatz wordt 's zomers schaak gespeeld. Bern is een culturele stad met musea, theaters en festivals.

Geschiedenis

In 1191 werd Bern gesticht door hertog Berchtold V von Zähringen, die de strategische positie aan de rand van het Mittelland goed inzag. De snel groeiende stadstaat Bern trad in 1353 toe tot het Eedgenootschap. Geleidelijk breidde het zijn gebied uit met overwinningen op Fribourg, Thun, Burgdorf en Aargau. Daarna richtte het zijn blik op Bourgondië en na de nederlaag van de Bourgondiërs in 1476 bij Murten lag de weg naar Genève open. Toen in 1536 ook Vaud viel, was Bern de grootste stadstaat van Europa ten noorden van de Alpen. Gouden tijden braken aan voor de stad, die in zandsteen weer was opgebouwd, nadat een brand in 1405 de houten huizen had vernietigd. Toen Bern zich overgaf aan de Napoleontische troepen in 1798, was dat dan ook een geweldige schok voor het Eedgenootschap. In 1848 werd Bern Bundeshauptstadt, de zetel van de Zwitserse regering. De wereldoorlogen gingen aan Bern voorbij en de stad ligt er nog zo bij als in de grote bloeiperiode.

Altstadt

Stadswandeling

Ondanks het uitstekende openbaar vervoer is de binnenstad van Bern klein genoeg om te voet te verkennen. Deze stadswandeling van een paar uur biedt een goede indruk. De stad maakt met zijn brede rechte straten en donkergroene zandstenen huizen een strenge indruk, maar wordt verlevendigd door kleurige torens en elf 'Brunnen', fontei-

Uitzicht vanaf de Münsterplatz, met een lift omlaag naar de Aare

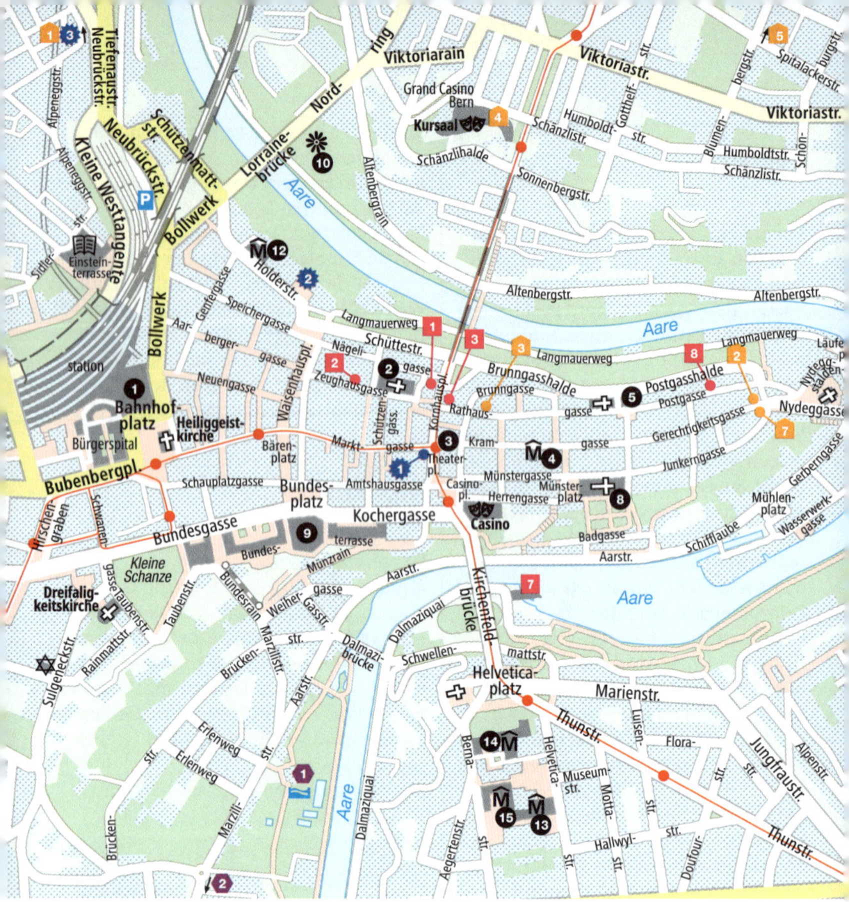

nen met beelden op zuilen, die in het midden van de 16e eeuw gemaakt zijn. Veel van de beelden zijn kopieën, de originele zijn in musea geplaatst. Het water uit de Brunnen kun je drinken.

Startpunt is de **Bahnhofplatz** ❶, het vervoershart van Bern tegenover het centraal station. Het plein onderging in 2008 een vernieuwing en is nu een groot stadsplein met winkelcentra en het Tourist Center. Langs de Heiliggeistkirche, in Franse barokstijl, wandel je door de Spitalgasse langs de Pfeifferbrunnen (met doedelzakspeler) naar de Bärenplatz. Hier staat de Käfigturm (gevangenistoren), oorspronkelijk in 1256 gebouwd in de middelste stadsmuur en herbouwd in de 18e eeuw. Verder oostwaarts wandel je over de Marktgasse, de hoofdwinkelstraat van Bern, naar een van de belangrijkste pleinen van de Altstadt: de Kornhausplatz.

Carnavaleske fonteinen

Op de Kornhausplatz staat de **Kindlifresserbrunnen** met een carnavalsfiguur. Het Kornhaus is een graanpakhuis, gebouwd in barokstijl, en huisvest nu een grand café, een kelderrestaurant en het

Bern

Gaan zien

1. Bahnhofplatz
2. Kornhausforum
3. Zeitglockenturm
4. Albert Einstein Haus
5. Rathaus
6. Bärenpark
7. Rosengarten
8. Berner Münster
9. Bundeshaus
10. Botanischer Garten
11. Zentrum Paul Klee
12. Kunstmuseum
13. Museum für Kommunikation
14. Historisches Museum en Albert Einsteinmuseum
15. Naturhistorisches Museum

Slapen

1. Hotel Innere Enge
2. Belle Époque
3. Goldene Schlüssel
4. Swissôtel Kursaal
5. Alpenblick
6. Hotel Landhaus
7. Hotel Nydeck

Eten

1. Korhauskeller
2. Lötschberg
3. Café des Pyrénées
4. Rosengarten
5. Altes Tramdepot
6. Weincafé Klösterli
7. Schwellenmätteli
8. Café Postgasse

Uitgaan

1. Adrianos Bar & Café
2. Turnhalle
3. Marians Jazzroom

Actief

1. Freibad Marzili
2. Gurten

Kornhausforum ❷ met exposities op het gebied van kunst, design en fotografie.
Kornhausplatz 18, 3011 Bern, kornhausforum.ch, tel. 031 312 91 10, expositieruimte: di.-vr. 12-17, do. tot 20, za., zo. 11-16 uur

Bekendste monument van Bern

Aan de zuidkant van de Kornhausplatz bevindt zich het bekendste monument van Bern. De Klokkentoren of **Zytglog-geturm** ❸ was de stads westpoort tussen 1191 en 1250. Onder het grote uurwerk bevinden zich een astronomisch en een speeluurwerk (van rond 1530). Elke 3 minuten voor het hele uur beginnen de figuurtjes en beertjes te bewegen. Je kunt met een rondleiding meegaan door het fascinerende interieur.

Over de Kramgasse wandel je langs historische fonteinen, zoals de Zähringer Brunnen, het monument voor Berchtold von Zähringen, de stichter van Bern. Op de fontein staat de beroemde bruine beer, het wapen van de Zähringer, die zijn naam gaf aan de stad Bern.

Beroemdste inwoner van Bern

Tijdens mijn eerste bezoek aan Bern had ik met een stadsgids afgesproken in het café op Kramgasse nummer 49, een toepasselijke plek om iets te vertellen over Bern en zijn bewoners. Boven het café bevindt zich namelijk het **Albert Einstein-Haus** ❹, de woning van de beroemde fysicus, waar hij in 1905 zijn relativiteitstheorie schreef. Een soort bedevaartsoord voor fans van Einstein, geheel in originele staat bewaard gebleven (zie ook Albert Einsteinmuseum, blz. 61).

Kramgasse 49, 3000 Bern 8, tel. 031 312 00 91, einstein-bern.ch, dag. 10-17 uur, jan. gesl., CHF 5

Via de Kreuzgasse bereik je het schitterende **Rathaus** ❺, een laatgotisch gebouw uit de 15e eeuw met een lange rij wapenschilden onder de daklijst. Hier zetelt het stadsbestuur en het kanton Bern. Als de Berner vlag wappert houdt het parlement zitting.

Mascotte

Over de Nydeggbrücke kom je bij Berns meest bezochte plek: de vroegere *Bärengraben* heet nu **Bärenpark** ❻. Bern heeft de bruine beer als wapen en mascotte. Sinds 1480 worden er beren in deze kuilen gehouden. In 2009 zijn de oude berenkuilen vervangen door dit ruimere berenpark op de helling langs de Aare.

B

BERN TICKET EN MUSEUM CARD

Hotelgasten die in Bern overnachten ontvangen voor de duur van hun verblijf het **Bern Ticket** en reizen daarmee gratis met het openbaar vervoer, incl. Murtenbahn, Marzilibahn en reis van/naar het vliegveld. De **Museum Card** geeft 24 of 48 uur toegang tot alle musea in Bern (CHF 28 of 35); verkrijgbaar bij de meeste hotels in Bern, de toeristenbureaus of de online shop (shop.bern.com).

In het park leeft de berenfamilie Björk, Finn, Ursina en Berna. Naast de kuilen is een multimediashow over Bern en zijn geschiedenis.

Dag. gratis toegankelijk, tierparkbern.ch

Hoog boven de Aare

Op een klein stukje lopen van de beroemde berenkuil ligt de **Rosengarten** ❼, een rustig park met vele soorten rozen. Het is een mooie plek om 's avonds heen te gaan voor het uitzicht op de oude binnenstad en de ondergaande zon. Met aangenaam restaurant met groot terras en een vijver. De Rosengarten is dan ook zeer populair bij de inwoners van Bern.

Terug over de brug volg je een zuidelijker route via de Junkerngasse naar de Münsterplatz. De **Berner Münster** ❽ is de indrukwekkendste laatgotische kerk van Zwitserland. De kerk stamt uit 1421 en is een zogenaamde pijlerbasiliek zonder dwarsschip. De afbeelding van het *Laatste Oordeel* in het timpaan boven de hoofdingang is uit 1495; elk van de 234 figuren symboliseert een toentertijd bekend figuur, beroep of stand. Het platform vanaf de 100 m hoge toren biedt een prachtig uitzicht op de stad en de Berner Alpen. Wie geen hoogtevrees heeft kan de wenteltrap met 254 treden beklimmen.

Münsterplatz, tel. 031 312 04 62, bernermuenster.ch, kerk dag. geopend; torenbeklimming: 's zomers ma.-za. 10-17, zo. 11.30-17 uur; 's winters ma.-vr. 12-16, za. 10-16.30, zo. 11.30-16 uur, toren tot 30 min voor sluitingstijd, torenbeklimming CHF 5

Hier zetelt de Zwitserse regering

Via het Casino (geen gokhuis maar concertgebouw en restaurant) kom je bij het **Bundeshaus** ❾ en de Bundesplatz. In het parlementsgebouw zetelt de Zwitserse regering, maar worden ook evenementen voor bezoekers en bewoners georganiseerd. Het gebouw van architect Auer werd gebouwd in 1902. De koepel is ge-

Het schilderij van Charles Giron uit 1902, De wieg van het Eidgenossenschaft, in de vergaderzaal van het Zwitserse parlement; centraal de Grosser en Kleiner Mythen

inspireerd op de renaissance kathedraal van Florence. Na een grondige renovatie is het gebouw in oude glorie hersteld. In de vergaderzaal symboliseren muurschilderingen de geschiedenis van Zwitserland. Achter de voorzitter van het parlement hangt een geschilderd berglandschap van 11 meter bij 5 meter. Op dit uitzicht van de politici staan geen iconen als de Matterhorn, Eiger of een van de andere 82 vierduizenders uit de Zwitserse Alpen. Prominent vormen de Grosser en Kleiner Mythen het decor dat de parlementariërs eraan herinnert waar de wieg stond van het *Eidgenossenschaft*, dat de basis vormde voor het huidige Zwitserland. Er zijn regelmatig gratis rondleidingen in vier talen (ca. 1 uur, twee tot vier keer per dag, 3 dagen van tevoren online reserveren, paspoort meenemen, tel. 031 322 87 90, parlament.ch).

Ook buiten het gebouw is veel te beleven. De Bundesplatz is deels ingericht als een waterspel met 26 fonteinen (een voor elk van de kantons) en wordt 's winters een ijsbaan. Vanaf de achtergelegen Bundesterrasse heb je een mooi uitzicht met de Aare diep onder je en de Gurten – de 'huisberg' van Bern – en de Alpen aan de horizon. Verder door het park wandel je naar de Kleine Schanze, een geliefd uitkijkpunt, met oriëntatietafel en café-restaurant.

Voor een bezoek aan de **Botanischer Garten** ⑩ (botanische tuin) van de Universiteit van Bern wandel je vanaf het station over de Lorrainebrücke naar de overkant van de Aare. Hier liggen de uitgestrekte tuinen, op terrassen die aflopen naar de Aare. Er groeien zesduizend verschillende plantensoorten, er is een Alpentuin en er zijn (sub)tropische kassen. In de tuin is ook een café met een terras.

Altenbergrain 21, 3013 Bern, tel. 031 631 49 45, botanischergarten.ch, dag. 8-17 uur, toegang gratis

Musea

Golvend eerbetoon Paul Klee

Zentrum Paul Klee ⓫: aan de rand van de stad (langs de A5, Ost-Ring) bevindt zich sinds 2005 dit museum, gewijd aan het leven en het werk van Paul Klee (1879-1940). De golvende lijnen van het museum zijn ontworpen door de Italiaanse architect Renzo Piano. Hij creëerde een groen eiland, waaruit drie heuvels van staal en glas oprijzen. Daarin bevinden zich de depots, tentoonstellingsruimtes, een muziekzaal, ateliers voor kinderen en een restaurant. Het Zentrum Paul Klee bevat de wereldwijd grootste verzameling werk (bijna 4000 kunstwerken) van Klee, die tot de belangrijkste kunstenaars van de twintigste eeuw gerekend wordt en een groot deel van zijn leven in Bern doorbracht. Klee's werken worden getoond in een regelmatig wisselende collectie van ongeveer honderd stuks, elke keer aan de hand van een ander thema. Er zijn ook regelmatig exposities van andere moderne kunstenaars.

Monument im Fruchtland 3, 3006 Bern, tel. 031 359 01 01, zpk.org, di.-zo. 10-17 uur, CHF 20, bus 12 vanaf Hauptbahnhof

Kunstmuseum

Aan de noordkant van de binnenstad ligt dit belangrijke **kunstmuseum ⓬** met een prachtige nationale en internationale verzameling: meer dan drieduizend schilderijen en sculpturen uit de 13e-20e eeuw. De collectie varieert in omvang en wordt afgewisseld met tijdelijke exposities.

Hodlerstrasse 8-12, 3000 Bern, tel. 031 328 09 44, kunstmuseumbern.ch, di.-zo. 10-17, di. tot 21 uur, CHF 24 (alle exposities), CHF 10 (alleen eigen collectie)

Museumwijk Helvetiaplatz

Aan de overkant van de Aare ligt een museumwijk rond de Helvetiaplatz en

Zentrum Paul Klee

Bernastrasse. Hier vind je elf musea, de belangrijkste zijn het Museum für Kommunikation, het Naturhistorisches Museum en het Albert Einsteinmuseum. En verder vind je er nog het Alpines Museum en de Zwitserse nationale bibliotheek,

13 Museum für Kommunikation: recent gemoderniseerd interactief museum (voormalig postmuseum) over alles wat met post en telecommunicatie te maken heeft. Grote postzegelverzameling.

Helvetiastrasse 16, di.-zo. 10-17 uur, tel. 031 357 55 55, mfk.ch, CHF 15

14 Historisches Museum en Albert Einsteinmuseum: Zwitserlands belangrijkste cultuurhistorische museum met objecten van de steentijd tot heden en een grote volkenkundige collectie. Het museum bevat verder een voortreffelijke Einsteintentoonstelling. Albert Einstein (1879-1955) begon zijn loopbaan aan de Universiteit van Bern, waar nu ook zijn museum zich bevindt.

Helvetiaplatz 5, bhm.ch, di.-zo. 10-17 uur, CHF 18-24

Reusachtige bergkristallen

15 Naturhistorisches Museum: geologie, mineralogie, paleontologie en zoölogie. Interessant is onder andere de tentoonstelling over de beroemde reddingshond Barry. Een van de andere hoogtepunten van het museum is 'De schat van de Planggenstock', een van de belangrijkste vondsten die de Alpen de afgelopen 300 jaar hebben opgeleverd: bijna 2 ton spectaculair mooi kwartskristal, waarvan de afzonderlijke kristallen elk meer dan 1 m groot zijn. De zeldzame vondst wordt tentoongesteld in de 'schatkamer' van het museum (zie ook Toegift, blz. 143).

Bernastrasse 15, 3005 Bern, tel. 031 350 71 11, nmbe.ch, ma. 14-17, di.-vr. 10-17, wo. tot 18, za., zo. 10-17 uur, CHF 12

Slapen

Typically Swiss

1 Hotel Innere Enge: al in de 18e eeuw de ontmoetingsplaats voor de 'happy few'; tegenwoordig omschrijft het hotel zich als 'typically swiss'; viersterrenhotel aan de noordrand van Bern, met themakamers op het gebied van de jazz; met de internationale jazzclub Marians Jazzroom.

Engestrasse 54, 3012 Bern, tel. 031 309 61 11, innere-enge.ch, 2 pk vanaf CHF 200

Jugendstil hotel

2 Belle Époque: in dit viersterrenhotel in de binnenstad waan je je terug in het Parijs van de jaren 1920. Kunstwerken van Gustav Klimt, Ferdinand Hodler en Toulouse Lautrec sieren de kamers en het restaurant.

Gerechtigkeitsgasse 18, 3011 Bern, tel. 031 311 43 36, belle-epoque.ch, 2 pk vanaf CHF 180

Historische ambiance

3 Goldener Schlüssel: in een van de oudste gebouwen van de stad zit dit hotel met 34 moderne hotelkamers.

Rathausgasse 72, 3011 Bern, tel. 031 311 02 16, goldener-schluessel-bern.ch, 2 pk vanaf CHF 180

Hip lifestyle hotel

4 Swissôtel Kursaal: groot, modern hotel bij de Kursaal, ten noorden van de Altstadt. Voorzien van alle comfort zoals sauna en wirlpool.

Kornhausstrasse 3, tel. 031 339 55 00, swissotel.de/hotels/bern, 2 pk vanaf CHF 171

Aangenaam driesterrenhotel

5 Alpenblick: 'kind of a hotel' noemt het zichzelf. Het hotel is onlangs gerenoveerd en de kamers zijn verbouwd tot kleine studio's met kitchinette. In een leuke woonwijk op 10 tramminuten van

het centrum. Met restaurant, tuinterras en winkels, cafés en restaurantjes in de directe omgeving.
Kasernenstrasse 29, 3013 Bern, tel. 031 335 66 55, alpenblickbern.ch, studio vanaf CHF 152

Onconventioneel
6 **Hotel Landhaus:** direct aan de Aare bij het berenpark ligt dit bijzondere hotel voor wereldreizigers, kunstenaars of gezinnen. Met familiekamers, café en bistro.
Altenbergstrasse 4/6, 3013 Bern, tel. 031 331 41 66, albertfrida.ch, 2 pk vanaf CHF 130

Beste tweesterrenhotel
7 **Hotel Nydeck:** centraal hotelletje met twaalf gerenoveerde kamers in de Altstadt.
Gerechtigkeitsgasse 1, tel. 031 311 86 86, hotelnydeck.ch, 2 pk vanaf CHF 160

Eten

Exclusief dineren
1 **Kornhauskeller:** bovengronds een grand café, ondergronds de Kornhauskeller: een van de imposantste zaalrestaurants in Bern. Een geweldige ambiance met het hoge plafond in gotische stijl. Zwitserse en mediterrane keuken; ook geschikt voor koffie en patisserie.
Kornhausplatz 18, tel 031 3277272, bindella.ch/de/kornhauskeller

Zwitserse specialiteiten
2 **Lötschberg:** overdag een rustig restaurant met wijn, bier, fondue, raclette en Zwitserse specialiteiten; ook verkoop van wijn, kaas en Trockenfleisch om mee te nemen. 's Avonds verandert het in een drukke wijnbar met kaashapjes en tapas. Een dj zorgt voor bijpassende muziek.
Zeughausgasse 16, 3011 Bern

Internationaal bistro-café
3 **Café des Pyrénées:** dit café en terras, ook wel het zenuwcentrum van Bern genoemd, wordt druk bezocht door journalisten en expats. Stop voor een drankje, een sandwich of pastaschotel.
Kornhausplatz 17, tel. 031 311 30 63

Rozentuin met uitzicht
4 **Rosengarten:** vanaf dit hooggelegen terras heb je uitzicht op de oude binnenstad en geniet je van lokale gerechten.
Alter Aargauerstalden 31b, 3006 Bern, tel. 031 331 32 06, rosengarten.be

Bierbrouwerij
5 **Altes Tramdepot:** naast de berenkuil ligt dit restaurant met brouwerij, leuk om een biertje te drinken. Het huisbier wordt gebrouwen in grote koperen vaten midden in het restaurant. Trefpunt voor jong en oud. Een aanrader vanwege de uitgebreide menukaart en de grote porties.
Grosser Muristalden 6, 3006 Bern, tel. 031 368 14 15, altestramdepot.ch

Leuk wijncafé/terras
6 **Weincafé Klösterli:** klein wijncafé en restaurant op een mooie plek ten noorden van het berenpark; meer dan twintig open wijnen. Voordelig lunchmenu of *Apéro*.
Klösterlistutz 16, tel. 031 350 1000, kloesterlibern.ch

Trendy terras aan de Aare
7 **Schwellenmätteli:** groot restaurant en terras aan de zuidkant van de Aare, ook wel Berner Rivièra genoemd, met vlonder direct boven de rivier. Vooral mediterrane gerechten; groots uitzicht (en prijzen).
Dalmaziquai 11

Typisch Berner eethuisje
8 **Café Postgasse:** dit authentieke eethuisje is populair bij de plaatselijke bewoners. Zwitserse keuken, met verse ingrediënten. Het eethuisje is klein en snel vol. Dus wel van tevoren reserveren.
Postgasse 48, tel. 031 311 60 44, cafepostgasse.ch

Uitgaan

Veel Berner cafés en wijnbars blijven tot laat open. Een aanrader is Lötschberg (zie onder restaurants), 's avonds met livemuziek.

Van koffie tot cocktail

1 **Adrianos Bar & Café:** 's morgens een koffiebar, 's avonds een cocktailbar. Fijne ambiance en uitstekende koffie, dankzij de eigen koffiebranderij.

Theaterplatz 2, tel. 031 318 88 31, adrianos.ch

Trendy café en plein

2 **Turnhalle:** omgebouwde gymzaal met voorplein, overdag rustig café en cultuurcentrum, donderdag- tot zaterdagavond levendige bar vol kunstenaars en studenten; livemuziek en acts.

Speichergasse 4, tel. 031 311 15 51, gratis entree, turnhalle.ch

Jazzclub

3 **Marians Jazzroom:** een van de beste jazzclubs ter wereld met internationale muzikanten. Van dinsdag- tot zaterdagavond concerten.

Engestrasse 54, 3012 Bern, tel 031 309 61 11, mariansjazzroom.ch

Shoppen

Circa 6 km overdekte promenade: onder de Lauben van Bern kun je eindeloos shoppen. De Kramgasse (en in het verlengde de Marktgasse) is de hoofdwinkelstraat. Hier vind je veel ketens. In de Rathausgasse zijn veel kleine winkels (antiek, boeken, sieraden, wijn). In buitenwijk Bern-Brünnen opende Westside, een groot winkel- en vermaakscentrum, met onder andere 55 winkels (8 min. met de S-Bahn). Architect is de Amerikaan Daniel Libeskind.

Markten: elke di. en za. is er een markt op de Bundesplatz. Kunstnijverheid: eerste za. van de maand naast de Münster; vlooienmarkt: 3e za. van de maand op de Mühleplatz.

Actief

Zwemmen in de Aare

1 **Freibad Marzili:** het drukst bezochte buitenzwembad van Bern. En net als alle andere openbare zwembaden in Bern gratis toegankelijk! Het zwembad heeft verschillende baden en ligt in een grote binnenbocht van de Aare. Speciaal aan dit zwembad is dat je hier ook vrij kunt zwemmen in de Aare (alleen voor geoefende zwemmers!). Op verschillende plaatsen zijn trappen en handgrepen voor toegang tot de rivier. Kleed je om in het zwembad, volg het pad stroomopwaarts tot het toegangspunt van je keuze en dobber terug naar het zwembad! Let op: de Aare stroomt erg snel, ga niet te ver de rivier op, zodat je op tijd weer terug kunt naar de kant.

Marzilistrasse 29, tel. 031 311 00 46, aaremarzili.info

Huisberg van Bern

2 **Gurten:** de Gurtenkulm, zuidelijk van het centrum, is de huisberg en recreatieberg van Bern. De Gurten is sinds 1899 bereikbaar met de Gurtenbahn vanaf de buitenwijk Wabern. Het oude stroomtreintje uit de beginjaren is inmiddels vervangen door een moderne kabelspoorbaan. Op de top, 360 m boven Bern, staat het sjieke hotel-restaurant Kulm met diverse uitkijkpunten. De uitkijktoren en het glazen Pavillon Gurten (tel. 031 970 33 33) met terras en restaurant bieden fantastisch uitzicht over de stad en het Berner Oberland. De Gurten is geschikt voor een mooie (avond)wandeling, eventueel gecombineerd met een lange afdaling terug naar de stad.

Gurtenbahn, Dorfstrasse 45, Wabern, tel. 031 961 23 23, gurtenpark.ch/gurtenbahn, vanaf 7 uur elk kwartier, vaak tot ver na middernacht; enkel CHF 6, retour CHF 11 (gratis met de Bern Mobility Pass). Bereikbaar met tram 9, halte Wabern/Gurtenbahn

Evenementen

- **Carnaval in Bern:** op een di. in maart. Het feest begint met het wekken van de beer uit zijn winterslaap door de *Ychüblete* (drummers), gevolgd door een optocht van *Guggenmusik-Cliques* (bands) door de straten van Bern.
- **Bern Jazz Festival:** maart-mei, jazzfestivalbern.ch. Tien weken lang treden jazzmuzikanten op op diverse locaties.
- **Gurten festival:** half juli. vierdaags muziekfestival op de huisberg van Bern.
- **Zibelemärit:** deze *uienmarkt* is een traditioneel volksfeest op de vierde maandag van november. Boeren brengen grote hoeveelheden uien en knoflook naar de hoofdstad; alle restaurants serveren kaas- en uientaart en -soep.
- **Kerstmarkt:** december, op de Waisenhausplatz.

Info

- **Toeristenbureau:** Bahnhofplatz 10A, 3001 Bern. Er is ook een dependance bij het Berenpark. Tel. 031 328 12 12, bern.com.

Pays de trois lacs

Aan de voet van de Jura ligt het Franstalige 'Pays de trois lacs': de meren van Biel/Bienne, Neuchâtel en Murten/Morat, omringd door een weids heuvelachtig landschap van landerijen en bossen.

Wandeling door de wijngaarden langs de Bielersee vanaf La Neuveville

Neuchâtel is een belangrijke stad met een lange geschiedenis. Dichter tegen de Voor-Alpen stroomt de rivier de Sarine/Saane via Gruyères naar Fribourg. Dit Voor-Alpengebied is veel bergachtiger dan de rest van het Mittelland. Fribourg is de belangrijkste stad in dit gebied vol kastelen en telt talloze mooie hoekjes, pleinen en gebouwen.

Biel

D/E 4

Biel of Bienne is een middelgrote stad aan de voet van de Jura, aan de noordpunt van de Bielersee. De stad is volkomen tweetalig, zó zelfs dat de mensen zonder blikken of blozen Duits en Frans door elkaar gebruiken. Sinds de tweede helft van de 19e eeuw is Biel sterk gegroeid door het opzetten van de uurwerkindustrie. Nog steeds hebben Rolex en

Swatch in Biel hun hoofdkantoren. In het levendige moderne Biel bleef gelukkig de middeleeuwse kern goed bewaard. Je kunt een korte wandeling maken door de Altstadt met de pleinen, straten met booggalerijen en fonteinen. Van de oude stad voert de promenade *Seevorstadt*, met huizen van uurwerkfabrikanten, naar het meer.

Over de geschiedenis van de uurwerkindustrie van Biel en het merk Rolex gaat hier het **Neues Museum Biel**. Seevorstadt 52, 2501 Biel, tel. 032 328 70 30, nmbiel.ch, di.-zo. 11-17 uur, CHF 8

Bielersee

Het meer, 15 km lang en 4 km breed, ligt tegen de hoge kalkrand van de Jura aan. Rond de hele Bielersee kan mooi worden gewandeld en gefietst, aan de westzijde door wijngaarden, aan de oostzijde door de grootste groentetuin van Zwitserland. De plaatsjes aan de westzijde van de oever hebben allemaal een bootverbinding met Biel. Onderweg kom je aardige wijndorpen tegen, zoals Twann (Douanne) met de 3 km lange spannende Twannbachschlucht. Het schilderachtige stadje La Neuveville heeft het middeleeuwse karakter behouden, met een stadsmuur en zes torens. De brede rue du Marché, waar nog steeds de markt wordt gehouden, geeft zicht op de vaandeldragersfontein (1550) en de Tour de l'Horloge.

Sankt Petersinsel

Aan de zuidpunt van het meer van Biel steekt het langgerekte St. Peterseiland ver uit in het meer. Voordat de loop van de Aare in 1878 werd verlegd, was de waterstand in het meer hoger en was het een eiland, dat tegenwoordig een schiereiland is, te voet of op de fiets bereikbaar over een smalle dam vanuit Erlach, of per boot vanaf Ligerz. Het beboste eiland is een natuurreservaat voor watervogels en kent een lange geschiedenis. De monniken van de orde van Cluny bewoonden het eiland vanaf de 12e eeuw. 'Nergens voelde ik me zo intens gelukkig als op het St. Petereiland midden in de Bielersee', schreef Jean-Jacques Rousseau vlak voor zijn overlijden, toen hij in 1765 voor korte tijd zijn intrek nam in het 12e-eeuwse klooster (nu een hotel). Het is zeker aan te raden een wandeling of fietstocht te maken door dit paradijselijke stukje natuur, of neem een duik vanaf een van de steigers en ontspan op het terras van het historische Klosterhotel.

Drie-meren-boottocht

Uit de haven van Biel vertrekken rondvaartboten die de Bielersee, het Lac de Neuchâtel en de Murtensee aandoen, met elkaar verbonden door de Aare en kanalen. De boottocht over de langst bevaarbare waterweg van Zwitserland is een complete dagtocht. De schepen vertrekken dagelijks uit Biel om 9.45 en zijn in Murten om 14.30 en 18.20 uur terug (dagkaart CHF 78, lnm.ch).

Slapen

Hotel om te blijven

Klosterhotel St.Petersinsel: Heidenweg 26, 3235 Erlach, tel. 032 338 11 14, st-petersinsel.ch, 2 pk vanaf CHF 120. Dit alleen te voet, per fiets of met de rondvaartboot bereikbare hotel werd in 2010 verkozen tot historisch hotel van het jaar. Om volledig te ontspannen hebben de dertien kamers en suites geen tv of mini-bar, maar water en vers fruit.

Info

- **Toeristenbureau:** Bahnhofplatz 12, 2501 Biel/Bienne, tel. 032 329 84 84, biel-seeland.ch.

Neuchâtel

D 5

Het Meer van Neuchâtel is 38 km lang, 8 km breed en 150 m diep. Het ligt aan de rand van het Mittelland tegen de Jura aan en is uitgesleten door een zijtak van de Rhônegletsjer tijdens de ijstijden. De grootste plaats aan het meer is Neuchâtel, gelegen aan de voet van de 1171 m hoge Chaumont. Neuchâtel dankt zijn naam aan de Bourgondische vesting die hier in de 11e eeuw lag. De stad bleef lang in Franse handen en sloot zich pas in de 19e eeuw aan bij het Eedgenootschap. Het is een aantrekkelijke stad met nauwe straatjes, fonteinen en oude zachtgele huizen in een autovrije stadskern. Langs het meer ligt het moderne centrum met de haven en de 4 km lange oeverpromenade.

Het centrum heeft een paar aantrekkelijke pleinen zoals de Place des Halles en de Croix-du-Marché met de oudste fontein die de stad rijk is. De burcht, de gevangenis en de kerk vormen een organisch geheel aan de westkant van de oude stad. Prachtig uitzicht over de stad, het Meer van Neuchâtel en de Alpen krijg je vanaf de Tour des Prisons.

Torenbeklimming, dag. 8-18 uur, CHF 2

Musea

Kunstmuseum

Aan de andere kant van de stad staat het **Musée d'Art et d'Histoire**. Veel bekijks trekken hier de 18e-eeuwse poppenautomaten van uitvinder en uurwerkmaker Jaquet-Droz. De poppen werken nog steeds, al ruim 200 jaar. Een ervan kan zelfs een brief schrijven, waarvan hij de tekst opgegeven krijgt. Verder zijn er werken van Zwitserse en Franse schilders, onder wie Hodler, Seurat en Monet.

Quai Léopold-Robert 1, 2000 Neuchâtel, tel. 032 717 79 25, mahn.ch, di.-zo. 11-18 uur, CHF 8, wo. gratis

Friedrich Dürrenmatt

Het **Centre Dürrenmatt** werd ontworpen door Mario Botta en is gebouwd rond het huis waar de Zwitserse schrijver/schilder Friedrich Dürrenmatt (1921-1990) geleefd heeft; met boekwinkel en caféterras.

Chemin du Pertuis-du-Sault 74, 2000 Neuchâtel, tel. 058 466 70 60, cdn.ch, wo.-zo. 11-17 uur, CHF 8

Archeologisch museum

In Hauterive, 5 km buiten Neuchâtel, staat het **Laténium**, een fraai vormgegeven archeologisch museum. Het museum won diverse prijzen en is het belangrijkste Zwitserse archeologische museum. Het voert je 50.000 jaar terug in de tijd, toont een reconstructie van de prehistorische paalwoningen van La Tène en heeft een archeologisch themapark.

Espace Paul Vouga, 2068 Hauterive, tel. 032 889 69 17, latenium.ch, di.-zo. 10-17 uur, CHF 9

Slapen

Met je voeten in het water

Hôtel Palafitte: Moderne houten paviljoens, gedeeltelijk op palen. Elke luxueuze suite van 70 m^2 heeft een eigen terras en toegang tot het meer.

Route des Gouttes-d'Or 2, 2000 Neuchâtel, tel. 032 723 02 02, palafitte.ch, 2 pk vanaf CHF 280

Actief

Leuk om te doen met kinderen

Maak een ritje met de tandradbaan **Funiculaire de Chaumont** naar de gelijknamige huisberg boven Neuchâtel voor een spannende tocht door het klimbos boven op de berg (transn.ch). Ook spannend is een afdaling op de rodelbaan of *toboggan* vanaf het uitzichtpunt La Vue-des-Alpes, 25 km van Neuchâtel (toboggans.ch). Voor meer uitstapjes in de Jura zie hoofdstuk Basel en de Jura.

Info

Toeristenbureau: Hôtel des Postes, 2001 Neuchâtel, tel. 032 889 68 90, neuchateltourisme.ch.

Murten

D 5

Het tweetalige stadje Murten/Morat aan het Lac de Morat is een begrip in Zwitserland, omdat de Eedgenoten Karel de Stoute hier in 1476 voor de tweede keer verpletterden. Karels droom, herstel van het oude Bourgondische Rijk, vervloog daarmee. Elk jaar wordt op 22 juni de overwinning herdacht met een dienst op het oude slagveld en met feesten. Op de eerste zaterdag van oktober wordt een 17 km lange marathon gehouden van Murten naar Fribourg, de historische weg waarlangs de koerier rende om de overwinning te melden.

Het middeleeuse stadje Murten is perfect bewaard gebleven en wordt geheel omringd door een stadsmuur met drie poorten. Het huidige stadsbeeld ontstond vooral in de 17e en 18e eeuw. Je kunt over de stadsmuur lopen, waarbij je uitkijkt over de daken en de torens van het stadje. De sfeervolle Hauptgasse heeft aan weerszijden booggalerijen en barokke woonhuizen en leidt naar de 18e-eeuwse Berner Tor, die met zijn grote uurwerkplaat en karakteristieke torenconstructie typerend is voor de Berner bouwstijl. Vanuit de binnenhof van het 13e-eeuwse slot aan het einde van de Hauptgasse kijk je uit op de Murtensee. Aan de overkant van het meer liggen subtropisch aandoende dorpjes en de wijngaarden van de Mont Vully (653 m), het kleinste wijnbouwgebied van Zwitserland.

Slapen en eten

Idyllisch gelegen

Hotel Mont-Vully: hoog boven de Murtensee gelegen hotel met acht moderne kamers met uitzicht op het meer. Wandelaars klimmen vanuit Môtier omhoog voor de bistro met het grote zonneterras.

Route du Mont 50, 1789 Lugnorre, tel. 026 673 21 21, hotelmontvully.ch, 2 pk vanaf CHF 200, ma. en di. gesl.

Nostalgisch stadshotel

Adler: hip, retro-designhotel met kamers, genoemd naar beroemde gasten als Goethe, Tinguely en Luginbuehl.

Hauptgasse 45, 3280 Murten, tel. 026 672 66 69, adler-murten.ch, 2 pk vanaf CHF 110/130 (winter/zomer)

Je kunt in Murten een mooie wandeling maken over de muur die het stadje nog grotendeels omringd

Info en festivals

- **Toeristenbureau:** Französische Kirchgasse 6, 3280 Murten, tel. 026 670 51 12, regionmurtensee.ch.
- **Dienstregeling Scheepvaart Murtensee:** lnm.ch.
- **Murten Classics:** elk jaar in augustus/september is er een week met klassieke concerten in de binnenhof van het slot.

WANDEL- EN BOOTTOCHT

W

Wandeling Murten – Môtier – Mont Vully: voor deze wandeling begin je ontspannen met de boot over het meer naar Môtier en wandel je op de *chemin la rivièra* door de wijnvelden, tot je de bordjes kunt volgen naar de Mont Vully (654 m). Daar heb je prachtig uitzicht in alle richtingen: op de Jura, de drie meren en de Berner Alpen. Vanaf de top daal je af naar Sugiez (433 m) en vandaar in 1,5 uur langs het meer naar Murten terug. Onderweg in Môtier zijn er enkele wijnproeflokalen en halverwege passeer je Hotel-Restaurant Mont-Vully. Totaal ca. 15 km, 4 uur.

Payerne

Grootste romaanse kerk van Zwitserland

Het industriestadje Payerne lag net als Murten op een van de belangrijke verbindings- en handelsroutes tussen de bevaarbare Rijn en de Rhône. De al in de Romeinse tijd gestichte stad beleefde zijn bloeiperiode tussen 1000 en 1400, waarna het in verval raakte sinds het innemen van de stad in 1536 door de Berners. Het stadje is beslist een bezoek waard om zijn prachtige **abdijkerk** uit de 11e eeuw, de grootste romaanse kerk van Zwitserland. Na een laatste restauratie van 10 jaar is een van de mooiste romaanse kerken van Zwitserland weer in ere hersteld en sinds 2019 heropend voor bezoekers. Opvallend aan de buitenkant is het hoge schilddak en de gedraaide torenspits, binnen geeft de mooie lichtval het sobere interieur bijzondere glans. De kerk is ingericht als museum. Als bezoeker krijg je een *audioguide* mee zodat je zelf een rondgang kunt maken langs een inleidende film en twintig interactieve audiostations over de geschiedenis en de personen die verbonden zijn aan deze kerk.

Place du Marché 3, abbatiale-payerne.ch, juli-aug. dag. 10-17.30, rest van het jaar ma. gesl., nov.-feb. vanaf 13.30 uur, CHF 15, incl. audioguide

Fribourg (Freiburg)

D 6

Fribourg ligt op de taalgrens. De universiteit is volledig tweetalig. De stad ligt op twee verdiepingen langs de rivier de Sarine (Saane in het Duits), die met zijn wilde stroom en groene oevers een stukje woeste natuur midden in de stad vormt. Onder, langs de Sarine ligt de kleine benedenstad. Prachtige houten en stenen bruggen, zoals de Pont de Zähringen, overspannen de rivier: majestueus rijst de bovenstad met zijn fortificaties en steile beboste hellingen uit boven de snelstromende rivier. Beneden- en bovenstad worden verbonden door een uniek tandradtreintje, liefkozend *funi* (funiculair) genoemd. Fribourg bezit een schat aan historische gebouwen uit alle eeuwen, opgetrokken uit stemmig grijsgroen zandsteen. Zowel de boven- als de benedenstad telt mooie hoekjes, slingerende straten en pleintjes met fonteinen.

Kathedraal St-Nicolas

De 13e-eeuwse gotische kathedraal heeft een 74 m hoge toren (368 treden) en een prachtig timpaan met *Het Laatste Oordeel* aan de hoofdingang. Het orgel uit 1834 van Aloys Mooser is de trots.

Concerten: zon- en feestdagen 16, 's zomers ma.-vr. 15 uur; torenbeklimming: april-okt. ma.-za. 10-17, zo. 13-17 uur, CHF 3,50

Musea

'Fantastische' kunst

Espace Jean Tinguely/Niki de Saint Phalle: in de afgedankte tramremise naast de kathedraal is de Espace Jean Tinguely/Niki de Saint Phalle ingericht, een eerbetoon aan het beroemde kunstenaarspaar. De ruimte staat vol met de fantastische werken van beide kunstenaars.

Rue de Morat 2, 1700 Fribourg, tel. 026 305 51 40, fr.ch, wo.-zo. 11-18, do. tot 20 uur

Musée d'Art et d'Histoire: 16e-eeuwse beeldhouwkunst met onder meer de originele beelden uit de kathedraal.

Rue de Morat 12, 1700 Fribourg, tel. 026 305 51 40, fr.ch, wo.-zo. 11-18, do. tot 20 uur

Vrolijk kunstwerk van Niki de Saint Phalle langs het Lac de Neuchâtel

Slapen en eten

Charmant hotel

Hôtel Au Sauvage: in een pand uit de 16e eeuw; elke kamer is anders, sommige met prachtige oude balkenplafonds.

Planche-Supérieure 12 (benedenstad), 1700 Fribourg, tel. 026 347 30 60, le-sauvage.ch, 2 pk vanaf CHF 120

Geweldig uitzicht

Café du Belvédère: geniet van een traditioneel gebrouwen bier op het mooiste terrasje van de bovenstad.

Grand rue 36, tel. 026 323 44 07, cafedu belvedere.ch

Terras langs de Sarne

Auberge de l'Ange: kleine historische auberge onderaan de Altstadt, alleen al een bezoek waard om zijn terras aan de Sarne. Eenvoudige kaart met (vreemd genoeg) vooral Walliser specialiteiten.

Rue des Forgerons 1 (bij de Pont de Berne), tel. 026-322 35 49, cafe-ange.ch.

Lievelingsplek

Le Funi, Fribourg

De historische *Funi* (funiculaire, kabelspoortrein) is een technisch juweeltje en is opgenomen in de collectie van nationale cultuurgoederen van Zwitserland. Tussen de hoge en lage Freiburgse stadswijken rijdt sinds 1899 dit nostalgische treintje – zonder stroom en zonder uitstoot. Het is de laatste waterballasttrein van Zwitserland. De aandrijving van de kabelspoortrein gaat niet met een motor, maar met rioolwater uit het bovenste stadsdeel. Er hangt een heel speciale geur als bij het bergstation de watertank onder de wagon wordt gevuld ...

Op diverse plekken staan plattegronden waarop een gele wandelroute is aangegeven, die gemakkelijk is te volgen. Begin je wandeling in de benedenstad, neem dan de *funi* omhoog en daal langzaam weer af naar het beginpunt.

Info

• **Toeristenbureau:** Place Jean-Tinguely 1, 1701 Fribourg, tel. 026 350 11 11, fribourgregion.ch.

Gruyères

D 7

Het stadje Gruyères gaf zijn naam aan de beroemde kaas van deze streek, die een belangrijk exportproduct is geworden. Maar Gruyères is meer dan kaas alleen. Ook het schilderachtige plaatsje zelf is een bezoek meer dan waard. Het werd in 2014 verkozen tot *Le plus beau village de Suisse Romande* (het mooiste dorp van Frans-Zwitserland). In het op een steile heuvel gebouwde Gruyères hangt - ondanks het toerisme - nog een aangename sfeer met zijn ommuurde centrum, stadspoorten, 15e-eeuws kasteel, en Chapelle St-Jean.

Gruyères huisvest drie totaal van elkaar verschillende musea: regionale geschiedenis en cultuur komen hier samen met de aliens van HR Giger en boeddhistische sculpturen.

8 eeuwen historie en cultuur

Château de Gruyères: Een bezoek aan het kasteel/museum van Gruyères voert je door acht eeuwen architectuur, geschiedenis en cultuur.

Rue du Château 8, 1663 Gruyères, tel. 026 921 21 02, chateau-gruyeres.ch, dag. nov.-mrt. 10- 17, april-okt. 9-18 uur, CHF 12

Fantasy en aliens

Musée H.R.Giger: de surrealistische kunstenaar Giger won in 1980 een Oscar voor zijn visuele effecten in de film *Alien*. Zijn museum in kasteel St-Germain neemt je mee in de wereld van de fantasy.

Château St. Germain, 1663 Gruyères, tel. 026 921 22 00, hrgigermuseum.com, april-okt. dag. 10-18, nov.-mrt. wo.-vr. 13-17, za., zo. 10-18 uur, Giger bar geopend dag. 10-20.30, di., wo. vanaf 12 uur, CHF 12,50

Tibet Museum

Het **Tibet-museum** toont de particuliere collectie Boeddhistische kunst van verzamelaar Alain Bordier.

Rue du Château 4, 1663 Gruyères, tel. 026 921 30 10, tibetmuseum.ch, april-okt. dag. 11-18, nov.-mrt. di.-vr. 13-17, za., zo. 11-18 uur, CHF 10

Modelkaasmakerij

In Pringy-Gruyères, aan de voet van het kasteel, kun je een bezoek brengen aan **La Maison du Gruyère**, een gelikte modelkaasmakerij, waar bussen met Japanners af en aan rijden. Je kunt met behulp van een brochure de bereiding van de Gruyère AOP volgen, die twee tot vier keer per dag plaatsvindt. In de winkel kun je de bekende *fondue motie-motie* kopen (kaasfondue, half Gruyères, half Vacherin).

Place de la Gare 3, 1663 Pringy, tel. 026 921 84 00, lamaisondugruyere.ch, expositieruimte dag. 9-18.30 (winter tot 18 uur), winkel dag. 7.30-19 (winter tot 18.30 uur), restaurant dag 7.30-20, (winter tot 19 uur)

Slapen en eten

Prachtige locatie

Hostellerie St-Georges: midden in het stadje ligt dit kleine hotel met tien originele kamers en vier suites. Ook geschikt om alleen te komen eten in de goede pizzeria.

Rue du Bourg 22, 1663 Gruyères, tel. 026 921 83 00, lesaintgeorges.ch, 2 pk vanaf CHF 140

Tip voor camperaars

Een prachtige plek om een nachtje te staan is parkeerplaats P3 aan de voet van Gruyères; CHF 10 per nacht.

Actief

Le Moléson: vanuit Gruyère zie je in het zuiden de contouren van de 2002 m hoge Le Moléson, 's nachts te herkennen aan de lichtjes van het kabelbaanstation op de top. Die kabelbaan brengt je in minuten naar de top, maar sportieve wandelaars kunnen de berg ook te voet beklimmen op diverse lange en pittige wandelroutes.

Kabelbaan Plan-Francey – Sommet du Moléson, retour CHF 35, moleson.ch

Info

- **Toeristenbureau:** rue du Bourg 1, 1663 Gruyères, tel. 0848 424 424, lagruyere.ch.

Jaunpas

De Jaunpas verbindt het Fribourgse district Gruyère met het (Duitstalige) Simmental in het Berner Oberland. **Jaun** is een sympathiek dorpje vlak voor de bergpas, met enkele restaurants en een kaasmakerij. Het vormt het uitgangspunt voor prachtige bergwandelingen. Een klassieke tocht is de *Tour du Gastlosen* rond het gelijknamige bergmassief. De eerste 500 hoogtemeters kun je overbruggen met de kabelbaan Jaun-Gastlosen.

jaun-bergbahnen.ch, retour CHF 18

Kaasboerderij en uitzichtberg

Een andere aan te raden wandeling voert vanaf de Jaunpas over bergweiden naar de kaasboerderij **Bäderalp** (zie blz. 73) en van daaruit verder naar de **Bäderhorn**, een uitzichtberg op 2009 m hoogte. In ongeveer 2 uur klim je over bloemenrijke alpenweiden en over de smalle bergkam naar de top.

Château-d'Œx

Luchtballonhoofdstad

De Pays-d'Enhaut is een vrij onbekende uithoek in de Alpes vaudoises, tussen de Berner Alpen en het Meer van Genève. Verscholen in de heuvels liggen hier de drie traditionele dorpen Château-d'Œx, Rougemont en Rossinière. Château-d'Œx geniet van een gunstig klimaat met veel thermiek, ideaal voor diverse luchtsporten. Het plaatsje verwierf hierdoor de titel 'heteluchtballonhoofdstad'. In Château-d'Œx wordt eind januari 2023 alweer het 43e Festival international de ballons georganiseerd. Het kleurrijke festival vindt plaats gedurende negen dagen en omvat nachtshows, ballonvluchten, passagiersvluchten en diverse wedstrijden (festivaldeballons.ch).

Alles over luchtballons

In de **Espace Ballon,** in het voormalige gemeentehuis, een historisch gebouw in het hart van het dorp, wordt de geschiedenis van de ballonvaart verteld. De wereld van de heteluchtballon wordt vanuit alle invalshoeken belicht: geschiedenis, uitvinding, technologie, avontuur. Op een steenworp afstand van de opstijgplaats van de heteluchtballon kan de bezoeker de capsule van de eerste testvlucht van de Breitling Orbiter rond-de-wereld bewonderen. In 1999 was de derde poging tot een reis rond de wereld succesvol voor Bertrand Piccard en Brian Jones.

Chemin des Ballons 2, 1660 Château-d'Œx, tel. 078 723 78 33, espace-ballon.ch, CHF 8

Info

- **Toeristenbureau:** Pays-d'Enhaut, Place du Village 6, 1660 Château-d'Œx, tel. 026 924 25 25, chateau-doex.ch

Toegift

Kaasboerderij Bäderalp

Alpkäse of Bergkäse?

Terwijl zijn kinderen toekijken maakt Samuel Gerber op traditionele manier kaas, in een grote ketel boven het vuur

Op een uur wandelen vanaf de Jaunpass ligt op de grens van Fribourg en het Berner Oberland de Bäderalp, de naam van zowel de bergweiden als de grote kaasboerderij uit 1923, die in 2020 door Samuel en Luzia Gerber werd overgenomen van hun ouders. Daarmee zijn zij de vierde generatie die hier koeien en geiten houden en de traditie van kaasbereiding voortzetten. Tussen mei en oktober wordt de melk van 38 koeien verwerkt tot de fijnste *Berner Alpkäse AOP*. Naast de melkkoeien, grazen er ook 35 runderen, 25 kalveren en 5 geiten.

Alpkäse of Bergkäse? Vergis je niet: alleen de kaas die ook echt op de alp (alpenweide) wordt gemaakt mag in Zwitserland *Alpkäse* heten. Die titel is beschermd. Alle andere kaas van melk uit de bergen, die in het dal wordt gemaakt, heet *Bergkäse*. Veel Zwitsers hebben hun favoriete alm, waar ze hun voorraad kaas inslaan. *Alpkäse* is niet alleen erg lekker, maar ook gezond, omdat de kaas wordt gemaakt van melk van koeien die grazen op kruidenrijke alpenweiden.

> Bij de boerderij is een winkeltje en een Alpbeizli, een bergcafé

De Bäderalp verwerkt jaarlijks 55.000 liter melk. De kaas wordt met de grootste zorg geproduceerd. De familie Gerber ontving hiervoor al verschillende prijzen. In de boerderij is een winkeltje, waar je de kaas kunt kopen. Je kunt kiezen uit Alpkäse, Hobelkäse, Mutschli, Ziger en geitenkaas. Als je geluk hebt, kun je meekijken hoe Samuel op de traditionele manier kaas maakt in een grote pan op een houtvuur. Als je zeker wilt weten dat er die dag kaas wordt gemaakt, kun je het beste van tevoren bellen (079 430 95 55). Voor de boerderij is een groot terras, waar je iets kunt eten en drinken. Het *Alpbeizli* (bergcafé) is om de week/om het weekend geopend van 11 tot 17 uur. De exacte data vind je in de kalender op hun website: baederalp.ch. Als je net als wij niet kunt kiezen uit de kazen, bestel je gewoon een kaasplank met het hele assortiment. ■

Zürich en Noordoost-Zwitserland

Tussen Bodensee en Alpen — In dit golvende land ligt de grootste en meest dynamische stad van Zwitserland.

Erin duiken

blz. 92

Winterthur

De ongewone concentratie aan musea heeft deze zesde stad van Zwitserland de bijnaam *museumstad* gegeven en maakt een bezoek zeer de moeite waard.

blz. 86

Trendy Zürich-West

De oude industriewijk is omgevormd tot een trendy uitgaansgebied. Grote, oude industriegebouwen zijn getransformeerd tot hippe bar, restaurant of kunstcentrum. En overal rijzen de modernste gebouwen ten hemel.

Landmark van Zürich: de opvallende torens van de Grossmünster.

blz. 103

Alpaufzug Appenzell

Indrukwekkend en bijzonder kleurrijk is de feestelijke *Alpaufzug* op 21 juni, waarbij vanuit Urnäsch herders en vee dan voor dag en dauw in een fakkeloptocht klimmen naar de Schwägalp over het 20 km lange weggetje uit Appenzell.

blz. 105

Mythen-mens

Beklim je de berg Grosser Mythen, dan kom je vast wandelaar Armin Schelbert tegen, die soms dagelijks drie keer naar de top klimt. Hij stond al meer dan vijfduizend keer bovenop!

blz 91

Abdij Einsiedeln

Al meer dan 1000 jaar komen pelgrims naar dit prachtig gelegen benedictijnenklooster met de 15e-eeuwse zwarte Madonna met Kind. Het klooster is een van de puurste barokke bouwwerken van Europa.

blz. 97

Sankt Gallen

De kloosterbibliotheek en barokke kathedraal staan beide op de UNESCO-Werelderfgoedlijst.

blz. 89

Thermalbad Zürich

In de gewelven van de oude brouwerij laat je de dagelijkse beslommeringen achter je in de grote houten hotpools, in het Turkse bad met onderwatermuziek, of het openluchtbad onder de vrije hemel.

&

blz. 95

Rheinfall Schaffhausen

Europa's grootste waterval van dichtbij vanaf het Känzeli , het eilandje in het midden van de bruisende rivier.

blz. 104

Bergwandelen in de Alpstein

Een bergtocht voert naar Berggasthaus Bollenwees, dat alleen te voet bereikbaar is en van mei tot eind oktober is geopend voor wandelaars.

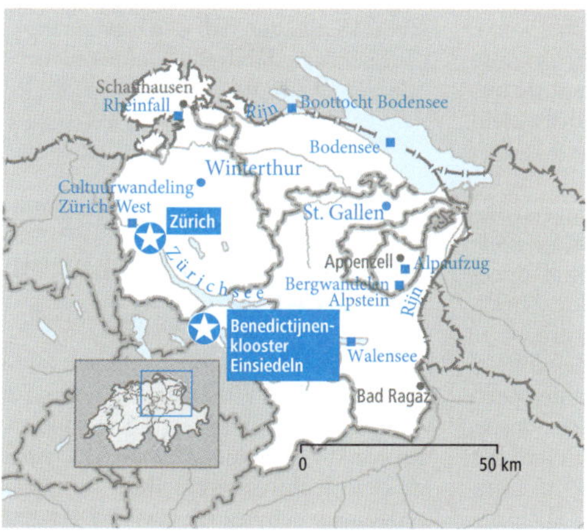

Hiltl, Zürich. Dit hippe vegetarisch restaurant is het oudste van Europa, sinds 1898. Schep op van het imposante buffet met salades en internationale gerechten en reken af per ons.

beleven

Economisch hart van Zwitserland

Z

Zürich: wereldstad met hoge levenskwaliteit

Zürich ligt centraal in Noordoost-Zwitserland. Het is de grootste (385.000 inw.) en meest dynamische stad van Zwitserland; met de voorsteden een agglomeratie van circa 1 miljoen inwoners. Niet alleen klopt hier het hart van de Zwitserse zaken- en bankwereld, de uitgaansscene en de levendige kunstwereld maken het tot een van de leukste steden van het land.

En dat alles in een decor van een historische binnenstad met monumentale gebouwen, kerken en musea, straten met muzikanten en knusse steegjes. Zürich is ook een groene stad, met prachtige linden en platanen en parken. De zomerwarmte wordt er weggeblazen door een verkoelend windje vanaf de Zürichsee, het langgerekte meer, dat zich aan het einde vernauwt tot de rivier de Limmat, die dwars door de stad stroomt. Het uitzicht over de Zürichsee vanaf de heuvels boven de stad strekt zich bij helder weer uit tot aan de Alpen. Niet gek dat de stad steevast hoog eindigt op het lijstje van wereldsteden met de hoogste levenskwaliteit.

TER ORIËNTATIE

O

Toeristische info: Zürich Tourismus, Hauptbahnhof, Zürich, tel. 044 215 40 00; Ostschweiz Tourismus, Fürstenlandstrasse 53, 9000 St. Gallen, tel. 071 274 99 00
Internet: zuerich.com, ostschweiz.ch
Vervoer: Vliegveld Zürich-Kloten ligt 10 km ten noorden van de stad. Elke 15 minuten rijdt een trein naar het centrum (CHF 6,40, gratis met de *Zürich Card*).
Vluchtinfo: tel. 0900 30 03 13, flughafen-zuerich.ch

Kunstcentra: Winterthur en Sankt Gallen

Noordoost-Zwitserland heeft meer interessante steden. Winterthur is een must voor kunstliefhebbers en ligt vlakbij, en ook Sankt Gallen met zijn barokklooster en de indrukwekkende abdij van Einsiedeln zijn een bezoek waard. De regio wordt aan de noordkant begrenst door de Rijn met de watervallen van Schaffhausen en het reusachtige Bodenmeer. Aan de zuidkant heeft de bergwereld van het Appenzeller Land en Glarus de actieve toerist veel te bieden.

Zürich

J3

Geschiedenis

Kelten, Alemannen en later Romeinen stichtten op de oevers van de Limmat een nederzetting. Vanaf de 9e eeuw gaat de ontwikkeling van de stad pijlsnel. In 853 wordt het klooster Fraumünster gesticht en in 1218 was Zürich al zo belangrijk dat het de status van *Reichsstadt* verwierf, een privilege waarbij de stad slechts verantwoording aan de Duitse keizer verschuldigd was. Onder de leiding van Gilden ontwikkelde de stad zich tot een geduchte macht. Tijdens de Reformatie verkondigde Zwingli in 1519 hier zijn Protestantse leer vanuit de Grossmünster en verspreidde het Protestantisme zich over Duitstalig Zwitserland. In de 19e eeuw groeide Zürich door de Industriële Revolutie en ontplooide zich op het gebied van kunst en wetenschap. Vele kunstenaars voelden zich in Zürich thuis, onder hen Richard Wagner, James Joyce, Thomas Mann en Bertolt Brecht. In de 20e eeuw groeide Zürich uit tot economisch centrum en knooppunt van Zwitserland.

Altstadt

De Altstadt vormt het hart van Zürich en ligt tussen Hauptbahnhof en Zürichsee. Het wordt door de Limmat in een linker- en rechterdeel gescheiden. Hier liggen de meeste bezienswaardigheden. Eromheen ligt een gordel van 19e-eeuwse woonwijken, met de belangrijkste musea. Het schilderachtige kanaal Schanzengraben is een overblijfsel van de middeleeuwse vestingwerken en vormt nu een oase van rust midden in de stad. De beste manier om de stad te leren kennen is te voet.

Kunsthaus Zürich

Bahnhofstrasse

In de stationshal van het reusachtige **Hauptbahnhof** (uit 1871) waakt een blauwe engel van Niki de Saint-Phalle en bevindt zich het toeristenbureau; ondergronds is het winkelcentrum *Rail City*. De Altstadt wordt begrenst door de fameuze 1400 m lange Bahnhofstrasse, tussen Hauptbahnhof en de Zürichsee. Tussen de luxueuze boetieks, warenhuizen, juweliers, zakenpanden en bankgebouwen staan prachtige linden. Je kunt deze lange straat aflopen tot het Blumenuhr op de Bürkliplatz (voor het uitzicht over de Zürichsee) en weer terug. Je vindt hier veel mooie hotels en de betere restaurants. Overdag heerst er bedrijvigheid, maar 's avonds is het er vrij rustig.

Aan het zuidelijke deel van de straat ligt de **Paradeplatz**, het financiële hart van Zürich, met hoofdkantoren van diverse banken. In de Zwitserse versie van Monopoly is de Paradeplatz de duurste straat. Aan het plein ligt het legendarische Hotel Baur en Ville, in 1838 het

Zürich

Gaan zien
1. Uhrenmuseum Beyer
2. Urania sterrenwacht
3. Lindenhof
4. Weinplatz
5. St. Peter Hofstatt
6. Fraumünsterkerk
7. Bürkliplatz
8. Grossmünster
9. Niederdorf
10. Sechseläutenplatz
11. Zürichhornpark
12. Zentrum für Architektur
13. Kunsthaus Zürich
14. Schweizerisches Landesmuseum
15. Museum Rietberg
16. Zoo Zürich

Slapen
1. Widder
2. Sorell Hotel Zürichberg
3. Helmhaus
4. Leoneck
5. Albergo The Flag

Eten
1. Kronenhalle
2. Belvoirpark
3. Zeughauskeller
4. Hitl
5. Zum Kropf
6. Reithalle
7. Ziegel oh Lac
8. Cabaret Voltaire
9. Confiserie Sprüngli
10. Schipfe 16

Shoppen
1. Kaufhaus Globus

Uitgaan
1. Moods
2. Old Fashion Bar
3. Opera
4. Tonhalle
5. Club Indochine
6. Labor-Bar
7. Hive
8. Supermarket

Actief
1. Rondvaarten
2. Thermalbad & Spa Zürich
3. Seebad und sauna Enge

---

eerste luxehotel van de stad (Baur en Ville – in tegenstelling tot Baur au Lac); iets verderop ligt de in 1836 gevestigde Confiserie Sprüngli, waar de art-deco-sfeer vroeger tijden doet herleven. Wie niet van winkelen houdt kan kiezen voor de Schanzengrabenpromenade, een stil wandelpad langs het stadskanaal, dat rond het westelijk deel van de binnenstad voert.

Ook voor niet-horloge fetisjisten

Halverwege de Bahnhofstrasse bevindt zich een juweeltje: het **Uhrenmuseum Beyer** ❶, met in het souterrain van de horlogezaak een collectie van vijfhonderd unieke klokken en horloges.

Bahnhofstrasse 31, tel. 043-344 63 63, beyer-ch.com/museum, ma.-vr. 14-18 uur, CHF 8

Sterrenwacht

Een opvallende blikvanger in het stadssilhouette is de **Urania Sterrenwacht** ❷. Je kunt in de sterrenwacht met zijn 48 m hoge toren en koepel (1905) worden rondgeleid (1,5 uur) wo., do., vr. 21 uur (alleen bij helder weer). En anders kun je altijd terecht in de Jules Verne panoramabar, voor een mooi zicht op de avondlichtjes van de stad.

Uraniastrasse 9 (doorgang via de binnenhof naar de Deutsche Bank), urania-sternwarte.ch, rondleidingen do.-za. 20 of 21 uur, CHF 20

De wortels van Zürich

De **Lindenhof** ❸ was ooit de plek van een Keltische vluchtburg, een Romeins fort en het koninklijk verblijf van de Karolingers. Nu is het pleintje een oase van rust, waar schaak en boule wordt gespeeld onder de lindebomen en waar je een mooi uitzicht hebt vanaf het terras boven de rechter Limmatoever. De *Schipfe* eronder zijn steegjes in het oude havenkwartier langs de Limmat, met geveltjes uit de 16e, 17e en 18e eeuw. Voor een idyllische pauze aan de Limmat kun je 's zomers terecht op het terras van Schipfe 16.

0
150
300 m
LANGSTRASSE
NIEDERDORF
OBERDORF
SEEFELD
ENGE
Zollstr.
Josefstr.
Hafnerstr.
Limmatstr.
Konrad-str.
Radg.
Sihlquai
Zoll-brücke
Museumstr.
Platzspitz
Platzpromenade
Neumühlequai
Stampfenbachstr.
Stampfenbachplatz
Sumatrastr.
Weinbergstr.
Clausiusstr.
Sonneggstr.
Nelkenstr.
Fliederstr.
Culmannstr.
Universitätstr.
Bolleystr.
Huttenstr.
Haldenbachstr.
Spyristr.
Hochstr.
Liebfrauenkirche
Weinbergfussweg
Leonhardstr.
Frauenklinik
Irchelsteig
Spöndlistr.
Kaspar Escher-Haus
Hauptbahnhof
Bahnhofbrücke
Bahnhofplatz
Berufsschule
Militär
Europahalle
Sihlpost
Kanonengasse
Alte Zeughäuser
Alte Kaserne
Zeughausstr.
Lagerstr.
Reiterg.
Kasernenstr.
Gessnerallee
Gessnerbrücke
Löwenplatz
Löwenstr.
Schweizerg.
Usteristr.
Beatenplatz
Beateng.
Mühlesteg
Limmatquai
Polybahn
Seilergraben
Zähringerstr.
Hirschengraben
ETH Zürich
Pfrundhaus
Auf der Mauer
Tannenstr.
Schmelzbergstr.
Sternwarte
Sternwartstr.
Universitätsspital Zürich
Rämistr.
K.-Schmid-Str.
Predigerkirche
Zoologisches Museum
Gloriastr.
Künstlergasse
Schönberggasse
Sporthalle
Freiestr.
Zürichbergstr.
Theater der Künste
Gerbergasse
Sihl
Schanzengraben
Löwenstr.
Steinmühleplatz
Werdmühleplatz
Lindenhofstr.
R.-Brun-Brücke
Mühlegasse
Badenerstr.
Werdstr.
Werdplatz
Sihlbrücke
Selnau
Haus Konstruktiv
Neue Börse Zürich
Sihlporte
Uraniastr.
Sihlstr.
Fusslistr.
St. Anna Kapelle
Nüschelerstr.
Pelikanstr.
Pelikanplatz
Talstr.
Münzplatz
Kuttelg.
Rennweg
Fortunag.
Spielzeugmuseum
Augustinerkirche
Rathausbrücke
Rathaus
Hirschenplatz
Rindermarkt
Theater am Neumarkt
Chorg.
Florhof.
Kantonsschulstr.
Zinnfigurenmuseum
Untere Zäune
Münstergasse
Spiegelg.
Kirchgasse
Zwingliplatz
Keller 62
Wolfbachstr.
Heimplatz
Hottingerstr.
Schauspielhaus
Stauffacherbrücke
Völkerkundemuseum
Selnaustr.
St.-Peter-Kirche
Lichthof
Münsterhof
Münsterbrücke
Paradeplatz
Helmhaus
Wasserkirche
Stadthaus
Fraumünsterstr.
Limmat
Trittligasse
Oberdorfstr.
Steinwiesstr.
Zeltweg
Gerechtigkeitsgasse
Brandschenkestr.
Stockerstr.
Bärengasse
Beethovenstr.
Börse
Bahnhofstr.
Limmatquai
Utoquai
Promenadeng.
Englische Kirche
Französische Kirche
Tunnelstr.
Amtshaus
Bleicherweg
Dreikönigstr.
Claridenstr.
Nationalbank
Bauschänzli
Stadthausanlage
Gazebo
Quaibrücke
Bellevue
Schanzengasse
Stadelhofen
Hohenbühlstr.
Kreuzbühlstr.
Parkring
Genferstr.
Rotes Schloss
Gen.-Guisan-Quai
Quaianlagen
Schiffslände Bürkliplatz
Schiffslände Theaterplatz
Theater Platz
Theaterstr.
Falkenstr.
Seefeldstr.
Mühlebachstr.
Bederstr.
Tessiner Platz
A.-Escher-Str.
Turnerdenkmal
Gotthardstr.
Gen.-Wille-Str.
Enge
Kirche Enge
Theater PurPur
Lavaterstr.
Breitingerstr.
Arboretum
Dufourstr.
Seehofstr.
Seerosenstr.
Kreuzstr.
Färberstr.
Seegartenstr.
Florastr.
Reinhardstr.
Eisengasse
Wiesenstr.
Dreikönigskirche
Seestr.
Schulhaus Lavater
Alfred-Escher-Strasse
Mythenquai
Fontäne
Zürich
Johann Jacobs Museum
Bellerivestr.
Feldeggstr.
Mainaustr.
Seefeldquai
Gabler-str.
Rieter-park
Belvoir-park
C.-F.-Meyer-Str.
Schiffslände Enge Hafen
Gottfried Keller
Seepolizei
Bootshäuser
Villa Rieter
Sukkulenten-sammlung
Klausstr.
Lindenstr.
Heidi-Weber-Haus
Chinagarten
Brunaustr.

Langs de Rathausbrücke bereik je de **Weinplatz** ❹, het oudste marktplein van Zürich met panden die deels stammen uit de middeleeuwen. In de 17e eeuw vond hier een bloeiende wijnhandel plaats. Hotel Storchen en Hotel Zum Schwert waren in de late middeleeuwen belangrijke herbergen, waar de stadsraad zijn voorname gasten onderbracht. Van april tot oktober kun je op het terras van Storchen de sfeer van dit plein opsnuiven.

Het pleintje **St. Peter Hofstatt** ❺, dat aan de St. Peterkerk grenst, heeft iets gezellig dorps. De Peterskerk is de oudste kerk van Zürich en verenigt meerdere bouwfasen in zich. Het lichte barokinterieur heeft mooi stucwerk. De romaanse onderbouw van de toren werd in de 16e eeuw voorzien van enorme wijzerplaten (middellijn 8,70 m), de grootste van Europa (st-peter-zh.ch).

De kerk links van de Limat

De abdissen van het vrouwenklooster **Fraumünster** ❻ regeerden tot aan de Reformatie over de stad en beschikten over markt-, munt- en tolrechten. Van de glans van de oude abdij is alleen nog de kerk over (het klooster maakte eind 19e eeuw plaats voor de bouw van het stadhuis). De bouw van de kerk doorliep verschillende stijlperioden, van laat-romaans tot gotisch. In de 18e eeuw volgde de verhoging van de toren met een elegante, hoge spits. Het interieur van de kerk is sober, waardoor de gebrandschilderde ramen (1970) van Marc Chagall extra opvallen. In 1978 vernieuwde Chagall ook het kleine roosvenster in het dwarsschip. Daar bevindt zich ook een roosvenster van Augusto Giacometti, met als thema het *hemels paradijs*.

Am Münsterhofplatz, fraumuenster.ch, dag. apr.-okt. 10-18, nov.-mrt. 10-17 uur

Bij de **Bürkliplatz** ❼ bereik je het zuideinde van de Altstadt en de Zürichsee. Vanaf de *Schifflände* vertrekken de lijnboten over de Zürichsee. Dit plein met radiogestuurde bloemenklok geeft een goed uitzicht over het meer en de daarachter liggende Glarner Alpen. Zaterdagochtend wordt hier een vlooienmarkt gehouden, dinsdag- en vrijdagmorgen is er de *Bürklimäärt*, een groente- en fruitmarkt.

Rechts van de Limmat

Rechts van de Limmat heeft de Altstadt een andere sfeer dan aan de overzijde. In de wijken Oberdorf en Niederdorf ruil je de chic van de Bahnhofstrasse voor de gezelligheid van cafeetjes en nauwe steegjes. Ten zuiden van de Grossmünster liggen de aantrekkelijke straatjes van het Oberdorf, die met hun galerieën, winkels en cafés een heel eigen charme hebben. Slenter door schilderachtige hoekjes en ga *lädelen* (shoppen) in een van de vele kleine antiquariaten en boetiekjes in de Trittli-, Neustadt- of Frankengasse.

De kerk rechts van de Limat

Het grootste romaanse bouwwerk van Zwitserland is een belangrijke attractie van Zürich. De **Grossmünsterkirche** ❽ heeft een lange bouwgeschiedenis met diverse stijlen. De karakteristieke westgevel met de dubbele toren heeft een vierkante, romaanse onderbouw en een gotische opbouw die na een brand eind 18e eeuw van helmtorens werd voorzien. Het interieur is tijdens de Reformatie van alle pracht en praal ontdaan. In deze ruimte predikte Zwingli de nieuwe strenge leer. De romaanse kruisgang links van de kerk werd in 1851 gereconstrueerd.

Torenbeklimming: wie geen hoogtevrees heeft, moet beslist de 187 treden in de Karlsturm van de Grossmünster beklimmen. Op duizelingwekkende hoogte word je met een schitterend panorama over de stad en het meer beloond.

mrt.-okt. ma.-zo. 10-17, zo. 12.30-17.30, nov.-feb. ma.-zo. 10-16.30, zo. 12.30-16.30 uur, CHF 4

Amusementswijk

Het levendigste deel van de Altstadt is het **Niederdorf** ⑨, ooit het thuis van handwerklieden en het Joodse getto, magneet voor kunstenaars, schrijvers en revolutionairen. Tegenwoordig is het met de winkels, ateliers, kroegjes en restaurants een levendige wijken van Zürich.

Aan de **Münstergasse** bevinden zich enkele beroemde koffiehuizen, waaronder Kolonialwarenhandlung Schwarzenbach, met eigen koffiebranderij en bijbehorend café (Münstergasse 19, schwarzenbach.ch, zo. gesl.).

De **Niederdorfstrasse** verandert 's avonds in een amusementswijk. Op zwoele zomeravonden flaneren de mensen in drommen door de straat. Populair is ook de Rosenhof, waar 's avonds veel jongeren elkaar treffen. Op het hofje is overdag op donderdag en zaterdag een leuke markt: kruiden, keramiek, sieraden, etenswaar en eigen gedichten worden hier aan de man gebracht.

Sechseläuten

Aan het zuideind van de Limmatquai, met op de achtergrond het indrukwekkende Operahaus uit 1891, wordt op de **Sechseläutenplatz** ⑩ op de derde maandag van april op traditionele wijze met veel kabaal de winter verdreven, het zogenaamde *Sechseläuten*. Vroeger was dit plein voor de opera een nauwelijks gebruikte weide, waar eenmaal per jaar Circus Knie neerstreek. Na de herinrichting werd het een fraai stadsplein met bistro, bankjes en waterspelen, waar inwoners en toeristen graag samenkomen. **Tip:** eet bij de Sternengrill een *bratwurst*, naar men zegt de beste van Zürich.

Promenade langs de Zürichsee

Volg de promenade langs het meer, dan kom je in het **Zürichhornpark** ⑪. Je wandelt langs het **ZAZ (Zentrum Architektur Zurich)** ⑫ en het kleurige **Centre Le Corbusier**, het laatste ontwerp van de grote architect. Daarachter kom je bij de kleine **Chinagarten** (in 1994 aan de stad geschonken door de Chinese zusterstad Kunming; eind mrt.-okt. dag. 11-19 uur, CHF 4) en ten slotte, op de grens

Zürich aan de Limmat: links de Grossmünster, rechts de Fraumünster

Schaakspelers in de Lindenhof

met het strandbad Tiefenbrunnen, bij de beweeglijke en luidruchtige plastiek *Heureka* (1964) van Jean Tinguely.

ZAZ, Höschgasse 3, zaz-bellerive.ch

Overige musea

Een top-kunstmuseum

⓭ **Kunsthaus Zürich:** het belangrijkste en oudste kunstmuseum van Zürich is een strak, tempelachtig neoclassicistisch gebouw uit 1910, voorzien van een ultramoderne uitbouw. Het Kunsthaus heeft een belangrijke collectie Zwitserse en internationale schilderkunst van de 15e eeuw tot heden. De begane grond is gewijd aan de beeldhouwer en kunstenaar Alberto Giacometti. Ferdinand Hodlers monumentale werk *Die Einmütigkeit* (1914) wijst de bezoeker op de eerste verdieping op het zwaartepunt in de museumcollectie: Zwitserse schilderkunst vanaf de 18e eeuw. Naast Hodler ook doeken van Böcklin, Kirchner, Segantini en Amiet. Opvallend bij de hedendaagse kunst is het hyperrealistische jongensportret van Franz Gertsch uit 1973. Daarnaast ook Vlaamse primitieven, oude meesters uit Nederland en Italië en internationale werken uit de 19e en 20e eeuw.

Heimplatz 1, tel. 044 253 84 84, kunsthaus.ch, di.-zo. 10-18, wo.-vr. tot 20 uur; entree incl. audioguide CHF 23 (de vaste collectie is gratis op wo.)

Nationaal museum

⓮ **Schweizerisches Landesmuseum:** het imitatiekasteel uit 1889, met een moderne uitbouw van architecten Christ & Gantenbein (2016), rechts van het centraal station is een van de drukst bezochte musea van Zwitserland. Het vertelt de geschiedenis van het land in drie thema's: *archeologie*, *geschiedenis* en *collectie*. De geschiedenis behandelt de politieke historie van het land en snijdt ook onderwerpen aan zoals het bankwezen en het uitfaseren van het bankgeheim. De collectie toont een selectie van de 850.000 cultuurhistorische voorwerpen van het museum. Het museum heeft een

restaurant en een boek- en souvenirshop.
Museumstrasse 2, tel. 044 218 65 11, landesmuseum.ch; di.-zo. 10-17, do. tot 19 uur, CHF 10

Wereldkunst

⓯ **Museum Rietberg:** een belangrijke collectie kunstvoorwerpen van buiten Europa, verdeeld over de Wesendonck- en Rietervilla's in een park met uitzicht op het meer. Met onder andere kunst uit India, Japan, Tibet, China, Indonesië, Nieuw-Zeeland, Klein-Azië en Afrika. Vooral de collecties plastieken, keramiek en houtsnijwerk uit India, China en Japan vragen de aandacht.
Gablerstrasse 15, tel. 044 206 31 31, rietberg.ch, di.-zo. 10-17, wo., do. tot 20 uur, CHF 18

Dierentuin

⓰ **Zoo Zürich:** op de Zürichberg, een heuvel buiten de stad, ligt een van de mooiste dierentuinen van Europa. In een grote hal is het ecosysteem van het Masaola-regenwoud op Madagaskar nagemaakt.
Zürichbergstrasse 221 (tram 5, 6), tel. 0848 966 983, zoo.ch, mrt.-okt. dag. 9-18, nov.-feb. tot 17 uur (Masoala regenwoud vanaf 10 uur), CHF 29

Slapen

Zürich heeft een enorm aanbod aan hotels, vooral in de duurdere prijsklasse. De boekingssite van Zürich Tourismus (zuerich.com) geeft een overzicht van alle hotels en appartementen. Het aanbod aan bed and breakfasts is beperkt. Zürich is niet goedkoop, maar veel hotels hebben in het weekend speciale tarieven en aanbiedingen. Als je met de auto komt, informeer dan of het hotel over een parkeerplaats beschikt. De dagprijs van de parkeergarages in Zürich lopen namelijk op tot CHF 40.

Uniek

1 **Widder:** in het voormalige historische pand van het slagersgilde en acht historische panden in de Altstadt heeft de gerenommeerde architect Tilla Theus hét designhotel van Zürich geschapen. Hier is alles van topniveau, ook de prijzen...
Rennweg 7, tel. 044 224 25 26, widderhotel.ch, 2pk vanaf ca. CHF 500

Design ontmoet uitzicht

2 **Sorell Hotel Zürichberg:** hoog boven Zürich, met uitzicht over de stad en het meer, ligt dit jugendstil-designhotel. Het interieur werd ontworpen door Jasper Morrison en Hannes Wettstein en is voorzien van alle luxe.
Orellistrasse 21, tel. 044 268 35 35, zuerichberg.ch, tram 6 Zoo, 2 pk va. CHF 191

Klein, maar fijn

Helmhaus 3**:** het boutiquehotel met 24 kamers biedt modern design zonder dat het steriel wordt. Centraal gelegen tussen Grossmünster en het meer, en toch rustig.
Schifflände 30, tel. 044 266 95 95, helmhaus.ch, tram 4, 15: Helmhaus, 2 pk vanaf CHF 230

Een beetje vreemd

4 **Alpine rooms by Leoneck:** gerenoveerd trendy *self-check-in hotel*. De Alpine Rooms van het hotel zijn ingericht in 'alpine chic'; foto's van berglandschappen en chalets halen de bergsfeer in huis. Praktisch: tramhalte voor de deur.
Leonhardstrasse 1, tel. 044 254 22 22, leoneck.ch, tram 6, 7, 10, 15: Haldenegg, 2 pk vanaf CHF 139

Betaalbaar

5 **Albergo The Flag:** fris, kleurig, modern en betaalbaar hotel-garni in Zürich-West. Lokale kunstenaars hebben de kamers en verdiepingen individueel ingericht.
Baslerstrasse 100, 8048 Zürich, tel. 044 400 00 10, theflag-zuerich.ch, 2 pk vanaf CHF 106

Eten

Wereldberoemd

1 Kronenhalle: Zürich zonder Kronenhalle is ondenkbaar. Hier dineert de *high society*, om te zien en gezien te worden. Het eten is uitstekend evenals de ambiance met originele schilderijen aan de wanden.

Rämistrasse 4, tel. 044 262 99 00, kronenhalle.ch

Toekomstige sterrenkoks

2 Belvoirpark: in een statige villa verwennen toekomstige koks van de hotelvakschool hun gasten met gerechten van het hoogste niveau en bijpassende wijnen. Vergeet niet de desserts van de trolley! 's Zomers met tuinterras en bistro met dagmenu's. Goede prijs-kwaliteitverhouding.

Seestrasse 125, tel. 044 286 88 44, belvoirpark-restaurant.ch

Deftige Küche

3 Zeughauskeller: dit bij toeristen en Zürchers geliefde kelderrestaurant stamt uit 1927. Het heeft de sfeer van een grote *Bierkeller* en biedt een keuken van goede kwaliteit (ook voordelige lunchmenu's).

Bahnhofstrasse 28a, tel. 044 211 26 90, zeughauskeller.ch

Trendy vegetarisch

4 Hiltl: het oudste vegetarisch restaurant van Europa (sinds 1898). Eet van het imposante buffet met salades, internationale en Indiase gerechten of à la carte; met voordelige take-away. Opscheppen en naar gewicht afrekenen.

Sihlstrasse 28, tel. 044 227 70 00, hiltl.ch, 06-24 uur

Vol historie

5 Zum Kropf: sfeervol restaurant in beschermd monument met vrijwel ongewijzigd interieur uit 1888. Degelijke Zwitserse keuken onder unieke beschilderde barokke gewelven.

In Gassen 16, tel. 044 221 18 05, zumkropf.ch

Oude paardenstal

Reithalle 6: waar ooit de paarden van de cavalerie stonden, wordt nu sfeervol getafeld, bij mooi weer ook in de Biergarten aan de Schanzengraben. De keuken is mediterraan en gebruikt hoogwaardige bio-producten.

Gessnerallee 8, tel. 044 212 07 66, restaurant-reithalle.ch

Zomeravond aan het meer

7 Ziegel oh Lac: restaurant in een oude weverij in het alternatieve cultuurcentrum *Rote Fabrik*. In de tuin zit je op lange banken of geniet vanuit een schommel van het uitzicht op het meer. Op dinsdagavond worden er concerten gehouden en sluit de keuken om 21 uur.

Seestrasse 407, tel. 044 481 62 42, ziegelohlac.ch

Theater en kunstenaarskroeg

8 Cabaret Voltaire: in de Spiegelgasse achter de Grossmünster woonden schrijvers en kunstenaars, onder wie Goethe en Lenin. Bij huis nr. 1 herinnert een opschrift aan het *Cabaret Voltaire*, waar in 1916 het dadaïsme werd geboren en Hugo Ball en zijn vrienden met hun kunst tegen de burgerlijke conventies protesteerden. Sinds 2004 is Cabaret Voltaire weer te bezoeken: het is een theater, winkel en bar ineen.

Spiegelgasse 1, di.-za. 12.30-24, zo. 12.30-19 uur

Koffiecultuur

9 Confiserie Sprüngli: koffiehuis sinds 1859 en een van de belangrijkste Zwitserse chocoladeproducenten.

Bahnhofstrasse 21, tel. 044 224 46 46, spruengli.ch, ma.-vr. 7.30-18.30, za. 8-17 uur

Idyllisch terras

10 Schipfe 16: populair terras direct aan de Limmat. Voor een drankje of een hapje; dagelijks zijn er drie lunchmenu's.

Schipfe 16, tel. 044 211 21 22, ma.-vr.

Shoppen

De chique Bahnhofstrasse is vermaard om zijn warenhuizen en dure modewinkels.

Alles wat het hart begeert

1 Kaufhaus Globus: shoppen op zeven etages; hoogtepunt bevindt zich paradoxaal genoeg in de kelder: de delicatessenafdeling. Alles van hoogste kwaliteit en prijs.

Schweizergasse 11, tel. 044 226 60 60, globus.ch

Uitgaan

Een uitgebreide uitgaanskalender (theater, opera, concerten en films) vind je online en in de krant: de gratis donderdagbijlage van de Tages-Anzeiger, de *Züritipp*, biedt info over livemuziek en nachtleven.

zueritipp.ch

Dé Jazzclub

1 Moods: jazzclub van naam, waar de groten uit de wereld van jazz, funk en soul optreden. Het muzikale spectrum reikt van fado tot hiphop; bijna dagelijks concerten, in het weekend grote party's.

Schiffbaustrasse 6, tel. 044 276 80 00, moods.ch

Cocktailbar

2 Old Fashion Bar: deze oudste bar van Zürich, uit 1886, mag gerust ouderwets genoemd worden, de cocktails en wijnen zijn van hoog niveau.

Fraumünsterstrasse 15, old-fashion-bar.ch

Solisten van wereldfaam

3 Opera: tickets via de website, telefonisch of aan de kassa.

Theaterplatz 1, tel.044 268 66 66, opernhaus.ch

Klassieke muziek

4 Tonhalle: een van de beste concertzalen ter wereld; met een breed aanbod aan klassieke concerten, jazz, kamermuziek en lunchconcerten.

Claridenstrasse 7, tel. 044 206 34 34, tonhalle-orchester.ch, tickets via voorverkoop of aan de kassa voor de voorstelling

Party zonder einde

Rond de Escher-Wyss-Platz in Zürich-West liggen enkele populaire clubs, die ieders smaak iets te bieden hebben. In Aziatische sfeer treden in **5 Club Indochine** internationale top-dj's op. Trefpunt voor de gayscene is de **6 Labor-Bar**. In de Geroldstrasse zijn 2 clubs: **7 Hive**, met een wat ouder publiek, en **8 Supermarket**, basis van de Clubscene in Zürich-West.

Club Indochine, Limmatstrasse 275; Laborbar, Schiffbaustrasse 3, laborbar.ch; Hive, Geroldstrasse 5, hiveclub.ch; Supermarket, Geroldstrasse 17, supermarket.li

Actief

Züri rollt

Zürich per fiets: gratis huurfietsen, bij het Hauptbahnhof; dag. 8-21.30 uur, borg CHF 20; legitimatie verplicht.

Nederlandse rondvaartboten

1 Stadsrondvaart: rondvaartschepen van Nederlandse makelij, die speciaal zijn berekend op lage bruggen, varen over de Limmat en laten Zürich vanuit een ander perspectief zien. De steiger bevindt zich bij het Landesmuseum.

ONTDEKKINGSREIS
Zürich-West: van industriële tot trendy stadswijk

Nergens verandert Zürich sneller dan in het westen van de stad.

De oude industriewijk, die in verval dreigde te raken is omgevormd tot een trendy gebied. Grote, oude industriegebouwen zijn niet afgebroken maar getransformeerd tot hippe bar, restaurant of kunstcentrum. En overal rijzen de modernste gebouwen ten hemel.

Limmatstrasse

Loop maar eens de 2 km lange Limmatstrasse door, van het station langs het Landesmuseum naar het noordwesten. Hier wandel je een multiculturele wijk binnen die bruist van het leven: groentewinkels met exotisch fruit, bakkers, restaurantjes en aan het eind musea voor hedendaagse en moderne kunst.

1 Shoppen onder een viaduct

Aan het eind van de Limmatstrasse, tussen het zich splitsende viaduct werd een overdekte markthal gebouwd, met tal van kleine kraampjes en winkeltjes en het restaurant **Markthalle** 1.

Onder de aansluitende 52 bogen van het Aussersihler spoorviaduct zijn evenveel winkeltjes en cafés ingericht. Hier vind je alles van tweedehands kleding tot trendy merken als *Billabong* (Bogen 32), *Amalgan* (Bogen 30) of *Kitchener* (Bogen 19).

Moderne kunst

Centraal punt in de wijk is de Escher-Wyss-Platz, op de kruising van de Hardbrücke en de Limmatstrasse. Door architectenbureau Gigon/Guyer werd het **Löwenbräu**-terrein, een vroegere bierbrouwerij in kenmerkende 19e-eeuwse kasteelstijl, gerenoveerd. Het huisvest musea voor hedendaagse kunst en enkele kunstgaleries.

Info

Excursie van een halve dag of avond.

Begin-/eindpunt:
Station en Limmatstrasse

Migros Museum für Gegenwartskunst
Limmatstrasse 270, Zürich-West, tel. 044 277 20 50, migrosmuseum.ch, di.-zo. 12-18, do. tot 20 uur, CHF 12 (do.-avond gratis).

Kunsthalle Zürich
Limmatstrasse 270, Zürich-West, tel. 044 272 15 15, kunsthallezurich.ch, di.-zo. 12-18, do. tot 20 uur, CHF 12 (do.-avond gratis).

Toni-Areal
Pfingstweidstrasse 96, tel. 043-446 67 67, museumgestaltung.ch, di.-zo. 10-17, do. tot 20 uur, CHF 12

De vreemdste winkel/party-locatie van Zürich: negen opgestapelde zeecontainers vormen de Freitag Flagship Store

Migros Museum für Gegenwartskunst ❶
Het Migrosconcern besteedt 1% van de winst aan kunst; met name van jonge internationale kunstenaars. De **Kunsthalle Zürich** ❷ toont hedendaagse kunst van veelal onbekende jonge Zwitserse kunstenaars.

Hoogbouw
Terug langs het viaduct wandel je naar de uitgestrekte Josefwiese met openluchtcafé: een mooie plek om even te ontspannen. Weer onder het viaduct door loop je op de 126 m hoge **Prime Tower** ❸ af, nog een creatie van Gigon/Guyer architecten uit Zürich. Het is het op een na hoogste gebouw van Zwitserland, met een panoramabar op de 35e verdieping. Vlak voor de Hardbrücke staan links de zeecontainers van de **Freitag Flagship Store** 2 (Geroldstrasse 5, freitag.ch). Hier vind je de culttassen, vervaardigd uit oud vrachtwagenzeil. Alleen al vanwege het uitzicht vanaf het dakterras een bezoek waard. Achter de containers ligt **Frau Gerolds Garten** 2, een stadstuin met groentetuin, winkel en restaurant; 's zomers een tuinterras, 's winters een *Stube* met grote haard.

Voormalige scheepswerf
Achter de Prime Tower wordt een nieuwe kantoorwijk uit de grond gestampt, met Business Campus en hotels. Het paradepaardje van Zürich-West is de **Schiffbau** ❹. Tot 1980 werden hier nog stoomschepen geproduceerd; de scheepsschroef van Bernhard Luginbühl aan de voorzijde herinnert daar nog aan. De grote assemblagehal, waar ooit schepen en motoren werden gebouwd, is nu als multifunctioneel centrum aan een tweede levensfase begonnen. Het gemoderniseerde industriële bouwwerk biedt plek aan drie theaters, de jazzclub **Moods**, het exclusieve restaurant **LaSalle** (een glazen kooi in het gebouw) en de glazen **Nietturm Bar**. De laatstgenoemde heeft behalve drankjes een fantastisch uitzicht op Zürich-West.

Infocenter Zürich-West: Hardstrasse 301, 8005 Zürich, tel. 043 960 33 28, wo.-vr. 11.30-18, za. 10-16 uur.

Info

Eten en uitgaan:

Prime Tower, Hardstrasse 201, primetower.ch

Frau Gerolds Garten, Geroldstrasse 23, fraugerold.ch, tel. 078 971 67 64, 's winters zo. gesl.

Les Halles
Pfingstweidstrasse 6, tel. 044 273 11 25, les-halles.ch

Turbinenplatz

Direct om de hoek ligt het grootste plein van Zürich: **Turbinenplatz**. Overdag vrij leeg, maar 's nachts, in oranje, blauw en violet licht gedompeld, stroomt het tijdens openluchtconcerten aardig vol. Aan de noordkant ervan ligt **Puls 5** ❺, eens een ijzergieterij, nu een nieuw congrescentrum in ontwikkeling (onder andere voor de jaarlijkse internationale kunstbeurs). En toch is er naast die strakke nieuwbouw weer een oud garagegebouw dat op eigen wijze weet te overleven: **Les Halles** 3. Een alternatief en trendy eethuis, met binnen een markthal vol kleurig fruit en mooie groenten, en buiten een ongedwongen terrasje waar je zo aanschuift. Bestel de Moules frites of het lekkerste kaasplateau van Zwitserland.

De vernieuwing gaat door

Recent hoogtepunt in het nieuwe Zürich-West is de meest westelijke uitbreiding, net voor de spoorlijn: de **Hogeschool van de Kunsten** ❻ op het **Toni-Areaal**, een reusachtig gebouw waar vijfduizend kunststudenten en docenten werken en wonen en dat ook het Schaudepot van het **Museum für Gestaltung** ❼ (design) huisvest. Het museum heeft vier collecties: design, grafiek, toegepaste kunst en posters, die hier worden getoond in het recent geopende **Schaudepot**.

Wellness in een brouwerij

2 Hürlimannbad & Spa Zürich: sinds 2010 heeft Zürich op het terrein van de vroegere brouwerij Hürlimann een heel speciaal wellnesscomplex. In de stenen gewelven van de oude brouwerij kun je de dagelijkse beslommeringen achter je laten in de grote houten hotpools, in het Turkse bad met onderwatermuziek, in het stoombad, of in het openluchtbad onder de vrije hemel.

Brandschenkestrasse 150, tel. 044 205 96 50, aqua-spa-resorts.ch, S-Bahn 4, halte Giesshübel, ma.-vr. 9-22 uur, CHF 60

Meer wellness aan het meer

3 Seebad und sauna Enge: aan het noordwestelijke puntje van het meer bevindt zich een zwembad met sauna aan twee steigers op het water van de Zürichsee. Terwijl je zweet geniet je van het prachtige uitzicht op het meer en de bergen. En toch midden in de stad.

Entree zwembad CHF 8, sauna CHF 29 (max. 3 uur). Mythenquai 9, Zürich, seebadenge.ch

Wandeling Uetliberg

Uetliberg: de 871 m hoge 'huisberg' van Zürich, waarop een 30 m hoge uitkijktoren en het restaurant Uto Kulm staat. Het kan er in het weekend druk zijn met wandelaars, joggers en fietsers. Ga daarom bij voorkeur door de week. Klim te voet omhoog of neem de Uetliberg tandradbaan naar de top (gratis met de Zürich Card). Vandaar wandel je over de heuvelkam in ongeveer anderhalf uur over de wandelroute *Planetenweg* naar Felsenegg (810 m), bergstation van de zweefbaan naar het dorp Adliswil, en vandaar kun je met de trein terug naar Zürich reizen.

Heen: vanaf Zürich Hauptbahnhof S-Bahn 10 (elk half uur) naar Uetliberg. Terug: van Adliswil S-Bahn 4 naar Zürich. Een kaartje voor dit rondje koop je bij de automaat: de *Adliswil-Tageskarte*, code 131

Info

- **Toeristenbureau:** Hauptbahnhof Zürich, tel. 044 215 40 00, zuerich.com.
- **Zürich Card:** voor gratis openbaar vervoer (ook naar vliegveld, Uetliberg en de Zürichsee) en gratis entree bij de meeste musea; 24/72 uur CHF 27/53. Met een paar musea is de card snel terugverdiend. Verkooppunten: vliegveld, toeristenbureau, treinstations en de grotere hotels. Ook te bestellen op zuerich.com, of via de Zürich City Guide app.
- **Stadsrondleidingen:** vanaf het toeristenbureau vertrekken dagelijks rondleidingen met een stadsgids; duur 2 tot 3 uur. Boeking bij het toeristenbureau. Er zijn thema's als *Frauenpower*, Gildestad Zürich, shopping, of *Zürich by night*.

Evenementen

- **April – Sechseläuten:** in Zürich eindigt de winter officieel met het Sechseläuten (na de winter wordt de klok weer om 6 uur geluid), op de derde maandag in april. De leden van de Gilden van Zürich trekken in historische kostuums te paard door de stad. Sinds 1862 wordt ter afsluiting van het Sechseläuten de zogeheten *Böögg* (sneeuwpop) verbrand. Stipt 18 uur wordt een meer dan 3 m hoge en 80 kg zware, met vuurwerk gevulde sneeuwpop aangestoken. Wanneer de kop van de *Böögg* explodeert, is de winter officieel beëindigd. Hoe sneller dat het geval is, hoe warmer en langer de zomer zal worden (sechseläuten.ch).
- **Juli – Züri Fäscht:** grootste volksfeest van Zwitserland. Elke 3 jaar aan het meer en in de binnenstad (volgende in 2023, zuerifaescht.ch).
- **Juli – Festival Tropical:** Latijns-Amerikaans festival (caliente.ch).
- **Street Parade:** enorme house- en technoparty met een kleurrijke parade (op een

zaterdag in augustus, streetparade.com).
- **Augustus-september – Zürcher Theater Spektakel:** openluchttheater op de Landiwiese (theaterspektakel.ch).
- **Oktober – Zürich Film Festival:** zff.com.

Zürichsee

J3/K4

Het mooist is de Zürichsee vanaf de boot. Er gaat 's zomers vanaf de Bürkliplatz elk uur een lijndienst, die alle plaatsen rond het meer aandoet. Je kunt zo een dagtocht maken en onderweg het kloostereiland Ufnau en het stadje Rapperswil bezoeken. Het snelst ga je terug met de trein (boten Zürichsee: zsg.ch).

Kloostereiland Ufnau

Het eiland **Ufnau** is iets bijzonders. Het eiland van 11 ha ligt ter hoogte van Pfäffikon in het bovenste deel van Zürichsee en bestaat uit natuurgebied, een boerderij en een wijngaard. Het wordt sinds 965 beheerd door het klooster van Einsiedeln. Wie zich aan enkele regels houdt (zwemmen is er niet toegestaan), is op het eiland en in het idyllische kerkje van harte welkom. Als de vlag gehesen is, is het eiland geopend. Het vernieuwde eilandrestaurant – met tuin en terras – staat bekend om zijn verse vis uit het meer, biologische producten van eigen teelt en wijnen van de eigen *Klosterkellerei*. De lijndienst over de Zürichsee vanuit Zürich, Rapperswil of Pfäffikon doet ook het eilandje aan. Als alternatief kun je ook met de boot-taxi uit Pfäffikon, de shuttleboot van het eiland, of met eigen boot of kano.

Insel Ufnau, inselufnau.ch, geopend ma.-zo. 11-23 uur, boot-taxi Pfäffikon, tel. 055 410 12 25; shuttleboot, tel. 079 410 91 91

Rapperswil

K4

Het stadje Rapperswil ligt op de scheiding van de Zürichsee en de minder druk bevaren Obersee, een scheiding die gevormd wordt door een dam en Zwitserlands langste houten brug, de 850 m lange *Hurdensteg*. Al in de middeleeuwen staken hier Jakobs-pelgrims het meer over op een loopbrug zonder leuningen. Ook nu nog maakt de wandeling over de (moderne) houten loopbrug deel uit van de Jacobsweg naar het 15 km verder gelegen klooster Einsiedeln.

Aan de kade van Rapperswil, waar de boten aankomen uit Zürich, liggen het toeristenbureau en een hele rij hotels en restaurants. De autovrije Altstadt van Rapperswil is tegen de burchtheuvel aangebouwd en is gemakkelijk te voet te verkennen. Het heeft zijn middeleeuwse aanzien behouden, mede door het dominante kasteel, waarvan je de toren kunt bezichtigen. Vanwege zijn rozentuinen wordt Rapperswil ook wel de *Rosenstadt* genoemd.

Tuinkunst van Enzo Enea

De Zwitserse designer Enzo Enea is de ster onder de tuinontwerpers. Hij heeft over de hele wereld bij prinsen, sjeiks en popsterren tuinen en parken ontworpen. In Rapperswil-Jona kan sinds 2010 ook het publiek van zijn tuinkunst genieten. Op de voor hem kenmerkende ingetogen, bijna Japans aandoende sierlijkheid presenteert Enea vijftig unieke boomexemplaren samen met sculpturen van verschillende hedendaagse kunstenaars. Dit *Gesamtkunstwerk* van natuur en cultuur is het mooist in voor- (bloesems) en najaar (esdoorns) en wordt elk jaar mooier.

Buechstrasse 12, 8645 Rapperswil-Jona, tel. 055 225 55 55, enea.ch, ma.-vr. 9-18, za. 10-17, 's winters tot 17.30 en 16 uur, CHF 15

Kerstmarkt, klooster Einsiedeln

Eten

Historische setting

Restaurant Rathaus: in het hart van de Rapperswiller Altstadt staat het oude raadhuis uit de 15e eeuw, tegenwoordig een trefpunt voor culinaire genieters; voordelige dagschotels.

Hauptplatz 1, Rapperswill, tel. 055 210 11 14

Info

- **Toeristenbureau:** Fischmarktplatz 1, 8640 Rapperswil

Einsiedeln

K4

Overdadig barokklooster

Ten zuiden van de Zürichsee ligt de barokke **abdij van Einsiedeln**, het belangrijkste bedevaartsoord van Zwitserland. Meer dan 1000 jaar komen mensen op pelgrimstocht naar dit prachtig gelegen klooster. De naam *Einsiedeln* kreeg het van de monnik en kluizenaar (*Einsiedeler*) Meinrad, die in 861 hier het eerste godshuis bouwde. Sindsdien leven er broeders van de benedictijnenorde. In 1703 werd het klooster herbouwd aan de hand van de architect Caspar Moosbrugger, een vertegenwoordiger van de Vorarlberger Bauschule. In deze Mariabedevaartplaats staat nu een van de indrukwekkendste barokke bouwwerken van Europa, een kloostercomplex met een overweldigend front. De rust die het bouwwerk aan de buitenzijde uitstraalt staat in contrast met de kleuren en decoraties in de kerk zelf. In deze ruimte hebben kunstenaars in volkomen samenhang tussen schilderingen, stucwerk, kleur en illusionisme uiting gegeven aan het beginsel van de barok en de Contrareformatie: het scheppen van een voorportaal van de hemel. Het uiteindelijke doel van de bedevaart is de Gnadenkapelle met de 15e-eeuwse zwarte Madonna. Op deze plek moet ooit de kluizenaarswoning van Meinrad hebben gestaan. Op een rondleiding bezoek je behalve de kerk ook de bibliotheek, met een collectie middeleeuwse handschriften en miniaturen. Er is een bezoekerscentrum met restaurant, winkel en wijnkelder.

8840 Einsiedeln, tel. 055 418 61 11, kloster-einsiedeln.ch, ma.-za. 8-19, zo. 10.30-19 uur; rondleidingen kerk en bibliotheek ma.-za. 14 uur, via Einsiedeln Tourismus, Hauptstrasse 85, tel. 055 418 44 88, CHF 20

Eten

Biologische kaas

Milchmanufaktur Einsiedeln: sinds 2015 staat in Einsiedeln de Milchmanufaktur, waar de melk van zestig biologische boerderijen wordt verwerkt tot yogurt en diverse kazen. Door de ramen van het moderne restaurant kun je in de *Schaukäserei* meekijken bij de kaasbereiding. Er is een groot aanbod aan kaasgerechten en voordelige dagschotels. In de winkel kun je naast kaas ook mooie souvenirs kopen, zoals een originele Zwitserse fondue-set en een portie kant-en-klare Einsiedeler Bergkäsefondue.

Alpstrasse 6, 8840 Einsiedeln, tel. 055 412 68 83, milchmanufaktur.ch, di. t/m zo. 8-18 uur

Alptal en de Mythen

Wie vanuit Einsiedeln het Alptal verder inrijdt, ziet aan het eind twee karakteristieke bergen opdoemen: de Grosser en de Kleiner Mythen. Een prachtig zig-zagpad voert naar de top van de piramidevormige Grosser Mythen. Bergwandelaar Armin Schelbert doet dat soms drie keer per dag (zie blz. 105)!

Winterthur

K4

Slechts 20 km van Zürich ligt Winterthur, de tweede stad van het kanton en zesde stad van Zwitserland. Winterthur was in de middeleeuwen een belangrijke marktplaats en groeide in de 19e eeuw uit tot een industriestad waar onder meer locomotieven werden gebouwd. De ongewone concentratie aan musea heeft de stad te danken aan de industriëlen, die hun fortuin besteedden aan het opbouwen van prachtige kunstcollecties. Een bezoek aan deze *museumstad* is een *must* voor elke kunstliefhebber.

Autovrije Altstadt

Winterthurs autovrije Altstadt is goed te voet te verkennen. De hoofdas is de Marktgasse, van Hauptbahnhof tot Graben, Winterthurs bekendste winkelstraat, met juweliers en chocolatier Vollenweider (nr. 17), met legendarische *giraffentaart*. Aan de zuidkant van de Marktgasse vind je mooie pleintjes en stille hoekjes. Centraal staat hier de neogotische Stadtkirche met kleurige wandschilderijen en drie kleine glas-in-loodramen van Augusto Giacometti. Op mooie zomeravonden speelt het leven in de Altstadt zich af op de vele pleintjes. Geliefd zijn de Neumarkt, de Steinberggasse – met drie ovalen fonteinen van Donald Judd – en de mediterraan aandoende Graben met zijn platanen, fontein en caféterrassen. Aan de Neustadtgasse zijn werkplaatsen en winkeltjes van handwerklieden als pottenbakkers (nr. 18), instrumentenmakers (nr. 27), boekbinders en houtbewerkers.

Musea

Kunstmuseum Winterthur: een van de belangrijkste kunstmusea van Zwitserland, omvat drie locaties: Beim Stadthaus,

Lievelingsplek

Kunstmuseum Winterthur

Dit 100 jaar geleden gestichte en in 2010 met een nieuwbouw van Gigon/Guyer uitgebreide museum heeft een belangrijke collectie van internationale schilderkunst vanaf het impressionisme tot het heden. De moderne uitbouw is geheel gewijd aan hedendaagse kunst en toont wisselende exposities. In hetzelfde gebouw bevindt zich ook het prijswinnende **Naturmuseum Winterthur**. Vooral met kinderen is een bezoek hiervan zeer aan te raden, omdat de collecties mineralen, fossielen en dieren op een frisse, moderne wijze worden tentoongesteld (stadt.winterthur.ch/naturmuseum).

Reinhart am Stadtgarten en Villa Flora (vanwege een verbouwing momenteel gesloten, heropent in 2024).

Museumstrasse 52, tel. 052 -67 51 62, kmw.ch, di.-zo. 10-17, di. tot 20 uur, CHF 19

19e- en 20e-eeuwse kunst

Museum Reinhart am Stadtgarten: dit naar zijn stichter genoemde museum in het oude gymnasium aan de Stadtgarten herbergt een omvangrijke collectie van vooral Duitse en Zwitserse kunst uit de 19e (romantiek) en vroege 20e eeuw (realisme en impressionisme). De werken werden door de kunstverzamelaar Oskar Reinhardt (1885-1965) geschonken aan de stad. Zwaartepunt van de collectie ligt bij schilders als Friedrich, Anker, Thoma, Böcklin, Hodler, Segantini en Giacometti.

Stadthausstrasse 6, tel. 052 267 51 72, kmw.ch, di.-zo. 10-17, di. tot 20 uur, CHF 19

Oude meesters

Museum Oskar Reinhart am Römerholz: een ander deel schonk Oskar Reinhart (1885-1965) aan de Zwitserse staat, dat vind je in zijn villa in het hoger gelegen noorden van de stad, de *Sammlung Oskar Reinhart am Römerholz*. Deze omvat een verzameling oude meesters en impressionisten, waaronder werken van Holbein, El Greco, Goya, Van Gogh, Cézanne, Manet, Courbet en Renoir. Met café en tuinterras.

Haldenstrasse 95, tel. 052 267 51 72, roemerholz.ch, di.-zo. 10-17, wo. tot 20 uur, CHF 15

Fotomuseum

Het **Fotomuseum Winterthur** in het Zentrum für Fotografie, is een van de beste fotomusea van Europa. Met wisselende en vaste collecties van onder andere Walker Evans, Helmut Newton en Ai Weiwei.

Grüzenstrasse 44-45, tel. 052 234 10 60, fotomuseum.ch, di.-zo. 11-18, wo. tot 20 uur, CHF 17, gratis entree op wo.

Science Center

Een bezoek aan het **Technorama** in Winterthur neemt al snel een hele dag in beslag. Er zijn dagelijkse shows en veel van de vijfhonderd experimenten zijn zo spannend, dat je de tijd bijna vergeet. Op drie etages worden fysische, meteorologische en biologische verschijnselen verklaard. Speciaal is de show over elektriciteit, waarbij bliksems van duizenden volts door de zaal schieten.

Technoramastrasse 1, 8404 Winterthur, tel. 052 244 08 44, technorama.ch, dag 10-17 uur, CHF 32 (vanaf station bus 5)

Slapen en eten

Profiteer van de aanbiedingen op de website van Winterthur Tourismus, zoals de *Art City package*: een cultuurweekend met overnachting in een hotel naar keus, toegang tot alle musea, het Science Center Technorama en gebruik van openbaar vervoer; vanaf CHF 100 p.p. Winterthur is ook een praktische en voordelige uitvalsbasis voor een bezoek aan de steden Zürich, Schaffhausen en St. Gallen, die van hieruit per trein snel bereikbaar zijn.

Centraal

Hotel Wartmann: aangenaam stadshotel, direct bij het station van Winterthur.

Rudolfstrasse 17, tel. 052 260 07 07, wartmann.ch, 2 pk vanaf CHF 189

Boutiquehotel

Hotel Krone: modern hotel in de binnenstad, met uitstekend restaurant.

Marktgasse 49, tel. 052 208 18 18, sorellhotels.com/krone, 2 pk vanaf CHF 122

Zwitserse specialiteiten

Zur Sonne: vooral rösti in alle denkbare varianten.

Marktgasse 13/15, tel. 052 213 00 50, zur-sonne.ch

Wereldkeuken

National: gerenoveerd restaurant in een statig pand bij het station. Wereldkeuken met gerechten als *Thunfischsteak in Pfefferkruste* en *Paella nach kreolischer Art.*

Stadthausstrasse 24, tel. 052 212 24 24, bindella.ch

Panoramabar

Fritz Lambada bar: bar-restaurant in de *Roter Turm*, hoog boven de daken van Winterthur.

Theaterstrasse 17, tel. 052 212 00 22, dag. 16-02 uur

Info

- **Toeristenbureau:** Hauptbahnhof, 8401 Winterthur, tel. 052 267 53 00, winterthur.com
- **Winterthurer Museumspass:** toegang tot zestien musea (behalve Technorama) en tot de museumbus; een pas voor 1 of 2 dagen: CHF 29/44.

Schaffhausen K4

Aan de Rijn ten westen van de Bodensee ligt Schaffhausen, dat het bestaan te danken heeft aan de verderop gelegen waterval: als overslagplaats van goederen die verder over land vervoerd moesten worden. Schaffhausen zelf heeft een aantrekkelijke Altstadt met burcht, romaanse Münster en een klooster.

Rheinfall

Verwacht geen hoge waterval zoals in de Alpen. Toch is het Europa's grootste waterval. Over een breedte van 150 m stort het water in totaal 23 m omlaag, 's zomers 600 m^3, 's winters 250 m^3 per seconde. Een spectaculair schouwspel. Beide oevers van de Rijn vallen hier onder Zwitsers grondgebied. Vanaf de noordkant heb je het mooiste zicht op de waterval, met het middeleeuwse slot Laufen op de rotsen

Rheinfall Schaffhausen, met op de achtergrond Schloss Laufen

boven de Rijn. Je kunt via het voetpad van de spoorbrug ernaartoe wandelen, of je met een boot laten overzetten over de Rijn. Er gaan ook bootjes naar het grootste van de twee eilandjes midden in de waterval – de Zwitserse vlag wappert er vrolijk. Op dit *Känzeli* ben je het dichtst bij het razende water.

4 km buiten Schaffhausen bij Neuhausen, noordkant Rijn: betaald parkeren, toegang tot de waterval CHF 5; zuidkant: zie Slot Laufen

Zuidkant van de waterval

Hoog op de zuidoever van de Rijnwaterval troont het middeleeuwse **Schloss Laufen**, met bezoekerscentrum en restaurant. Onder het slot is de waterval van zeer nabij te bekijken op het *belevenispad* of vanuit de glazen panoramalift. Zonder meer spectaculair is het uitzicht vanaf het platform op slechts luttele meters boven het razende water! In het Historama leer je alles over de geschiedenis van het duizendjarige slot en het watervaltoerisme.

8447 Dachsen. Toegang per trein: station Laufen/Rheinfall, direct bij de waterval. Toegang per auto: via de A4 vanuit Zürich. Gratis parkeren, toegang tot de waterval CHF 5

Eten

Op hoog niveau

Schloss Laufen: 8447 Dachsen, tel. 052 659 67 67, schlosslaufen.ch. Exclusief dineren, overdag tussen de imitatieridderharnassen in het slotrestaurant, 's avonds in de Bleulersaal met grote kristallen kroonluchters en antieke spiegels.

Aan de waterval

Schlössli Wörth: 8212 Neuhausen am Rheinfall, tel. 052 672 24 21, schloessli woerth.ch. In dat andere kleine kasteel met uitzicht op de waterval kun je iets drinken op het uitzichtterras (zelfbediening), of dineren in de chique eetzaal binnen.

Info

• **Toeristenbureau:** Herrenacker 15, 8201 Schaffhausen, tel. 052 632 40 20, schaffhauserland.ch, rheinfall.ch.

Bodensee

Het uitgestrekte meer ligt in een breed bekken, omgeven door heuvelland van de Voor-Alpen. De Bodensee bestaat uit twee gedeelten: de Untersee en de Obersee. Het grenst aan Duitsland, Oostenrijk en Zwitserland en is iets kleiner dan het Meer van Genève. Het geschikte zwemwater en de vele watersportmogelijkheden maken het meer tot een veelbezocht vakantiegebied. Aan de Zwitserse oever liggen schilderachtige toeristische stadjes als Romanshorn, Arbon, Rorschach, Ermatingen en Stein am Rhein. En natuurlijk hoort een bootocht erbij. Een witte vloot verbindt de oeversteden langs de Bodensee en de Boven-Rijn tot aan Schaffhausen.

Actief

Boottocht

Bodensee Schifffahrt: tel. 071 466 78 88, bodenseeschiffe.ch. Mooi is de boottocht tussen de waterval en Kreuzlingen (Konstanz) aan de Bodensee, langs het bezienswaardige Stein am Rhein.

Eten

Weinstube

Zum Rothen Ochsen: de historische herberg uit 1446 in Stein am Rhein – waar de Untersee overgaat in de Rijn – werd geheel gerenoveerd, maar heeft zijn bijzondere sfeer behouden.

Rathausplatz 9, 8260 Stein am Rhein, tel. 052 741 23 28, weinstube-rotherochsen.ch

Gouden vis

Restaurant Krone: restaurant Krone in Ermatingen langs de Untersee draagt de onderscheiding *Tafelgesellschaft zum Goldenen Fisch* (Eetsociëteit van de Gouden Vis). Deze onderscheiding krijgen restaurants die plaatselijke en verse vis serveren, in dit geval direct uit de Bodensee.

Untere Seestrasse 3, 8272 Ermatingen, tel. 071 664 17 44, krone-ermatingen.ch

Ittingen

Tussen Stein am Rhein en Frauenfeld ligt het plaatsje Ittingen, bekend om zijn voormalige **kartuizerklooster**. In 1462 begonnen monniken van de Kartuizerorde aan de uitbouw van een kleine vroegere abdij, die na vier eeuwen werd verlaten. Rond 1980 werd het geheel gerestaureerd. Pronkstuk is het in barok- en rococostijl uitgevoerde interieur van de voormalige kloosterkerk. Het klooster herbergt nu een museum gewijd aan de Kartuizers, een hotel-restaurant en het Thurgauer Kunstmuseum met 20e-eeuwse schilderkunst. Volgens de oude kloostertraditie voorziet het landgoed nog steeds grotendeels in eigen behoeften; er is wijnbouw, tuinbouw, veeteelt, een viskwekerij, kaasmakerij, een hopakker voor de bierbrouwerij, een bakkerij en er worden rozen gekweekt. In de winkel verkoopt men kruiden en producten uit eigen teelt. In het vroegere klooster kun je in alle rust overnachten in stijlvolle, moderne hotelkamers. Het kloosterhotel kreeg in 2019 de prijs voor 'historisch hotel van het jaar'.

Kartause Ittingen, 8532 Warth, tel. 052 748 44 11, kartause.ch, museum elke middag geopend, 2 pk vanaf CHF 150

Sankt Gallen M3

De hoofdstad van het gelijknamige kanton ligt tussen de Bodensee en het Appenzellerland en is gegroeid rond een machtig klooster dat zowel op geestelijk, als op cultureel en politiek gebied grote invloed had in Europa. De stad is een bezoek waard vanwege haar kloosterbibliotheek en barokke kathedraal, die beide staan vermeld op de UNESCO-lijst van cultureel Werelderfgoed. Het huidige St. Gallen is een aangename stad met een autovrije Altstadt met mooie winkelstraten rond de beroemde abdij. De Altstadt staat vol historische burgerhuizen uit de tijd van de linnenweverijen en borduurindustrie waar St. Gallen beroemd door is geworden (16e-18e eeuw). Opvallend element aan veel gevels zijn de rijk bewerkte erkers, 111 in totaal. De mooiste vind je aan de Spisergasse, Marktgasse, Kugelgasse en Schmiedgasse.

Stiftsgebied van Sankt Gallen, uniek om zijn kloostercomplex en barokkathedraal

Stadtlounge – Rode plein, kruising Frongartenstrasse/Schreinerstrasse, St. Gallen

Oogverblindende barok

Hier in het noordoostelijk deel van Zwitserland deed de Ierse monnik Gallus in 612 zijn missiewerk onder de Alemannen. In de 8e eeuw ontstond er bij zijn graf een benedictijnenklooster dat in de 9e en 10e eeuw uitgroeide tot een van de rijkste cultuurcentra van Europa. Centraal in het **stiftgebied** is de **barokke kathedraal** ❶ (1755-67), die met haar hoge torens de aandacht trekt. Het imposante gebouw heeft een prachtig interieur met een enorme centrale koepel, met kleurrijke reliëfs, fresco's en stucwerk.

Achter de kerk, in de gebouwen van de vroegere benedictijnenabdij (opgeheven 1805) bevindt zich de beroemde Stiftsbibliotheek, aangemerkt als de mooiste rococozaal van Zwitserland, gebouwd door vader en zoon Peter Thumb (1758-1759) van de Vorarlberger Schule. De zaal bezit een mooie houten vloer met ingelegde patronen, reden waarom de bezoekers vilten overschoenen moeten dragen. De collectie bestaat uit circa 140.000 banden, waarvan de 2000 middeleeuwse handschriften de belangrijkste schat vormen. In de zaal is steeds een wisselende expositie van belangrijke werken in de uitstalkasten.

dag. 10-17 uur, gesl. 2e helft van nov., stiftsbezirk.ch, CHF 12

Musea en moderne architectuur

Naast alle barok heeft Sankt Gallen ook enkele interessante projecten op het gebied van (moderne) kunst en architectuur. Zo heeft architect Santiago Calatrava voor de Kantonspolizei een opvallende ondergrondse noodcentrale gebouwd, met een dak in de vorm van een mosselschelp en een beweegbare ingang (Moosbruggstrasse).

Rode plein

❷ **Roter Platz:** aan de westkant van het centrum ligt dit kunstproject van de Zwitserse kunstenares Pippilotti Riist, die het zakencentrum Bleicheli omtoverde in een stadlounge. Een enorm rood kunstof tapijt bedekt het hele plein en grote ronde lampen zorgen voor subtiele lichteffecten.

Geschiedenis en kunst

In het park ten oosten van de *Altstadt* bevinden zich de Tonhalle (jugendstil), het Neue Theater, het Kunstmuseum en het Historische Museum. Het ❸ **Kunstmuseum** toont op de benedenverdieping een selectie uit haar omvangrijke collectie van oude meesters, impressionisten en Duitse en Zwitserse schilders uit de 19e en 20e eeuw. Op de bovenste verdiepingen zijn wisselende exposities hedendaagse kunst.

Museumstrasse 32, tel. 071 242 06 71, kunstmuseumsg.ch, di.-zo. 10-17, wo. tot 20 uur, CHF 12

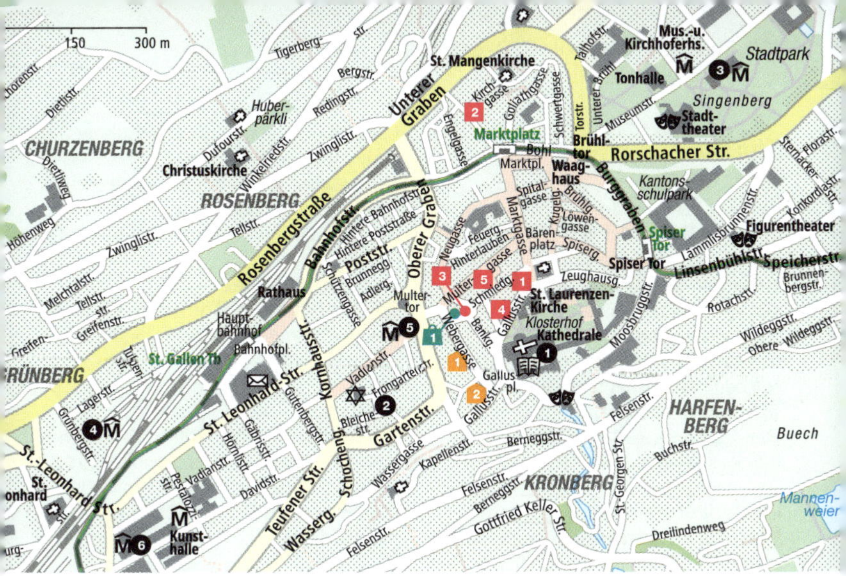

Sankt Gallen

Gaan zien

1. Stiftgebied en kathedraal
2. Stadtlounge - Rode plein
3. Kunstmuseum
4. Kulturzentrum Lokremise
5. Textielmuseum
6. Museum im Lagerhaus

Slapen

1. Hotel Dom
2. Hotel Vadian

Shoppen

1. Metzgerei Gemperli

Eten

1. Alte Post
2. Focacceria
3. NAZ
4. Chocolaterie Kölbener
5. Confiserie Roggwiller

Laboratorium voor nieuwe kunst

❹ **Kulturzentrum Lokremise:** het cultuurcentrum in de oude *Lokremise* (locomotievenloods), vlak bij het centraal station van St. Gallen, is het tweede podium van het Kunstmuseum, en dient als laboratorium voor hedendaagse kunst, dans, theater en film. In de remise is tevens een restaurant (uitgebreide zondagsbrunch).

Grünbergstrasse 7, tel. 071 277 88 40, lokremise.ch, ma.-za. 13-20, zo. 11-18 uur, los ticket CHF 6, combiticket met Kunstmuseum CHF 16; restaurant 10-23 uur

Textielstad Sankt Gallen

❺ **Textilmuseum:** dit kleine museum in het Palazzo Rosso toont heden en verleden van deze voor textielstad Sankt Gallen belangrijke industrietak. Het museum toont textielkunst, borduurwerk, stoffen en patronen, is steeds wisselende tentoonstellingen. Een deel van de enorme collectie is toegankelijk in de bijbehorende bibliotheek. De museumshop verkoopt traditioneel borduurwerk en modern Zwitsers design.

Vadianstrasse 2, tel. 071 222 17 44, textilmuseum.ch, dag. 10-17 uur, CHF 12

Naïeve kunst

❻ **Museum im Lagerhaus:** Zwitserse naïeve kunst en art brut.

Davidstrasse 44, tel. 071 223 58 57, museumimlagerhaus.ch, di.-vr. 14-18, za.,zo. 12-17 uur, CHF 9

Slapen

Verrassend modern

1 Hotel Dom: Midden in de historische binnenstad ligt dit driesterrenhotel, vanbuiten weinig spectaculair, maar vanbinnen een verrassing. Alle verdiepingen en kamers zijn modern vormgegeven en hebben sterke kleuraccenten. Het restaurant serveert behalve het ontbijtbuffet ook een voordelig lunchbuffet.

Webergasse 22, tel. 071 227 71 71, hoteldom.ch, 2-pk vanaf CHF 155

Gastvrij stadshotel

2 Hotel Vadian: Hotel-garni in de Altstadt met 22 kamers en appartementen in het hotel, of in de historische dependance, sommige met fraaie oude erkers. Ontving in 2015 de *prix bienvenu*, als een van de vriendelijkste stadshotels van Zwitserland.

Gallusstrasse 36, tel. 071 228 18 78, hotelvadian.com, 2-pk vanaf CHF 135

Eten

Traditionele herberg

1 Alte Post: Een juweeltje in de binnenstad. Het oudste restaurant van St. Gallen, in een 16e-eeuws pand, met uitstekende keuken en wijnkelder.

Gallusstrasse 4, tel. 071 222 66 01, apost.ch

Italiaan

2 Focacceria: Klein restaurant met goede Italiaanse keuken. Alles wordt dagelijks vers bereid, de *foccacia's* zijn ter plekke zelf samen te stellen.

Metzgergasse 22, tel. 071 220 16 15, focacceria.ch

Bierspecialist

3 NAZ: Restaurant *National zum Goldenen Leuen*, kortweg NAZ genoemd. Hier houdt bierspecialist Walter Tobler de oude biercultuur in stand, die stamt uit de 9e eeuw, toen in het klooster al bier werd gebrouwen. Echte *Hausmannskost* en zelfgebrouwen bier.

Schmiedgasse 30, tel. 071 222 02 62, naz.sg

Ontmoetingsplek

4 Chocolaterie Kölbener: Centraal gelegen *Konditorei* bij de kathedraal.

Gallusstrasse 20

Koffiehuis

5 Confiserie Roggwiller: Een van de mooiste Zwitserse cafés, sinds 1941. Veertig soorten pralinen en koekspecialiteiten, zoals de St Galler Biber, een koek met berenbeeltenis.

Multergasse 17, roggwiller.ch

Shoppen

Op de Bärenplatz komen de belangrijkste winkelstraten van Sankt Gallen samen: de Multergasse, de Marktgasse en de Spisergasse.

Specialiteiten

Gemperli: hier staat doorgaans een lange rij voor de beroemde St. Galler Bratwurst. Dagelijks liggen hier de gegrilde Bratwursten klaar.

Schmiedgasse 34

Info en evenementen

- **Toeristenbureau:** Bankgasse 9 (bij de kathedraal), 9000 St. Gallen, tel. 071 227 37 37, st.gallen-bodensee.ch.

- **Kerstmarkt:** St. Gallen heeft een van de grootste kerstmarkten van Zwitserland. Op de eerste adventszondag wordt de 20 m hoge kerstboom opgericht en gaat de verlichting aan van zevenhonderd sterren die twinkelen boven de binnenstad (sternenstadt.ch).

Appenzellerland

Het kanton Appenzell kenmerkt zich door een typisch wijd, golvend landschap van bergweiden en bossen met verspreid liggende boerderijen. In het zuiden van dit kleinste kanton van Zwitserland verheffen zich de bergketens van het Alpsteinmassief, met als hoogste top de uitzichtberg Säntis (2502 m). Dit mooie land heeft als bijzonderheid een (boeren) bevolking met een eigen, wat ouderwetse levensstijl en volksgebruiken. Ook in politiek opzicht onderscheidt Appenzell zich. In de 16e eeuw bracht de Reformatie in het kanton een splitsing teweeg. Appenzell werd de hoofdstad van het rooms-katholieke Innerrhoden en Herisau van het protestantse Ausserrhoden. In beide delen wordt elk jaar op de laatste zondag in april de *Landsgemeinde* gehouden. De stemgerechtigde mannen en vrouwen – vrouwen kregen pas in 1990 stemrecht – stemmen met handopsteken. Op deze bijeenkomst, die in de openlucht plaatsvindt, worden alle kantonale zaken afgehandeld. De *Landsgemeinde* voor Innerrhoden vindt plaats in Appenzell en die van Ausserrhoden op de even jaren in Trogen en op de oneven jaren in het kleine Hundwil.

Appenzell

M3

Dit fraaie plaatsje met 5600 inwoners is de hoofdstad van het halfkanton Innerrhoden en vormt een goed uitgangspunt voor wandelingen in het heuvelland en de bergen van de Alpstein. Bezienswaardig zijn de beschilderde houten gevels met *Tafeen* (uithangborden) rond het plein van de Landsgemeinde en in de Hauptgasse, en verder het Appenzellerhaus met zijn schilderingen, de grote St. Mauritiuskirche en het laatgotische raadhuis. In Appenzell zijn nog veel traditionele ambachtslieden actief, van beroepen die elders al lang zijn verdwenen, zoals borduurders, houtbewerkers, goud- en kopersmeden of zadelmakers (onder andere fraai versierde riemen en halsbanden voor koebellen). Veel van de vroegere gebruiksvoorwerpen worden nu gekocht als souvenirs of decoratieve voorwerpen en zijn verkrijgbaar in de souvenirwinkels van het dorp.

Musea

Traditioneel Appenzeller huis

Museum Appenzell: in dit museum, dat is gehuisvest in een traditioneel Appenzeller huis, worden handwerken, klederdrachten, meubels en kunstvoorwerpen getoond uit het kanton Appenzell Innerrhoden. Op donderdag zijn er kunsthandwerkers bezig te zien.

Hauptgasse 4, 9050 Appenzell, tel. 71 788 96 31, museum.ai.ch, apr. t/m okt. ma.-vr. 10-12, 14-17, za., zon- en feestdagen 11-17 uur, rest v/h jaar di.-zo. 14-17 uur, CHF 7

Twee kunstmusea

Kunstmuseum Appenzell: opvallend museum met aluminium zaagtanddak van Gigon/Guyer (1998), gewijd aan moderne en hedendaagse kunst, onder andere van de plaatselijke schilders Liner (vader en zoon). Carl August Liner (1871-1946) behoort tot de late impressionisten en zijn zoon Carl Walter (1914-1997) schilderde in de stijl van de coloristen (niet permanent te zien).

Hogerop in het dorp werd in 2003 een oude tegelfabriek fraai verbouwd tot moderne **Kunsthalle**, met theaterruimte en wisselende tentoonstellingen hedendaagse kunst

Kunstmuseum, Unterrainstrasse 5, 9050 Appenzell, tel. 071 788 18 00, kunstmuseum appenzell.ch, apr.-nov. di.-vr. 10-12, 14-17, za., zo. 11-17 uur, rest v/h jaar di.-za. 14-17, zo. 11-17 uur; Kunsthalle Ziegeleistrasse 14, 9050 Appenzell, tel. 071-788 18 60, h-gebertka.ch; 1 museum CHF 9, beide musea CHF 15

Slapen en eten

Het kleine Appenzell kent maar liefst zestien cafés, *Konditoreien* en restaurants, en zeventien hotels en B&B's.

Centraal trefpunt

Hotel Appenzell: Hauptgasse 37, 9050 Appenzell, tel. 071 788 15 15, hotel-appenzell.ch, 2 pk vanaf CHF 190. Hotel sinds de 17e eeuw; zestien sfeervolle kamers. Gezellig trefpunt, met café en *Konditorei*, gelegen aan de beroemde Landsgemeindeplatz.

Typisch Appenzeller

Hotel Bären: Dorfstrasse 40, 9108 Gonten, tel. 071 795 40 10, baeren-gonten.ch, 2 pk vanaf CHF 190. Hotel aan de *Grand Tour of Switzerland* in Gonten, 5 km buiten Appenzell, in een groot traditioneel huis. Moderne kamers, met sfeervol restaurant, taverne en wijnkelder.

Shoppen

Stinkkaas

Appenzeller Schaukäserei: Dorf 711, 9063 Stein AR, tel. 071 368 50 70, schaukaeserei.ch, dag. 9-17.30, 's zomers tot 18.30 uur. Hier kun je toekijken bij de bereiding van de beroemde, sterk geurende Appenzeller, die al 700 jaar volgens een geheim kruidenrecept wordt bereid; in de uitvoeringen *classic*, *surchoix*, *extra*, of *räss* (1/4 vet). Met winkel en restaurant.

Zadelmakerij

Roger Dörig: Poststrasse 6, 9050 Appenzell. Deze klassieke *Sennensattler* (zadelmaker) vervaardigt in zijn 125 jaar oude werkplaats de prachtige Appenzeller gordels (met zilver beslagen) en de brede riemen voor de grote koebellen.

Wildkirchli, Ebenalp

Actief

Bergwandeling

Wasserauen – Ebenalp (800 m stijgen): Neem de *Appenzeller Bahn* (treintje) naar Wasserauen. Je hebt er prachtige vergezichten op de Ebenalp, Hoher Kasten en Alp Sigel, drie populaire wandeldoelen. Wasserauen is het dalstation van de zweefbaan naar de Ebenalp (1640 m). Uitdagender is de voettocht erheen. Eerst wandel je aangenaam over het autovrije weggetje naar de Seealpsee, waarachter het dal wordt afgesloten door de Säntis. Dan klim je steil naar de Ebenalp, met als hoogtepunt het *Wildkirchli*, een kluizenaarswoning en kapel in een grot. In deze grot zijn bij opgravingen in 1904 skeletten van dieren en gebruiksvoorwerpen uit de ijstijd gevonden. Buiten de grot staat het Berggasthaus Äscher. Op waaghalzige wijze werd dit *Gasthaus* tegen een 100 m hoge rotswand geplakt. Vanaf de Ebenalp zweef je ten slotte comfortabel met de kabelbaan weer omlaag.

Berggasthaus Äscher, 9057 Weissbad, tel. 071 799 11 42, aescher.ch

Info en evenementen

- **Toeristenbureau:** Hauptgasse 4 (naast Museum Appenzell), 9050 Appenzell, tel. 071 788 96 41, appenzell.ch. Gasten die minimaal 3 nachten in Appenzell verblijven krijgen de **Appenzell Card** voor gratis openbaar vervoer, toegang tot de kabelbanen Ebenalp, Hoher Kasten en Kronberg, musea en zwembad.
- **Silvesterklausen:** op oudejaarsavond gaan in Urnäsch en omgeving mensen met afschrikwekkende maskers de straat op.
- **Landsgemeinde:** indrukwekkend en kleurrijk zijn de beroemde evenementen die jaarlijks in Appenzell plaatsvinden: de *Landsgemeinde* op de laatste zondag van april en de **processie** op Sacramentsdag.

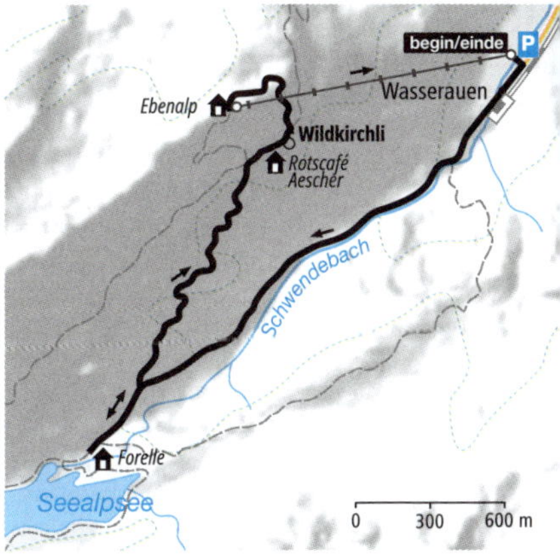

Wandeling Wasserauen – Rotscafé Äscher – Ebenalp

- **Betruf:** in de zomer wordt op de Alpen (bergweiden) in Appenzell de dag afgesloten met een gebed, de zogenaamde *Betruf*. De herder roept door een houten toeter met zingende toon een avondgebed.
- **Alpaufzug:** rond 21 juni klimmen herders en vee voor dag en dauw vanuit Urnäsch in een feestelijke en traditionele optocht naar de Schwägalp over het 20 km lange weggetje.

Alpsteingebergte M3

Säntis (2502 m)

Een kronkelend weggetje voert door het dal van de Urnäsch omhoog naar Schwägalp, het dalstation van de Säntisbahn. De tocht in de grote kabelbaan langs de steile noordwand is indrukwekkend. De 2502 m hoge top, de hoogste van het Alpsteinmassief, biedt een overweldigend rondzicht op de Bodensee, Oost-Zwitserland, Oostenrijk en de Bündner Alpen. De beste dagen om van het uitzicht te genieten zijn in de herfst en de winter als de föhn waait. Al in 1846 werden bergbeklimmers op de Säntis ontvangen in een eenvoudige schuilhut, later bouwden meteorologen hier een weerstation. Ooit was ook een spoorweg gepland naar de top. Het spoor kwam echter nooit verder dan het dorp Wasserauen en dus werd in 1935 de Säntis zweefbaan vanuit Schwägalp aangelegd. De vroegere hut bestaat niet meer en op de top staat nu een groot panoramarestaurant. Aan de voet van de Säntis staat een groot wellnesshotel. Van hieruit worden regelmatig *Sonderfahrten* georganiseerd, voor een volle maan-, zonsopgangs- of zonsondergangsbelevenis, al of niet met eten en muziek.

Säntis-Schwebebahn, 9107 Schwägalp, tel. 071 365 65 65, saentisbahn.ch, hele jaar behalve 2e helft jan., mei-okt. dag. 07.30-18.30; rest van het jaar ma.-vr. 08.30-17, za., zo. 08-18 uur, retour CHF 54

Slapen en eten

Sympathiek berghotel

Berggasthaus Bollenwees: aan de oostkant van de Alpstein ligt een van de mooiste bergmeren van Oost-Zwitserland, de Fählensee, alleen te voet bereikbaar. Het kortst wandel je uit Brülisau in anderhalf uur naar het meer en het sympathieke berghotel Bollenwees, dat van mei tot oktober is geopend. Slaap er voordelig in het Matratzenlager (leuk met kinderen) of in een van de fraai gerenoveerde en van veel hout voorziene tweepersoonskamers.

9058 Brülisau, tel. 071 799 11 70, 2 pk CHF 180, Matrazenlager CHF 50, bollenwees.ch

Churfirsten L4

7 toppen op een rij

Veel reizigers kennen de Churfirsten, zeven kalktoppen, vanaf de snelweg langs de Walensee. Waarom niet een keer er helemaal bovenop staan en omlaagkijken op het meer? De makkelijke toegang ligt achterom, vanuit Unterwasser, met de Iltios kabelspoortrein en de kabelbaan naar de **Chäserrugg**, een van Churfirsten.

Kabelbaan Unterwasser-Chäserrugg, tel. 071 998 68 10, chaeserrugg.ch, eind mei-half okt., retour CHF 58

Alpaufzug naar de Schwägalp

Toegift

Armin Schelbert

De mythen-mens

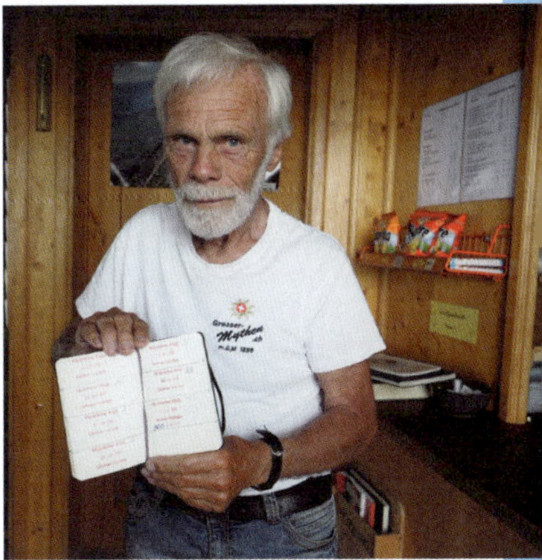

Armin Schelbert met zijn toppenboekje waarin hij op 1 juli zijn honderdste beklimming van dit jaar heeft genoteerd

Net boven Schwyz, in het gelijknamige kanton, verrijzen de Grosser en Kleiner Mythen. De Grosser Mythen is slechts 1898 m hoog, maar kent een flinke wandeling naar de top. 1 uur 20, staat er op de bordjes. Hoogtelijn redacteur Peter Daalder sprak er met de man die er bijna dagelijks te vinden is en die meestal in 40 minuten naar de op de top gelegen Mythenhut klimt. Al 20 jaar wandelt Schelbert meerdere keren per dag zijn favoriete berg op, de Grosser Mythen. Saai? Niet voor Armin Schelbert! Steeds weer is hij gefascineerd door de berg, de natuur en het grandioze panorama. En natuurlijk door de magische zonsopgang helemaal boven op de berg.

De 75-jarige Armin Schelbert hoort, ondanks zijn kunstknie, bij de Club van 100. Honderd keer per jaar beklimt hij de Grosser Mythen. Vroeger om vers brood naar de hut te brengen. Tegenwoordig is dat niet meer nodig: 'Eens per maand brengt de helikoper spullen naar boven. De broodjes worden diepgevroren gebracht en in de hut afgebakken. Maar als er onverwacht iets naar boven moet, dan neem ik het mee. Zoals ik ook de post en de krant meeneem en de post van boven, vooral ansichtkaarten, weer naar beneden breng', zegt Schelbert.

Al meer dan vijfduizend keer beklom hij de Grosser Mythen

In 1863 werd de berg beklommen door acht leden van de Zwitserse Alpenclub (SAC). Zij waren zo enthousiast dat ze een vereniging oprichtten om de berg goed bereikbaar te maken voor wandelaars. De vereniging beheert de Mythenhut en het pad ernaartoe. Zo hangen er kettingen op riskante passages en maken ze het gladgelopen kalksteen jaarlijks weer ruw. De bochten zijn genummerd (het zijn er wel 47) en onderweg kun je bijkomen op de stenen bankjes. Wie na de steile klim hijgend boven komt, wordt getrakteerd op het mooiste uitzicht: bij helder weer zie je de Rigi, Pilatus, twaalf meren, de Eiger, Mönch en Jungfrau, tot aan het Zwarte Woud. Een mythische ervaring. ■

Centraal-Zwitserland

Hart van Zwitserland — Blauwgroene meren tussen machtige Alpen, het historische kerngebied van Zwitserland.

blz. 109

Thun

Prachtig historisch stadje aan de Thunersee, met uitzicht op de bergreuzen van de Berner Alpen.

blz. 119

Jungfraujoch – Top of Europe

Beleef de bergreuzen Eiger, Mönch, Jungfrau en de langste gletsjerstroom van de Alpen van dichtbij. Een adembenemende treinrit vanaf de Kleine Scheidegg dwars door de Eiger naar het hoogste treinstation van Europa op 3454 m.

Schat van de Planggenstock: reuzenkristallen van 1 m groot!

Erin duiken

blz. 131

Ontelbare kabelbanen

Centraal-Zwitserland grossiert in kabel- en tandradbanen en verticale liften. Een van de mooiste is de Hammetschwand Lift, die je het laatste stuk vrijwel loodrecht omhoog voert naar de Bürgenstock.

blz. 130

Pilatus

De 2119 m hoge Luzerner huisberg Pilatus is een van de meest fameuze plekken van Centraal-Zwitserland. Op een heldere dag biedt de berg een panorama met 73 Alpentoppen.

&

blz 124

Vierwoudstedenmeer

Het grillig gevormde, blauwgroene Vierwoudstedenmeer heeft fjordachtige proporties en dringt diep door in de machtige Alpen.

blz. 115

Lobhornhütte

Deze berghut is mijn persoonlijke favoriet voor het mooiste uitzicht op de enorme Eiger, Monch en Jungfrau.

blz. 125

Zunfthaus zu Pfistern, Luzern

Nog steeds wordt in dit historische bakkersgildehuis brood gebakken, maar het is nu een uitstekend restaurant. Probeer een plekje op het Stadtbalkon te bemachtigen, voor het uitzicht op de rivier de Reuss.

blz. 133

Spa Rigi Kaltbad

Het *Kaltbad* naast het gelijknamige hotel blijkt niet koud, maar een 35°C verwarmd zwembad. Dobber in het mineraalbad met uitzicht op de Alpen.

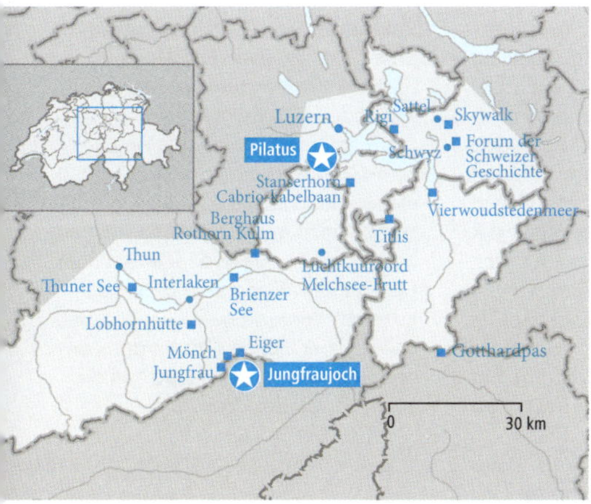

Oude tijden herleven: met de postkoets over de Gotthardpas, vroeger een gevreesde hindernis.

In het Forum der Schweizer Geschichte in Schwyz kom je alles te weten over de Zwitserse geschiedenis en de legendarische Wilhelm Tell.

beleven

Het hart van Zwitserland

C

Centraal-Zwitserland wordt gevormd door het Berner Oberland en de streek rond het Vierwoudstedenmeer. Prachtige stadjes als Luzern, Interlaken en Thun liggen aan de grote blauwgroene meren en fungeren als toegangspoorten tot de machtige Alpen, die vanuit de vlakte oprijzen als een muur met soms meer dan 4000 m hoge pieken, waarvan Eiger, Monch en Jungfrau de bekendste zijn. Vanuit beroemde vakantieplaatsen als Grindelwald, Interlaken, Adelboden en Gstaad gaan kabel- en tandradbanen naar prachtige uitzichtbergen en dringen diep door tot in het hooggebergte, dat bedekt is met sneeuwvelden en gletsjers. Watervallen storten omlaag langs steile rotswanden, diepe kloven reiken tot de gletsjertongen.

Luzern vormt de toegang tot het geografisch en historisch hart van Zwitserland rond de grillige *Vierwaldstättersee* met zijn vele zijtakken. Waar de drie oerkantons Uri, Schwyz en Unterwalden grenzen aan het meer, werd in 1291 het Eedgenootschap gesloten dat de grondslag vormde voor de Zwitserse staat. Overal word je in het land van de legendarische volksheld Wilhelm Tell herinnerd aan deze onafhankelijkheidsstrijd.

O

TER ORIËNTATIE

Toeristische info: Berner Oberland: Bahnhofstrasse, 3718 Kandersteg, tel. 033-821 28 70; Region Zentralschweiz: Zentralstrasse 5, 6003 Luzern, tel. 041 227 17 17.

Internet: berneroberland.ch, centralswitzerland.ch, lakeluzern.ch.

Vervoer: twee spoorlijnen voeren door Centraal-Zwitserland: de lijn Bern-Kandersteg met de aansluitende (auto)treintunnel naar Goppenstein in Wallis. De lijn Luzern-Gotthard langs het Vierwoudstedenmeer. Er zijn aantrekkelijke combinaties mogelijk tussen trein en boten over het Vierwoudstedenmeer. De *Gotthard Panorama Express* uit Luzern brengt reizigers over het meer aan de voet van de Gotthardpas en per trein verder naar Ticino aan de zuidkant van de Alpen.

Boven het Vierwoudstedenmeer rijzen machtige bergen op, die het meer hier en daar fjordachtige proporties geven. Boten varen in allerlei richtingen uit over het water, dat nu eens spiegelglad is, en dan weer hevig opgezweept door de föhn.

Berner Oberland

Onze reis door het Berner Oberland begint langs de oevers van de Thunersee, voert langs Interlaken en de Brienzersee. Hierna reizen we van west naar oost door de rivierdalen, die diep doordringen in de Berner Alpen. Ten slotte volgen we vanaf Meiringen de Aare tot aan de Grimselpas op de grens met Wallis.

Thun

F6

De noordpunt van de Thunersee wordt ingenomen door het stadje Thun. Prachtig gelegen met uitzicht op de Eiger, Mönch en Jungfrau in de verte, op de voorgrond staan de toppen van de Niesen en de Stockhorn. Het stadje heeft een bezienswaardig middeleeuws centrum. Thun werd in 1175 ingenomen door de Zähringers, die de stad uitbreidden tot een handelsstad. Uit die vroege periode stamt nog het kasteel van de Zähringers, dat trots met vier rode hoektorens boven de stad uitsteekt (Schlossmuseum, apr.-okt. dag. 10-17 uur). De oude binnenstad is sfeervol met zijn 16e-eeuwse Rathaus, hoge winkelgalerijen van de Obere Hauptgasse en de Stadtkirche met zijn overdekte trap. De Aare stroomt vanuit de Thunersee via houten sluizen de oude stad binnen.

Kunstcollectie van de stad Thun

In het voormalige Grandhotel Thunerhof bevindt zich het **Kunstmuseum Thun**. Een collectie moderne en hedendaagse kunst van bekende en minder bekende Zwitserse kunstenaars.

Thunerhof, Hofstettenstrasse 14, 3602 Thun, tel. 033 225 84 20, kunstmuseum-thun.ch, di.-zo. 10-17, wo. tot 19 uur, CHF 10

Schloss Thun, met op de achtergrond de Stockhorn

Panorama Thun

Onderdeel van het Kunstmuseum is het **Thun-Panorama** bij Schloss Schadau in een park aan het meer. Een rond paviljoen bevat het door Marquard Wocher geschilderde panorama, een schilderij van 38 x 7,5 meter, dat Thun rond 1810 weergeeft. Het panorama werd in 2014 gerestaureerd en voorzien van een moderne uitbouw.

Schadaupark, 3602 Thun, thun-panorama.ch, mrt.-nov. di.-zo. 10-17 uur

Info

- **Toeristenbureau:** Seestrasse 2, Bahnhof, Thun, tel. 033 225 90 00, thun.ch. Hotelgasten van Thun en het gebied rond de Thunersee ontvangen de **Panorama-Card Thunersee** voor gratis bussen en 50% korting op regionale kabelbanen en bootexcursies.

Panorama over de Thunersee, op de achtergrond de piramidevormige Niessen

Thunersee

F6

Kastelen en visrestaurants

De 18 km lange Thunersee is eigenlijk een diepe uitholling in de bedding van de rivier de Aare, veroorzaakt door de vroegere Aaregletsjer. Het vormt de toegangspoort tot het Berner Oberland. Vanuit Thun gaan er geregeld bootdiensten over het meer, onder andere naar enkele kastelen aan de oevers.

Aan de noordoever van de Thunerseer ligt **Schloss Oberhofen**, bekend om zijn prachtig tussen oude bomen aan de oever gelegen waterslot, dat werd gebouwd in de 12e eeuw. Het herbergt sinds 1954 een historisch museum; met museumshop en restaurant.

3653 Oberhofen, tel. 033 243 12 35, schloss oberhofen.ch, museum mei-okt. 11-17 uur, ma. gesl., CHF 12, slotpark gratis toegang

Spiez ligt aan het water op een uitloper van de markante piramidevormige Niesen. Op de heuvels rond Spiez worden druiven verbouwd voor de *Spiezer*. De trots van Spiez is het **middeleeuwse Schloss**, dat het Historisches Museum huisvest. In het slotpark worden 's zomers vaak openluchtvoorstellingen gegeven. Je kunt vanaf het slot langs de jachthaven lopen over houten vlonders, langs visrestaurants waar gerookte *Felchen* (forellen) uit de Thunersee worden geserveerd.

Schlossstrasse 16, 3700 Spiez, tel. 033 654 15 06, schloss-spiez.ch, mei t/m okt. ma. 14-17, di.-zo. 10-17, juli-aug. dag. tot 18 uur, CHF 12, slotpark hele jaar gratis toegang

Druipsteengrotten

Bij Sundlauenen langs de Thunersee ligt de **St. Beatusgrot** waarin de Ierse monnik Beatus tijdens de 8e eeuw geleefd zou hebben. De grotten zijn goed ontsloten en verlicht, waardoor je een kilometer diep in het gebergte kunt doordringen. Er zijn prachtige zalen vol druipsteenformaties en watervallen. De Beatushöhlen zijn bereikbaar met de lijnboot vanuit de meeste plaatsen langs het meer.

Beatushöhlen, 3800 Sundlauenen, tel. 033 841 16 43, beatushoehlen.ch, april t/m okt. dag. 9-18 uur, rondleiding of individueel bezoek, CHF 19

Piramide Niesen, 2362 m

De **Niesen** is een uitzichtberg ten zuiden van de Tunersee, tussen het Simmental en het Kandertal. De bijna perfecte piramidevorm van deze berg heeft kunstenaars telkens weer geïnspireerd, zoals Ferdinand Hodler (1909), Paul Klee (1915) en Cuno Amiet (1926). Vooral Hodler schilderde de berg tientallen keren. De 2362 m hoge top van de piramide bereik je te voet over een van de vele wandelroutes of moeiteloos in 30 minuten met het kabelspoor vanaf Mülenen. Eenmaal per jaar (begin juli) is er de *Niesenlauf*, een wedstrijd over de langste trap van de wereld (11.674 treden) naast het spoor (de rest van het jaar niet toegankelijk).

Het uitzicht op de Berner Alpen en de Thunersee is super. Het berghotel Niesen Kulm stond hier al in 1856, 50 jaar voor de bouw van de kabeltrein.

U

MOOISTE UITZICHTBERG

Een hele rij uitzichtbergen – waarvan veel per kabelbaan of tandradbaan bereikbaar – biedt spectaculair zicht op de vierduizenders van de Berner Alpen. Welk uitzicht het mooist is, is moeilijk te zeggen. Bergen als Stockhorn, Niessen en Brienzer Rothorn hebben een fraai panoramazicht, maar liggen iets verder van de Alpenketen af. De Schilthorn, Kleine Scheidegg of Schynige Platte liggen dichter bij de Eiger, Mönch en Jungfrau en geven spectaculair zicht op gletsjers en rotswanden, maar missen het overzicht. Mijn persoonlijke favoriet is de Lobhornhütte boven Lauterbrunnen: vrij onbekend en direct tegenover de 'grote drie'. Je moet wel een paar uur klauteren om er te komen.

Het gemoderniseerde hotel is in 2002 uitgebreid met een glazen panoramarestaurant en zonneterras met uitzicht op de Alpen. Bij mooi weer is de zonsondergang en -opkomst weggelegd voor gasten van het berghotel (diverse arrangementen in combinatie met de tandradbaan, bijvoorbeeld Niessen-bruch of overnachting en zonsopkomst).

Niesenbahn: vanaf Mülenen kabeltrein in 2 etappes naar de Niesen, tel. 033 676 77 11, niesen.ch, half apr.-half nov., retour CHF 59, avondticket na 15:30 uur CHF 29,50

Uitzichtberg Stockhorn, 2190 m

Vanuit Erlenbach voert een zweefbaan naar die andere uitzichtberg boven de Thunersee: de Stockhorn, ook met restaurant en Berghaus. Bij de top zijn twee panoramavensters in de bergwand, de *Stockhornaugen*. Van hieruit is er prachtig uitzicht op de Thunersee en een rij vierduizenders, van Jungfrau tot Mont Blanc.

Slapen en eten

Aan het meer

Bellevue au Lac: in Hilterfingen, vlak bij Thun, ligt sinds 1918 dit statige hotel direct aan het meer, met tuin en terras aan het water.

Staatsstrasse 1, 3652 Hilterfingen, tel. 033 244 51 51, bellevue-au-lac.ch, 2 pk vanaf CHF 140

Zonsopkomst meemaken

Berghaus Niesen Kulm: berghotel met acht gezellige, Scandinavisch aandoende kamers; kies voor het complete zonsopkomstarrangement, inclusief kabeltrein, diner en ontbijtbuffet (CHF 191 p.p.).

Tel. 033 676 77 11, niesen.ch

Bij de jachthaven

Seegarten Marina: populair restaurant. Aan jou de keus: vis of vlees op het terras aan het water, of een pizza in het restaurant binnen (ook hotelkamers).

Schachenstrasse 3, 3700 Spiez, tel. 033 655 67 67, seegarten-marina.ch

Hangbrug Sigriswill

Actief

Panoramawandelpad

Rondje Thunersee: rond het hele meer wordt gewerkt aan een 56 km lange wandelroute op een hoogte van 200 tot 300 m boven het meer, waarbij een vijftal diepe kloofdalen door spectaculaire hangbruggen zal worden overbrugd. Drie van de vier hangbruggen zijn al klaar, bij Beatenberg, Sigriswill (noordkant) en bij Leissigen (zuidkant). De bruggen zijn het hele jaar toegankelijk. Een kabelpontje kruist de Aare bij Thun. Het project is te volgen op brueckenweg.ch/rundweg.

Kandersteg

F7

Langs de voet van de Niesen rijd je bij Spiez het dal van de rivier de Kander binnen – hier **Frutigtal** genaamd. De Kander stroomt door een langgerekt, typisch U-vormig gletsjerdal. Aan het eind ligt Kandersteg, een dorp met klimscholen en veel mogelijkheden voor bergsport en bergwandelen, trailrunning en mountainbiken.

Vanuit Kandersteg kun je met de autotrein *Bern-Lötschberg-Simplon* door de 14,6 km lange Lötschbergtunnel naar Goppenstein in Wallis (elk halfuur). Onder deze spoorlijn ligt sinds 2007 de 34,6 km lange Lötschberg-basistunnel van Frutigen naar Raron in het Rhonedal. De intercitytreinen Bern-Brig nemen deze snellere route, die de reistijd tussen Nood- en Zuid-Zwitserland met een uur verkort.

Actief

Wandelen ...

Kandertal: wandelaars kunnen het pad

Zwitsers jodelfestival op de Höhematte in Interlaken

langs de Kander volgen door de Gasterntrog, een kloof met meer dan 1000 m hoge wanden, tot aan de Kanderfirn, de gletsjer waaruit de Kander ontspringt. De bus uit Kandersteg rijdt tot diep in het dal bij Selden, waar enkele hotels staan.

... en nog meer bergwandelen

Blümlisalp: langs de schitterend blauwgroene Oeschinensee op 1582 m, een bergmeer waarin gletsjers zich spiegelen (te voet bereikbaar, maar ook met de stoeltjeslift uit Kandersteg) kun je omhoog klimmen naar de Blümlisalphütte, een berghut op 2840 m hoogte.

SAC-Blümlisalphütte, tel. 033 676 14 37, sac-bluemlisalp.ch, overnachting met halfpension vanaf CHF 71.

Info

- **Toeristenbureau:** Hauptstrasse, 3718 Kandersteg, tel. 033 675 80 80, kandersteg.ch.

Interlaken

G6

Mondain toeristenoord

Een klassiek vakantieoord met een onbetaalbaar uitzicht op de Jungfrau. Het augustijnenklooster Inter Lacus, dat rond het jaar 1000 werd gesticht, vormde de fundamenten voor Interlaken. Het is nu een mondaine toeristenplaats. Naast alle Europeanen verblijven hier vooral Japanners, Chinezen, Indiërs, Thai, Russen en Arabieren. Interlaken is een van de oudste toeristenplaatsen, waar beroemdheden als Goethe, Wagner en Mark Twain kennismaakten met Zwitserland. Het ligt uniek tussen twee meren en met een fraai inkijkje in de Berner Alpen, waar de reuzen Mönch en Jungfrau uitsteken boven de Lütschine. De Höheweg is de grote promenade die Interlaken zijn bijzondere sfeer geeft: statige oude hotels tegen een decor van alpentoppen. Suikertaarthotel Victoria-Jungfrau behoort tot de beste van Zwitserland. De Höhematte, een groot open veld aan deze promenade, herinnert aan het verleden: hier verzamelden de legertroepen zich en vonden rechtszittingen plaats, nu dalen hier de parapenters.

Dorpse sfeer

Interlaken-Unterseen aan de westkant van de Aare is het oudste deel van Interlaken. In de middeleeuwen was dit het knooppunt van het drukke handelsverkeer over de landbrug tussen de twee meren. In de schilderachtige Altstadt van Unterseen heerst geen stadsgewoel, maar een gezellige dorpse sfeer. Je kunt er heerlijk zitten op de terrasjes aan de Untere Gasse en Obere Gasse. Je vindt er ook een klein museum over de geschiedenis van het (berg)toerisme.

Tourismusmuseum, Obere Gasse 28, 3800 Unterseen/Interlaken, tel. 079 476 96 26, tourismuseum.ch, mei-15 okt. do.-zo. 14-17 uur, CHF 5

Bahnhof Interlaken-Ost is voor velen het uitgangspunt voor een rit met de smalspoortrein naar het Jungfraujoch. De bol die boven **Interlaken-Süd** uitsteekt, hoort bij het door science-fictionauteur Erich von Däniken gestichte *Mystery Park*. Het themapark over de grootste mysteriën ter wereld werd recent omgevormd tot groot speel- en pretpark voor jong (en oud) en heet nu **Jungfraupark Interlaken**.

jungfraupark.ch, wo.-zo. 13-18 uur, CHF 14

Slapen en eten

Suikertaarthotel

Victoria-Jungfrau Grand Hotel: dit tophotel ontstond in 1899 uit de samenvoeging van de hotels Victoria en Jungfrau. De prijzen zijn even onbetaalbaar als het uitzicht. Beter doorrijden naar Grindelwald of Lauterbrunnen!

Höheweg 41, 3800 Interlaken, tel. 033 828 28 28, victoria-jungfrau.ch, 225 kamers en suites, 2 pk van CHF 800 tot 3500 (James Bond experience)

Alpenklassiekers

Restaurant Stadthaus: modern restaurant in een pand uit 1818, met wereldkeuken en alpenklassiekers, voordelig lunchmenu, Zwitserse wijnen en lokale bieren van de tap.

Untere Gasse 2, 3800 Unterseen/Interlaken, tel. 033 822 86 89, restaurantstadthaus.ch

Actief

Aan twee kanten van Interlaken klimmen bergtreintjes naar beroemde uitzichtpunten: naar Harder Kulm aan de noordkant en naar Schynige Platte aan de zuidkant.

Panorama-uitzicht

De meer dan 100 jaar oude kabelbaan brengt je in slechts 10 minuten van Interlaken naar de **Harder Kulm**, de plek voor panoramafans. Op 1322 m boven de zeespiegel biedt de huisberg van Interlaken je een overweldigend uitzicht op zowel Interlaken als de Eiger, Mönch en Jungfrau aan de overkant. Ben je vrij van hoogtevrees? Waag je dan op de overhangende voetgangersbrug voor nog meer panoramisch uitzicht op de twee meren.

Half apr.-eind nov., retour vanaf CHF 34

Nog meer uitzicht

Vanuit Wilderswil, een kleine plaats buiten Interlaken in het dal van de Lütschine, klimt een nostalgische tandradbaan in een uurtje omhoog naar de **Schynige Platte** op 1967 m, met een prachtig uitzicht over de Thunersee, de Brienzersee en de Alpen van Wetterhorn via Eiger-Mönch-Jungfrau tot Breithorn. Op de Schynige Platte is een berghotel en een prachtige **alpentuin** met meer dan vijfhonderd plantensoorten

Lievelingsplek

LOBHORNHÜTTE

Hoog boven Lauterbrunnen ligt op 1955 m hoogte de slechts bij insiders bekende Lobhornhütte. Vanaf hier heb je misschien wel het mooiste uitzicht op het beroemde drietal Eiger, Mönch en Jungfrau. De hut bereik je door in het Lauterbrunnental rechts af te slaan, een smal weggetje omhoog naar het dorp Isenflueh, van daar via het kleine achtpersoons cabinebaantje Isenfluh-Suhlwald en daarna nog een flinke klim over een steil zigzagpad van 1 ½ uur. En voor de echte huttenromantiek blijf je er natuurlijk overnachten.
Op de foto rijst uiterst links hoog boven het Lauterbrunnental de Silberhorn – een voortop van de Jungfrau – op uit de wolken, rechts zie je het Lauterbrunnental met de Staubbachfall.

Informatie en reserveren: tel. 079 656 53 20, lobhornhuette.ch; kabelbaan: dag. 7-18.15 uur, retour CHF 12, isenfluh.ch

(gratis). Dit hellende plateau is een geliefd wandelgebied, onder meer voor de uitdagende hoogtewandeling van 6 uur naar de verder oostelijk gelegen Faulhorn (2681 m).
Juni t/m okt., vanaf CHF 32

Info en evenementen

- **Toeristenbureau:** Höheweg 37, 3800 Interlaken, tel. 033 826 53 00, interlaken.ch.
- **Straatartiestenfestival:** juli; driedaags *Gauklerfest* met stand-up comedians, acrobaten, jongleurs en muzikanten; gauklerfest-interlaken.ch.

Jungfrauregion

Vanuit Interlaken voert het dal van de Lütschine, een klassiek voorbeeld van een gletsjerdal met hoog oprijzende zijwanden, naar de **Jungfrauregion**, een spectaculair berggebied, genoemd naar een van de indrukwekkendste vierduizenders van het Berner Oberland: de 4156 m hoge Jungfrau. Bij Zweilütschinen splitst het hoofddal (net als de weg en de spoorlijn) zich in het dal van de Schwarze Lütschine naar Grindelwald en de Weisse Lütschine door het Lauterbrunnental.

Lauterbrunnental G7

Het *dal van de watervallen* ligt tussen imposante, door gletsjers uitgeschuurde rotswanden. Dit typische U-vormige gletsjerdal telt maar liefst 72 watervallen die zich vanuit hangende zijdalen in het hoofddal storten. Aan het uiteinde zie

je de Mittaghorn (3895 m), Grosshorn (3765 m) en Breithorn (3779 m). Het dorp Lauterbrunnen ligt aan de ingang van het dal. Dichtbij, waar een beek zich over de rand in het diepe dal stort, is de **Staubbachfall**, de prachtige waterval die Goethe en velen na hem in vervoering bracht.

Oorverdovend geraas

Diep in het dal liggen de indrukwekkende en met een tunnellift toegankelijke **Trümmelbachfälle**, onderaardse watervallen, waar onder oorverdovend geraas alle smeltwater (20.000 liter per seconde) van de gletsjers van de Eiger, Mönch en Jungfrau zich een weg omlaag zoekt door gaten en spelonken in de rotsen.
3824 Stechelberg/Lauterbrunnen, truemmelbachfaelle.ch, april-nov. dag. 9-17, in juli en aug. 8.30-18 uur, CHF 14; restaurant en kiosk

Stechelberg G7

Aan het eind van het dal ligt het kleine Stechelberg, waar mooie campings zicht bieden op de 3000 m boven het dal oprijzende Mittaghorn, Grosshorn en Breithorn. Het brongebied van de

360 gradenpanorama vanaf de Schilthorn

Weisse Lütschine ligt in het natuurreservaat **Hinteres Lauterbrunnental,** een van de mooiste bergdecors van het Berner Oberland. Het reservaat ligt tussen 1260 en 3900 m, wordt aan alle kanten omringd door bergen en gletsjers en bezit een rijke alpiene flora en fauna (sneeuwhoen, rotskruiper, steenarend, gems, alpenmarmot).

Mürren en Gimmelwald G7

Met de trein kun je uit het U-vormige Laterbrunnental met zijn loodrechte wanden naar enkele bergdorpen op de plateaus hoog boven het dal: **Mürren** en **Wengen**. Dorpen die alleen bereikbaar zijn per kabelbaan of trein (of te voet over steile bergpaden).

Mürren (1645 m) ligt samen met het kleine **Gimmelwald** (1400 m) op de westelijke dalwand van het Lauterbrunnental op een beschutte en zonnige vooruitgeschoven post met fraai zicht op de Jungfrau en de Breithorn. Halverwege de kabelbaan naar Mürren ligt het autovrije bergdorpje Gimmelwald, dat de laatste 100 jaar nauwelijks is veranderd. De tijd lijkt er stil te staan.

Slapen

Back to the fifties

Pension Gimmelwald: chalet-stijl, krakende vloeren, antieke ledikanten en heel veel sfeer. Het prototype Zwitsers pension met het mooiste uitzicht ter wereld op de *grote drie:* Eiger, Mönch en Jungfrau! Badkamers op de gang, eenvoudig ontbijt maar met mooi terras en tuin.

3826 Gimmelwald/Lauterbrunnen, tel. 033 855 17 30, hotel-pensiongimmelwald.ch, 2 pk vanaf CHF 150, minimaal 3 nachten

Oude chic

Hotel Bellevue: je waant je terug in de vorige eeuw, toen mensen kwamen voor de frisse, gezonde berglucht. Mooie met hout ingerichte, lichte kamers, prachtig uitzicht op de Eiger en midden in het dorp.

3825 Mürren, tel. 033 855 14 01, bellevue muerren.ch, 2 pk vanaf CHF 180

Halverwege de berg

Pension Suppenalp: eenvoudig pension met slaapzaal maar wel bijzonder populaire en goede keuken (en wijnkaart). Terras met prachtig uitzicht, op loopafstand tot het dorp óf leen een van de sleetjes om het dal mee in te racen. Heerlijke plek om even tot rust te komen of als tussenstation op een meerdaagse wandeling.

Blumenthal, 3825 Mürren, tel. 033 855 17 26, suppenalp.ch, kamer incl. halfpension vanaf CHF 95 per persoon.

Actief

007 James Bond

Schilthorn (2970 m): de berg werd beroemd door de Bondfilm *In her majesty's secret service* en torent overal bovenuit. Sinds 1967 gaat vanaf Stechelberg in het Lauterbrunnental een cabinebaan in etappes naar de top. Hier is James Bond nog steeds aanwezig: met de tentoonstelling *Bond World 007* in het roterende panoramarestaurant Piz Gloria en de *007 Walk of Fame*. Het uitzicht reikt tot de Mont Blanc.

Wengen

G6

Wengen (1275 m) is autovrij en vanuit Lauterbrunnen in een kwartier met de trein te bereiken. Er zijn hotels in alle categorieën en talrijke wandelmogelijkheden, bijvoorbeeld naar de Wengernalp (1874 m) en de Kleine Scheidegg (2061 m). De spoorlijn naar de Kleine Scheidegg dateert al van 1893. Wandel de fraaie route langs de spoorbaan omhoog en neem de trein terug. Tussen Wengen en Männlichen (2239 m) pendelt een cabinebaan. Hier heb je weer een fantastisch uitzicht op het fameuze drietal Eiger-Mönch-Jungfrau. Vanaf Männlichen kun je aan de andere kant met een gondelbaan omlaag naar Grindelwald.

Info

- **Lauterbrunnen Tourismus:** Stutzli 460, 3822 Lauterbrunnen, tel. 033 856 85 68, lauterbrunnen.swiss.
- **Mürren Tourismus:** 3825 Mürren: tel. 033 856 86 86, mymuerren.ch.
- **Wengen Tourismus:** Dorfstrasse 3823 Wengen, tel. 033 856 85 85, wengen.ch.

Grindelwald

G6

Het eind van het dal van de Schwarze Lütschine, dat ook Grindelwaldnertal heet, wordt gedomineerd door de Eiger (3967 m), Wetterhorn (3701m) en de Schreckhorn (4078 m). Het centrum van dit gebied is Grindelwald. Het ligt op een beschutte zonnige helling en is een van de aantrekkelijkste plaatsen voor een verblijf. De Eiger en Wetterhorn zijn onder handbereik en de tongen van zowel de Obere als de Untere Grindelwaldgletscher reiken vrijwel tot aan het dorp. Deze gletsjertongen vormden tot het midden van de 19e eeuw nog een bedreiging voor het dorp doordat ze steeds dieper het dal binnenkwamen, maar tot de opluchting van de bewoners trokken ze zich nadien weer terug.

Grindelwald is niet alleen een bekende wintersportplaats, maar in de zomer steeds meer een paradijs voor wandelaars, bergsporters, trailrunners en mountainbikers. Kabelbanen, treinen en bussen maken het wandelen rond Grindelwald gemakkelijk. In een oogwenk ben je met de bergbaan in First, Pfingstegg, Bort, Schreckfeld of op de Männlichen. Ook kun je met het smalspoor naar de Kleine Scheidegg of met de bus naar de Grosse Scheidegg. Het uitgestrekte wandelgebied rondom Grindelwald is ook ruimschoots voorzien van restaurants en berghotels. Bij de Untere Grindelwaldgletscher is de befaamde Gletscherschlucht, waar je op een plankenpad doorheen kan lopen (regenkleding!). Bij de Obere Gletscher is een ijsgrot te bezichtigen.

Wandelend vanuit het dorp zijn beide gletsjers te bereiken, die door een pad met elkaar zijn verbonden. Een van de mooiste wandelpaden voert van Bussalp via First naar de Grosse Scheidegg (1962 m), waarachter zich het mooie Rosenlauital bevindt.

Info en evenementen

- **Grindelwald Tourismus:** Dorfstrasse 110, 3818 Grindelwald, tel. 033 854 12 12, grindelwald.swiss.
- **Snow Festival:** een zesdaags ijssculpturenfestival verandert Grindelwald 's winters in een openluchtmuseum vol ijsstandbeelden.

Slapen

In Grindelwald heb je de keus uit meer dan veertig hotels, drie campings, ruim tweeduizend appartementen en vijftien berghutten.

Nostalgie

Hotel Bellevue des Alpes: dit hotel uit de tijd van de *belle époque* was het uitgangspunt van menig Eigernoordwandbeklimmer in de jaren rond 1930. In het hotel is de nostalgische sfeer van toen goed bewaard gebleven.

3801 Kleine Scheidegg, tel. 033 855 12 12, scheidegg-hotels.ch, 2 pk met halfpension vanaf CHF 440

Designhut

Berghaus Bort: direct aan de First-lift gelegen Berghaus met prachtig vormgegeven modern interieur, goede keuken en comfortabele kamers. Dit is niet zomaar een hut, maar hier zit je poepchic boven op de berg. Met grote speeltuin voor de kinderen.

3818 Grindelwald, tel. 033 853 17 62, huettenzauber.ch, 2 pk vanaf CHF 130

Jungfraujoch met Sphinx en observatorium, erachter de Aletschfirn

Actief

Sneeuwfietsen

Velogemel: huur in Grindelwald in de winter een *Velogemel*, een met de hand gemaakte soort houten sneeuwfiets, waarmee men zich al sinds 1911 over de sneeuw verplaatst. In februari vindt het jaarlijkse wereldkampioenschap Velogemel plaats. Verhuur bij het station en enkele sportzaken. Huur er een voor CHF 15 per dag, of koop een handgemaakte bij Schreinerei Schmid voor CHF 590.

velogemel.ch

Jungfraujoch – Top of Europe ✪ G7

Het UNESCO-Werelderfgoed *Zwitserse Alpen Jungfrau-Aletsch* omvat met het enorme oppervlak vrijwel de hele Berner Alpen: 90% van is bedekt met rots en ijs. Het Jungfrau-Aletschgebied, met de bergreuzen Eiger, Mönch, Jungfrau en de langste gletsjerstroom van de Alpen, is ook voor niet-alpinisten van dichtbij te bekijken vanaf het Junfraujoch. De Jungfrautrein, aangelegd 1896-1912, rijdt vanuit Interlaken, Grindelwald of Lauterbrunnen dwars door de Eiger naar het hoogste treinstation van Europa op 3454 m. De 9,5 km lange reis van de Kleine Scheidegg langs het Eismeer is adembenemend. Vanaf het eindpunt brengt een snelle lift je naar de Sphinx op 3571 m hoogte. Wandelaars kunnen in 1 uur over een geprepareerde en gemarkeerde wandelroute over de gletsjer naar de Mönchsjochhütte (3657 m), een van de hoogste bemande berghutten van de Alpen (de route is bij mooi weer geopend en zonder touw te begaan, mits je altijd op de route blijft!). In het Junfraujochstation zijn restaurants en attracties als een ijspaleis.

Sinds 2022 zweeft de nieuwe kabelbaan Eiger Express vanuit Grindelwald in een kwartier naar station Eigergletscher aan de voet van de Eiger, zodat je kunt kiezen voor de snelle route naar het Jungfraujoch met kabelbaan en trein, of voor de langere variant geheel per trein.

Retour Grindelwald-Jungfraujoch vanaf CHF 200, jungfrau.ch. Mönchjochshütte, tel. 033 971 34 72, moenchsjoch.ch

Brienzersee

G6

De Aare stroomt door de 14 km lange Brienzersee. Aan de noordzijde is de oever goed toegankelijk, liggen enkele kleine plaatsen en het stadje Brienz. De zuidoever is rotsachtig en ontoegankelijk. De weg van Interlaken naar Meiringen boort zich hier en daar door de kalkwanden heen met lange tunnels. Witte salonboten onderhouden veerdiensten op het meer.

Brienz

Openluchtmuseum

Dicht bij de monding van de Aare in de Brienzersee ligt het vriendelijke dorp Brienz. De bewoners van dit plaatsje zijn goed in houtsnijwerk. Er zijn opleidingen voor dit vak, net als voor het bouwen van snaarinstrumenten. Onder andere in het boeiende **Freilichtmuseum Ballenberg** kun je het houtsnijden van nabij zien. In het 50 ha grote openluchtmuseum staan tientallen traditionele huizen en boerderijen, vaak overgeplaatst uit de omgeving. Tal van ambachten worden gedemonstreerd: weven, houtsnijden, kaas maken, brood bakken en ... alphoornblazen.

Museumsstrasse 131, 3858 Hofstetten / Brienz, tel. 033 952 10 30, ballenberg.ch, half apr. t/m okt. dag. 10-17 uur, CHF 28, kinderen CHF 14

Actief

Boottocht Brienzersee

De zuidoever van de Brienzersee is zowel over de weg als over het water te bereiken. De lijnboot tussen Interlaken-Ost en Brienz doet de plaatsjes Giessbach, Iseltwald en Bönigen aan. Kijk op de dienstregeling wanneer de beroemde Lötschberg vaart, een stoomraderboot uit 1914, geheel in originele staat teruggebracht.

Dienstregeling: bls.ch

Wandeling Giessbachfälle

Ga beslist van boord in Giessbach. Vanaf het bootstation aan het meer kun je met een kabeltreintje omhoog naar de machtige Giessbachfälle, een serie watervallen die sprongsgewijs 400 m naar beneden tuimelen in de Brienzersee. Je kunt een wandeling maken naar de watervallen en op de terugweg iets eten of drinken op het panoramaterras van het statige Grandhotel Giessbach, en dan met de boot terug.

Slapen

Sprookjesachtig

Grandhotel Giessbach: 3855 Brienz, tel. 033 952 25 25, giessbach.ch, 2 pk vanaf CHF 300. Statig hotel uit de Romantiek op een terras boven de Brienzersee, bereikbaar per schip en tandradbaantje, of te voet in 15 min.; won in 2015 in de categorie *historic hotels of Europe*.

Brienzer Rothorn

Brienz ligt aan de voet van de **Brienzer Rothorn** (2350m). Naar de top kun je op drie manieren: te voet de 2000 hoogtemeters klimmen; gemakkelijker aan de zuidkant met het oude stoomtreintje (sinds 1892) sissend wegrijden in Brienz en over het tandradspoor in een uurtje naar Rothorn Kulm boemelen; of vanuit het noorden met de kabelbaan. Tussen de top en de tussenstations zijn wandelmogelijkheden over prachtige alpenweiden met steenbokken en alpenmarmotten. Het panorama vanaf de top is indrukwekkend: over de fjordachtige Brienzersee heen kijk je op de Berner en de Urner Alpen. Vroege vogels hebben hier voordeel: op de eerste rit om 8.30 uur geldt een korting. Super is een overnachting in Berghaus Rothorn Kulm om de zonsondergang op de Alpen mee te maken.

Stoomtrein Rothornbahn, dag. van juni t/m okt. ieder uur, CHF 75-95, brienz-rothorn-bahn.ch

Slapen

Top overnachting

Berghaus Rothorn Kulm: het Berghaus staat sinds 1899 een klein stukje onder de top van de Rothorn en heeft onbeperkt uitzicht op de Berner bergreuzen. De kamers zijn eenvoudig, vergelijkbaar met een berghut; het uitzicht (en de steenbokken) maakt het basic comfort meer dan goed.

Overnachting vanaf CFH 82 per persoon, tel. 033 951 12 21, brienz-rothorn-bahn.ch

Stoomtrein naar de Brienzer Rothorn

Meiringen

H6

Stroomopwaarts van de Brienzersee begint het Haslital. Het stadje Meiringen opent wegen naar maar liefst drie passen: de Susten-, Grimsel- en Brünigpas. De toeristenplaats was eeuwenlang het verzamelpunt voor de zware passentochten, waaraan nogal wat paardenkracht werd gespendeerd: in Meiringen was plaats om driehonderd paarden te stallen.

Waar Sherlock eindigde

In de Engelse kerk van Meiringen werd ter nagedachtenis aan zijn 100e sterfdag in 1991 het **Sherlock Holmes Museum** geopend. Je ziet er voorwerpen uit de Victoriaanse tijd, waaronder de gereconstrueerde woonkamer van Sherlock Holmes aan Baker Street 221B in Londen. Schrijver Sir Arthur Conan Doyle (1859-1930) liet zijn held eindigen in de Reichenbachfall ten zuiden van Meiringen. Treed in de voetsporen van Sherlock Holmes op het wandelpad naar de plek bij de 120 m hoge waterval waar een gevecht plaatsvond tussen professor Moriarty en Holmes, waarbij de speurder dodelijk zou zijn neergestort.

Bahnhofstrasse, 3860 Meiringen, tel. 033 972 60 08, sherlockholmes.ch, 's zomers 13.30-18, 's winters 16.30-18 uur, CHF 4

Indrukwekkende kloof

Tussen Meiringen en Innertkirchen blokkeert een reusachtige rotsmassa het **Haslital**, waar de Aare doorheen stroomt. Tijdens de ijstijd heeft het water onder het dikke gletsjerijs een machtige kloof in deze rotsen uitgeslepen, op de smalste doorgang maar nauwelijks een meter breed. De **Aareschlucht**, 1400 m lang en 200 m hoog, is goed te voet te verkennen over houten plankiers en loopbruggen (ca. 40 min.). In juli/augustus is op vrijdag- en zaterdagavond de westingang van de kloof feeëriek verlicht van 18.30 tot 22 uur.

aareschlucht.ch, tel. 33 971 40 48, apr.-okt. dag., 8.30-18 uur, combikaart entree + trein terug CHF 10

Stuwmeren en waterkracht

Het landschap van Grimsel en Susten ligt vol stuwmeren en elektriciteitscentrales. Ooit trokken de paarden- en ezeldrijvers over deze passen. Vandaag produceren de centrales van Oberhasli elektriciteit voor 1 miljoen mensen uit waterkracht. De symbiose tussen natuur en technologie heeft het landschap gevormd. Je kunt er excursies maken naar stuwdammen en spannende ondergrondse gangen.

Eten

Bakermat van de meringue

Tea Room Frutiger: Meiringen is de bakermat van de *meringue*. De Italiaanse banketbakker Gasparini introduceerde het schuimgebak rond 1600. Als eerbetoon aan de stad noemde hij het *meringue*.

Bahnhofstrasse 18, 3860 Meiringen, tel. 033 971 18 21

Info

- **Toeristenbureau:** Bahnhofplatz 12, 3860 Meiringen, tel. 033 972 50 50, haslital.ch.
- **Tourist Center Grimseltor:** Grimselstrasse 2, 3862 Innertkirchen, tel. 033 982 26 60, grimselwelt.ch, dag. 7.45-12.15/13.30-16.30, za., zo. tot 16 uur. In Innerkirchen, op de splitsing naar de Susten- en Grimselpas, staat dit infocentrum over de regio Haslital, waar je kunt boeken voor rondleidingen in waterkrachtcentrales en kaartjes kunt kopen voor trein, postbus, en alle bergtreinen en kabelbanen in de streek. Ook plaatselijke ambachten (bergkristallen, handweven, viltwerk) worden gepresenteerd en verkocht.

Fietser op de dam van het Grimselstuwmeer, rechtsonder de pasweg

Sustenpas

J6

Bij Innerkirchen takt de weg af naar de Sustenpas (2224 m), een van de vier Alpenpassen rond het massief van de Urner Alpen. Vlak voor de pas ligt de Steinsee aan de voet van de Steingletsjer. Beide kun je van dichtbij bekijken na een korte wandeling vanaf Hotel Steingletscher. De Sustenpas, waar een tunnel de bergkam doorboort, bevindt zich op 2224 m hoogte. Hier is een Berghaus en een restaurant. Aan de andere kant begint de afdaling naar het kanton Uri en het dorp Wassen met het fraaie witte barokke kerkje.

Actief

Spannende hangbrug

Halverwege de Sustenpas voert vanaf Gadmen een bergpad naar de Windegghütte en verder naar de Trifthütte, een berghut op 2500 m hoogte. Langs het huttenpad heeft men de **Triftbrug** aangelegd, een spectaculaire 170 m lange voetgangersbrug. De brug zweeft op 100 m hoogte boven het dal bij de Triftgletsjer. Alleen al de tocht ernaartoe is een avontuur (het eerste stuk kun je ook met de gondelbaan afleggen).

Slapen

Tip van insiders

Hotel Edelweiss: in het gehucht Ferningen, aan de oostkant van de Sustenpas staat een sympathiek hotelletje, ingericht in jarentwintigstijl. Ontsnapt aan het massatoerisme: geen wifi, geen website.
6485 Meien/Wassen, tel. 041 885 13 52

Grimselpas

H7

De weg door het **Haslital** naar de Grimselpas begint voorbij Guttanen sterk te stijgen. Boven Handegg rijzen de gladde granietwanden steil omhoog. Een mekka voor sportklimmers, die hier 's zomers hun *wrijvingsroutes* klimmen over de gladde rotsplaten.

Steilste kabelspoor van Europa

Bijna net zo steil als de Handeggwanden voert de spannende **Gelmerbahn** omhoog langs de rand van dit rotsmassief naast de Handeggfall. Een stijging tot 106% maakt deze enkele-wagon kabelspoortrein onbetwist de steilste van Europa. Het baantje is ooit aangelegd als transportbaan voor de bouw van de Gelmerstuwdam en is nu opengesteld voor toeristen. Vanaf het bergstation kun je een mooie wandeling maken naar de Gelmersee of verder naar de Gelmerhütte van de Zwitserse Alpenclub.

Gelmerbahn, juni-okt., retour CHF 36, grimselwelt.ch

Ruige bergen en stuwmeren

Onderweg op de Grimselpas passeer je op 1767 meter hoogte de troebele, grijsgroene Räterichsbodensee. Even verder het turquoise Grimselstuwmeer (1909 m) en kort daarna de Totesee op de pashoogte. Op de Grimselpas (2165 m) staat een moderne kapel en zijn enkele restaurants. Het smeltwater van de Unteraar- en Oberaargletsjers wordt opgevangen in twee grote stuwmeren en voor een groot deel via leidingen afgevoerd om elektriciteit op te wekken. Je kunt tegenwoordig excursies maken naar diverse stuwdammen en zelfs de spannende wereld onder de stuwdammen bezoeken, waar zich ook een ondergrondse spleet met bergkristallen bevindt, de Gerstenegg-kloof (zie Info Meiringen).

Het Grimsellandschap is kaal en ruw, maar heeft charme vanwege de kleurige gesteenten en de omringende bergen. De pas vormt niet alleen de grens met Wallis, maar ook de waterscheiding tussen de Noordzee (Aare, Rijn) en de Middellandse Zee (Rhône). Je kunt de Rhônegletsjer en de Furkapasweg al prachtig zien liggen.

Slapen

Historisch berghotel

Grimsel Hospiz: al in 1142 was hier een herberg. Het huidige hotel aan de stuwdam is gerenoveerd en draait op reststroom van de Grimselcentrale. Luxe kamers en een restaurant met beroemde wijnkelder. In de winter is de pasweg afgesloten en verandert het hotel in een *Ruhe-Oase*, alleen bereikbaar met de kabelbaan en via de gangen in de berg. Voor ontspanning na een sneeuwwandeling zorgen een sauna en *hottub*.

3864 Guttannen, tel. 033 982 46 11, grimselwelt.ch, 2 pk CHF 240

Luxe gezinshotel

Hotel Handeck: familiehotel aan de voet van de klimwanden van Handegg; buiten het vakantieseizoen mogen kinderen tot 15 jaar gratis verblijven.

Grimselstrasse 19, 3864 Guttannen, tel. 033 982 36 11, grimselwelt.ch, 2 pk vanaf CHF 200

Vierwoudstedenmeer

Onze verkenning van het grillig gevormde meer begint bij de stad Luzern en zijn huisberg Pilatus. Dan volgt de zuidelijke arm van het Vierwoudstedenmeer en het lange bergdal naar Engelberg met de Titlis. Na een rondje om de noordkant van het Vierwoudstedenmeer langs de Rigi en de historische plaatsjes aan het zuidoostelijke uiteinde, de Urner See, volgen we de Reuss stroomopwaarts de Alpen in. Vanuit Andermatt voeren drie Alpenpassen ten slotte naar alle windstreken: de Gotthard-, Furka- en Oberalppas.

Luzern

H4

Het bedrijvige Luzern, een oeverstad met lange houten bruggen over de Reuss ligt aan het einde van het Vierwoudstedenmeer, omringd door indrukwekkende toppen van de Pilatus, Bürgenstock en Rigi. Het is een levendige stad met een bloeiend cultureel leven, een mooie oude binnenstad met zijn kapelbrug en watertoren en veel interessante musea. Luzern was al in de 13e eeuw een belangrijke stad op de in 1200 geopende handelsroute over de Gotthardpas. Nog steeds is Luzern een druk verkeersknooppunt en al sinds de 19e eeuw een belangrijke toeristische bestemming. Luzern bestaat uit een Neustadt en een Altstadt, gescheiden door de rivier de Reuss. Vanaf het station zijn alle bezienswaardigheden gemakkelijk te voet te bereiken. Aan de baai voor het station en het KKL-cultuurcentrum vertrekken de lijndiensten en excursieboten over het Vierwoudstedenmeer. Je kunt ook heel goed een bezoek aan Luzern brengen als je logeert in een van de dorpen langs het meer (Weggis, Vitznau, Beckenried, Küssnacht, Stansstad); er gaan frequente bootdiensten over het meer en de hotels in de omgeving zijn voordeliger dan in Luzern.

Stadswandeling

Tot de architectonische hoogtepunten hoort sinds 2010 het futuristische **Kultur- und Kongresszentrum Luzern (KKL)** ❶ van de Franse sterarchitect Jean Nouvel. Het reusachtige groene, overstekende dak, naast het minder opvallende Calatravastation, is de nieuwe blikvanger van de stad. Het KKL is ook symbool van de Festivalstad Luzern met door het hele jaar heen de meest uiteenlopende culturele manifestaties. Als het gebouw open is, kun je boven

De Kapelbrug, het symbool van Luzern

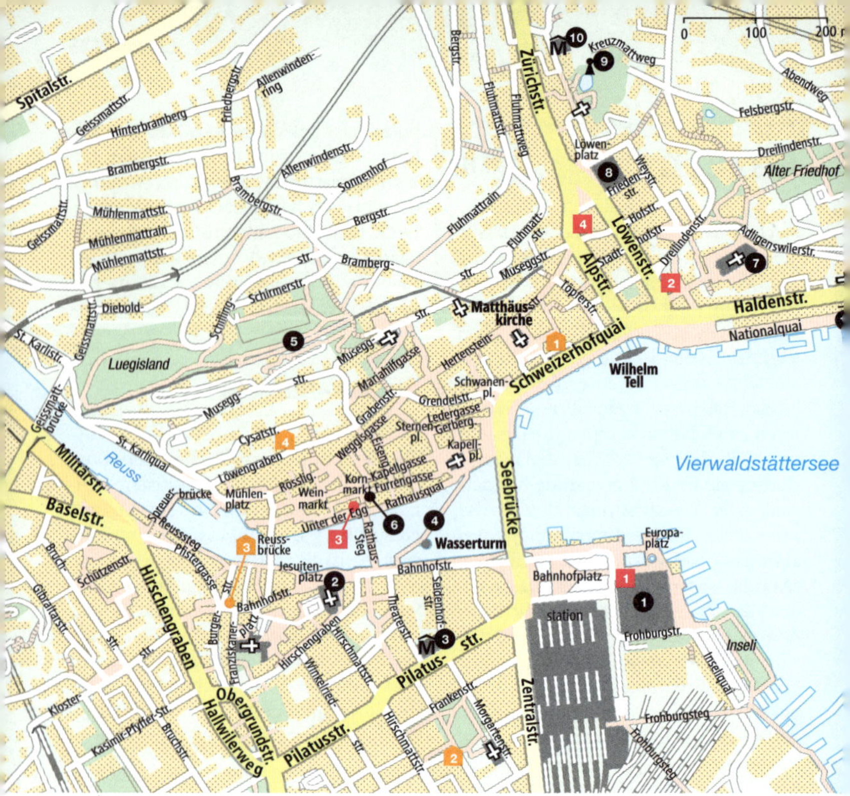

Luzern

Gaan zien

1. KKL Luzern
2. Jesuitenkirche
3. Sammlung Rosengart
4. Kapelbrug
5. Altstadt en Museggmauer
6. Rathaus
7. Hofkirche
8. Bourbaki Panorama
9. Löwendenkmal
10. Gletsjertuin Luzern
11. Verkehrshaus der Schweiz

Slapen

1. Hotel Schweizerhof
2. The Hotel
3. Hotel Wilden Mann
4. Barabas

Eten

1. World Café
2. Zum Rebstock
3. Zunfthaus zu Pfistern
4. Kanchi

---

genieten van een mooi uitzicht op meer en stad. Het **Kunstmuseum** op de bovenste verdieping maakt deel uit van het cultuurcentrum en focust zich vooral op hedendaagse kunst. Het bevat daarnaast een kleine collectie schilderijen van 18e-20e eeuwse Zwitserse schilders als Ferdinand Hodler, Felix Vallotton en Franz Gertsch (regelmatig wisselende exposities).

De **Jesuitenkirche** ❷ aan de zuidoever van de Reuss is de oudste barokkerk van Zwitserland en werd in 2016 gerestaureerd (dag. geopend 6.30 - 18.30 uur).

De **Sammlung Rosengart** ❸, de privé-collectie van de Luzerner familie Rosengart is een kleine maar prachtige collectie met werken van Klee en Picasso en daarnaast 21 andere kunstenaars uit het impressionisme en de moderne kunst, zoals Cézanne, Monet, Braque, Matisse, Chagall en Miró.

Pilatusstrasse 10, tel. 041 220 16 60, rosengart.ch, dag. 10-18, nov.-mrt. 11-17 uur, CHF 18

Bekendste plaatje van Luzern

De 200 m lange houten Kapelbrug ❹ over de Reuss werd in 1333 als verdedigingswerk gebouwd. De huidige brug werd in 1994 in originele staat herbouwd nadat de voorganger vrijwel geheel was afgebrand. In de overkapping zijn taferelen aangebracht uit de historie van Luzern en de Zwitserse natie. De meeste zijn kopieën omdat veel van de oorspronkelijke driehoekige panelen (van rond 1610) in de loop der eeuwen verloren gingen.

De **Wasserturm**, wel gespaard bij de brand in 1993, staat in het water vlak naast de brug: een achthoekige massieve gevechtstoren waarin zich vroeger de schatkist en de gevangenis van de stad bevonden. Stroomafwaarts overspant de houten overdekte Spreuerbrücke uit 1408 de snelstromende Reuss en fungeerde vroeger als verlenging van de stadsmuur. Onder de kap bevinden zich 56 schilderingen uit 1626-1635 die de sterfelijkheid van de mens en de onsterfelijkheid van de geest verbeelden in een Dodendanscyclus. Alle rangen en standen, van paus en keizer tot eenvoudige landsman of bedrieger, ondergaan hetzelfde lot.

Altstadt

De Altstadt aan de overkant (noordzijde) van de Reuss wordt omgeven door de middeleeuwse stadsmuur **Museggmauer** ❺ die op een toren na in de oorspronkelijke vorm bewaard is gebleven. In 10 minuten klim je uit de Altstadt naar de stadsmuur omhoog. De muur heeft drie toegankelijke torens, vanwaaruit je een stuk over de muur kunt wandelen.

In de oude stad liggen enkele mooie pleinen, omgeven door oude huizen met fresco's: de Weinmarkt, Hirschenplatz en Kornmarkt. Aan de Kornmarkt bij de kade langs de Reuss staat het **Rathaus** ❻, een renaissancegebouw uit 1606. Beneden in het gebouw was vroeger de stedelijke graanopslag; onder de gewelven aan de Reussoever wordt nog altijd op zaterdag markt gehouden.

De **Hofkirche** ❼ uit 1645 in renaissancestijl met opvallende westgevel, geflankeerd door twee spitse torens, vormde ooit het centrum van een Hof, omringd door woonhuizen van geestelijken op een hooggelegen terras aan het meer. Het orgel uit 1650 wordt tot de beste van Zwitserland gerekend.

112 m lang panorama

Aan de Löwenplatz bevindt zich in een van buiten opvallend modern gebouw het **Bourbaki Panorama** ❽, de Zwitserse variant op het 'Panorama Mesdag', een panoramaschildering van 10 bij 112 m over de Frans-Duitse oorlog (1870/1871) in Zwitserland. Een indrukwekkend werk, waaraan naast Edouard Castres diverse andere schilders hebben gewerkt. Het toont de internering van het verslagen Franse leger onder leiding van generaal Bourbaki, dat naar Zwitserland vlucht. De hulp aan oorlogsslachtoffers stond destijds aan de basis van de oprichting van het Rode Kruis.

Löwenplatz 11, tel. 041 412 30 30, bourbakipanorama.ch, april-okt. dag. 9-18, nov.-mrt. 10-17 uur, CHF 12

Kingsizebeeld

Löwendenkmal ❾. Aan de Denkmalstrasse ligt een stervende leeuw, uitgekapt in de rotswand. Dit tweede symbool van de stad is een monument voor de Zwit-

Löwendenkmal, Luzern

serse gardisten die het leven lieten bij de verdediging van koning Lodewijk XVI tijdens de bestorming van de Tuilerieën (1792).

Alles over gletsjers

Gletschergarten ⑩. De Reussgletsjer heeft diepe sporen achtergelaten in dit deel van de stad: zogenaamde *gletsjermolens*, diepe putten die zijn ontstaan door rondmalende stenen in het kolkende smeltwater onder de gletsjer. Het **gletsjermuseum** doet van alles uit de doeken over zeer uiteenlopende onderwerpen als ijstijden, Zwitserse gletsjers, de geologie van Luzern, Zwitserse huistypen, mineralen en edelstenen en een sauriërskelet van de Monte San Giorgio (Ticino). Ernaast liggen een spiegelzaal, een ouderwets labyrint in oosterse stijl en een uitkijktoren.

Denkmalstrasse 4, 6006 Luzern, tel. 041 410 43 40, gletschergarten.ch, april-okt. dag. 9-18, nov.-mrt. 10-17 uur, CHF 22

Meest bezochte museum

Het **Verkehrshaus der Schweiz** ⑪ is een van de meest veelzijdige musea voor verkeer en communicatie in Europa en het meest bezochte museum van Zwitserland. Veel aandacht voor spoorvervoer, bergbanen en wegverkeer; ook ruimtevaart en communicatie. Heeft een planetarium en een IMAX-filmtheater. In het complex is ook het Hans Ernimuseum opgenomen met werk van deze in 2015 overleden Luzerner schilder.

Lidostrasse 5, 6006 Luzern, ook bereikbaar per boot, tel. 0900 333 456, verkehrshaus.ch, dag. 10-18, 's winters tot 17 uur, dagpas CHF 56, of losse tickets voor museum (CHF 32), theater (CHF 16) en planetarium (CHF 16), ANWB-leden 20% korting

Eten

Kosmopolitisch selfservice

1 **World Café:** in het moderne KKL aan het meer. Goed eten tegen redelijke prijzen; aan de zijkant zit het veel chiquere restaurant RED.

Europaplatz 1 (KKL), tel. 041 226 71 00, kkl-luzern.ch

Met romantische binnentuin

2 Zum Rebstock: aan de voet van de Hofkirche, vlak bij het Bourbaki-panorama ligt dit historische hotel-restaurant; met terras aan de voorkant en een rustige binnentuin.

St. Leodegarstrasse 3, tel. 041 417 18 19, rebstock-luzern.ch

Vol historie

3 Zunfthaus zu Pfistern: de naam *Pfister* stamt uit het Latijn en betekent bakker. Nog steeds wordt in dit historische *Zunfthaus* (Gildehuis) brood gebakken, maar het is nu vooral bekend als uitstekend restaurant. Probeer een plekje op het *Stadtbalkon* te bemachtigen, voor het mooiste uitzicht op de Reuss en Kapellbrücke (reserveren aanbevolen).

Kornmarkt 4, tel. 041 410 36 50, restaurant-pfistern.ch

Indiaas

4 Kanchi: voor wie eens iets anders wil dan typisch Zwitserse gerechten.

Zürichstrasse 4 (Löwenplatz), tel. 041 10 67 08, kanchi.ch

Slapen

Behalve in Luzern kun je ook een hotel overwegen in Weggis of Vitznau (zie blz. 134), idyllische dorpen aan de noordoostzijde van het Vierwoudstedenmeer. Vaak zijn de hotels er voordeliger dan in Luzern en de stad is vanaf daar snel en frequent te bereiken met de lijnboten over het meer.

Tophotel met dakterras

1 Hotel Schweizerhof: mooi vijfsterrenhotel met fantastisch uitzicht vanaf het dakterras. 's Avonds zijn de ramen van dit statige hotel in diverse kleuren verlicht.

Schweizerhofquai, tel. 041 410 04 10, schweizerhof-luzern.ch, 2 pk vanaf CHF 260, suites vanaf CHF 450

Vijfsterren designhotel

2 The Hotel: laat je verrassen in dit door architect Jean Nouvel ingerichte designhotel met dertig suites en studio's.

Sempacherstrasse 14, tel. 041 226 86 86, the-hotel.ch, 2 pk vanaf CHF 372

Romantisch

3 Hotel Wilden Mann: romantisch hotel met 500 jaar historie: eerst een bar, later een taverne en sinds 1860 een hotel.

Bahnhofstrasse 30, tel. 041 210 16 66, wilden-mann.ch, 2 pk vanaf CHF 215

Slapen in de cel

4 Barabas: de piepkleine cellen van de oude *Zentralgefängnis* zijn nu de sobere kamers van een populair budgethotel. En niet alleen op water en brood, 's ochtends staat een heerlijk ontbijtje voor je klaar. Kies liever de vroegere directeurskamer of de bibliotheek, die zijn een stuk ruimer.

Löwengraben 18, tel. 041 417 01 99, barabas-luzern.ch, 2 pk vanaf CHF 109

R

RONDVAART VIERWOUDSTEDENMEER

Na een stadswandeling is het goed ontspannen op een rondvaart over het meer. Het berglandschap rond het Vierwoudstedenmeer schuift als een panorama voorbij tijdens een tocht op een van de lijnboten, waaronder maar liefst vijf nostalgische raderstoomboten uit het begin van de 20e eeuw. De boten doen alle plaatsen langs de oevers aan. Onderweg zie je villa's en kasteeltjes en geniet je in het restaurant van een ontbijt, cocktail of diner met kaasfondue. Losse etappes of dagkaarten (CHF 77, gezinsdagkaart CHF 99), diverse aanbiedingen; lakelucerne.ch.

Stoomschip Uri, voor de besneeuwde Rigi

Shoppen

Op dinsdag (mei-nov.) en zaterdag (mrt.-dec.) is er 's ochtends markt in de straten rond de Kapellbrücke aan de Reuss (Rathausquai, Unter der Egg, Bahnhofsstrasse). Aan de autovrije steegjes en pleintjes van de oude binnenstad vind je leuke winkels en boetiekjes (mode, souvenirs, horloges).

Actief

Wandelroute

Waldstätterweg: op luzern.com vind je wandelingen rond Luzern, die je met kaart en routebeschrijving kunt downloaden. Wat dacht je van de *Waldstätterweg*, in een week wandel je rond alle armen van het meer?

Info en evenementen

- **Toeristenbureau:** Zentralstrasse 5 (station), 6002 Luzern, tel. 041 227 17 17, luzern.com.

Luzern is een echte festivalstad, vooral op het gebied van muziek. Er zijn ook grote sportevenementen zoals de Swiss City Marathon (oktober) en de roeiwedstrijd Luzern Regatta (juli). De belangrijkste muziekfestivals zijn:

- **Blues festival:** najaar, bluesfestival.ch.
- **Luzern festival:** elk jaar drie festivals: voorjaar (klassiek), sept. (diverse stijlen) en nov. (piano: klassiek, modern en jazz), lucernefestival.ch.
- **B-Sides:** openluchtpopfestival, Kriens (juni, home.b-sides.ch).
- **Blue Balls festival:** juli, diverse stijlen.
- **Funk am See:** aan het Lido bij het Verkehrhaus (aug., funkamsee.ch).

Westoever Vierwoudstedenmeer

Luzern is ideaal uitgangspunt voor uitstapjes in Centraal Zwitserland. Een *must* is de tocht naar de huisberg van Luzern: de Pilatus. Niet minder de moeite waard zijn de Stanserhorn of Bürgenstock, of een boottocht op het vertakte Vierwoudstrekenmeer.

Actief

Legende van de Pilatus ✪

De 2119 m hoge Luzerner huisberg **Pilatus** is een van de meest legendarische plekken van Centraal Zwitserland. Volgens de legende is de Romeinse stadhouder Pontius Pilatus hier begraven.

Het was in de middeleeuwen verboden de berg te beklimmen om te voorkomen dat de geest van Pilatus werd gestoord en er onweer losbarstte. De toeristische ontwikkeling van de Pilatus begon in 1860, toen het eerste hotel op de top werd gebouwd, bemiddelde toeristen werden er nog in draagstoelen heen gedragen. In 1889 kwam de steile (48%) tandradspoorlijn Alpnachstad-Pilatus Kulm gereed, rond 1950 volgde de aanleg van gondelbanen vanuit de onder Luzern gelegen voorstad Kriens. De Pilatus wordt zeer druk bezocht. Op een heldere dag biedt de berg een panorama met 73 Alpentoppen.

Populair is de zogenaamde *Goldene Rundfahrt*, waarbij je om de Pilatus heenreist met kabelbaan, boot en trein, via Luzern, Kriens en Alpnachstad. Voor wandelaars en klimmers zijn er volop mogelijkheden: naar de Pilatus gaan wandelingen in alle moeilijkheidsgraden en bij Pilatus Kulm en station Ämsigen zijn sportklimgebieden.

Pilatus-Bahnen, tel. 041 329 11 11, pilatus.ch, retour Kriens/Alpnachstad – Pilatus Kulm, CHF 72, Goldene Rundfahrt CHF 102

Nog meer uitzicht

De **Bürgenstock** is nog zo'n legendarische uitzichtberg 500 m boven het Vierwoudstedenmeer. Een tandradbaantje brengt gasten vanaf de bootaanlegsteiger omhoog naar het beroemde Bürgenstock Park Hotel, waar staatshoofden en beroemdheden verbleven. Het hotelcomplex wordt momenteel gerenoveerd tot luxeresort met appartementen, restaurants, winkels en wellnesscentrum. Rond 1900 werd vanaf het plateau een gewaagd wandelpad, de *Felsenweg*, aangelegd door de rotswand naar de top (5 km, 1½ uur). Halverwege het pad kom je bij de nog gewaagdere **Hammetschwand Lift**, die je het laatste stuk loodrecht omhoogvoert. Het is de hoogste buitenlift van Europa, een van de gedurfdste toeristenattracties uit de tijd van de *belle époque*. Tegenwoordig schiet de gemoderniseerde lift in minder dan 1 minuut 152 m omhoog. De opwindende rit eindigt met een grandioos uitzicht vanaf de Bürgenstock.

Hammetschwand Lift, buergenstock.ch, 's winters gesl., CHF 10

Cabrio-kabelbaanbaan

Vanaf **Stans**, aan het begin van het dal naar Engelberg gaat een ouderwets smalspoorbaantje naar het tussenstation Kälti. Daarvandaan gaat een zweefbaan naar de Stanserhorn (1898 m). De nieuwste ontwikkeling op het gebied van de kabelbaanbouw is hier toegepast: een zogenaamde **Stanserhorn Cabrio-baan**. Het open zonnedek voor dertig personen bovenop de kabine, zorgt voor een vrij uitzicht op de bergen.

Stanserhorn-Bahn, 6370 Stans, tel. 041 618 80 40, cabrio.ch, retour CHF 65

De Hammetschwand Lif brengt je 152 m omhoog naar de Bürgenstock

Slapen

Zonsopgang boven de Alpen

Hotel Pilatus Kulm: vlak onder de Pilatustop kan worden overnacht; ideaal om 's ochtends vroeg van het mooie panorama te genieten. Het historische hotel uit 1890 heeft moderne kamers en suites.

Tel. 041 329 12 12, pilatus.ch, 2 pk vanaf CHF 160

Älggi Alp

H5

Middelpunt van Zwitserland

Wist je waar het officiële centrum van Zwitserland zich bevindt? Ten zuiden van het Vierwoudstedenmeer, in de buurt van een kleine alp in het Melchtal in het kanton Obwalden. Ter gelegenheid van de honderdvijftigste verjaardag in 1988 berekende de federale instituut voor topografie Swisstopo het middelpunt van het land. Als je een kaart van Zwitserland op karton zou plakken en langs de grenzen uitknippen, zou de kaart op dit punt in evenwicht zijn. Een grote driehoek van het meetnet geeft het punt aan. De exacte WGS84-coördinaten zijn: 46° 47' 54" N, 8° 13' 54" E. Het punt is met de auto bereikbaar vanaf Giswil (tussen de Lungernsee en de Sarnersee), vlak bij Gasthaus Äggialp.

Seelisberg

Voorbij het plaatsje Beckenried eindigt de doodlopende weg langs de zuidoever van het Vierwoudstedenmeer bij Seelisberg, een toeristisch plaatsje op korte afstand van de historische **Rütliwiese** beneden aan het meer, waar in 1291 de samenkomst plaatsvond tussen de vertegenwoordigers van de *oerkantons*. Seelisberg is het snelst bereikbaar per boot vanaf Brunnen of Flüelen aan de overkant van het meer (zie blz. 135).

Steile rotswanden maken vanaf Seelisberg een weg langs de oever naar het oosten onmogelijk. Wie verder wil richting Gotthard neemt de snelweg A2 en rijdt door de 10 km lange Seelisbergtunnel, of pakt bij Beckenreid de (enige) autoferry over het meer naar Gersau.

Engelberg

H5

Berg der Engelen

Ten zuiden van het grote Vierwoudstedenmeer dringt het Engelbergtal diep in de Alpen door naar het wintersportoord Engelberg. Hier was vanaf de stichting in 1120 door de benedictijnen lange tijd een eigen bergstaatje rond het klooster *Mons Angelicorum* (*Berg der Engelen*). Het staatje viel rechtstreeks onder pauselijk gezag tot eind 18e eeuw. Latijn was er de voertaal. Het oorspronkelijke klooster is in 1729 door brand verwoest, de waardevolle bibliotheek bleef echter gespaard. In 1745 werd het klooster in barokstijl herbouwd. De kerkschat bevat schitterende laatromaanse kunst. Engelberg biedt ook aardsere activiteiten. Wandelmogelijkheden zijn hier volop. Je kunt een wildexcursie maken en steenbokken, gemzen en alpenmarmotten bekijken. In allerlei richtingen gaan er kabelbaantjes, onder andere naar de Titlis, de enige gletsjer rond het Vierwoudstedenmeer.

Klooster, rondleiding di.-za. 10 en 16 uur

De Titlis Boeddha

Naar de top van de Titlis (3020 m) gaat een kabelbaan. 's Zomers kan hier worden geskied. Het laatste stuk rondjes draaiend om de eigen as zweeft de *Rotair*, met opvallend Zwitsers rood kruis op de onderkant, naar de gletsjer. Om het nog spectaculairder te maken is op het bergstation een loopbrug gebouwd, waar je 500 m de diepte in kijkt. Vergeet ook niet de ijsgrot in te lopen, die is aangelegd in de gletsjer. Op het uitzichtplatform zijn verrassend veel Chinese en Indiase bezoekers. Reden is de rotsformatie in de buurt, die lijkt op een boeddhafiguur. De Chinese turner Donghua Li liet zich in 1996 door deze aanblik inspireren en won dat jaar de Olympische Spelen. Sindsdien bezoeken veel Chinezen de beroemde berg.

Retour Engelberg-Titlis CHF 89, titlis.ch

Info

- **Toeristenbureau:** Klosterstrasse 3, 6390 Engelberg, tel. 041 639 77 77, engelberg.ch

Slapen en eten

Op de berg

Berghaus Jochpass: bereikbaar met de lift maar toch het gevoel hebben dat je boven op de berg zit: bij Jochpass heb je dat allemaal én zit je aan een bergmeer, mocht je behoefte hebben om een ijskoude duik te nemen. Uitstekende Zwitserse keuken, eenvoudige kamers en gezellig stube.

Jochpass, Engelberg, tel. 041 637 11 87, jochpass.ch, 2 pk incl. halfpension CHF 100 per persoon

Kaas proeven

Alpkäserei & Gasthof Gerschni: op de Gerschnialp zie je hoe *sbrinz* wordt gemaakt; in het Gasthof kun je lekkere kaasgerechten proeven. Bereikbaar per kabelbaan of met de auto over een tolweggetje (CHF 6). En overnachten kun je ook in dit rustig gelegen bergpension.

6390 Engelberg, tel. 041 637 22 05, gasthaus-gerschnialp.ch, overnachting incl. halfpension vanaf CHF 85 per persoon

Oostoever Vierwoudstedenmeer

Küssnacht

Aan de uiterste noordoostelijke arm van het meer ligt het historische **Küssnacht**, vroeger een belangrijke overslagplaats voor goederen die van en naar de Gotthardpas over water en land werden vervoerd. Het **Heimatmuseum** vertelt onder meer over Wilhelm Tell wiens heldendaad zich op de nabije Hohle Gasse zou hebben afgespeeld. Er vertrekt vanuit Küssnacht een gondelbaan naar Seebodenalp, halverwege de noordflank van de Rigi, waar mooie wandelingen beginnen naar Rigi Kulm.

Actief

Naar de Koningin der bergen

Nog geen 2000 m hoog en toch wordt de **Rigi** de 'Koningin der bergen' genoemd. Het hele Rigi-bergmassief is een prachtig wandelgebied. Vanaf de top op 1797 m geniet je van een panorama op de Alpen, op dertien meren en het hele Zwitserse Mittelland. Twee tandradbanen naar Rigi Kulm gaan rechtstreeks naar de top vanuit Goldau (aan de achterzijde) of Vitznau (vanaf het meer). De tandradbaan vanaf het meer was de eerste van Europa en stamt uit 1871. Je kunt ook vanuit Weggis eerst met de cabinebaan naar Rigi Kaltbad gaan en daar overstappen op de tandradtrein naar de top. In **Rigi Kaltbad** is recent het Mineralbad & Spa Rigi Kaltbad geopend, een door architect Mario Botta ontworpen wellness-complex.

rigi.ch, bereikbaar via diverse kabelbanen en tandradtreinen

Slapen

Top-hotel

Hotel Rigi Kulm: de Rigi wedijvert met de Pilatus om het mooiste uitzicht; de kamerprijs hangt hier sterk af van het uitzicht.
Tel. 041 880 18 88, rigikulm.ch, 2 pk vanaf CHF 228

Pure ontspanning

Mineralbad & Spa Rigi Kaltbad: het Kaltbad naast het gelijknamige hotel blijkt niet koud (zoals vroeger), maar een 35°C verwarmd mineraalzwembad met Alpenpanorama.
6356 Rigi Kaltbad, tel. 041 397 04 06, mineralbad-rigikaltbad.ch, ma.-zo. 10-17, zomer vr. en za. tot 22.30 uur, dagkaart CHF 37

Weggis en Vitznau J5

De oostelijke oever van het Vierwoudstedenmeer ten zuiden van de Rigi, wordt vanwege het milde klimaat *Luzerner Rivièra* genoemd. Palm- en notenbomen groeien langs de oever en de föhnwind over het meer zorgt voor heldere warme dagen. Weggis en Vitznau ontwikkelden zich vanaf de 19e eeuw tot toeristische bestemmingen. Tegenwoordig is het een officiële *wellness destination* met zes wellnesshotels en de Spa Rigi Kaltbad.

Ook als je Luzern wilt bezoeken is het handig om je intrek te nemen in Weggis of Vitznau. Vaak zijn de hotels hier voordeliger en Luzern is snel en frequent te bereiken met een van de lijnboten over het meer.

Slapen

Wellnesshotel

Rössli: aangenaam viersterrenhotel in Weggis. Het door de eigenaars Josef en Marike Nölly gerunde hotel heeft ruime kamers en suites en een uitgebreide spa in mediterrane sfeer. Buiten ligt op 100 m het Vierwoudstedenmeer, voor een frisse ochtenddduik. Met de boot ben je in een halfuur in Luzern.
Seestrasse 52, 6353 Weggis, tel. 041 392 27 27, wellness-roessli.ch, 2 pk vanaf CHF 260

4 hotel- en 2 Michelinsterren

Hotel Vintznauerhof: dit romantische jugenstilhotel aan het Vierwoudstedenmeer uit 1901 werd een eeuw later prach-

J

JEROEN ACHTIEN

Een Nederlandse sterrenkok: Jeroen Achtien (34) wordt een van de grootste aanstormende culinaire talenten van Europa genoemd. De Friese sterrenchef woont sinds 2018 in Zwitserland, waar hij kookt in Hotel Vitznauerhof. Als chef-kok geeft hij leiding aan het keukenteam van restaurant Sens, dat onder zijn leiding met achttien Gault Millaupunten en twee Michelinsterren werd bekroond (wo.-za., vitznauerhof.ch).
Birdy's by Achtien: In 2022 opende hij ook een nieuw, fris en hip restaurant in Brunnen – ook aan het meer (zie blz.136).

tig gerestaureerd en is een van de best beoordeelde hotels van Zwitserland. Het hotel, waar veel beroemde gasten verbleven, is nog steeds van topklasse. Net als het restaurant Sense, waar de Nederlander Jeroen Achtien de keuken runt.

Seestrasse 80, 6354 Vitznau, tel. 041 399 77 77, vitznauerhof.ch, 2 pk vanaf CHF 219

Budgetkamers aan het meer

Terrasse am See: dit historische hotel werd in 1873 als pension Rigibahn geopend, aan de voet van de tandradbaan naar de Rigi. Er zijn 21 kamers, de meeste in historische stijl, met eigen terrasje aan het water; ook budgetkamers.

Bahnhofstrasse 2, 6354 Vitznau, tel. 041 397 10 33, hotel-terrasse.ch, 2 pk vanaf CHF 145

Schwyz

J5

Zwitserse geschiedenis

De tot de verbeelding sprekende Grosse en Kleine Mythen, respectievelijk 1811 en 1899 m hoog, houden een wakend oog op Schwyz. Het stadje aan de oostkant van het Vierwoudstedenmeer is de hoofdstad van een van de drie *oerkantons* en mag zich erop beroemen dat het de naam en de vlag heeft geleverd voor de hele natie. Oorspronkelijk gold het woord *Schwyzer* als scheldnaam voor de boerenbevolking, maar het is net als de naam *geus* tot erenaam verheven. De plaats ligt op de sinds de 13e eeuw belangrijke noord-zuidverbinding naar de Gotthardpas.

Het **Forum der Schweizer Geschichte** is een belangrijk museum over het ontstaan van Zwitserland. Een deel is gewijd aan de sagen en legenden rond het Eedgenootschap, zoals rond de figuur Wilhelm Tell.

Zeughausstrasse 5, 6430 Schwyz, tel. 058 466 80 11, forumschwyz.ch, di.-zo. 10-17 uur, CHF 10

Actief

De Skywalk van Sattel

Ten noorden van Schwyz, boven het dorp Sattel werd in 2010 met 374 m de (destijds?) langste voetgangershangbrug van Europa aangelegd. De brug bevindt zich bij het bergstation van de gondelbaan en overspant het Lauitobel. De hangbrug is – afhankelijk van het weer – het hele jaar geopend tijdens de openingstijden van de kabelbaan. Buiten deze tijden is de brug afgesloten en wordt door videocamera's bewaakt.

Gratis toegang met een kaartje van de gondelbaan Sattel-Hochstuckli, sattel-hochstuckli.ch, kabelbaan: enkel CHF 18, retour CHF 26

Info

- **Toeristenbureau:** Bahnhofstrasse 4, 6430 Schwyz, tel. 041 810 19 91, info-schwyz.ch.

Brunnen en Sissikon

J5

Het levendige dorp Brunnen, genoemd naar de geneeskrachtige bronnen, ligt aan het begin van de Axenstrasse, de befaamde, in 1864 geopende route vol tunnels en galerijen langs het Vierwoudstedenmeer naar Flüelen. Nu is de snelweg A2 aan de overkant van het meer de hoofdroute naar de Gotthard – met de 10 km lange Seelisbergtunnel. Vanaf de kade van het moderne Brunnen heb je een mooi uitzicht over de fjordachtige **Urner See**, de naam van het zuidelijke gedeelte van de Vierwalstättersee. Er waait hier vaak een harde wind, die de Urnersee geliefd maakt bij (kite-)surfers.

Aan de oever van de Urnersee, 3 km van Sisikon ligt de **Tellskapelle**. Op de Tellsplatte wist volgens de legende Wil-

De Urnersee, met Brunnen, Kleiner en Grosser Mythen. Vanaf de Mariënhöhe, de locatie waar Charles Giron in 1902 'De wieg van het Eedgenootschap' schilderde, dat in de vergaderzaal van het Zwitserse parlement hangt

helm Tell van de boot van de Landvoogt Gessler te springen. Al in 1388 werd hier een kapel opgericht. De huidige kapel stamt uit 1880, werd in 1991 gerestaureerd en heeft fresco's van de Baselse schilder Ernst Stückelberg. Die tonen het schot door de appel (in Altdorf), de sprong op de Tellsplatte, Gesslers dood in de Hohle Gasse (bij Küssnacht) en de eed op de Rütli. Jaarlijks vindt hier op vrijdag na Hemelvaart de Urner Landeswallfahrt (bedevaart) plaats met een schip naar de Tellskapelle.

Eten

Sterrenkok breidt uit

Birdy's by Achtien: fris en hip restaurant in Brunnen, in 2022 geopend door topkoks Jeroen Achtien (bekend van de Librije en Vintznauerhof) en zijn Zwitserse collega Christian Vogel. De basis is altijd groente, eventueel aangevuld met vlees of vis. Verrassingsmenu met tien gerechten in drie gangen, CHF 75.

Axenstrasse 9, 6440 Brunnen, tel. 041 822 04 04, birdys-brunnen.ch, do. t/m ma.

Seelisberg

De eed op de Rütli

Seelisberg is een drukbezocht plaatsje op een hoogte aan de overkant van de Urner See, vlak bij de **Rütliwiese**. Seelisberg is het snelst bereikbaar per boot vanaf Brunnen of Flüelen. Op de weide aan het meer vond in 1291 op 1 augustus – nu de Zwitserse nationale feestdag – de samenkomst plaats tussen de vertegenwoordigers van de oerkantons Uri, Schwyz en Unterwalden. Ze bezworen trouw aan de *Bund der Waldstätte*. Het 'Zwitserlandpad', de 35 km lange wandeling rond de Urnersee begint op de Rütli.

In de buurt van de Rütli bevindt zich de **Marienhöhe**, een uitkijkplaats waar Charles Giron begin vorige eeuw moet hebben gestaan toen hij het 11,5 x 5 m grote olieverfschilderij maakte voor de wand in de raadzaal van het parlement in Bern (zie foto blz. 59). De wandeling door het bos naar het beroemde uitzichtpunt start bij bushalte Tanzplatz in het Oberdorf van Seelisberg. Indrukwekkend is het zicht richting de beide Mythen, op de Urnersee en omlaag rechtstreeks op de Rütli.

Slapen

Simple Swiss lodge

Jugendherberge Seelisberg: op een halfuur lopen van de Rütliwiese ligt deze meest romantische jeugdherberg van Zwitserland. Het gerenoveerde chalet is alleen te voet bereikbaar en heeft plaats voor 25 gasten. Er is geen receptie. Alles zelf doen is hier het motto: hout hakken, kachel aanmaken, koken, afwassen; wel van tevoren (online) reserveren!

Gadenhaus, Rütliweg 8, 6377 Seelisberg, tel. 041 820 52 32, youthhostel.ch/seelisberg

Seedorf

J5

Unieke mineralen

In Seedorf, aan het eind van de Urner See (naast kasteeltje Schloss a Pro), staat het kleine **Urner Mineralienmuseum,** een fascinerend mineralenmuseum. Hier worden in exposities zeldzame mineralen van *Strahler* (kristallenzoekers) en verzamelaars tentoongesteld. Vaak unieke exemp, die zelden in de handel komen.

Hauptstrasse, 6462 Seedorf, tel. 41 870 44 80, mineralienfreund.ch, mei-okt. do., za., zo. 13-17 uur, CHF 7

W

WEG DER SCHWEIZ

Ter ere van het zevenhonderd jarige bestaan van het eedgenootschap (1291-1991) ontstond de 35 km lange wandelroute *Weg der Schweiz* (Zwitserlandpad), een gezamenlijk project van alle Zwitserse kantons. Elk kanton kreeg een traject toegewezen, waarvan de lengte was gebaseerd op het aantal inwoners. Het pad begint met de oerkantons Uri, Schwyz en Unterwalden en eindigt met het kanton Jura, dat pas in 1979 werd gesticht. De route leidt langs historische locaties en begint op de *Rütli*, de geboorteplek van het Eedgenootschap, loopt rond het Urnermeer en eindigt in Brunnen. De verschillende etappeplaatsen zijn per boot of trein te bereiken.
Meer info: schweizmobil.ch (route 99).

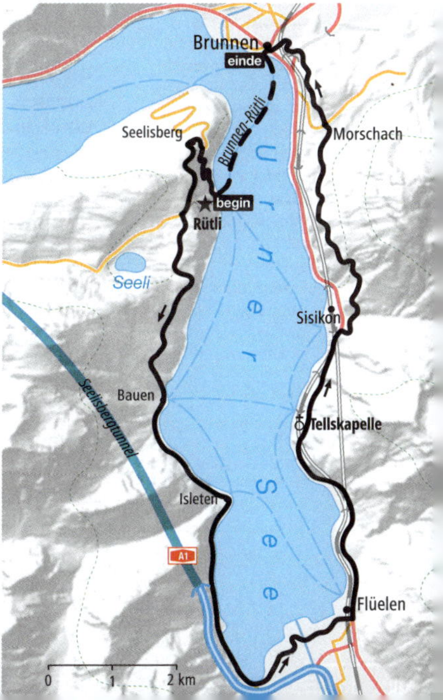

ONTDEKKINGSREIS
Met de postkoets over de Gotthard

Deze reis over de Gotthardpas neem je mee naar het verleden en laat je ervaren hoe reizigers vroeger naar Ticino kwamen.

Info

Duur:
reistijd circa 2 uur, 35 km, enkele sterke steigingen

Kaart: J7

Geopend:
Afhankelijk van de sneeuwval, eind mei t/m oktober

Informatie:
alptransit.ch, pas sosangottardo.ch:

Gaan zien:
themawereld Sasso San Gottardo, tel. 0844 11 66 00, sasso-sangottardo.ch, 10.30-15 uur; mei-juni: za., zon- en feestdagen; juli-aug. dag.; sept.-okt. wo.-zo., CHF 25 of CHF 18 (alleen kristalwereld)

Het Gotthardmassief aan de zuidrand van kanton Uri vormt het hart van de Alpen. Hier ontspringen de Rhône, Reuss, Rijn en Ticino, die naar alle vier de windstreken stromen. Tegelijkertijd vormt het bergmassief ook de grootste hindernis op de noord-zuidroute. De Gotthardpasweg verbindt Göschenen met Airolo, is 27 km lang.

De geitenbok op de brug

Voordat de huidige passen begaanbaar waren, leek het dal van Andermatt het einde van de wereld. De Oberalppas en de Furkapas waren goed te *nemen* met lastdieren, de Gotthardpas bleef een helse onderneming, vooral door de steile **Schöllenenkloof** ❶ tussen Göschenen en Andermatt. Ook de Romeinen omzeilden het Gotthardmassief. Pas na 1230 nam de ontwikkeling van de pas een vlucht, met de ontsluiting van de gevaarlijke Schöllenenkloof. De bewoners van het Urserental bouwden trappen, steigers en paden – alleen voor de bouw van een brug hadden ze volgens de sage hulp nodig. Die hulp kregen ze van de duivel, op voorwaarde, dat hij de eerste ziel zou krijgen die de *Teufelsbrücke* (Duivelsbrug) zou oversteken. De Urners wisten raad: ze joegen een oude geitenbok de brug over.

1830: de eerste postkoets

Daarna kwam de handel met Italië in een stroomversnelling. Handelskaravanen trokken over de pas met zijde, wijn, tabak en zuidvruchten naar het noorden, met leer, wol, linnen en kaas naar het zuiden. Er trok ook veel vee mee naar Lombardije, terwijl er weer graan meegevoerd werd naar Zwitserland. De pas en de tolheffing kwamen in handen van Uri en Ober-

Oude tijden herleven op de Tremolo, de oude Gotthardpasweg

walden. In 1830 reed de eerste postkoets over de Gotthardpas.

Gotthardtunnel

In 1872 begon de bouw van de **spoortunnel** ❷. De leidinggevende ingenieur Louis Favre stierf in 1879 aan een hartaanval in de tunnel, en in totaal moesten 177 dodelijke ongelukken worden genoteerd. In 1882 werd de 15 km lange spoortunnel voltooid. Een kleine 100 jaar later volgde in 1980 de 16,7 km lange **Gotthard-autotunnel** ❸, die in zomer én winter een gerieflijk alternatief voor de pas biedt. Tegenwoordig is de Gotthardsnelweg A2 de belangrijkste noord-zuidverbinding van Zwitserland. Maar wie door de tunnel rijdt, mist toch wel iets.

De oude en nieuwe weg

De weg over de pas werd steeds verbeterd en comfortabeler aangelegd. In 1902 reed de eerste auto over de pas, van de Duitse dichter Otto Julius Bierbaum. En vanaf 1922 ging er een dagelijkse postbus. Zowel aan de noord- als zuidkant ligt naast de oude weg uit de 19e eeuw een moderne panoramaweg uit 1967 met lawinegalerijen, tunnels en ruime bochten. Sinds de bouw van de tunnel is de drukte over de pas aanzienlijk afgenomen, zodat je nu meer kunt genieten van de rit over de pas. En toch is er op mooie zomerdagen verrassend veel verkeer op de oude weg, met name veel motoren, oldtimers en wielrenners.

Pashoogte

De pashoogte is een brede, boomloze hoogvlakte op 2109 m. Door wolkenflarden en grijze rotsen maakt het op slechtweerdagen een sombere indruk. Op de pashoogte liggen enkele historische gebouwen: de kapel en het Hospiz werden al in een verdrag uit 1331 vermeld.

Info

Postkoets:
rit per historische postkoets: tel. 0418-88 00 05, gotthard-post.ch, juni-sept., excursie incl. museumbezoek, lunch en aperitief CHF 680 per persoon.

De aartsbisschop van Milaan, Galdinus, schijnt de kapel in 1230 te hebben gewijd aan de Heilige Godehardus, sindsdien naamgever van de bergpas. De herberg annex tolhuis op de pas, Gotthard Hospiz, of **Alte Sust** 1 geheten, stamt uit 1833 en is nog steeds in gebruik als hotel. In dit gebouw is het nationaal **St. Gotthard-museum** 4 ondergebracht, over de geschiedenis van de pas (juni-okt. dag. 9-18 uur).

Gehieme bunkers, bergkristallen, Goethe

Van recente datum is de themawereld **Sasso San Gottardo** 5, die werd aangelegd in de sinds 2012 opengestelde vesting Sasso da Pigna. In de Tweede Wereldoorlog werd als gevolg van het *plan Réduit* – dat voorzag dat de Zwitsers bij een Duitse inval zich zouden terugtrekken in de bergen – deze geheime vesting voor 420 militairen in de rotsen aangelegd. In de vroegere militaire ruimtes en gangen zijn multimedia-exposities over bergkristallen, energie en mobiliteit ingericht. Spectaculair zijn de Reuzenkristallen van de Planggenstock, een van de uniekste vondsten uit de Alpen (zie blz. 143). Sinds 2022 is er ook een tentoonstelling over Goethe, de beroemdste Gotthardreiziger aller tijden.

Per postkoets over de Tremola

Vanaf het Gotthard Hospiz voert de met keitjes bestrate *Tremola* 6 aan de zuidkant omlaag naar Ticino. Hij staat niet op de wegwijzers aangegeven, de meeste automobilisten nemen de nieuwe weg. De rit over de Tremola voert met halsbrekende haarspeldbochten naar Airolo. Dit 'langste monument van Zwitserland' ligt er nog net zo bij als in 1850, toen de Gotthardpostkoets zijn dagelijkse rit over de pas maakte. De vijfspan bracht jaarlijks 14.000 reizigers over de pas en stopte ermee in 1882, toen de spoortunnel open ging.

Tegenwoordig herleven 's zomers oude tijden en kun je weer de nostalgische rit per postkoets maken van Airolo naar Andermatt, wel een flink stuk duurder dan voorheen!

Eten

Kasteelrestaurant

Schloss a Pro: vorstelijk dineren in dit 15e-eeuwse kasteeltje aan het eind van de Urner See. In het kasteel of in de slottuin; vijfgangenmenu *Sommertraum* of voordelige *Tagesteller*.

A Prostrasse 50,6462 Seedorf, tel. 041 870 65 32, schlossapro.ch, do.-zo., op zo. alleen lunch

Actief

Zwemeilandjes

Lorelei: in de vlakte tussen Seedorf en Flüelen stroomt de Reuss met een grote delta in de Urner See. Als onderdeel van een natuurproject zijn in de Urnersee de zwemeilandjes Lorelei aangelegd. Vanaf het recreatieterrein zwem je eenvoudig naar een van de kleine zonne-eilandjes in het meer.

Gotthardpas

Vanaf de zuidpunt van het Vierwoudstedenmeer stijgt het dal van de Reuss in zuidelijke richting geleidelijk verder richting Gotthardmassief (met pas en tunnel), terwijl de bergwanden steeds hoger en dreigender worden.

Altdorf

J5

De eerste plaats voorbij het meer is **Altdorf**, de hoofdstad van het kanton Uri. Het is de grootste plaats vóór de Gotthardpas, opgebloeid door de levendige handel die hier eeuwenlang plaatsvond. Op de markt van deze stad liep volgens de legende Wilhelm Tell met zijn zoon Walter en weigerde zijn hoed te lichten voor de Oostenrijkse puntmuts die daar prijkte op een paal. Het **Wilhelm Tell-monument**, uit 1895, herinnert aan deze gebeurtenis. Uit de bloeiperiode stammen nog de prachtige patriciërshuizen in de Herrengasse en enkele 16e-eeuwse fonteinen. 's Zomers wordt door de bevolking het Tell-Spiel opgevoerd.

De bergkristallen van de Planggenstock, te zien in het museum op de Gotthardpas

Voorbij Altdorf wordt het dal van de Reuss smaller en wringen zich de provinciale weg, de snelweg en de spoorlijn omhoog richting Gotthard. Mineralenliefhebbers kunnen in Amsteg stoppen bij het **verkoopatelier** van de *Strahlers* (kristallenzoekers) Franz von Arx en Elio Müller, die bekend zijn geworden van de 'schat van de Planggenstock' (zie hiernaast).

Expositie- en verkoopruimte, im Grund 57, 6474 Amsteg, bergkristalle-mueller.ch

Andermatt

J6

Andermatt (1444 m) is een hooggelegen plaats, strategisch gelegen tussen de Furka-, Gotthard- en Oberalppas. De hoge ligging en de fijne berglucht maken het tot een heerlijk wandel- en skigebied. Om Andermatt te bereiken moet je eerst door Schöllenenschlucht, die in 1230 overbrugd werd met de Teufelsbrücke, waarmee de belangrijke noord-zuidroute over de Gotthard een feit werd.

Andermatt ligt op een belangrijk kruispunt van paswegen: naar het westen kom je over de Furkapas in Wallis, naar het oosten voert de Oberalppas naar Graubünden en vanaf Hospental klimt het in zuidelijke richting naar de Gotthardpas (2109 m), met Hospiz en museum (zie *Ontdekkingsreis*, blz. 176).

Slapen

Boutique Hotel

The River House: gerenoveerd rood geverfd historisch pand in het centrum van Andermatt; mooi ingerichte kamers met veel hout, warme kleuren en alpine look. Een gezellige sfeer hangt er in de hotelbar *Alte Apothek*, genoemd naar het vroegere gebruik.

Gotthardstrasse 58, 6490 Andermatt, tel. 041 887 00 25, theriverhouse.ch, 2 pk vanaf CHF 230

Historisch Hospiz

St. Gotthard Hospiz (Ospizio San Gottardo): het vakkundig gerenoveerde Hospiz stamt uit 1237 en bood destijds onderdak aan beroemde persoonlijkheden als Goethe, Graaf Cavour en Petrarca, naar wie de huidige hotelkamers zijn genoemd.

Gotthardpas, 6780 Airolo, tel. 091 869 12 35, passosangottardo.ch, 2 pk CHF 200

Actief

Kabelbaan

Gemsstock: de tocht met de gondelbaan naar de 2961 m hoge Gemsstock, boven de glinsterende Gurschengletsjer is indrukwekkend. Vanaf middenstation Gurschen voert een wandelroute over alpenweiden en door het Bannwald naar Andermatt.

Golfen op hoogte

Swiss Alps Golf: in het hooggelegen Ursenertal ligt de *Andermatt Swiss Alps Golfbaan*, een van de hoogstgelegen golfbanen van Zwitserland, ingebed in de alpenweiden.

Je eigen zakmes maken

Victorinox Store: sinds kort kun je in 20 minuten je eigen Zwitsers zakmes in elkaar zetten, met je naam erin gegraveerd.

Gütschgasse 6, Piazza Gottardo, 6490 Andermatt, victorinox.com, tel. 041 888 70 70 (eigen zakmes CHF 35)

Info

- **Toeristenbureau:** Gotthardstrasse 2, 6490 Andermatt, tel. 041 888 71 00, andermatt.ch.

Toegift
De schat van de Planggenstock

'Een ongelooflijk gevoel om de eerste mensen te zijn die de glinstering en schittering van kristallen konden zien, 16 tot 18 miljoen jaar nadat ze gevormd waren.'

Spectaculair zijn de reuzenkristallen van de Planggenstock, een van de uniekste vondsten uit de Alpen. In 2008 ontdekt door *Strahler* (beroepskristallenzoekers) Franz von Arx en zijn compagnon Elio Müller. Een bergkristalgroep van 2500 kg, 3 x 3 m groot, het grootste afzonderlijke bergkristal is 1,20 m groot, waren de beloning voor jarenlange inspanningen. Waar niemand van had durven dromen, was uitgekomen: kristallen van een omvang, schoonheid en doorzichtigheid die de laatste 400 tot 500 jaar in het hele Alpengebied nog niet waren waargenomen.

In de Göscheneralp in het kanton Uri wordt al eeuwen gezocht naar de glinsterende en fonkelende kristallen en mineralen in de bergen van dit dal. De Planggenstock, met zijn 200 m hoge noordoostwand, heeft steeds weer kristalzoekers aangetrokken, omdat er onmiskenbare tekenen zijn dat er een spletensysteem verborgen zou kunnen liggen onder tonnen losse granietblokken in het bovenste gedeelte van de wand.

Toen Franz von Arx en Paul von Känel in 1993 een spleet op deze plek nader bekeken, hadden zij er geen idee van dat hun kristallenzoekersleven spoedig voorgoed zou veranderen. Onder de granietblokken vonden ze na jaren van graven de ingang tot een goed verborgen kristalgrot. In de jaren die volgden troffen Franz en zijn nieuwe compagnon Elio Müller steeds spectaculairdere kristallen aan. Na de enorme kristalvondsten uit 2005 (te zien in het Natuurhistorisch Museum in Bern) en 2008 (te bewonderen in het Sasso da Pigna Museum op de Gotthardpas) volgden een serie magere jaren. In 2019 stuitten de twee opnieuw op een situatie die hun harten nog een keer sneller deed kloppen. Om verschillende redenen hebben Franz von Arx en Elio Müller besloten tot nu toe te zwijgen over hun nieuwste ontdekking ... Houd hun website goed in de gaten (bergkristalle-mueller.ch). ■

Meer van Genève

Lac Léman — Alpenpanorama op besneeuwde bergen, vruchtbare wijngaarden en mondaine steden als Genève, Lausanne en Montreux.

blz. 165

Château de Chillon

Meest bezochte attractie en onbetwist leider onder de circa 120 kastelen en burchten langs het Meer van Genève.

blz. 163

Zwitserse Rivièra

Tussen Lausanne en Montreux ligt een prachtige kuststrook die ook wel de Zwitserse Rivièra wordt genoemd. Een gebied in de luwte van de bergen met een bijna mediterraan klimaat met wijngaarden, palmbomen en subtropische planten.

De kantons Genève en Vaud produceren de beste Zwitserse wijnen!

Erin duiken

blz. 147

Genève

Derde stad van Zwitserland, met de allure van een metropool, fraai gelegen aan het gelijknamige meer en de thuisbasis voor de Verenigde Naties en vele internationale organisaties.

blz. 160

De wijngaarden van Lavaux

Maak een autorit of wandeling langs de wijngaarden boven het Meer van Genève, die als waardevol cultuurlandschap zijn opgenomen op de UNESCO-Werelderfgoedlijst.

& beleven

blz 158

Kunstenaarswijk Flon

Het nieuwe trendy culturele centrum van Lausanne, met restaurants, theaters, clubs, designershops en kunstenaarsateliers.

blz. 156

Kathedraal van Lausanne

Oprijzend boven de Cité staat een van de grootste en mooiste vroeg-gotische kerken van Zwitserland, gebouwd in de 12e en 13e eeuw.

blz. 170

Les Diablerets – Glacier 3000

Een kabelbaan gaat naar dit op bijna 3000 m hoogte gelegen bergstation, met de spectaculaire *high peak walk*-hangbrug tussen de twee toppen van het bergstation.

blz. 168

Rochers-de-Naye

De uitzichtberg, die hoog uittorent boven Montreux. Vanaf het meer bereik je dit fantastische uitkijkpunt in een uurtje met de tandradbaan vanuit Montreux.

Montreux Jazz Festival: de eerste twee weken van juli bruist heel Montreux van de concerten en evenementen.

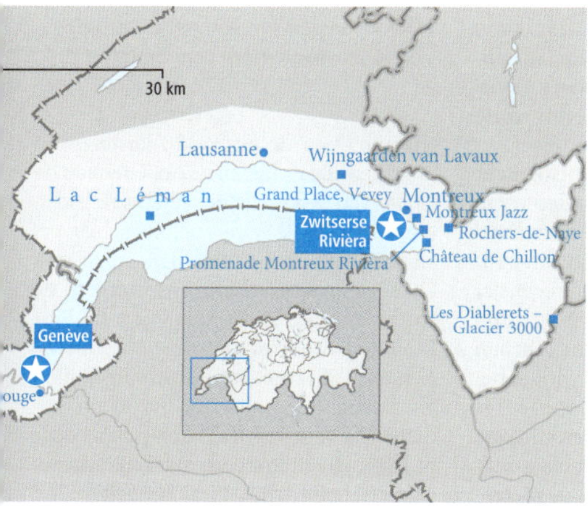

Marché Folklorique: op de Grand Place van Vevey wordt 's zomers elke zaterdagochtend een markt gehouden, met livemuziek en gratis wijn van de plaatselijke wijnboeren.

Het grootste Alpenmeer

L

Lac Léman, of het Meer van Genève, met op de achtergrond de Alpen van Haute Savoie, domineert de streek. Het meer blijft steeds in beeld en bepaalt het zachte klimaat. Ceders en wijngaarden steken af tegen bergmassieven; op de waterspiegel glijden witte zeilen in de wind. Machtige kastelen rijzen op tussen mondaine steden als Genève en Lausanne, er zijn kleine haventjes en badplaatsen als Vevey en Montreux die zich koesteren in de beschutting van de Alpes vaudoises.

Het Lac Léman is het grootste meer van het Alpengebied, met een diepte van 310 m. Het is 72 km lang en maximaal 13 km breed en is ontstaan in de ijstijden doordat de toenmalige Rhônegletsjer het dal zo diep uitschuurde. Nog altijd stroomt het water van de Rhône erin aan de oostkant bij Villeneuve en verlaat het weer aan de westzijde via Genève. De grote watermassa tempert het klimaat, waardoor vooral voorjaar en najaar zeer mild zijn. Aan het meer liggen de metropolen Genève en Lausanne, levenslustige internationale universiteitssteden.

De zuidoever van het meer is Frans. De lange Zwitserse kustlijn van het meer, met kastelen, oude stadjes en dorpen tussen de wijngaarden, heeft een bijzondere charme. Van de circa 120 kastelen en burchten die er liggen, is het Château de Chillon bij Montreux de onbetwiste leider. In de 18e en 19e eeuw zochten schrijvers als Flaubert en Victor Hugo, maar ook Dickens en Lord Byron inspiratie in de streek langs het meer, aangespoord door J.-J. Rousseaus roman *Julie ou la nouvelle Héloïse* (1761) met het kasteel van Chillon als decor. Toen ook Lord Byron zijn gedicht *The prisoner of Chillon* publiceerde in 1816, kwamen steeds meer nieuwsgierige reizigers het gebied bezoeken: het toerisme was geboren.

Onze reis begint in Genève en volgt de kustlijn van het meer naar Lausanne. Hierna volgt de Zwitserse Rivièra met Vevey en Montreux en ten slotte het bergland boven het meer: de Alpes vaudoises.

O

TER ORIËNTATIE

Toeristische info: Office du Tourisme du Canton de Vaud: avenue d'Ouchy 60, 1000 Lausanne, tel. 021 613 26 26.
Internet: region-du-leman.ch, regionale toeristische website; geneva.info, uitgebreide toeristische website van Genève.
Reis en vervoer: de luchthaven van Genève ligt 5 km van het centrum en is bereikbaar per bus en trein.

Genève

✪ A8

De relatief kleine stad Genève (200.000 inw.) heeft een onmiskenbaar internationaal karakter en is een soort minimetropool. In de wereld van de diplomatie, conferenties en internationale organisaties is Genève een begrip. Met de oprichting van het Rode Kruis in 1863 door Henri Dunant kreeg Genève zijn eerste internationale organisatie. Later volgde de vestiging van de Verenigde Naties, en meer dan tweehonderd niet-gouvernementele organisaties hebben hier hun hoofdkantoor. Neutraliteit en veiligheid maken het tot een plaats bij uitstek voor diplomatieke topontmoetingen.

Genève heeft meer te bieden: de mooie ligging aan het Meer van Genève (Lac Léman) en aan de oevers van de Rhône en een levendige oude binnenstad rond de kathedraal, met wijnhuizen, kunstgaleries en antiekwinkels. Genève telt een groot aantal musea, op het gebied van (moderne) kunst, wetenschap en geschiedenis.

Jet d'Eau, het symbool van Genève

Zuidelijke Rhôneoever

De meeste bezienswaardigheden en de sfeervolle binnenstad bevinden zich aan de zuidelijke oever van de Rhône, tussen de rivierarmen van de Rhône en de Arve. Een stadsbezoek begint bij voorkeur aan het meer met zijn stadsparken en beroemde fontein.

De 140 m hoog spuitende **fontein** ❶ is in de wijde omtrek te zien en werd in 1891 aangelegd ter ere van de zeshonderdste verjaardag van de Zwitserse republiek. Per seconde wordt 500 liter water met een snelheid van 200 km per uur naar buiten gespoten. Wandel langs de **Jardin Anglais**, met bankjes, zicht op het meer en de 4 m grote klok van bloemen. Een stukje verder ligt het **Parc de la Grange**, met prachtige rozentuin, en het aangrenzende **Parc des Eaux Vives**, met **arboretum**. Vanaf de kade gaan enkele pontjes naar de noordkant van het meer naar het Palais des Nations en het Internationale Rode Kruis Museum.

Jet d' Eau: 10-16 uur, niet bij harde wind of vorst

Terug in het centrum overspannen vier bruggen de Rhône. Het beste neem je de voetgangersbrug via het kleine **Île Rousseau** ❷, waar het standbeeld staat van Jean Jacques Rousseau, geboren in Genève. Een rustig plekje midden in de rivier (met theetuin). Op de vierde Rhônebrug, de Pont de l'Île, bevindt zich de Tour de l'Île, het enige overblijfsel van het 13e-eeuwse bisschoppelijke paleis.

Ville Vieille

Vanaf de Pont de l'Île wandel je omhoog door kleine passages en straatjes van de autovrije **Cité** of **Ville Vieille** (de oude stad). Via de passage du Rhône en over de Rue de la Cité (de vroegere hoofdstraat van Genève) bereik je de Place du Bourg-de-Four. Dit is het oudste plein van de stad, al marktplaats sinds de Romeinen, met antiekwinkels, fontein, bistro's en terrasjes. In de directe omgeving van het plein bevinden zich de belangrijkste historische gebouwen en de kathedraal. Het Ancien Arsenal was in de 18e en 19e eeuw in gebruik als wapenopslag en is nu een staatsarchief.

Aan de Rue du Puits-St-Pierre ligt het **Maison Tavel** dat stamt uit de middeleeuwen en een klein stadsmuseum herbergt. Op de zolder staat een interessant

Genève

Gaan zien
1. Jet d'Eau
2. Île Rousseau
3. Cathédrale St-Pierre
4. Musée de la Reforme
5. Muur van de Reformatie
6. Bâtiment Forces Motrices
7. Musée d'Art et d'Histoire
8. MAMCO
9. MEG
10. Maison des Schtroumpfs
11. Église Ste-Trinité
12. Palais des Nations
13. Rode Kruismuseum
14. Le Vieux Carouge

Slapen
1. Beau Rivage
2. Hotel Cornavin
3. La Cour des Augustins
4. Hotel Jade
5. TCS Camping Genève

Eten
1. Parc des Eaux-Vives
2. La Buvette des Bains
3. Cafe de Paris
4. Thai
5. Café du Bourg de Four
6. Qu'Importe

Shoppen
1. Vieux Carouge

Uitgaan
1. Chat Noir Club
2. Bâtiment des Forces Motrices

Actief
1. Plage des Pâquis
2. Genève Roule

---

schaalmodel van de stad van vóór 1850, toen Genève nog geheel ommuurd was.
Rue du Puits-St-Pierre 6; 022 418 37 00, dag. 10-17 uur, institutions.ville-geneve >maison-tavel, gratis toegang

Grotendeels 12e-eeuws is de **Cathédrale St-Pierre** ❸. Sinds 1536 is de kerk protestants; sindsdien is het interieur sober en geheel in grijs. Een verademing is de zijkapel, die nog is ingericht in de kleurrijke stijl van voor de reformatie. Calvijn heeft hier vaak gepreekt en leidde vanuit Genève de reformatie. Wie geen hoogtevrees heeft kan de smalle wenteltrap in noordtoren beklimmen voor een schitterend uitzicht.
Place du Bourg-de-Four 24, cathedrale-geneve.ch, 's zomers: 9.30-18.30, za. tot 17, zo. 12-18.30, 's winters: ma.-za. 10-17.30, zo. 12-17.30 uur. Toegang toren € 5

Stad van de Reformatie
In het 18e eeuwse Maison Mallet, naast de kathedraal, is het **Musée de la Reforme** ❹, over de Reformatie, gevestigd.
Rue du Cloître 4, musee-reforme.ch, di.-zo. 10-17 uur, CHF 13

In het Parc des Bastions (1204 Genève), aan de zuidkant van de Cité, herinnert de **Muur van de Reformatie** ❺ aan de gebeurtenissen en de figuren van de protestantse Reformatie. Meer dan levensgrote standbeelden van Guillaume Farel, Jean Calvin, Théodore de Bèze en John Knox domineren de 100 m lange muur, als wachters over deze *Cité de la refuge* (stad van toevlucht).

In 1886 was **le Bâtiment des Forces Motrices** ❻ Genèves eerste krachtcentrale, die de stad voorzag van stroom en water. Tegenwoordig dient het gebouw midden in de Rhône als schouwburg, concertzaal en opera met 985 plaatsen.
Place des Volontaires 2, tel. 022 322 12 20, bfm.ch

Prehistorie tot hedendaags
Een van de belangrijkste musea van Zwitserland is het **Musée d'Art et d'Histoire** ❼. Een statig neo-classicistisch ge-

De verlichte fietsbrug Pont de Wilsdorf, tussen het centrum en Carouge

bouw uit 1910 omvat vijf verdiepingen met archeologische collecties, historische objecten, standbeelden en schilderijen, onder andere van de Zwitserse schilders Konrad Witz, Ferdinand Hodler en Felix Valloton.

Rue Charles-Galland 2, tel. 022 418 26 00, mah-geneve.ch, di.-zo. 11-18 uur, toegang gratis

Vlakbij ligt het grootste museum voor moderne en hedendaagse kunst van Zwitserland, **MAMCO (Musée d'Art Moderne et Contemporain)** ❽, gevestigd in een oud fabrieksgebouw en is geheel gewijd aan de hedendaagse kunst.

Rue des Vieux-Grenadiers 10, tel. 022 320 61 22, mamco.ch, di.-zo. 12-18, za., zo. vanaf 11 uur, CHF 8

Het **Centre de la Photographie** is een klein fotografiecentrum met wisselende tentoonstellingen.

Rue des Bains 28 (vlak bij het MAMCO), centrephotogeneve.ch, di.-zo. 11-18 uur; CHF 5

Van de vele wetenschappelijke musea is het Etnografisch museum **MEG (Musée etnographique de Genève)** ❾ de moeite waard, met collecties en exposities over volken en culturen uit de hele wereld, in een strak wit modern gebouw.

Boulevard Carl-Vogt 65, tel. 022 418 45 50, meg-geneve.ch, di.-zo. 11-18 uur, tentoonstellingen CHF 9, vaste collectie gratis

Noordelijke Rhôneoever

Uitgaansbuurt Les Paquis

De levendige buurt **Les Paquis** tussen het meer en het treinstation is een vreemde mix van dure hotels, luxueuze winkelketens en Genève's onofficiële *red light district* met nachtclubs en tippelaarsters. Het is (desondanks) een aangename uitgaanswijk met restaurants en eethuisjes van alle mogelijke nationalitieten en hotels in alle prijsklassen. Enkele voorbeelden van moderne architectuur zijn hier het omstreden **Maison des Schtroumpfs** ❿ (smurfenhuis), een kleurrijk wooncomplex uit 1984 (rue Louis-Favre 25, achter het treinstation) en de **Église Ste-Trinité** ⓫, ontworpen door de Italiaanse architect Ugo Brunoni, een bol van roze graniet tegen een strak gebouw met metalen wanden (rue Ferrier 16). Op de rechteroever van de Rhône liggen mooie kades en langs het meer de parken Mon Repos, la Perle du Lac en Parc de l'Ariana met daarin de **Jardin botanique**, met een Japanse tuin en tropische plantenkas (cjbg.ch, winter, dag. 8-17, zomer tot 19:30 uur, gratis).

Palais des Nations

In het noorden van de stad ligt het **Palais des Nations** ⓬, zetel van het VN hoofdkwartier Europa, in een classicistisch gebouw uit 1936. Het complex heeft 34 conferentiezalen en 2800 kantoren en is na het VN-hoofdkwartier in New York het grootste centrum van de Verenigde Naties. Er zijn dagelijks rondleidingen in verschillende talen. Op het terrein van het Palais des Nations staan verschillende monumenten, waaronder de bekende Celestial Sphere (wereldbol), een gift van de VS in 1939.

De kolossale **Broken Chair** (Gebroken Stoel) van de Geneefse kunstenaar Daniel Berset op de Place des Nations (zuidelijke toegang) verbeeldt de hedendaagse strijd tegen landmijnen.

Place des Nations, 1211 Genève, tel. 022-917 12 34, ungeneva.org, rondleidingen met gids van 1 uur vanaf ingang portail de Pregny ma.-za., ruim van tevoren online aanmelden, legitimatiebewijs meenemen, 45 min. van tevoren aanwezig zijn in verband met een security check, CHF 16.

Musée international de la Croix-Rouge et du Croissant-Rouge ⓭ is in 2013 geheel vernieuwd en bevat collecties over Henri Dunant, het Rode Kruis, de Rode Halvemaan en diverse thematische tentoonstellingen over de humanitaire uitdagingen van de moderne tijd, zoals verdediging van de menselijke waardigheid en het voorkomen van natuurrampen.

Avenue de la Paix 17, 1202 Genève, tel. 022 748 95 11, redcrossmuseum.ch, di.-zo. 10-18, nov.-mrt. tot 17 uur, CHF 15

Een stukje Italië in Genève

Aan de andere kant van de Arve ligt een paar kilometer buiten het centrum de wijk **Carouge**, dat tot 1816 een aparte stad was, in bezit van het koninkrijk Sardinië en Savoie. Het werd als handelsstad gebouwd om te kunnen concurreren met Genève. Carouge heeft een Italiaanse architectuur en werd gebouwd volgens een schaakbordpatroon van regelmatig gerangschikte, rechthoekige huizenblokken. De bewoners van Genève die ten tijde van Calvijn even onder het Calvijnse juk uitwilden, gingen naar Carouge om bij te tanken, te drinken en te kaarten. Carouge hoort tegenwoordig bij Zwitserland, maar heeft haar Italiaanse sfeer en charme weten te behouden.

In **Le Vieux Carouge** ⓮ rond de place du Marché staan mooie 18e-eeuwse huizen. In veel ervan vind je tegenwoordig boetieks, werkplaatsen, ateliers en antiekwinkels. Carouge is een echte uitgaanswijk, met een keur aan restaurants, cafés en clubs. Neem vanaf Plaine de Plainpalais tramlijn 12 of 18 om naar Carouge te gaan. Zodra de tram de rivier oversteekt, verandert de sfeer van wereldstad naar provinciaals.

Slapen

Vanwege de vele diplomaten en congressen telt Genève veel hotels in het hogere segment. De wijk Les Paquis is populair en telt ook veel middenklasse- en budgethotels. Door de grote concurrentie vind je op diverse boekingsites vaak aanbiedingen. Op de site van Genève Tourisme vind je weekendaanbiedingen (*weekend package*) voor 50% van de normale kamerprijs.

Staatshoofden en beroemdheden

1 **Beau Rivage:** de meeste luxehotels liggen aan de quai du Mont Blanc aan het meer. Zo ook dit beroemdste hotel van Genève. In Beau Rivage logeerden sinds 1865 vele staatshoofden en beroemdheden.

Quai du Mont Blanc 13, tel. 022 716 66 66, 2 pk vanaf CHF 600

Professor Zonnebloem

2 **Cornavin:** dit designhotel voor zakenreizigers en toeristen direct bij het station werd beroemd door Hergé, die hier Professor Zonnebloem liet overnachten. Ook de moderne reiziger ontbreekt het hier aan niets. Fraai uitzicht vanaf de eetzaal op de bovenste verdieping.

Boulevard James-Fazy 23, tel. 022 716 12 12, fassbindhotels.ch, 2 pk vanaf CHF 126

Designhotel

3 La Cour des Augustins: prachtig designhotel in het centrum van Genève, met kunstzinnig ingerichte kamers, suites en appartementen; wellness en fitnessruimte.

Rue Jean Violette 15, 1205 Genève, tel. 022 322 21 00, lacourdesaugustins.com, 2 pk vanaf CHF 145

Feng Shui

4 Hotel Jade: hotel in Aziatische stijl, ingericht volgens de principes van feng shui. Ruime kamers, restaurant en rustgevende bamboetuin.

Rue Rothschild 55, 1202 Genève, tel. 022 544 38 38, hoteljadegeneva.com, 2 pk vanaf CHF 135

Luxe camping

5 TCS Camping Genève Vésenaz: camping op 4 km van het centrum; van alle gemakken voorzien, met onder andere restaurant, boot- en kanoverhuur, zeilschool en zwembad vlakbij; verhuur van twee- en driepersoons *pods* (campinghutten).

Chemin de la Bise, 1222 Vésenaz, tel. 022 752 12 96, tcs.ch

Eten

Genève is een multiculturele stad en dat weerspiegelt zich in de restaurants. De meest decadente restaurants bevinden zich aan het meer. Rond de rue des Pâquis en de Rue de Berne op de rechteroever van de Rhône zijn volop restaurantjes uit Afrika en het Midden-Oosten, maar ook Aziatische en Zwitsers-Franse. De oude stad heeft vooral traditioneel Zwitserse en Franse restaurants en bistro's. Een populair ontmoetingspunt is daar de place du Bourg-de-Four met terrasjes en koffiehuizen.

Chic strandterras

1 Restaurant de la Plage: nieuw, erg mooi en lekker is dit restaurant op de plage publique des Eaux Vives (oostkant van het meer). Een prachtig gebouw op het water; restaurant, groot terras met buffet. Leuk om wat te drinken tussen twee zwempartijen door.

Quai Gustave-Ador 75, 1207 Genève, tel. 022 760 20 20, restoplage.ch

Simpel strandcafé

2 La Buvette des Bains: populair restaurant en buffet op het strandje Paquis Plage (westkant van het meer), kies als lunch het voordelige dagmenu (CHF 14) en 's avonds de originele fondue. 's Zomers betaal je CHF 2 entree voor de toegang tot de pier, het strandbad en het café.

Quai du Mont-Blanc 30, tel. 022 738 16 16, buvettedesbains.com

Topadres voor entrecôte

3 Cafe de Paris: authentiek Parijse brasserie uit de jaren 30. Dit restaurant kent al 70 jaar slechts één hoofdgerecht: *Entrecôte au beurre Café de Paris* (CHF 42,50): subliem!

Rue du Mont-Blanc 26, tel. 022 732 8450

Trendy

4 Thai: dit stijlvolle en trendy Thaise restaurant ontvangt twee keer per week verse ingrediënten uit Bangkok.

Rue Neuve-du-Molard 3, tel. 022 310 12 54, thai-geneve.com

Eetcafé

5 Café du Bourg de Four: een van de vele eetcafés in de oude stad met een lange historie. Simpele, maar uitstekende keuken; vermaard is de *rösti œuf jambon fromage.*

Place du Bourg-de-Four 13

Brasserie en terras

6 La Bourse: deze sfeervolle brasserie bevindt zich in stadswijk Carouge, waar

zich de meest trendy en experimentele restaurants van Genève bevinden. Met groot terras met uitzicht op de Place du Marché en wijnen van de wijngaarden van Genève op de wijnkaart.
Rue Ancienne 1, 1227 Carouge, tel. 022 342 15 25, quimporte.ch

Shoppen

Voor de leukste winkelervaring ga je naar de voorstad **Vieux Carouge** 1: met een keur aan antiekwinkels, kunstenaarsateliers en designerwinkels in een apart Italiaans decor. De leukste winkels bevinden zich in de straatjes tussen de rue St-Joseph en de place du Marché.

Uitgaan

Carouge: het gebied rond de rue Vautier is een populair uitgaansgebied.

Bar met livemuziek

1 **Chat Noir Club:** gezellige bar in Carouge, tot laat open en iedere avond live muziek. Ook op straat in de rue Vaultier worden vaak live concertengegeven.
Rue Vautier 13, chatnoir.ch, zo., ma. gesl.

Opera, dans en klassieke muziek

2 **Bâtiment des Forces Motrices:** check voor optredens in deze vroegere krachtcentrale de website bfm.ch.
Place des Volontaires 2

Actief

Zwemmen

1 **Plage des Pâquis:** op de rechteroever kun je dagelijks van 8.30 tot 20 uur vanaf de pier in het Meer van Genéve zwemmen. Het strandje is niet bewaakt, maar het zwemgedeelte is veilig afgeschermd van de stroming.

Gratis fietsen

2 **Genève Roule:** vanaf diverse locaties kun je van april tot oktober tegen een waarborg van CHF 20 of 50 gratis een fiets lenen voor maximaal een dag.
Place de Montbrillant 17 ('s zomers ook op de Place du Rhône, Bains des Pâquis en Plaine de Plainpalais) tel. 022 740 13 43, geneveroule.ch

Info

- **Toeristenbureau:** rue de Mont-Blanc 18, 1201 Genève, tel. 022 909 70 00, geneve.com. Gasten van hotels, jeugdherberg of camping ontvangen de *Geneva Transport Card* en reizen daarmee gratis in bus, trein en tram in Genève.
- **Geneva Pass:** 24, 48 of 72 uur (CHF 30, 40 of 50); voor kortingen op attracties en musea (meeste musea 50% korting).

In de omgeving van Genève

Groot-Genève wordt aan alle kanten ingesloten door Frans grondgebied en alle uitwaaierende wegen, behalve die langs het meer, leiden naar Frankrijk.

Uitkijkpunt Mont Salève

De Franse **Mont Salève** (1380 m), ligt op een steenworp afstand en is – weliswaar op Frans grondgebied – de 'huisberg' van Genève. Vanuit Veyrier (Pas-de-Échelle) gaat van april tot half november een kabelbaan naar 1097 m. Het café bij het bergstation van de kabelbaan biedt uitzicht van de Jura tot aan de Alpen en is een ideaal startpunt voor wandelingen.
Dalstation kabelbaan: route du Téléphérique, 74100, Etrembières, Frankrijk (neem bus 8 vanaf Gare Cornavin); telepherique-du-saleve.com. Het kabelbaanstation wordt momenteel vernieuwd en heropent in 2023 (info: montsdegeneve.com)

CERN & Microcosm

In Meyrin, ten westen van Genève, bevindt zich het CERN (Europees laboratorium voor deeltjesfysica). Op het terrein van het CERN (onder de grond) werd in 2008 de grootste deeltjesversneller ter wereld, de LHC (Large Hadron Collider), een ondergrondse baan met een omtrek van 26 km, in gebruik genomen. Geïnteresseerden komen in het vernieuwde interactieve museum Microcosm alles te weten over het universum van de kleine deeltjesfysica.

CERN, 1211 Genève (20 min. met lijn 18 vanaf station Cornavin), tel. 022 767 76 76, visits.web.cern.ch, Microcosm: ma.-za. 9-17 uur, gratis; rondleidingen CERN-laboratorium: ma.-za. 3 tot 5 keer per dag, vanaf 2 uur van tevoren aanmelden

Nyon

A7

De zonnige hellingen langs het Meer van Genève zijn, waar mogelijk, bedekt met wijngaarden. De druiven leveren goede wijnen die ter plekke geproefd kunnen worden, geëxporteerd wordt er weinig.

Halverwege Genève en Lausanne ligt het chique stadje Nyon, met een boven- en benedenstad. Op de Esplanade des Marronniers (plein van de kastanjebomen) staan de resten van drie Romeinse zuilen, die behoorden tot het portaal van het forum dat werd gebouwd in 50 v.Chr. als deel van de Romeinse kolonie Iulia Equestris met zijn centrum Noviodunum, tegenwoordig Nyon. Het was de eerste Romeinse kolonie in Zwitserland. In 1958 werden de stukken van de zuilen gevonden onder de grond en werden ze heropgericht aan de oever van het meer. De kroon op de stad is het opvallende witte kasteel met vijf torens, gebouwd in de 12e eeuw. Een bezoek aan het kasteel, maar ook een wandeling door het park rondom, is beslist de moeite waard. Vanaf de Promenade des Vieilles Murailles in de benedenstad heeft men prachtig zicht op Genève en de Alpen. Nyon is een aangename verblijfplaats met enkele interessante musea, parken, een kleine haven en goede accommodatie.

Musea

Château de Nyon

Het kasteel huisvest tegenwoordig het **Musée historique et des Porcelaines** met Romeinse vondsten en het beroemde 18e-eeuws porselein uit Nyon.

Place du Château, 1260 Nyon, tel. 022 316 42 73, chateaudenyon.ch, di.-zo.; apr.-okt. 10-17, nov.-mrt. 14-17 uur, CHF 8

Musée du Lac

In de benedenstad ligt aan het meer het **Musée du Lac Léman** met modellen van boten die hier voeren door de eeuwen heen, met aquaria en informatie over het meer en zijn flora en fauna.

Quai Louis-Bonnard 8, 1260 Nyon, tel. 022 316 42 50, museeduleman.ch, di.-zo.; apr.-okt. 10-17, nov.-mrt. 14-17 uur, CHF 6

Zwitsers nationaal museum

In Prangins, aan de rand van Nyon, staat het grote hoefijzervormige **Château de Prangins** waar in 1755 Voltaire kort zijn intrek nam. Nu vind je er een afdeling van het Zwitsers nationaal museum, met exposities over de 18e- en 19e-eeuwse geschiedenis van Zwitserland.

1197 Prangins, tel. 058 469 38 90, chateaudeprangins.ch, di.-zo. 10-17 uur, CHF 10

Slapen

Luxe B&B

Villa Sanluca: Sandra en Lukas Hofer-Veraldi ontvangen je in hun stijlvolle

Speelse fontein op de Place de la Navigation, Lausanne-Ouchy

boutiquehotel in een villa uit 1910; met drie royale kamers, tuin en klein zwembad.
Chemin des Cottages 6, 1260 Nyon, tel. 022 362 62 53, villa-sanluca.ch, 2 pk vanaf CHF 180

Info en evenementen

- **Toeristenbureau:** Avenue Viollier 8, 1260 Nyon, tel. 022 365 66 00, nyon-tourisme.ch. Voor CHF 12 koop je een pas, die toegang geeft tot alle acht musea van Nyon en omgeving.
- **Paléo Festival:** eind juli. Het grootste outdoor-muziekfestival van Zwitserland. Muziek van jong talent: rock, Franse chansons, wereldmuziek, hiphop, klassieke muziek en straattheater. Met kinderopvang, meer dan honderd eetstalletjes en gratis camping.
Info: yeah.paleo.ch

Lausanne

C7

Lausanne, met 140.000 inwoners de vierde stad van Zwitserland en hoofdstad van het kanton Vaud, is schitterend gelegen op drie heuvels aan het meer van Genève. De stad is wat minder chic en formeel dan Genève en bruist van culturele activiteiten. Het is de leukste stad om te bezoeken aan het Lac Léman. Lausanne is een uitgestrekte stad met flinke hoogteverschillen: de levendige oude binnenstad – de middeleeuwse **Cité** – vormt de bovenstad op een heuvel ten noorden van het station.

De mondaine benedenstad werd gebouwd aan het Meer van Genève en verdrong het vissersplaatsje **Ouchy**. Om het grote hoogteverschil te vermijden kun je gebruikmaken van tram, bus of de enige metro van Zwitserland, tussen Ouchy en de hooggelegen delen van de stad.

Lausanne

Gaan zien
1. Place de la Palud
2. Cathédrale Nôtre-Dame
3. Musée historique
4. MUDAC
5. Musée des Beaux-Arts
6. Château St-Maire
7. Collection de l'Art brut
8. Olympisch museum
9. Jardin botanique
10. Fondation l'Hermitage
11. Signal de Sauvabelin
12. Aquatis
13. PLATFORM 10

Slapen
1. Angleterre & Residence
2. Hotel des Voyageurs
3. Agora Swiss Night
4. IBIS MadHouse
5. Aquatis

Eten
1. Château d'Ouchy
2. Cafe Romand
3. A la Pomme de Pin
4. Bottle Brothers

Shoppen
1. Flon

Actief
1. boottochten Lac Léman

Lausanne is een internationale stad met zetels van multinationals, het IOC (Internationaal Olympisch Comité) en andere sportfederaties. De handelsbeurs *Comptoir Suisse* trekt in september jaarlijks 1 miljoen bezoekers. De vele studenten, congresgangers en toeristen geven kleur aan deze levendige stad.

Bovenstad & Cité

De **Place de la Palud** 1 is het kloppende hart van de **Cité** met het 17e-eeuwse Hôtel de Ville (stadhuis) en de Fontaine de la Justice uit 1726. Tussen dit plein en de kathedraal loopt de middeleeuwse trap Escaliers du Marché. In het gebied net onder de Cité zijn veel leuke straten met winkels en cafés; het grootste gedeelte is autovrij. De nabijgelegen stadswijk Flon ten westen van de Grand Pont is het trendy culturele centrum van Lausanne geworden.

De **Cathédrale Nôtre-Dame** 2 van Lausanne torent uit boven de historische Cité. Het is een van de grootste en mooiste gotische kerken van Zwitserland, gebouwd in de 12e en 13e eeuw. Indrukwekkend zijn de beelden aan het zuid- en hoofdportaal en het roosvenster met afbeelding van de tekenen van de dierenriem (apr.-sept. 9-19, okt.-mrt. 9-17.30 uur).

Aan het plein voor de kathedraal vind je het **Musée historique** 3 in een pand dat tot de 15e eeuw zetel van de bisschop was, met een collectie over de geschiedenis van de stad.

Naast de kathedraal vind je in het 19e-eeuwse **Palais de Rumine** het **Musée Cantonal** 5, met afdelingen over munten, archeologie, geologie, zoölogie en de universiteitsbibliotheek van Lausanne. Het vroegere **Musée des Beaux-Arts**, dat hier sinds 1841 was gehuisvest, is verhuisd naar een gloednieuw museum bij het station.

Place de la Riponne 6, 1006 Lausanne, tel. 021 316 34 45, mcba.ch, di.-do. 11-18, vr.-zo. 11-17 uur, gratis

De Cité wordt aan de bovenzijde begrensd door het **Château St-Maire** 6. In de 15e eeuw heersten hier de bisschoppen, daarna de Berner landvoogden en nu de kantonsregering van Vaud.

Verder omhoog wandelen

Wie vanaf het Château St-Maire een kwartier verder omhoogklimt door het Parc Hermitage komt bij de gelijknamige

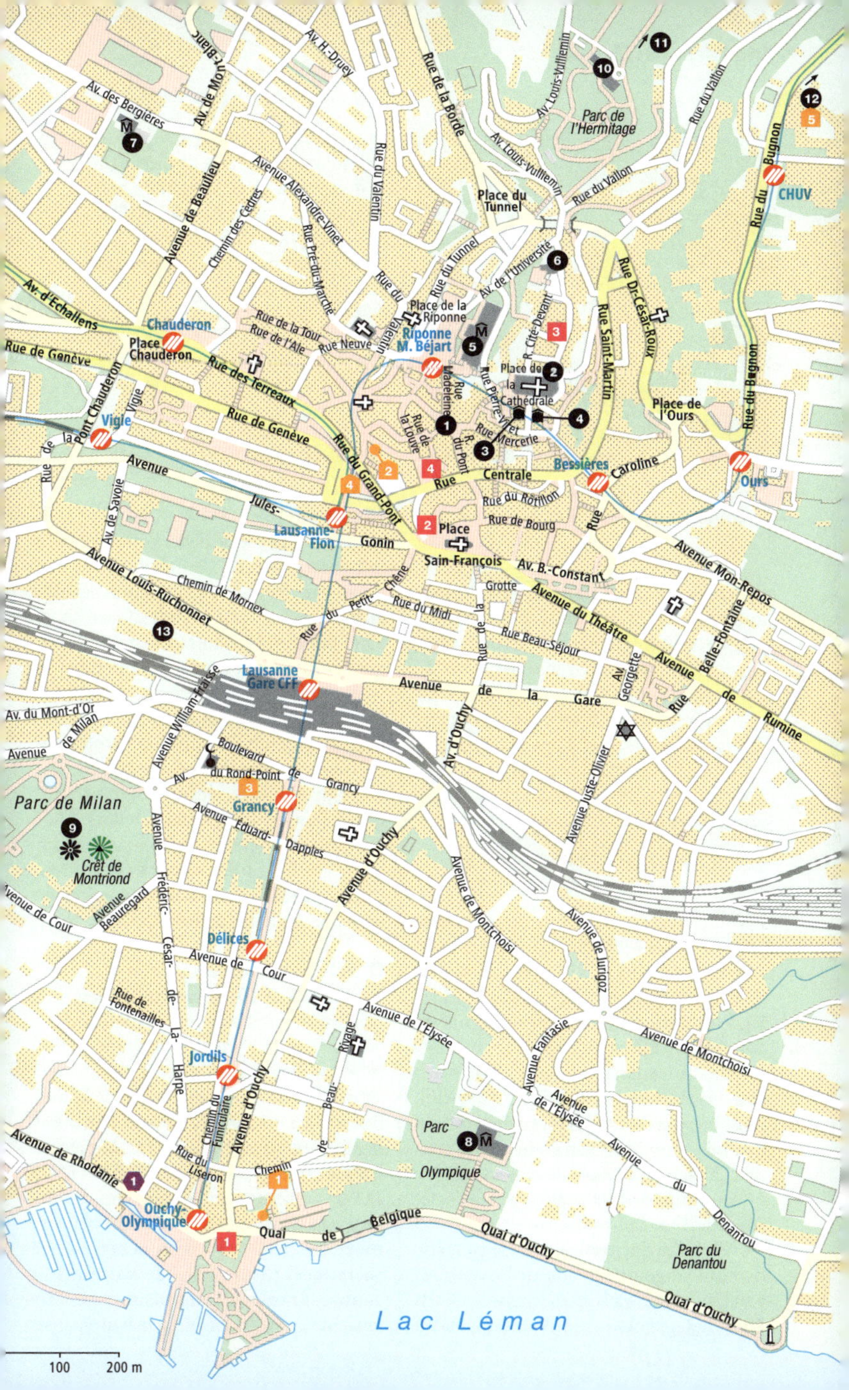
Av. de Mont-Blanc
Av. H.-Druey
Rue de la Borde
Av. Louis-Vulliemin
Parc de l'Hermitage
Rue du Vallon
Av. des Bergières
Avenue de Beaulieu
Chemin des Cèdres
Avenue Alexandre-Vinet
Rue Pré-du-Marché
Rue du Valentin
Place du Tunnel
Rue du Vallon
Rue du Bugnon
CHUV
Rue du Tunnel
Av. de l'Université
Rue Dr-César-Roux
Rue Saint-Martin
R. Cité-Devant
Place de la Riponne
Riponne M. Béjart
Av. d'Echallens
Chauderon
Place Chauderon
Rue de la Tour
Rue de l'Ale
Rue Neuve
Rue de Genève
Rue des Terreaux
Place de la Cathédrale
Place de l'Ours
Rue Madeleine
Rue de la Louve
Rue Pierre-Viret
Rue Mercerie
R. du Pont
Pont Chauderon
Vigie
Rue de la Vigie
Rue du Grand-Pont
Rue Centrale
Bessières
Caroline
Ours
Avenue Jules-Gonin
Av. de Savoie
Lausanne-Flon
Rue du Rôtillon
Rue de Bourg
Place Saint-François
Av. B.-Constant
Avenue Mon-Repos
Avenue Louis-Ruchonnet
Chemin de Mornex
Rue du Petit-Chêne
Rue du Midi
Rue de la Grotte
Avenue du Théâtre
Rue Beau-Séjour
Rue Belle-Fontaine
Lausanne Gare CFF
Avenue de la Gare
Av. Georgette
Avenue de Rumine
Av. du Mont-d'Or
Avenue de Milan
Avenue William-Fraisse
Boulevard de Grancy
Av. du Rond-Point
Av. d'Ouchy
Avenue Juste-Olivier
Parc de Milan
Grancy
Avenue Eduard-Dapples
Crêt de Montriond
Avenue Beauregard
Avenue de Cour
Avenue Frédéric-César-de-La-Harpe
Avenue d'Ouchy
Avenue de Montchoisi
Avenue de Jurigoz
Délices
Avenue de Cour
Rue de Fontenailles
Avenue de l'Elysée
Avenue Fantaisie
Avenue de Montchoisi
Chemin de Beau-Rivage
Jordils
Avenue de l'Elysée
Avenue du Denantou
Parc Olympique
Chemin du Funiculaire
Avenue de Rhodanie
Rue du Liseron
Chemin
Ouchy-Olympique
Quai de Belgique
Quai d'Ouchy
Parc du Denantou
Quai d'Ouchy
Lac Léman
100
200 m

Het nieuwe Platform 10 in Lausanne: je houdt ervan of je vindt het oerlelijk!

Fondation l'Hermitage ⑩. Dit kunstmuseum, in een prachtige villa uit 1841, vormt een inspirerende locatie voor kunst. Er worden jaarlijks twee of drie wisselende tentoonstellingen gehouden van impressionistische, moderne en hedendaagse schilderkunst. De eigen collectie omvat onder andere veel werken van Felix Valloton. Met shop, restaurant en terras.
Route du Signal 2, 1000 Lausanne, bus 16; di.-zo. 10-18, do. tot 21 uur, fondation-hermitage.ch, CHF 22, do.-avond CHF 11

Eenmaal in het Parc Hermitage aangekomen, is het niet veel moeite meer om verder omhoog te klimmen naar het Sauvabelin park met het in 1888 aangelegde meertje en uitzichtpunt **Signal de Sauvabelin** ⑪ en de 35 m hoge uitkijktoren. 151 treden brengen je naar de top van deze uitkijktoren, die van plaatselijk hout werd gebouwd. Het panorama op de stad en het Meer van Genève is prachtig (terug naar het centrum met bus 16; of eerst met de bus omhoog en te voet afdalen door het park).

Nog verder omhoog, het riviertje de Flon volgend, ligt aan de bovenrand van Lausanne, vlak bij de snelweg, sinds 2017 het grootste zoetwateraquarium van Europa, **Aquatis** ⑫. Het toont in 46 aquaria en terraria de dieren die leven in de zoetwater-ecosystemen van de vijf continenten op aarde. Met 10.000 vissen en 100 reptielen en amfibiën. Aangesloten bij het museum is het moderne hotel Aquatis, zie 'Slapen'.
Route de Berne 144, 1010 Lausanne, tel. 021 654 23 23, aquatis.ch, dagelijks 10-18 uur, entree CHF 29, vanaf 17 uur CHF 10.

Kunstenaarswijk Flon

Nieuw uitgaanshart

Vlak onder het oude historische centrum, ten westen van de Grand Pont, op een steenworp afstand van het station bevindt zich het nieuwe pulserende uitgaanshart van Lausanne: de kunstenaarswijk **Flon**, genoemd naar het riviertje dat onder de wijk doorloopt. De buurt van vroegere fabrieken en pakhuizen is geheel verbouwd en is het trendy culturele centrum van Lausanne geworden met woningen, restaurants, theaters, clubs, designershops, bioscopen en kunstenaarsateliers. Hier ontmoeten de stedelingen elkaar en kun je iets drinken op een van de dakterrassen, in de winter is er een ijsbaan en in de zomer een klein stadsstrand.

Drie musea in één

PLATFORM 10 ⑬ vormt het hart van de nieuwe kunstwijk: een hypermodern gebouw op het voormalige rangeerterrein van het station van Lausanne, dat sinds 2021 de collecties van drie voormalige musea omvat: het **Musée Cantonal des Beaux-Arts** (MCBA), het **Musée de l'Elysée** (fotografie museum) en het **MUDAC** (museum van hedendaags design en toegepaste kunst). Het MCBA beheert meer dan 10.000 werken, waarvan het merendeel uit de periode van de 18e eeuw tot het post-impressionisme. Zo zijn er veel werken te zien van Franse impressionisten en de Zwitserse schilders Hodler en Valloton.

Place de la Gare 16, 1003 Lausanne, tel. 021 318 44 00, mcba.ch, di.-zo. 10-18, zo. tot 20 uur, CHF 15, 1e za. van de maand gratis

Buiten het centrum

Vlak bij het congrescentrum Palais de Beaulieu bevindt zich in de stallen van het 18e-eeuwse Château de Beaulieu de door de schilder Jean Dubuffet ontwikkelde **Collection de l'Art brut** ❼, een verrassende collectie zogenaamde *Outsider Art*, kunstwerken van autodidactische kunstenaars, die veelal buiten de maatschappij staan, bijvoorbeeld doordat ze in gevangenissen en psychiatrische inrichtingen zitten.

Avenue des Bergières 11, 1004 Lausanne, tel. 021 315 25 70, artbrut.ch, juli-aug. dag. 11-18 uur, rest v/h jaar ma. gesl., CHF 10

Benedenstad Ouchy

De benedenstad heeft het vroegere haventje Ouchy ingenomen en heeft een kilometerslange boulevard langs het meer, die zich uitstrekt van de place de la Navigation (aanlegsteiger van de boten), langs de jachthaven, het hotel Château d'Ouchy tot aan het Olympisch museum. Over de quai de Belgique en quai d'Ouchy is het heerlijk flaneren voor een zomerse, dromerige avond aan het meer.

Olympische prestaties

Beneden aan het meer staat het interactieve **Musée Olympique** ❽ over de geschiedenis en de sportprestaties van de Olympische Spelen. Het museum wordt omgeven door een park met beelden van moderne kunstenaars met het thema sport.

Quai d'Ouchy 1, 1006 Lausanne, tel. 021 621 65 11, olympic.org/museum, mei-okt.: dag. 9-18, 15 okt. t/m april: di.-zo. 10-18 uur, CHF 20, entree park gratis

Op een locatie tussen het meer en het station ligt het Parc de Montriond met de **Jardin botanique** ❾ met rotsplanten uit de hele wereld, medicinale planten en tropische kassen.

Avenue de Cour 14-bis, 1007 Lausanne; gratis; dag. 10-17 of 18 uur

Eten

Stijlvol

1 Château d'Ouchy: dit kasteelhotel aan het meer serveert verse forellen uit het meer. *Menu du soir*: CHF 65.

Place du Port 2, tel. 021 331 32 32, chateaudouchy.ch

Brasserie

2 Café Romand: klassieke brasserie sinds 1951 in het centrum, serveert streekgerechten. Tip: het *menu du jour*, voordelig en altijd goed.

Place St-François 2, tel. 021 312 63 75, cafe-romand.ch

Eetcafé in de oude stad

3 A la Pomme de Pin: gezellige brasserie in een van de rustige steegjes achter de kathedraal. Gekookt wordt volgens de principes van *slow food*. Je kunt kiezen voor het uitgebreide *menu Pomme de Pin* (CHF 90), of gewoon voor een koffie of een drankje.

Rue Cité Derrière 11-13, 1005 Lausanne, tel. 021 323 46 56, lapommedepin.ch, ma.-vr. 8-24, za. 18-24 uur, zo. gesl., menu.

4 Bottle Brothers: leuk café op een pleintje in de binnenstad; cocktails, bier en de wijnen van de streek.

Place Pépinet 1, 1003 Lausanne, tel. 021 311 48 68, bottlebrothers.ch

ONTDEKKINGSREIS
De wijngaarden van Lavaux

Wandelen, ontdekken, proeven

Info

Kaart: C 7

Informatie:
lavaux.ch

Slapen:
Auberge de la Gare 1: rue de la Gare 1, 1901 Grandvaux, tel. 021 799 26 86, aubergegrandvaux.ch. Auberge in het wijngebied van Lavaux; romantische kamers en restaurant met panoramaterras aan het meer.
Hotel Lavaux 2: route de Vevey 51, 1096 Cully, tel. 021-799 93 93, hotellavaux.ch. Modern hotel en dito kamers en appartementen, veel met eigen balkon; verhuur van e-bikes.

Tussen Lausanne en Vevey/Montreux strekken zich over 14 km lengte de wijngaarden uit van **Lavaux**. Dit door de mensen geschapen cultuurlandschap van wijnterrassen en kleine wijndorpen is van grote schoonheid. De druiven profiteren van de reflectie van de warmte door het meer en de opgeslagen warmte in de stenen muurtjes.

UNESCO-Werelderfgoed
Het wijnbouwgebied is sinds 2007 beschermd en als waardevol cultuurlandschap opgenomen op de UNESCO-Werelderfgoedlijst. In de 12e eeuw schonk de bisschop van Lausanne de cisterciënzer monniken een aantal landbouwdomeinen. De monniken maakten het land bebouwbaar door de aanleg van muurtjes en terrassen. De wijngaarden zijn op zulke steile hellingen aangelegd dat veel van het werk met de hand gedaan moet worden. De wijngaarden, die onder andere de dorin en de chassselas leveren, zijn omgeven met lage muurtjes, tussen de dorpen. Verdedigingstorens en kleine kastelen steken boven het landschap uit. Hoogtepunt van het jaar is het feest van de wijnoogst (eind september-half oktober).

Route du Vignoble
Tussen Lausanne en Vevey zijn vanaf Lutry drie routes

Oogsten betekent hard werken op de steile hellingen van de wijngaarden van Lavaux

mogelijk: een direct langs het meer, een tussen wijngaarden en dorpjes boven het meer en de grote weg daar weer boven. De middelste weg, *route du Vignoble* (Corniche de Lavaux), is verreweg te verkiezen; 's zomers rijdt hier vanuit Cully of Lutry het toeristentreintje Lavaux Express (enkele malen per week, info: tel. 0848 848 791, lavauxexpress.ch).

Het uitzicht vanaf de **Corniche de Lavaux** over de wijngaarden op het meer en de Alpen is heel fraai, vooral in het voorjaar, als de bergtoppen nog wit besneeuwd zijn en in het najaar tijdens de wijnoogst. De route is ook heel mooi als fietsroute (enkele steile klimmetjes), maar het best kun je de wijnstreek te voet verkennen, op de onder beschreven wandelroute. Het bekendste wijndorp van dit gebied is de badplaats Cully ❶, met aardige straatjes en wijnkelders.

Wandeling Terrasses de Lavaux
Deze prachtige wandeling slingert over de beroemde wijnterrassen van Lavaux en is geheel bewegwijzerd. De route loopt van Saint-Saphorin (bij Lausanne) naar Lutry (bij Vevey), of omgekeerd, en je kunt met de trein terugkeren. Onderweg passeer je schilderachtige dorpjes Epesses ❷, Riex ❸ en Grandvaux ❹, waar wijnkelders uitnodigen tot een stop en passeer je de uitgebreide Vinorama (wijnkelder) in Rivaz (11 km, 3 uur). Voor een kaartje van de route zie: wanderland.ch (voer in het zoekveld in: wandeling 113).

Lavaux Vinorama 1
Deze moderne wijnkelder, die verscholen is aangelegd in een wijnterras in het dorp Rivas aan het meer, biedt driehonderd wijnen uit het wijngebied van Lavaux. De chasselas (Gutedel) is de belangrijkste druif van Lavaux. In het proeflokaal wordt een selectie van deze wijnen aangeboden en kun je deelnemen aan diverse proeverijen.

Lavaux Vinorama: Route du Lac 2, 1071 Rivaz, tel. 021 946 31 31, lavaux-vinorama.ch, 's zomers: dag. 10.30-20.30, zo. tot 19 uur; nov.-mei: ma., di. gesl.

Slapen

Stijlvol aan het meer

1 **Angleterre & Residence:** dit hotel uit de belle époque verenigt traditie met moderniteit en heeft alle comfort zoals een spa, zwembad en uitstekend restaurant.

Place du Port 11, 1006 Lausanne, tel. 021 613 34 40, angleterre-residence.ch, 2 pk vanaf CHF 188

Centraal

2 **Hotel des Voyageurs:** in 2015 gerenoveerd art-décohotel in de wijk Flon, in het hart van Lausanne.

Rue Grand-St-Jean 19, 1003 Lausanne, tel. 021 319 91 11, voyageurs.ch, 36 kamers en suites, 2 pk vanaf CHF 194

Modern

3 **Agora Swiss Night:** dit moderne hotel wordt geprezen om zijn ruime kamers, panorama-uitzicht uit de ontbijtzaal en faciliteiten als sauna en fitness.

Avenue du Rond-Point 9, 1006 Lausanne, tel. 021 555 59 55, agoraswissnighthotel-lausanne.com, 2 pk vanaf CHF 108

Budget

4 **IBIS MadHouse:** klein hotelletje direct in de wijk Flon; eenvoudige kamers in vrolijk urban art-design, bar en dakterras.

Place de l'Europe 6, 1003 Lausanne, tel. 021 340 69 99, mad-house.ch, 2 pk vanaf CHF 102

Naar de haaien!

5 **Aquatis:** bij het aquarium aangesloten hotel. Ruime moderne kamers met frisse kleuren volgens het thema 'water'. Op een ideale locatie aan afrit 10 van de snelweg A9, vlak bij de metrolijn naar het centrum van Lausanne.

Route de Berne 148, Lausanne – Vennes, tel 021 654 2424, 2 pk vanaf CHF 159, aquatis-hotel.ch

Shoppen

Quartier du Flon

1 Een overzicht van alle shoppingmogelijkheden, designer stores, galeries en andere adresjes vind je op de website flon.ch.

Actief

Varen

1 **Boottocht Lac Léman:** vanuit de haven (place de la Navigation) vertrekken boten naar ruim dertig plaatsen waaronder Évian en Thonon in Frankrijk (informatie en dienstregelingen: cgn.ch).

Wijngaarden van Lavaux

Aan de oostkant van Lausanne ligt het beroemde wijnbouwgebied van Lavaux. Het beste beleef je dit wijngebied op een wandeling langs de steile wijngaarden (zie *Ontdekkingsreis* blz. 160) en doe je onderweg een van de beroemde wijnkelders aan. Wijnexpert Stéphanie van Hauwaert (zie blz. 171) kan in Saint Savorin het volgende adres van harte aanbevelen: **Domaine des Faverges**. 'Biodynamische wijnen uit de streek, maar die er echt uitspringen qua kwaliteit. Vooral de witte wijnen.'

Domaine des Faverges, Route de Vevey 11, 1071 St-Saphorin, tel. 021 946 49 17 (bel eerst voor een afspraak vanwege de beperkte openingstijden), vignoblesdeletat.ch

Info

- **Toeristenbureau:** place de la Gare 9 (station, dag. 9-18 uur), en Place de la Cathédrale (beperkte openingstijden), tel. 021-613 73 73, lausanne-tourisme.ch.
- **Lausanne Transport Card:** als hotelgast ontvang je voor de duur van je verblijf deze pas, waarmee je gratis van metro en bus gebruik kunt maken.

Zwitserse Rivièra

Tussen Lausanne, Vevey en Montreux ligt een prachtige kuststrook die ook wel de Zwitserse Rivièra wordt genoemd. Beschut door de naar het oosten toe steeds hoger oprijzende Alpes vaudoises heeft dit gebied in de luwte van de bergen een bijna mediterraan klimaat. Het meer zorgt voor een temperende invloed in voor- en najaar. Naar het oosten toe zijn de beide parels van het meer, de stadjes Vevey en Montreux, samengegroeid tot één agglomeratie en bieden een kilometerslange promenade langs het meer met palmbomen en subtropische planten. De twee plaatsen hebben elk een heel eigen karakter.

Kunst in het Lac Léman bij Vevey

Vevey

C7

Op de grondvesten van het Romeinse Vibiscum verrees Vevey, een havenplaats aan de monding van het riviertje de Veveyse. Het stadje heeft een bezienswaardige oude binnenstad aan het meer en heeft zich later terrasvormig uitgebreid tegen de achterliggende Mont Pèlerin (1080 m) aan.

Sinds de 19e eeuw namen vele beroemdheden hier hun intrek, zoals Gogol, Bennett, Chaplin en Bakoenin. Zo veel Russen uit de Russische aristocratie voelden zich hier thuis dat in 1878 in de rue des Communaux een Russische kerk werd gebouwd. Tegenover deze kerk staat het Musée Jenisch met een bijzondere collectie schilderijen uit de 16e tot en met 20e eeuw. Aan de quai Perdonnet aan het meer staat een standbeeld van Charlie Chaplin, de beroemdste inwoner van Vevey, die de laatste 25 jaren van zijn leven in Corsier-sur-Vevey doorbracht en hier werd begraven.

Marché Folklorique

Hart van Vevey is de 19e-eeuwse **Grand place** aan het meer met de markthal uit 1808, het Musée Suisse de l'appareil photographique (di.-zo. 11-17.30 uur) en het neogotische Château de l'Aile. Vanaf de Grand place bereik je over de rue du Lac het schilderachtigste deel van Vevey, met smalle steegjes en vele winkels, bedrijfjes, en bistro's. Op de Grand place wordt 's zomers tussen 13 juli en 13 augustus elke zaterdag van 10-13 uur een beroemde markt gehouden: de **Marché Folklorique** met muziek en gratis wijn. Je koopt een eerste glas dat je onbeperkt kunt bijvullen met diverse lokale wijnen van de plaatselijke boeren. Tot 13 uur of tot de wijn op is. Elke zaterdag andere wijnboeren. Blaaskapellen, alphoorns en wijnboeren in klederdracht zorgen daarbij voor de juiste stemming.

Alimentarium
Vevey heeft zijn huidige welstand voor een groot deel te danken aan voedingsmiddelenindustriereus Nestlé, die hier gevestigd is. Het Alimentarium aan de quai Perdonnet in een neoklassiek gebouw uit 1921 (de voormalige zetel van Nestlé) is helemaal aan het onderwerp voeding gewijd, met thema's levensmiddelen, lichaam en samenleving. Met pedagogische groente- en kruidentuin. Er zijn kookworkshops en proeverijen en in het bijbehorende restaurant maak je een reis langs de smaak; de moeite waard.

Quai Perdonnet 25, 1800 Vevey, tel. 021 924 41 11, alimentarium.org, di.-zo. 10-18, 's winters tot 17 uur, CHF 13

Chaplins World
Boven Vevey langs de snelweg wordt sinds 2016 op het voormalige buitenverblijf van de familie Chaplin, Manoir de Ban, het leven en werk van Charlie Chaplin tentoongesteld. In het landhuis en het prachtige park met eeuwenoude bomen krijgen bezoekers inzicht in het leven van de kunstenaar Chaplin en in de nieuw gebouwde filmstudio staan zijn films centraal (en de legendarische filmsets).

Route de Fenil 2, 1804 Corsier-sur-Vevey, tel. 021 903 01 30, chaplinsworld.com, dag. 10-18 uur, CHF 29

Musee Jenisch
In een neoklassiek gebouw toont de Musée Jenisch haar prentenkabinet (met werken van Dürer, Rembrandt, Corot en Kokoschka) en de kantonale tekeningenverzameling en worden er tijdelijke kunstexposities gehouden, van oude, moderne en hedendaagse tekenkunst.

Avenue de la Gare 2, 1800 Vevey, tel. 021 921 29 50, museejenisch.ch, di.-zo. 11-18 uur, CHF 12

Leuk voor kinderen
Tegen Vevey aan, lopend bereikbaar via de promenade langs het meer, ligt La Tour-de-Peilz, een oud stadje dat wordt beheerst door het 13e-eeuwse chateau. In het kasteel is het **spellenmuseum Musée Suisse du Jeu** gevestigd. Ontdek (en speel er) spellen van over de hele wereld.

Au Château, 1814 La Tour-de-Peilz, tel. 021 977 23 00, museedujeu.ch, di.-zo. 11-17.30 uur, CHF 12, tot 16 jaar CHF 3

Montreux

D7

Vanaf de 18e eeuw zijn mensen van heinde en verre naar Montreux gekomen voor de schone lucht en het aangename klimaat. Bekende namen als Rousseau, Voltaire, Shelley en Byron duiken steeds weer op, terwijl het Russische hof zelfs een eigen perron had op het station waarlangs Tsjaikowski, Stravinsky en Tolstoj binnenkwamen. Tegenwoordig is Montreux een befaamd internationaal congrescentrum en festivalstad.

In juli leeft de hele stad op het ritme van het **Montreux Jazz Festival**: gedurende 16 dagen stromen 250.000 bezoekers naar de concerten.

Stadswandeling
Het hele jaar door is het de moeite waard om een wandeling te maken over de promenades langs het meer, vol bloemen, palmen, cipressen, marktkraampjes, jazzpodia en hotels uit de belle époque. Begin je wandeling aan de noordkant van het centrum bij het bekende vijfsterrenhotel Fairmont Le Montreux Palace, waarvan je de tuin kunt bezoeken, waar standbeelden staan van beroemde bezoekers en gasten. Langs de pier waar de historische raderstoomboten over het meer vertrekken kom je op de **Place du Marché**. De overdekte markthal aan het water is geïnspireerd op de hallen van Parijs. Het staal voor deze hal is afkomstig van dezelfde smederij die het staal

leverde voor de Eiffeltoren. Iets hoger op de heuvel ligt de historische oude binnenstad met zijn fraaie huizen en hotels.

Queen, The Studio Experience

Aan het water trekt het standbeeld van Freddy Mercury tegenwoordig drommen bezoekers, die er allemaal een *selfie* willen nemen. Mercury, de zanger van de legendarische rockband Queen woonde in Montreux, waar de band zijn beroemde Mountain Studios bezat. Een beetje verborgen in het Casino van Montreux is de kleine studio te bezoeken, mag je de mengpanelen zelf bedienen en is een expositie over Queen, met originele instrumenten, songteksten en geluidsbanden.

Rue du Théâtre 9, 1820 Montreux, tel. 021 962 83 83, mercuryphoenixtrust.org, dag. 9-21 uur, gratis toegang

Eten

Terras boven het water

l'Oasis: restaurant op de ponton boven het water (vroeger een aanlegsteiger), met uitzicht op de ondergaande zon, begeleid door eenden en zwanen; romantischer kan haast niet. Het restaurant heeft uiteraard een uitgebreide viskaart.

Rue du quai 6, 1844 Villeneuve, tel. 021 965 60 20, restaurantoasis.ch

Authentiek Thais

Eléphant-Blanc: een van de betere Thaise restaurants in de regio; aan te bevelen is het voordelige lunchbuffet.

Quai Grand'Rive 12, 1844 Villeneuve, tel. 021 960 12 68, elephantblanc.ch, di.-zo. 11-15, 18-23 uur, lunchbuffet CHF 25

Slapen

Rust en gastronomie

Hostellerie Bon Rivage: historisch driesterrenhotel aan de rand van Vevey met tuin aan het meer en kamers en suites, waarvan sommige met eigen balkon; restaurant van hoog niveau.

Route de St-Maurice 18, 1814 La Tour-de-Peilz, tel. 021 977 07 07, bon-rivage.ch, 2 pk vanaf CHF 110

Château de Chillon: zonder meer het meest tot de verbeelding sprekende kasteel langs het Meer van Genève

Sereen

Au fil de l'eau: klein landhuis aan het meer tussen Vevey en Montreux, omgeven door natuur en water. Zeven kamers en suites, allemaal anders ingericht.

Rue du Lac 75, 1820 Montreux-Clarens, tel. 021 964 44 11, aufildeleau-clarens.ch, 2 pk vanaf CHF 140

Stijlvol bergchalet

Le CouCou: een traditioneel Zwitsers chalet op 1150 m boven het Lac Léman, in Caux, halverwege de tandradbaan naar de Rochers-de-Naye. Onder wandelaars populair om het restaurant met terras met uitzicht op het meer en de Alpen. Alle zeven hotelkamers zijn prachtig en met veel houten meubels ingericht.

Tel. 021 961 25 91, coucoumontreux.com, 2 pk vanaf CHF 100

Camping

Les Grangettes: grote, maar rustige camping aan de rand van het natuurreservaat Les Grangettes, tussen bos en het meer gelegen; behalve standplaatsen ook tweepersoonscampinghutjes en tipi's.

Route des Grangettes, Noville (Villeneuve), tel. 021 960 15 03, les-grangettes.ch, pods CHF 95 per nacht; hele jaar geopend

Uitgaan

Jazz

Het hele jaar kunnen jazzliefhebbers terecht in het **Montreux Jazz Café**, avenue Claude Nobs 2, 1820 Montreux, tel. 021 962 13 00, dag. 11.30-22.30 en in de **Funky Claude's Bar** van 17-01 uur.

Actief

Boottocht Lac Léman

Maak een bootexcursie op het Meer van Genève, of zoals de locals zeggen het Lac Léman. Er gaan verschillende lijndiensten en toeristenboten, sommige zijn prachtig onderhouden raderstoomboten, die stammen uit de belle époque.

Compagnie Générale de Navigation, Av. de Rhodanie 17, 1007 Lausanne, tel. 0900 929 929, cgn.ch

Info en evenementen

- **Montreux i-point:** Grand-Rue 45, 1820 Montreux
- **Vevey-Grenette i-point:** Grande-Place 29, 1800 Vevey
- **Montreux Jazz Festival:** beroemd jaarlijks jazzfestival dat de eerste twee weken van juli gehouden wordt in het moderne congrescentrum aan het meer. Montreux Music & Convention Centre, avenue Claude Nobs 5, tel. 021 966 44 44, montreuxjazz.com.
- **MAG Montreux Art Gallery:** in november wordt elk jaar een grote kunstbeurs gehouden van moderne en hedendaagse kunst (mag-swiss.com).

Omgeving van Montreux

Wandeling: Montreux Rivièra

Montreux – Chillon – Villeneuve: 6 km, 1,5 uur, terug met de trein. Informatie en kaart: wanderland.ch (tocht 146).

MONTREUX RIVIERA CARD M

Tijdens het hele verblijf in je hotel, of op de camping reis je gratis met het openbaar vervoer in de regio Montreux Rivièra tot een straal van 20 km. Ook voor de tandradbaan tot aan Caux, daarna verder naar Rochers-de-Naye voor de helft van de prijs. Ook 20-50% korting op bootexcursies en veel musea.

Deze wandeling over een romantisch pad langs het Meer van Genève mag op je vakantie zeker niet ontbreken. Op dit vlakke pad langs het meer is de oever vaak nog geen 10 m van het pad vandaan. Uit het mondaine Montreux voert de wandelroute langs het wereldberoemde Château de Chillon naar Villeneuve. Het tussen het meer en de oprijzende bergen gelegen Montreux heeft een mild klimaat en een subtropische vegetatie langs de oever. De wandeling eindigt in Villeneuve, dat zijn oorspronkelijke karakter heeft weten te bewaren. Het dorp is bekend om zijn heerlijke wijnen en goede restaurants. Maak deze wandeling bij voorkeur 's avonds, om de zon in het meer onder te zien gaan.

Château de Chillon

Op een rotspunt in het meer, net buiten Montreux, ligt het robuuste Château de Chillon langs een aloude route van Frankrijk naar Italië. In de 9e eeuw was het kasteel bezit van de bisschoppen van Sion en fungeerde als controlepost voor verkeer te land en te water naar Wallis en het erachter gelegen Italië. In 1150 kwam de vesting in handen van Savoye en kreeg ze de huidige vorm. Eeuwenlang hielden de heren van Savoye de burcht in bezit, tot ze in 1536 verslagen werden door de Berners. Deze vonden in de gotische kerkers de gevangene François de Bonivard, die naar verluidt zes jaren aan een zuil geketend was geweest.

Het verhaal van deze Geneefse gevangene die zich fel verzet had tegen de landhonger van Savoye en daarvoor in de kerkers van Chillon moest boeten, inspireerde de Britse dichter Lord Byron in 1816 tot het gedicht *The prisoner of Chillon*.

De eerste toeristen, geroerd door Rousseaus *Julie ou la Nouvelle Héloïse* (1761) dat rond Vevey speelt, togen eind 18e eeuw naar het Meer van Genève. Byrons gedicht was de definitieve aanzet tot een gestage stroom toeristen die jaar in jaar uit Chillon bezichtigt en griezelt bij de ketens van Bonivard.

Avenue de Chillon 21, 1820 Veytaux-Chillon, tel. 021 966 89 10, chillon.ch, dag. 9-18, okt.-mrt. 10-16 uur, CHF 12,50

Rochers-de-Naye C2

Direct voorbij Montreux begint het bergland van de Alpes vaudoises. Het bekendste uitstapje in het achterland is de Rochers-de-Naye (2042 m), de spectaculaire 'huisberg', die hoog uittorent boven Montreux, zie blz. 168.

Informatie tandradbaan: tel. 021 989 81 90, goldenpass.ch, retour CHF 68.

Slapen

Slapen in een yurt

Bergstation Rochers-de-Naye: het hele jaar kun je op vrijdag en zaterdag overnachten in een originele Mongoolse yurt, 's zomers dagelijks. CHF 120, incl. trein en halfpension.

Informatie: tel. 021 989 81 90

Rhônedelta

Aan de oostkant van het Lac Léman mondt de Rhône uit in het meer en is door rivierafzettingen een brede delta gevormd. Het natuurreservaat Les Grangettes (bij Noville en Villeneuve) is een rustplaats van internationaal belang voor trekvogels en een belangrijk leefgebied voor water- en waadvogels. Tot nu toe zijn er ruim 250 soorten

Lievelingsplek

Rochers-de-Naye (2042 m)

Fantastische uitzichtberg, die hoog uittorent boven Montreux. Vanaf het meer kunnen sportievelingen de 2000 hoogtemeters te voet overwinnen. Minder fanatieke wandelaars nemen het treintje tot halverwege en stappen uit bij het historische hotel Caux Palace, tegenwoordig een congrescentrum (station Haut de Caux, 1150 m). Daar start bij restaurant Le Coucou een wandelroute naar de top van de Rochers-de-Naye (1e deel van de *Via Alpina*). Nog makkelijker bereik je dit fantastische uitkijkpunt in een uur met de tandradbaan vanuit Montreux. Van het bergstation klim je omhoog naar een uitkijkpunt voor een spectaculair zicht op het Meer van Genève en de Dents du Midi aan de overkant. Te zien zijn er verder een alpenkruidentuin met 1000 soorten planten en het *marmottenparadijs*, een reservaat voor alpenmarmotten. In het parkje leven elf soorten Europese, Aziatische en Amerikaanse marmotten, die kunnen worden geobserveerd vanaf een uitkijkpost. Maar ook daarbuiten leven marmotten op de hellingen rond de top. Bij het bergstation is een restaurant en wie wil kan er overnachten in een van de vijf originele Mongoolse Yurts.

geteld. Met geluk zie je een zilverreiger, ijsvogel, of een van de bevers die hier leven. Je kunt deelnemen aan een watersafari met een elektroboot of een wandeling of fietstocht maken rond het natuurgebied (6 of 13 km).

Informatie: pronatura-grangettes.ch

Alpes vaudoises

De Alpen van het kanton Vaud, de Alpes vaudoises (Waadtländer Alpen) genaamd, liggen ten oosten van het Meer van Genève. Het gebied is niet zo groot en behoort geologisch gezien tot de Voor-Alpen, die voornamelijk uit kalkgesteenten bestaan. De grens met Wallis wordt gemarkeerd door 3000 m hoge toppen, die gletsjers dragen, met onder andere de Diablerets en de Grand Muveran.

De hellingen langs het brede Rhônedal zijn steil en grotendeels dicht bebost. Aan de voet van de hellingen liggen wijngaarden en een hele reeks wijndorpen. Het is de streek van de (Zwitserse) chablais, met plaatsen als Yvorne, Aigle, Ollon en Bex.

Aigle

D8

Op de plaats in het Rhônedal waar de rivier de Grande Eau door de Ormontskloof uit het gebergte komt, ligt Aigle. Deze rivier heeft hier veel kalkpuin en zand afgezet, waarop de wijnstokken goed gedijen. Hoe de wijnen van Aigle (en andere Zwitserse wijnen) worden verwerkt, opgeslagen en hoe ze smaken, kom je uitgebreid te weten in de zeventien zalen van **Le musée de la vigne et du vin** (wijnbouwmuseum). Het is gehuisvest in een prachtig historisch pand, het 12e-eeuws Château d'Aigle tussen de wijngaarden. Met museum-wijnwinkel en restaurant La pinte du Paradis tegenover het museum.

Place du Château 1, 1860 Aigle, tel. 024-466 21 30, museeduvin.ch, dag. 10-18, 's winters di.-zo. tot 17 uur

Thermen Lavey-les-Bains

Ongeveer 10 km ten zuiden van Aigle, dicht bij de bergkam die de kantons Vaud en Wallis scheidt en die gemarkeerd wordt door de Dent de Morcles (2969 m), liggen de plaatsjes Bex en Lavey-Morcles, beide wijn- en fruitdorpen en badplaatsjes met zwavelhoudende bronnen. Het water voor de baden van Lavey komt uit de warmste thermale bron van Zwitserland 62°C tot 70°C, en verwarmt twee buitenzwembaden en een binnenbad van 32-36°C; met groot saunacomplex, waterval, jacuzzi en luxueus spahotel.

Route des Bains 48, 1892 Lavey-les-Bains, tel. 024 486 15 15, bains-lavey.ch, 3 uur vanaf CHF 24

Zoutmijn van Bex

In de zoutmijn van Le Bévieux, aan de oostkant van Bex, wordt nog altijd zout gewonnen, zo'n 30.000 ton per jaar. Het 50 km lange labyrint van gangen en zalen in de mijn gaat tot 400 m diepte en is al tot voorbij Villars voortgeschreden. Een elektrisch treintje gaat enkele keren per dag naar het hart van de mijn voor een rondleiding en een wandeling naar het 400 m diep in de berg gelegen restaurant. Vooral op een warme dag is het een aanbevelenswaardige en verkoelende tocht. Voor avontuurlijk ingestelde bezoekers worden er ook trekkings van 3½ uur door de mijn georganiseerd.

Route des Mines de Sel, 1880 Bex, tel. 024 463 03 30, mines.ch, afhankelijk van de maand van het jaar 1 tot 10 bezoeken per dag, CHF 22

Les Diablerets

D8

Vanaf Aigle kun je landinwaarts naar de voet van het bergmassief Les Diablerets; over de weg of met de smalspoortrein. Voorbij het gelijknamige dorp Les Diablerets (1162 m) ligt aan de voet van het massief de Creux de Champ, een indrukwekkend amfitheater vol watervallen, die het smeltwater van de gletsjers afvoeren. Les Diablerets is vooral bekend als wintersportplaats, maar ook in de zomer is er veel te beleven. Elk jaar in augustus vindt er het Festival International du Film Alpin des Diablerets (FIFAD) plaats.

Actief

Glacier 3000

Vanaf de Col du Pillon gaat een kabelbaan in twee etappes naar de toppen van Les Diablerets, de Scex Rouge (2970 m), tegenwoordig *Glacier 3000* genoemd. Vanuit het panoramarestaurant bij het bergstation heb je zicht op 24 vierduizenders, van Jungfrau tot Mont Blanc, en is van alles te ondernemen. Op de gletsjer is een veilige wandelroute aangelegd naar de Quille du Diable, worden hondensledetochten georganiseerd en kun je het hele jaar door skiën en langlaufen. Nieuw is de spectaculaire *high peak walk*, een hangbrug tussen de twee toppen van het bergstation.

Route du Pillon 253, 1865 Les Diablerets, tel. 024 492 09 23, glacier3000.ch, retour Col du Pillon – Scex Rouge CHF 80

Info

- **Office du Tourisme des Diablerets:** Chemin du Collège 2, 1865 Les Diablerets, tel. 024 492 00 10, alpesvaudoises.ch

Kabelbaan Glacier 3000, op de voorgrond de spectaculaire high peak walk

Toegift
Stéphanie Van Hauwaert

De wijnen van Vaud

Stéphanie Van Hauwaert in haar geliefde wijngaarden van Vaud

Gepassioneerd door wijn, volgde de Belgische Stephanie Van Hauwaert verschillende wijnopleidingen, behaalde een tweede plaats als beste sommelier in Luxemburg en doceerde 'biologische wijnen' aan de Migros Club School in Zwitserland. In 2011 verhuisde zij naar Zwitserland, waar zij nu woont in het stadje Gland in kanton Vaud, aan de oevers van het Meer van Genève.

Zij heeft haar eigen wijnimportbedrijf en zogenaamde *Vinothentic*, een wijnbibliotheek met meer dan 350 wijnen die rechtstreeks van de wijnmaker worden geïmporteerd. Stéphanie is gespecialiseerd in biologische en biodynamische en natuurlijk vooral in 'andere' Zwitserse wijnen!

'Iedereen kent de chasselas, de belangrijkste witte druivensoort die in Zwitserland wordt verbouwd, maar ook de Zwitserse pinot noirs zijn bekend, evenals de autochtone druivensoorten zoals gamaret, die vooral rond het Meer van Genève zijn aangeplant.'

De Zwitsers drinken hun eigen wijnen vooral zelf op!

Slechts 2% Zwitserse wijn wordt uitgevoerd. Om goede Zwitserse wijnen te vinden, moet je dus naar het land zelf gaan, vooral naar het kanton Vaud, dat een kwart van de wijnen produceert.

Stéphanie bezoekt elk jaar veel wijnbouwers die hebben gekozen voor biologische of biodynamische landbouw. In de wijngaard geen kunstmest en in de vinificatie zo weinig mogelijk inputs. 'Het is een aanpak waar ik 100% achter sta', zegt ze. Ken je de beroemde terrassen van de wijngaarden van Lavaux? Ze staan op de Werelderfgoedlijst van UNESCO. Steephanie kan in dat gebied met name de wijnen van het Domaine des Faverges in Saint-Saphorin, dat biologische wijnen produceert, aanbevelen.

Wanneer Stephanie wordt gevraagd of ze Zwitserland zou kunnen verlaten, moet ze niet lang nadenken: 'Nee, de levenskwaliteit hier is een van de beste ter wereld en het Meer van Genève blijft me betoveren!'

Vinothentic: Rue Riant-Coteau 9, 1196 Gland, tel. 078 732 90 29, vinothentic.ch. ■

Wallis (Valais)

Van de Rhônegletsjer tot het Meer van Genève — Het dal van de Rhône wordt aan weerszijden begrensd door de machtige Berner- en Walliser Alpen met Matterhorn, Monte Rosa en de Aletschgletsjer. Groot is het contrast met het warme dal, waarin oude steden liggen als Martigny, Sion en Brig.

Erin duiken

blz. 192

Matterhorn

Het Mattertal is een van de drukst bezochte dalen van Zwitserland. Verwonderlijk is dat niet met Zermatt en de opvallende Matterhorn (4478 m) aan het eind. Voor het mooiste uitzicht op dit symbool van Zwitserland neem je het beroemde tandradtreintje naar Gornergrat op 3135 m hoogte.

blz. 181

Chemin du vignoble

Te voet, met de fiets of per auto over de wijnroute op de zonnige zuidhellingen van het Rhônedal.

De vorm van Toblerone-chocolade is gebaseerd op de Matterhorn

blz. 199

Aletsch Arena

Het hele gebied rondom de Grote Aletschgletsjer, die vanuit de firnbekkens van de Jungfrau (4185 m) omlaag stroomt, staat op de UNESCO-Werelderfgoedlijst om zijn imposante sneeuw- en ijslandschappen evenals het Aletschwald, een schitterend bos aan de rand van de gletsjer.

blz. 176

Fondation Pierre Gianadda

Museum in Martigny met tentoonstellingen van 20e-eeuwse kunst en vondsten uit de Romeinse tijd.

blz. 183

Langs Suonen (bisses)

Overal in het dal van de Rhône wordt water uit de bergen via irrigatiekanaaltjes (bisses of Suonen) langs de hellingen geleid. Erlangs liggen prachtige wandelroutes.

blz. 184

Grande Dixence

Het Val d'Hérémence wordt afgesloten door de gigantische stuwdam van Dixence, met 285 m de hoogste stuwdam ter wereld.

blz. 190

Tschäggättä, Lötschental

Traditioneel carnavalsfeest in het Lötschental, waarbij figuren in schapenvellen en met maskers vermomd, door de dorpen trekken.

&

blz. 178

Grote Sint-Bernhardpas

Honden en een klooster: een van de belangrijkste Alpenpassen tussen het midden en zuiden van Europa. Beroemd om zijn legendarische klooster en zijn Sint-Bernardshonden, die vroeger werden ingezet bij reddingen.

Wallis is de oorsprong van de raclette, de kaas die wordt gesmolten bij het vuur.

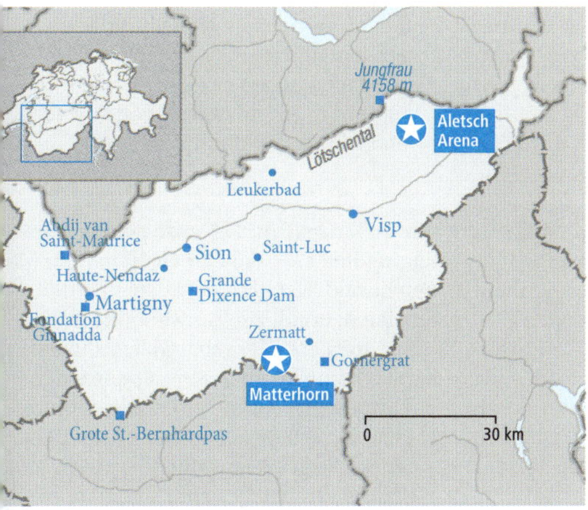

Sion en lumieres: elke do.-, vr.- en za.-avond wordt 's zomers een gratis muziek- en lichtshow opgevoerd op de helling van de kasteelheuvel Château de Valère (zie blz. 182).

beleven

Tussen gletsjers en Rhônedal

W

Wallis (Valais) is het tweetalige kanton in het hart van de Alpen, rond het brede dal van de Rhône, die ontspringt uit de hooggelegen Rhônegletsjer bij de Furkapas, en uitmondt in het Meer van Genève. Op de dalbodem liggen de historische steden Martigny, Sion, Sierre en Brig: stuk voor stuk een bezoek waard. In het dal heerst een warm en droog klimaat, met wijnbouw en teelt van perziken en abrikozen. De zonnige hellingen zijn hier en daar zo droog en heet dat er alleen een steppevegetatie groeit. In het brede dal van de Rhône heeft zich industrie gevestigd en is een autosnelweg aangelegd, waardoor hier en daar het landschap aan schoonheid heeft ingeboet.

Links en rechts voeren indrukwekkende zijdalen diep het gebergte in, bijna allemaal eindigend in sneeuwvelden, gletsjers en toppen van meer dan 4000 m hoogte: aan de noordflank de Berner Alpen met Jungfrau en Finsteraarhorn, in het zuiden de Walliser Alpen met de Monte Rosa, Matterhorn, Weisshorn, en vele andere vierduizenders. Grote gletsjers stromen traag naar beneden, onderaan uitlopend op bruisende bergbeken die van de Rhône een steeds grotere rivier maken. Door de geïsoleerde ligging heeft elk dal een eigen karakter ontwikkeld. Het Lötschental, pas na 1950 ontsloten, houdt zijn eeuwenoude tradities in ere. De Walliser bergdalen zijn bekend om hun arvenbossen, alpenweiden en dorpen met bruin verweerde houten chalets. Een groot net van wandelpaden – bijna altijd goed aansluitend op trein of postauto – brengt de wandelaar in mooie dorpen als Ernen en Grimentz, over bergweiden en tot vlak bij de gletsjers.

Wallis bestaat uit een Frans- en een Duitssprekend gedeelte. De taalgrens ligt bij Leuk (ten oosten van Sierre): ten westen daarvan spreekt men Frans.

TER ORIËNTATIE **O**

Toeristische info: Wallis Tourismus/ Valais Tourisme, rue Pré-Fleuri 6, 1951 Sion, tel. 027 327 35 90, valais.ch, ma.-vr. 8-12, 13.30-17.30 uur.
Reis en vervoer: Wallis is per auto of trein vanuit het westen bereikbaar vanaf het Meer van Genève en vanuit het noorden via de Furkapas of -tunnel. Verder kan vanuit het Berner Oberland de auto op de trein door de Lötschbergtunnel.
Vliegen: er zijn in Wallis geen internationale vliegvelden.

Saint-Maurice D8

Abdij van Saint-Maurice

De brede Rhônedelta versmalt zich bij St-Maurice tot een nauwe doorgang tussen hoge rotswanden, een strategisch punt. Hier weigerde een Romeins legioen, onder leiding van de tot het christendom bekeerde Mauritius, in 287 orders uit Rome om medechristenen aan te vallen; het hele legioen stierf een martelaarsdood. Op die plaats werd in de 4e eeuw een kerkje en later een klooster gesticht, dat al snel uitgroeide tot een belangrijk bedevaartsoord. Er wonen nog steeds Augustijner monniken in deze abdij, die al 1500 jaar actief is, en daarmee het oudste nog actieve klooster van de westelijke christelijke wereld. Het verhaal van Mauritius (Saint Maurice) is afgebeeld in de glasramen van de huidige basiliek. Koningen en pelgrims brachten eeuwenlang geschenken. Zo ontstond een indrukwekkende kerkschat, een van de kostbaarste van de christelijke wereld. Op een rondgang door de abdij zie je ook de *Trésor de l'Abbaye*, de schatkamer met kostbare religieuze voorwerpen, zoals een Merovingische koffer, of een waterkan van Karel de Grote. Bijzonder zijn de reliekschrijnen van heiligen, die tijdens het Fête de la Saint-Maurice op 22 september worden meegedragen in een processie.

Avenue d'Agaune 19, 1890 Saint-Maurice, tel. 024 485 15 34, abbaye-stmaurice.ch, CHF 15 (incl. audioguide), apr.-okt. di.-vr. 10-17.30, za., zo. 13.30-17.30, nov.-dec. di.-zo. 13.30-17.30 uur

Grotte-aux-Fées

In de helling boven het kasteel bevindt zich de Grotte-aux-Fées, een bochtige gang in het gebergte van 900 m lang, eindigend bij een meer met ondergrondse waterval. Het was een eeuw geleden de eerste grot in Zwitserland, die voor toeristen werd ontsloten (bij de ingang is een terras en restaurant).

grotteauxfees.ch, dag. 15 mrt.-15 nov., 10-17, juli-aug. tot 18 uur

Info

- **Toeristenbureau:** avenue des Terreaux 1, 1890 Saint-Maurice, tel. 024-485 40 40, saint-maurice.ch.

Slapen

Luxe expeditietent

Whitepod Eco-Luxury Hotel: in de bergen hoog boven St-Maurice staan midden in de natuur vijftien luxueuze expeditie tenten van 40 m², met alle comfort van een hotelkamer. Het ecologische resort heeft ook een uitstekend restaurant, een bar en een Finse sauna.

Les Cerniers, 1871 Les Giettes, tel. 024 471 38 38, whitepod.com, 2 pers. pod vanaf CHF 400

Martigny D9

Martigny werd gesticht door de Romeinen en is strategisch gelegen op het kruispunt van wegen naar Frankrijk, Italië en Centraal-Wallis. De stad maakte lang deel uit van Savoye als hoofdstad van Bas-Valais (West-Wallis). Dit Franssprekende deel van Wallis is altijd katholiek gebleven en is ook nu nog cultureel sterk op Frankrijk gericht.

Martigny heeft een mooi centrum aan de voet van de burcht La Bâtiaz. Hier staan twee mooie kerken en ligt de Place Central, een plein vol platanen en terrassen, waar een nonchalante Franse sfeer hangt. Leuk is de gezellige markt in de avenue de la Gare op donderdagmorgen.

Art City
Martigny maakt graag reclame als *Art City*. Op alle zeventien rotondes in de gemeente staat dan ook een sculptuur en Martigny's hoofdattractie is het kunstmuseum **Fondation Pierre Gianadda** dat in 1978 werd geopend op de plaats waar de resten van het oude Romeinse Forum (plein) zijn blootgelegd. Boven is het Gallo-Romeinse museum met vondsten uit de Romeinse tijd. Beneden zijn wisselende tentoonstellingen van belangrijke 20e-eeuwse kunst. Voorbij de bar vind je Zwitserse classic cars. Het museum wordt omringd door een gratis toegankelijk park met beelden van kunstenaars als Rodin, Moore, Botero, Dubuffet, Niki de Saint Phalle, Miró, Hepworth en Calder.

Rue du Forum 59, 1920 Martigny, tel. 027 722 39 78, gianadda.ch, dag. 9-19, nov.-juni 10-18 uur, CHF 18

Sint-Bernardhonden
In 2006 kreeg Martigny een tweede museum: **Barryland - Musée et Chiens du Saint-Bernard**. Het museum in het vroegere arsenaal is gewijd aan de Grote Sint-Bernardpas en de bekende Sint-Bernardhonden, waarvan er een aantal in de kennel van het museum rondloopt. Elk jaar worden er ongeveer twintig hondjes geboren; als er puppies zijn, kun je die via de museumwebcam observeren. Zelf een Sint-Bernhardhond uitlaten? Dat kan op een van de dagelijkse hikes, of op een langere hike vanaf de Grote Sint-Bernhardpas.

Rue du Levant 34, 1920 Martigny, tel. 027 720 49 20, fondation-barry.ch, dag. 10-18 uur, CHF 12, tot 12 jaar CHF 7 (30% korting in combinatie met de Fondation Gianadda)

Slapen en eten

Verborgen paradijsje
Maison d'hôtes Le Jardin de Kabîr: b&b in oosterse sfeer in de wijk Martigny-Bourg. Kies uit een van de drie ruime en individueel ingerichte kamers: *la Chambre baldaquin*, *la Chambre coloniale*, of *la Chambre sous le toit*. De kamers komen uit op een betegelde patio met een klein zwembad.

Rue du Bourg 19, 1920 Martigny, tel. 027 722 03 08, jardindekabir.ch, 2 pk incl. ontbijt CHF 180

Heerlijk eethuis
Les Trois Couronnes: eethuisje in een historisch pand aan de Place du Bourg in de oude wijk ten zuiden van het centrum. Het wisselende dagmenu heeft een uitstekende prijs-kwaliteitsverhouding en het terras is een van de mooiste van de stad.

Place du Bourg 8, 1920 Martigny, tel. 027 723 21 14, les3couronnes.ch, zo. en ma. gesl.

Wijnkelder
La Régence Balavaud: dit wijngoed bij Ardon, 20 km buiten Martigny, heeft een moderne wijnbar annex shop en sfeervol restaurant.

Route Cantonale 267, 1963 Vétroz, tel. 027 346 69 40, regence.ch, 2 pk CHF 250

Info en evenementen

- **Toeristenbureau:** avenue de la Gare 6, 1920 Martigny, tel. 027 720 49 49, martigny.com.
- **Combat des reines:** de beroemde wedstrijden tussen de zwarte Eringerkoeien uit het Val d'Herens en Val de Bagnes vinden elk jaar in september plaats in Martigny's Romeinse amfitheater.

Val Ferret
D9/10

Vanuit Martigny takken drukke paswegen af naar het zuiden en westen: de Col de la Forclaz naar Camonix in Frankrijk en

De Cabane Mont Fort, berghut van de Zwitserse Alpenclub, hoog boven Verbier

de Col du Grand Saint-Bernhard naar het Italiaanse Aosta. Een beetje verscholen tussen de bergmassieven van de Mont Blanc en de Grand Combin ligt het **Val Ferret**, een van de stillere Walliser bergdalen. Een aanrader voor rustzoekers, zonder kabelbanen, grote attracties en toeristenplaatsen. De weg langs de bergbeek Dranse de Ferret eindigt in het sympatieke chaletdorpje **La Fouly**, uitgangspunt voor bergwandelingen naar de Col Ferret of de Lacs de Fenêtre. Overnachten kun je er in enkele hotels en vakantiechalets, of op de mooie natuurcamping.

Slapen en eten

Voor rustzoekers

Camping des Glaciers: met chalets of mooie ruime plaatsen midden in de natuur.
Rte de Tsamodet 36, 1944 La Fouly, tel. 027 783 18 26, camping-glaciers.ch

Suisse pur

Alpage de la Peule: bergboerderij en berghut op 2071 m hoogte in het Val Ferret. Kreeg in 2005 voor het overnachtingsaanbod in een yurt en zijn bereiding van Walliser raclettekaas de onderscheiding 'Suisse Pure'.
Tel. 027 783 10 41

Verbier

E9

Op een zonnig balkon op 1500 m hoogte boven het Val de Bagnes, met uitzicht op omliggende bergen en in de verte de Mont Blanc en Grand Combin. De kosmopolitische wintersportplaats heeft 320 km skipiste en 95 skiliften. De skipistes storen 's zomers een beetje, maar vanwege de goede accommodatie, uitstekende mountainbike- en wandelmogelijkheden werd Verbier ook een populaire zomerbestemming. In combinatie met de stoeltjesliften en kabelbanen kun je vrijwel overal in de omgeving komen, zoals op Les Attelas (2727 m), de Mont Gelé (3032 m) of de Mont Fort (3329 m). Met het jaarlijkse festival voor klassieke muziek verwierf Verbier ook op cultureel gebied een naam.

ONTDEKKINGSREIS
De Grote Sint-Bernhardpas

Honden en een klooster

Info

Kaart: D/E 10

Informatie:

Slapen: naar keuze in een klooster of luxehotel?

L'Hospice du Grand Saint-Bernard 1: voor pelgrims, wandelaars en reizigers, tel. 027 787 12 36, gsbernard.com, 2 pk incl. ontbijt CHF 114;

Auberge de l'Hospice 2: hotel tegenover het Hospice, geopend 1 juni-15 okt., tel. 027 787 11 53, aubergehospice.ch, 2 pk incl. ontbijt vanaf CHF 149.

'Tussen de bergen'
Het Val d'Entremont ten zuiden van Martigny dankt zijn naam aan de ligging tussen twee grote bergmassieven: de Mont Blanc in het westen en de Grand Combin in het oosten. De hoofdweg voert via de Grote Sint-Bernardpas en -tunnel naar Aosta. Voorbij Bourg-St-Pierre ❶, het laatste dorp voor de pas, begint de bijna 6 km lange toltunnel ❷ naar Italië. Sinds 1964 is daarmee een sneeuwvrije route van en naar Italië verzorgd. De pas zelf is alleen 's zomers geopend en voert over de ruige **Col du Grand St-Bernard** ❸ (2469 m).

Van Romeinen tot Napoleon
De Romeinen maakten al veelvuldig gebruik van de pas op hun tochten naar het midden en het noorden van Europa. Later werd het de meest gebruikte route voor pelgrims, geestelijken en handelaren op weg van en naar Rome. In de loop der eeuwen trok een groot aantal legers over deze Alpenpas: in de middeleeuwen staken meer dan twintig keizers over, onder wie Frederik I Barbarossa in 1158. Tegen het eind van de 18e eeuw namen jaarlijks zo'n achtduizend reizigers de pas. In 1800 leidde Napoleon persoonlijk 40.000 man de pas over richting Italië.

L'Hospice du Grand St-Bernard
Het Hospitium werd in de 11e eeuw gesticht door Bernard de Menthon, de aartsdeken van Aosta, die de strijd aanbond tegen struikrovers die de pas onveilig maakten. Hij is later heilig verklaard en naar hem is de pas genoemd. De monniken van het legendarische klooster met gastenverblijf bieden al eeuwenlang onderdak en een maaltijd aan pelgrims en reizigers. Je kunt hier nog steeds het hele jaar overnachten op eenvoudige zalen; 's winters kun je alleen op ski's het klooster bereiken. In het hotel tegenover het Hospice (alleen 's zomers open) is een klein museum over de geschiedenis van de pas.

Barry, de Sint-Bernardshond

De kloosterlingen, die ook allemaal een opleiding kregen als berggids, zijn beroemd geworden met het fokken van de Sint-Bernardshond, vroeger *Barry-hond* geheten, een grote hond die ingezet kon worden bij reddingen. Het beroemde vaatje brandewijn om de nek van het dier, voor verkleumde reizigers, is een verzinsel. De beroemdste Sint-Bernardshond was *Barry*, die van 1800 tot 1812 in het klooster leefde en het leven redde van veertig verdwaalde bergwandelaars en skiërs. Zijn verhaal heeft bijgedragen aan de goede naam van dit hondenras, en daarom was er in het klooster altijd een hond met de naam *Barry*. Sinds enkele jaren zijn de kloosterlingen gestopt met het fokken van de honden. Nu kun je ze bewonderen in de kennel annex museum **Barryland** in Martigny.

Wandelen

Om te ervaren hoe het vroeger was om te voet de pas over te steken, kun je in Orsières of Bourg-St-Pierre als echte pelgrim beginnen aan het voetpad *chemin historique du Grand-Saint-Bernard* naar de Grote Sint-Bernardpas.

Slapen

WoW!

W Verbier: designhotel, op dit moment het tophotel van Verbier, met mooie kamers en suites, eigen spa en restaurants.
Rue de Médran 70, 1936 Verbier, tel. 027 472 88 88, wverbier.com, 2 pk vanaf CHF 500

Tip: berghut aan de piste

Cabane Mont Fort: deze berghut van de SAC is een prima overnachtingsadres voor een korte skivakanie, super gelegen midden in het skigebied!
cabanemontfort.com, reserveren: tel. 027 778 13 84

Actief

Gewaagd uitkijkpunt

Pierre Avoi: vanaf het eindstation van de kabelbaan Verbier-Savoleyres wandel je in een halfuur naar de Pierre Avoi op 2472 m (van: *Pierre à voir*), een uitkijkrots van de eerste orde; wie geen last heeft van hoogtevrees klimt ook het laatste stukje steil omhoog over een stalen ladder.

Hoogtepad

Schitterende hoogtewandeling langs de kanaaltjes La Raye des Verbiériens, van het kabelbaanstation Les Ruinettes naar de berghut **Cabane Mont Fort**, waar je kunt eten en overnachten (zie boven).

Info en evenementen

- **Toeristenbureau:** place Centrale, 1936 Verbier, tel. 027 775 38 88, verbier.ch.
- **Verbier Festival:** verbierfestival.com, 2e helft van juli, zeventien dagen klassieke concerten met internationale artiesten.
- **Patrouille des Glaciers:** april, internationale ski-alpinismewedstrijd van het Zwitserse leger, waarbij ook civiele teams meedoen. De 110 km lange route tussen Zermatt en Verbier is afgeleid van de klassieke *Haute Route* en voert door de uitdagende Walliser Alpen. Bij de vijfduizend deelnemers zijn ook enkele Nederlandse teams; pdg.ch.

Saillon — E8

In het Beneden-Rhônedal, aan de overkant van de Rhône ligt het middeleeuwse wijnstadje Saillon, tegenwoordig deel uitmakend van de selecte groep 'mooiste dorpen van Zwitserland'. Heerlijk om doorheen te slenteren, langs de ruïnes van de oude burcht, omhoog naar de ronde Tour Bayart uit de 13e eeuw (mooi uitzichtpunt).

De kleinste wijngaard ter wereld ligt boven Saillon en meet slechts 1,6 m^2. Drie wijnranken zijn gewijd aan de volksheld Joseph Samuel Farinet (1845-1880), een valsmunter, die munten van 20-rappen vervalste en ze discreet onder het volk uitdeelde. In het dorp is een klein museum gewijd aan Farinet en de valsmunterij (geopend wo.-zo.).

Bezoek ook een van de wijnkelders, strijk neer op het terras van Café de la Poste of neem een bad in het kuuroord **Bains de Saillon** aan de zuidrand van Saillon. Een thermencomplex met verwarmde baden (28-34°C), een saunadorp en een groot hotel-restaurant (in 2022 waren de thermen voor onbepaalde tijd gesloten na een brand).
Route du Centre Thermal 16, 1913 Saillon, tel. 027 602 11 11, bainsdesaillon.ch

Info

- **Toeristenbureau:** route du Centre Thermal, 1913 Saillon, tel. 027 743 11 88, saillon.ch.

CHEMIN DU VIGNOBLE

In 2007 werd de **wijnroute** tussen Martigny en Leuk geopend, een wandelpad (66 km), een fietsroute (83 km) en een autoroute langs de zonnige zuidhellingen van het Rhônedal (kaart: veloland.ch). Je kunt de route in enkele dagen lopen of fietsen, want langs de route liggen enkele *Chambres d'hôtes*, waar je kunt overnachten (en wijn proeven); alle adressen vind je op weinweg.ch. Bijvoorbeeld een overnachting op het wijngoed/kasteeltje Colline de Daval buiten Sierre, waar je overnacht op kamers met de kleuren en namen van druiven als *petite arvine, cornalin* of *païen*. Vijf ruime kamers en mogelijkheid om wijn te proeven (Monique et Bertrand Caloz-Evéquoz, Colline de Daval 5, 3960 Sierre, tel. 027 458 45 15, collinededaval.ch, 2 pk CHF 140).

Fietsen op de Chemin du vignoble

Sion

E8

De hoofdstad van Wallis is Sion/Sitten, gelegen in het brede Rhônedal. Twee respectabele heuvels bepalen het beeld van de stad. Sion geldt als oudste stad van Zwitserland met een historie van 7000 jaar. Al in de steentijd werden de heuvels gebruikt om te vluchten voor de overstromende rivier of voor vijanden. Aan de voet van de heuvels is Sion uitgegroeid tot een levendige provinciehoofdstad die de functie vervult van marktcentrum, knooppunt en uitgaansstad. De bezienswaardige oude stad is grotendeels autovrij en ligt rond de kathedraal Notre-Dame-du-Glarier uit de 15e eeuw en strekt zich verder uit over de onderste hellingen van de heuvel van Valère. In de oude stad bevinden zich interessante kantonale musea over kunst, geschiedenis en natuur.

Musea

Walliser schilders en de bergen

Aan de voet van de burchtheuvels ligt La Majorie, het voormalige winterpaleis van de bisschoppen. Dit imposante gebouw huisvest het **Musée d'art du Valais (Walliser Kunstmuseum)**, dat zich focust op drie kunstthema's: landschap, Walliser kunstenaars en de berg als thema in de kunst van de 18e eeuw tot heden. Prachtig zijn vooral de werken van schilders als Ernest Biéler en Edouard Vallet, die deel uitmaakten van de **École de Savièse**, een kunstenaarskolonie rond het dorp Savièse ten noorden van Sion. Zij legden het leven en landschap vast van de Walliser Alpen rond 1900.

Place de la Majorie 15, 1950 Sion, tel. 027 606 46 90, musees-valais.ch, di.-zo. 11-17, 's zomers tot 18 uur, CHF 8 (het ticket is geldig voor drie kantonale musea)

Natuurmuseum

Vlak bij het kunstmuseum bevindt zich het **Musée de la nature**, gewijd aan de flora, fauna en de geologie van Wallis.

Rue des Châteaux 12, 1950 Sion, tel. 027 606 47 30, openingstijden zie kunstmuseum

Burchten van Valère en Tourbillon

Vanuit de binnenstad bereik je na een flinke klim de burcht van Valère, op 610 m boven de stad. Op de top staat het middeleeuwse **Château de Valère**, dat met zijn muren de romaanse kerk **Notre-Dame-de-Valère** omringt en het **Musée d'histoire du Valais** huisvest. De kerk heeft een sober interieur en vorm een mix van romaanse en gotische bouwstijlen. Het terrein en de kerk zijn gratis toegankelijk; 's zomers worden dagelijks rondleidingen gehouden door de burcht en de kerk.

Doorzetters klimmen ook naar de andere heuvel, de hoogste van de twee (658 m). Daar staat de burchtruïne van **Tourbillon** uit de 13e eeuw, de vroegere zomerresidentie van de bisschop van Sion. De ruïnes van het in 1788 bij een brand verwoeste kasteel zijn in de 19e en 20e eeuw versterkt om verder verval tegen te gaan. De klim wordt beloond met een prachtig uitzicht op de stad. In de vesting is een cafetaria met terras.

Château de Valère, 1950 Sion, tel. 027 606 47 15, terrein juni-sept. dag. 10-18, okt.-mei di.-zo. 10-17 uur; Tourbillon, gratis toegang, half mrt.-half nov. dag. 11-18, 's zomers vanaf 10 uur

De klim naar de burcht van Tourbillon

Toekomstige rescue experience

ARX: op het vliegveld van Sion wordt gebouwd aan de **Alpine Rescue Experience**, een museum over de bergredding, met vluchtsimulatie, filmzaal, nagebouwde gletsjerspleet(redding) en veel meer. Het nieuwe museum opent in 2025.

alpine-rescue-xperience.ch

Slapen en eten

Weekend-brunch

Café des Châteaux: gezellig stadscafé in de steegjes op weg naar het kasteel van Valère. Met heerlijke weekend-brunch.

Rue des Châteaux 3 Sion, cafedes chateaux. ch, tel. 027 322 13 96, do. t/m ma.

Walliser bier

Brouwerij Valaisanne: route du Rawyl 30, 1950 Sion, tel. 058 123 18 82, valaisanne.ch. Hier wordt het echte Walliser bier gebrouwen sinds 1865. Verkoop: di. 9-12, 13.30-18, vr. 13.30-18.30 uur; rondleiding door de brouwerij op aanvraag.

Verwencomplex

Hôtel Nendaz 4 Vallées & Spa: in het skigebied 4 Vallées ligt de Spa des Bisses met warme baden, stoombaden en sauna's. Het bijbehorende luxehotel is gebouwd in moderne Walliser chaletstijl en heeft 62 kamers, suites en appartementen.

Chemin des Cibles 17, 1997 Haute-Nendaz, tel. 027 611 11 11 (hotel), 027 611 11 30 (spa), hotelnendaz4vallees.ch, 2 pk vanaf CHF 150

Shoppen

Algemene markt: elke vrijdagmorgen in de rue du Grand-Pont, rue de Lausanne en rue du Rhône.
Paasmarkt: deze grote markt met tweehonderd kramen vormt de start van het zomerseizoen.

Info en evenementen

- **Toeristenbureau:** place de la Planta 2, 1950 Sion, tel. 027 327 77 27, siontourisme.ch.
- **Sion en lumieres:** do.-, vr.- en za.-avond 21-22 uur, van juli tot oktober. Gratis muziek en lichtshow op de helling van het Château de Valère.
- **Combats des Reines:** begin mei in het dorp Aproz. De kantonale finale van de Eringer koeiengevechten, waarbij de trotse koninginnen wedijveren om de eretitel *Reine des Reines* (koningin der koninginnen). Pendelbussen vanaf het busstation, raceherenstour.ch.

Savièse

E8

Kunstenaarskolonie

Savièse is een dorp op de zonnige zuidhelling boven Sion. Wandelaars komen voor het spectaculaire pad langs de Torrent Neuf, en voor kunstliefhebbers is er een klein museum over buiten Zwitserland weinig bekende schilders van de **École de Savièse.** In de expositieruimte van het gemeentehuis (tevens toeristenbureau) is een tentoonstelling te zien van deze regionale schilders, die de cultuur en het leven in de bergdalen hebben vastgelegd.

Espace d'exposition, Maison de Commune, Rue de Saint Germain 50, 1965 Savièse, do. - zo. 14-17 uur, gratis toegang

Gewaagde waterleiding

Bisse de Torrent Neuf: om de weiden op de bovenste hellingen van Savièse te bevloeien werd in de 15e eeuw een waterleiding of *bisse* aangelegd langs de kloof van de Morge. Het was destijds een van de meest gewaagde van Wallis. Na een periode van verval is deze 500 jaar oude bisse nieuw leven ingeblazen. Het pad van 4 km werd hersteld en aangevuld met twee hangbruggen – het pad is gemakkelijk, maar niet voor mensen met hoogtevrees!

Pad start vanaf P 1 (camperparking Biini) of P2 (Torrent Neuf) boven het dorp Savièse. Tussen de 2 en 3 uur heen en terug

B

BISSES / SUONEN

Wandelen langs het water: het droge Rhônedal ontleent deels zijn vruchtbaarheid aan het water dat uit de bergen via irrigatiekanaaltjes, *Bisses* of *Sunen*, over grote afstanden langs de hellingen wordt geleid om de lager gelegen velden en wijngaarden te bevloeien. Een aantal van die bisses is in onbruik geraakt, maar de (herstelde) paden erlangs worden nu gebruikt als wandelpad. In vrijwel heel Wallis kun je wandelen langs Bisses/Suonen, die soms kunstig tegen de wanden zijn gebouwd. Wie meer wil weten over de waterleidingen kan terecht in het kleine Walliser Suonenmuseum in het dorpje Botyre (gemeente Ayent, boven Sierre). Na een bezoek kun je meteen starten met een wandeling langs de Suonen tussen Ayent en Anzère.
Musée valaisan des bisses: rue du Pissieu 1, 1966 Ayent, mei-nov. wo.-vr. 14-19, za. 9.30-19, zo. 11-17 uur, juli en aug. ook op ma. en di.

Lac de Derborence E8

Vanuit Sion zijn nog meer interessante uitstapjes te maken. Aan de noordkant is het Berner Oberland over drie passen te bereiken, maar alleen voor wandelaars. Autowegen lopen dood tegen bergwanden en gletsjers. Het Vallée de Triquent begint voorbij het wijndorp Ardon. Een bergweg door het smalle dal eindigt bij de **Refuge du Lac de Derborence** (bereikbaar met de postbus), die uitkijkt op de Sommet des Diablerets (3210 m). Het kleine Lac de Derborence, ontstaan bij bergstortingen in 1749, ligt schitterend tussen weiden vol bloemen en is een goed uitgangspunt voor wandelingen. Achter het meertje ligt het oerbos l'Écorcha. Door de onherbergzaamheid van het gebied na bergstortingen in de 18e eeuw hebben de bomen hier ongestoord door kunnen groeien, en blijven omgewaaide bomen liggen tussen de met mos begroeide rotsblokken (derborence.ch/randonnees).

Lens E8

Aboriginal art

De in 2018 geopende kunstgalerij **Fondation Opale** ligt met zijn opvallende spiegelende zonnepanelen te schitteren aan het kleine Lac Louché in **Lens** (tussen Sion en Sierre op een terras boven het dal) en biedt de het publiek de mogelijkheid om de hedendaagse kunst over universele thema's te ontdekken in de vorm van tentoonstellingen, workshops en ontmoetingen met kunstenaars. Een groot deel van de collectie is gewijd aan Australische aboriginal art.

Route de Crans 1, 1978 Lens, tel. 027-483 46 10, fondationopale.ch, wo.-zo. 10-18 uur, restaurant 9.30-19, vr., za. tot 23 uur, CHF 14

Saint-Léonard E8

Tussen Sion en Sierre ligt het wijnbouwplaatsje **St-Léonard**, dat een groot onderaardse meer verbergt. Het **Lac souterrain** is ontstaan in kalk- en gipslagen, die deels door water werden opgelost. Het meer is 300 m lang en het grillige gewelf van de grot verheft zich 20 m boven de waterspiegel. Bezoekers worden in platte bootjes rondgevaren.

Rue du Lac 21, 1958 Saint-Léonard, tel. 027 203 22 66, lac-souterrain.com, half mrt.-nov. dag. 10-17 uur, CHF 10

Val d'Hérémence en Val d'Hérens

Vanuit Sion voeren twee lange dalen de Walliser Alpen in: Val d'Hérens en Val d'Hérémence. Twee dunbevolkte bergdalen met karakteristieke boerendorpen, al heeft het Val d'Hérémence in landschappelijk opzicht duidelijk te lijden gehad van de aanleg van de hoogste stuwdam van Europa.

Lac de Dix en Grande Dixence

Het Val d'Hérémence oogt in het begin vriendelijk met bergweiden, bossen en chalets, maar wordt aan het eind ruw afgesloten door de gigantische stuwdam van **Grande Dixence**, de hoogste stuwdam ter wereld. Het smeltwater van 35 Walliser gletsjers rond Zermatt en het Val d'Hérens wordt via een stelsel van 100 km buizen en tunnels verzameld in het stuwmeer Grande Dixence.

De omgeving van de stuwdam is omgetoverd tot een waar attractiepark, met infocentrum (met expositie over de grootste waterkrachtcentrale van Zwitserland), kabelbaan, *tyrolienne,* (zip-

De aardpiramides van Euseignes

line) en klimwand. Indrukwekkend is de rondleiding die je kunt krijgen in het binnenste van de damwand van het stuwmeer: warme kleding aanbevolen. Dat de Zwitsers trots zijn op de 285 m hoge stuwdam is duidelijk, gezien de overstelpende hoeveelheid gegevens en getallen die over de bezoeker worden uitgestort bij een bezoek aan de dam. De stuwdam is een goed uitgangspunt voor wandelingen. Op de westelijke oever van het stuwmeer is de *Steinbock-trail* aangelegd, een rondwandeling van 4 uur, onder meer langs de Cabane de Prafleuri.

Grande Dixence: grande-dixence.ch, tel. 027 775 51 09, rondleidingen dag. 15 juni t/m sept. 11.30, 13.30, 15.00, 16.30 uur, duur 1.15 uur, CHF 10; Cabane de Prafleuri, tel. 027 281 17 80

Aardpiramides

Het vruchtbare Val d'Hérens geeft een interessant geologisch verschijnsel te zien: de **aardpiramides van Euseigne** die links en rechts van de weg staan. Het zijn de sterk geërodeerde resten van een moreneafzetting, door een gletsjer achtergelaten en deels tegen erosie beschermd door grote platte stenen. Ze behoren tot de belangrijkste geologische bezienswaardigheden van de Zwitserse Alpen en zijn dan ook beschermd.

Arolla — E9

Helemaal aan het eind van het dal ligt het hooggelegen Arolla (1998 m) dat tussen bossen met lariksen en arven, alpenweiden en indrukwekkende bergen ligt. De Mont Collon (3637 m) steekt boven de Arollagletsjer uit met daarnaast de spitse Pigne d'Arolla en aan de andere kant de slanke Aiguille de la Tsa, allemaal bergen die veel worden beklommen vanuit Arolla. Arolla is genoemd naar en beroemd om zijn arven: knoestige alpendennen (*Pinus cembra* of *Arolle*) die vrijwel als enige bomen kunnen leven in de vegetatiezone onder de gletsjers. Ze zijn te herkennen aan hun bundeltjes met vijf stugge naalden.

Slapen

Kamers met historie

Grand Hotel Kurhaus: dit hotel in het klimmersdorp Arolla ontvangt al sinds 1896 alpinisten en andere gasten. Het hotel is fraai gelegen boven het bos en heeft stijlvole kamers met veel arven- en larikshout; lid van *Swiss historic hotels.*
1986 Arolla, tel. 027 283 70 00, grandhotel-kurhaus.com, 2 pk vanaf CHF 150

Traditionele boerenschuren

Anako lodge: in het Val d'Hérens werden de ruïnes van zes voor de sloop bestemde Walliser boerenschuren gered. Deze *paccards*, *granges* en *greniers* werden door de architect Olivier Cheseaux gerestaureerd met respect voor de plaatselijke architectonische traditie en voorzien van alle hedendaagse comfort.
Chemin des ceintres 12, 1985 la Forclaz, tel. 075 413 50 04, anakolodge.ch, vanaf CHF 500 per hut (minimumverblijf 2 nachten)

Hoogste camping van Europa

Camping Arolla: aan het eind van het Val d'Hérens, op 1950 m hoogte, ligt de 'hoogste camping van Europa', mooi terrasvormig aangelegd. Ideaal basiskamp voor bergtochten; twee personen met tent of camper ca. CHF 30, huur van een luxe tweepersoons *coccoon tent* CHF 95.
Route de Tsalion 8, 1986 Arolla, tel. 027 588 01 34, camping-arolla.com

Info

- **Toeristenbureau:** 1983 Evolène (Val d'Hérens), tel. 027 283 40 00, evolene-region.ch.
- **Hérens Pass:** blijf je minimaal twee nachten in de vallei? Vraag dan aan je accommodatie om deze pas, die je korting geeft op openbaar vervoer, kabelbanen, musea en attracties.

Sierre

F8

De door zonnige wijngaarden omgeven stad Sierre (Duits: Siders) is net als Sion op heuvels gebouwd. Vergeleken met Sion is de oude binnenstad van Sierre vrij klein en herbergt slechts enkele historische gebouwen. Het centrum wordt gedomineerd door een brede winkelstraat: de avenue du Général-Guisan.

De omgeving van Sierre staat op nummer één wat betreft de wijnproductie in Zwitserland. Vijfduizend wijnpercelen omgeven de stad, vooral beplant met de cornalindruif. Je snapt dat hier alles draait om wijn en wijnproeven.

Wijnmuseum en wijnwandeling

In Salgesch net buiten Sierre is een wijnbouwmuseum, het **Musée valaisan du vin**, dat via een informatieve wijnwandelroute (6 km; terug met de trein) is verbonden met de befaamde wijnkelder annex restaurant **Château de Villa** in Sierre, waar je kunt kiezen uit circa 650 Walliser cru's. Trek een halve dag uit voor de wandeling en een bezoek aan beide locaties.
Musée valaisan du vin, Place du Musée, 3970 Sierre, tel. 027 456 35 25, museeduvin-valais.ch, mrt.-nov. wo.-vr. 14-18, za., zo. 11-18 uur, CHF 6; Château de Villa, Rue de Ste-Catherine 4, 3960 Sierre, tel. 027 455 18 96, chateaudevilla.ch

Info

- **Toeristenbureau:** place de la Gare 10, 3960 Sierre, tel. 027 455 85 35, sierre tourisme.ch.
- **Salon Vinea:** 1e vr. en za. van september, grote beurs van uitsluitend Zwitserse wijnen, op het plein voor het stadhuis; vinea.ch.

Val d'Anniviers met onder andere Besso, Matterhorn, Obergabelhorn en Dent Blanche

Val d'Anniviers

Ten zuiden van Sierre ligt een van de aantrekkelijkste zijdalen van de Rhône: het Val d'Anniviers, met groene weiden en diep ingesneden hellingen langs de bergbeek Navisence – en zonder de toeristenmassa's van Zermatt of Saas-Fee. De naam van het dal is afgeleid van *Anni Viatores* ofwel de jaarreizigers of nomaden, die vroeger met hun vee tussen de alpenweiden en het laaggelegen dal heen en weer trokken. Nog steeds is het vertrek *(Inalpe)* en de terugkomst *(Desalpe)* van de koeien naar de hoge weides een grote gebeurtenis in dit dal. Met voorafgaand aan de Inalpe de wedstrijden wie de *Reine* (koningin) van de alp wordt.

Saint-Luc en Chandolin F8

Vanuit de hoofdplaats Vissoie zijn de hooggelegen bergdorpjes **St-Luc** (1655 m) en Chandolin (2000 m) te bereiken. De cabinebaan naar Tignousa zet je af in een schitterend wandelgebied. Daar is ook het **Observatoire** gevestigd. Wie een indruk wil krijgen van de omvang van ons zonnestelsel, kan vanaf de kabelbaan de *Planetenweg* (13 km) lopen. Hier heb je schitterend uitzicht op de vierduizenders aan het daleinde. Andere bergtochten gaan naar de Bella Tola (3025 m) of het historische Hotel Weisshorn (zie 'Slapen').

Grimentz F8

Na Vissoie splitst de weg: een tak gaat naar Grimentz, de andere naar Zinal. Het is heerlijk slenteren door het autovrije Grimentz met het witte kerkje dat omgeven wordt door donkebruine houten chalets vol bloembakken met geraniums.

Uniek is de lokale *Vin des Glaciers* (*gletsjerwijn*): een sherry-achtige wijn met een sterke smaak, die ontstaat doordat elk jaar nieuwe wijn bij de oude wijn wordt gevoegd.

Ook Grimentz heeft enkele kabelbanen en is het uitgangspunt voor mooie bergwandelingen, onder andere rondom het stuwmeer Lac de Moiry.

Zinal

F9

Helemaal aan het eind van het dal ligt Zinal (1678 m). De oude kern telt nog een paar typisch Walliser huizen en schuren, daar voorbij ligt het domein van wandelaars, klimmers en mountainbikers. Hoge toppen kijken links en rechts neer op het dorp waaronder de donkere top van de Besso tussen de gletsjers van de Zinalrothorn en Blanc de Moming in. Rond Zinal is lang koper gewonnen. Van juni t/m oktober worden rondleidingen gegeven in zo'n oude kopermijn, de Mine de cuivre La Lee (75 min. lopen, aanmelden bij het Office du Tourisme).

Actief

Mooiste hoogtepad

St-Luc – Zinal: de wandeling boven het Val d'Anniviers geeft schitterend uitzicht op de vierduizenders die het dal in het zuiden afsluiten. Voor het mooiste uitzicht start je in St-Luc. Route: Zinal (1678 m) – Ancien Hotel Weisshorn (2337 m) – St-Luc (1655 m); 5 uur, postbus terug.

Slapen

Een brok romantiek

Grandhotel Bella Tola: een historisch hotel uit de belle époque. Nostalgische kamers geven het gevoel van een reis in de tijd. Als je hier niet overnacht, vraag of je even mag rondkijken op de 1e etage, die is ingericht als historisch museum.

3961 St-Luc, tel. 027 475 14 44, bellatola.ch, 2 pk vanaf CHF 208

Alleen te voet bereikbaar

Ancien Hotel Weisshorn: Hotel Weisshorn bestaat al meer dan 130 jaar en werd gebouwd om de eerste Engelse alpinisten te ontvangen. Het is nu nog steeds een van de parels van het Val d'Anniviers. Fraai gelegen boven St-Luc op 2337 m hoogte; te voet bereikbaar in 1 ½ uur vanuit St-Luc, of in 2 ½ uur vanuit Zinal.

Hotel Weisshorn, 3961 St-Luc, tel. 027 475 11 06, weisshorn.ch, 2 pk incl. halfpension vanaf CHF 290

Verbouwde school

L'École de Pinsec: de familie Droux verbouwde de oude school van Pinsec en daarna de naastgelegen *Paccard* (houten voorraadschuur) tot een sfeervol zespersoons chalet; geniet van de eigen hot tub op het balkon.

Famille Droux, Ruelle de Fond Ville 21 Pinsec, 3961 St-Jean, tel. 079 193 90 33, ecoledepinsec.ch, 2 personen, incl. ontbijt vanaf CHF 188

Vakantiedorp

Reka vakantiedorp Zinal: vakantiedorp met 45 moderne appartementen, een gemeenschappelijk ruimte, activiteiten voor kinderen en een eigen overdekt zwembad.

Tel. 027 475 14 36, reka.ch

Eten

Gletsjerwijn

Uniek is de Walliser *Vin des Glaciers*, een wijn met een sterke smaak, die ontstaat door het volgende principe: de wijnvaten worden nooit geleegd en ieder jaar wordt er nieuwe wijn bij de oude wijn gevoegd. De Gletsjerwijn is niet te koop en wordt uitsluitend in wijnkelders gedronken. De Cave de la Bourgeoisie in Grimentz organiseert 's zomers elke maandag om 17 uur een gratis proeverij (vertrek vanaf het Toeristisch Informatie Punt, 2 uur, incl. dorpsrondleiding).

Winters genieten in Leukerbad Therme, onder de rotsen van de Gemmipas

Info

- **Toeristenbureau:** elk dorp in het Val d'Anniviers beschikt over een eigen Toeristisch Informatiepunt; centraal telefoonnummer: 027 476 16 00, valdanniviers.ch.
- **Anniviers Liberté Pas:** bij boeking van onderdak ontvang je deze pas, die toegang geeft tot veel activiteiten, gratis openbaar vervoer (en korting op kabelbanen).

Leukerbad F8

Het oude stadje **Leuk** is de eerste Duitstalige plaats in het oostelijke deel van het kanton Wallis. Het ligt aan het begin van het diep ingesneden dal naar Leukerbad, heeft een mooi plein met oude patriciërshuizen en een 13e-eeuws slot. In deze historische setting vind je enkele wijnlokalen, waar je de Walliser wijnen kunt proeven.

Actief

Wellness in de bergen

Aan het eind van het dal ligt als een adelaarsnest in de bergen het autovrije dorp **Leukerbad**, ingesloten door indrukwekkende rotswanden. Leukerbad was al bij de Romeinen bekend om zijn geneeskrachtige warmwaterbronnen. Nu is het een uitgebreid thermen- en wellnesscomplex, een van de grootste van Europa. Water met een temperatuur tot 51°C stroomt in verschillende openluchtbaden. Dobber op je rug onder de rotswanden van de Gemmipas. In juli is in dit kuuroord veel te beleven: een clowns- en cabaretfestival en een internationaal literatuurfestival.
Rathausstrasse 32, 3954 Leukerbad, tel. 027 472 20 20, leukerbad-therme.ch, dagkaart CHF 35, toeslag sauna CHF 10

Gemmipas (2314 m)

Behalve een badplaats is Leukerbad ook een populair wandelcentrum. Een gondelbaan voert naar de Gemmipas, beroemd om de alpentuin en wandelroute over de alpenpas naar het Berner Oberland.

Natuurpark Pfyn-Finges F8

Tussen Sierre in Midden-Wallis en Leuk in Oost-Wallis ligt op de Frans-Duitse taalgrens het regionale natuurpark Pfyn-Finges. Dit bosgebied op de bodem van het brede Rhônedal strekt zich uit over een lengte van 6 km aan beide zijden van het Rhônedal. Het ligt rond de grote prehistorische Illgraben-bergstorting. De Illgraben is nog steeds een van de actiefste stortbeken (*Wildbäche*) van Zwitserland met meerdere modderstromen of *Murgängen* per jaar. Deze modderstromen ontstaan na zware regenval en kunnen tienduizenden tonnen rotsblokken, stenen en aarde meevoeren; rotsen tot 2 m hoog en met een snelheid van 25 km per uur. Een angstaanjagend gezicht en gebulder! Deze grote modderstromen konden nooit beteugeld worden en bepalen de dynamische bedding van de hier vrij meanderende Rhône. Langs de rivier wisselen steppevegetaties, bos van grove dennen met maretakken en donzige eiken af met drassige stukken. Dit is ook het ideale leefgebied van de bever (meer info over het natuurpark: pfyn-finges.ch).

Actief

Buthaanse hangbrug

In 2002, het internationale jaar van de bergen, werd in samenwerking met het koninkrijk Buthan begonnen met de bouw van een Buthaanse hangbrug. De brug werd in 2005 geopend en overspant met 133 m het dal van de Ilgraben en verbindt Frans- en Duitstalig Wallis. De brug bereik je over een pad, dat begint ten westen van het dorp Susten.

Lötschental G7

Het Lötschental ten noorden van Gampel is een bijzonder bergdal, dat eeuwenlang van de buitenwereld was geïsoleerd. In de winter blokkeerden lawines de toegang vanuit Goppenstein. Het 'vergeten dal' werd pas bereikbaar toen in 1912 de spoorwegtunnel gereedkwam tussen Kandersteg in Berner Oberland en Goppenstein. En pas sinds in 1954 de weg van Goppenstein naar Blatten werd doorgetrokken, is het toerisme aangetrokken en is de welvaart in het arme dal geleidelijk gegroeid. De eeuwenlange isolering van het Lötschental heeft gezorgd voor een eigen cultuur en taal. Beroemd zijn de angstaanjagende houten carnavalsmaskers en de traditionele volksfeesten.

Het Lötschental telt enkele authentieke dorpen met getaande oude, houten huizen. In het hoofdplaatsje Kippel laat het **Lötschentaler Museum** zien hoe de mensen eeuwenlang in het dal wisten te

Gemaskerde figuur tijdens het Tschäggättä in het Lötschental

overleven (juni-okt. di.-zo. 14-17 uur). In het kleine plaatsje Wiler zie je de beroemde maskers van het Lötschental. Ze grijnzen je toe aan de buitenkant van enkele houtsnijderswinkels. Helemaal aan het eind van het dal ligt Fafleralp met een 100 jaar oud hotel, een camping en een groot parkeerterrein. Het is het uitgangspunt voor de wandeling naar de Langgletscher die het dal afsluit.

Slapen en eten

Uit de Golden Age

Hotel Nest- und Bietschhorn: het oudste hotel in het dal werd in 1868 in het dorp Ried gebouwd voor Engelse bergbeklimmers en hun aanhang. Het hotel staat tussen oude Walliser huizen en werd in de loop der jaren diverse malen gerenoveerd. Kamers in alle prijsklassen. In het gezellige restaurant met open haard worden de gasten verwend met culinaire lekkernijen door kok Erwin Bellwald, die voor zijn creaties de *guide-bleu-prijs* ontving.

Ried 24, 3919 Blatten, tel. 027 939 11 06, nest-bietschhorn.ch, 2 pk CHF 120-200

Hideaway resort voor elk budget

Hotel Fafleralp: circa 50 jaar geleden schreef trouwe gast Charlie Chaplin in het gastenboek: 'Er is niets mooiers dan de Fafleralp'. Een waarheid die ook nu nog geldt. Het hotel met bijbehorende chalets noemt zich tegenwoordig *Hideaway Resort*. Van eenvoudig toeristenverblijf tot wellness-suite: voor elk budget een passend verblijf. In de oorspronkelijke gelagkamer geniet je van de fijnste Walliser specialiteiten. De berggids van het hotel leidt ondernemende mensen naar de hoogste toppen. In dit hotel vinden ook de bekende 'Wim Hof koudeworkshops' plaats.

Im Paradies, Fafleralp, 3919 Blatten, tel. 027 939 14 51, fafleralp.ch, 2 pk incl. halfpension CHF 200-400

Actief

Klimmen

Bergcenter Lötschental: tel. 079 774 83 20, bergcenter.ch; gletsjertrekkings en beklimmingen.

Steenarenden spotten

Onderweg van de **Falfleralp** naar de Langgletscher heb je grote kans om hoog boven de toppen steenarenden te zien die speuren naar een vette alpenmarmot.

Info en evenementen

- **Toeristenbureau:** Dorfstrasse, Wiler, tel. 027 938 88 88, loetschental.ch.
- **Tschäggättä:** bekendste feest in het Lötschental is het Tschäggättä (carnaval), waarbij figuren vermomd in schapenvellen en met maskers, door de dorpen trekken (twee optochten, beide in februari).
- Kippel is bekend om zijn **Fronleichnams-Prozession** (Sacramentsdag) en om de optocht van de **Herrgottsgrenadiere** in hun rood-witte uniformen uit de tijd van Napoleon.
- **Lötschentaler markt:** begin september, culinaire en culturele markt met Lötschentaler streekproducten.

Zermatt

F9

Het stadje Visp is een belangrijk verkeersknooppunt in het brede Rhônedal en vormt de toegang tot twee beroemde zijdalen: het Mattertal naar Zermatt en het Saastal naar Saas-Fee. Het smalspoor Brig-Visp-Zermatt heeft hier een station waarover de Glacier-Express van St. Moritz naar Zermatt rijdt. Automobilisten die met de trein naar Zermatt willen, kunnen beter doorrijden naar

Weerspiegeling van de Matterhorn in de Riffelsee, een van de beroemdste viewpoints langs de Gornergrat Bahn

Täsch. Het Mattertal is misschien wel het drukst bezochte dal van Zwitserland. Verwonderlijk is dat niet met Zermatt en de opvallende Matterhorn (4478 m) aan het eind. Täsch is de plaats waar automobilisten die naar Zermatt willen, hun auto moeten achterlaten in de grote *Matterhorn Terminal* (parkeergarage CHF 16 per dag). De trein naar het autovrije Zermatt doet er 12 minuten over. Sinds Whympers dramatische beklimming van de Matterhorn in 1865 is Zermatt uitgegroeid tot internationale vakantieplaats. Het bevindt zich tussen 38 vierduizenders en ligt aan de voet van de Matterhorn. Was het in de 19e eeuw nog een klein boerengehucht, nu heeft de reiziger de keuze uit 15.000 bedden in 116 hotels en 1800 appartementen en een camping. Zermatt is daarmee uitgegroeid tot een hotelburcht, waar het aantal toeristen de plaatselijke bevolking van 5000 inwoners vele malen overtreft. Een deel van het oude dorp is bewaard gebleven en je vindt te midden van alle hotels opeens een kleine donkerbruine Walliser hooischuur of voorraadschuur. Het dorp is aangenaam vrij van rijdende en geparkeerde auto's (pas op de elektrokarretjes, je hoort ze niet aankomen!).

Er zijn nogal wat stoeltjesliften en gondelbanen die vanuit Zermatt de omringende hellingen binnen bereik brengen. Meer dan 400 km bewegwijzerde voetpaden bieden volop mogelijkheden de bergreuzen te ondergaan. Diverse schitterende wandelgebieden zijn vanuit Zermatt te bestrijken: het gebied rond de bergbanen Sunnegga – Blauherd; Schwarzsee – Trockener Steg (2919 m), eventueel verder met de kabelbaan naar de Kleine Matterhorn en het gebied rond de tandradtrein naar de Gornergrat.

Museum

Matterhorn Museum

Zermatlantis: onderaards museum over geschiedenis van de beklimming van de Matterhorn en de ontwikkeling van Zermatt. Veel over de klimmers en hun materialen, een van de touwen van de eerste beklimming ontbreekt niet. Ook enkele originele Walliser huizen, zoals een berghut uit de 19e eeuw.

Kirchplatz, tel. 027 967 41 00, zermatt.ch/museum, juli-sep. dag 11-18, daarbuiten 14-18 uur, gesl. nov.-half dec., CHF 10

Slapen

Hoog niveau

Riffelalp Resort: op 2222 m hoogte gelegen vijfsterrenhotel, bestaande uit traditionele chalets, aan de tandradbaan naar de Gornergrat. Met themakamers en suites *nostalgie*, *chalet*, of *Matterhorn*, de laatste uiteraard met uitzicht op de beroemde berg.

3920 Zermatt, tel. 027 966 05 55, riffelalp.com, 2 pk vanaf CHF 526

Klein berghotel

Matterhorn Lodge: in 2012 gebouwd in alpiene stijl van oud hout, steen en glas. Stenen uit de Matterhorn-noordwand zijn gebruikt in de façade en de bar heet Solvayhütte, naar de beroemde berghut.
matterhornlodge.ch, 2 pk vanaf CHF 240

Modern alpien

Hotel Alpenlodge: aan de rand van Zermatt gelegen, modern kleinschalig hotel in alpiene stijl, met tien kamers en twee chalets. Ingericht met zelfgebouwde lokale houten meubelen; met kleine spa.
Zer Bännu 22, 3920 Zermatt, tel. 027 966 97 97, alpenlodge.com, 2 pk vanaf CHF 175, minimaal 2 nachten

Betaalbaar

Hotel Bahnhof: geopend in 1902 door berggids Alois Biner, heeft Hotel Bahnhof sindsdien bergbeklimmers van over de hele wereld gediend als een knooppunt voor hun bergtochten. Fris, modern budgethotel met tweepersoonskamers en dortoirs; geen ontbijt, maar gemeenschappelijke stube, keuken en eetkamer.
Hotel Bahnhof, CH-3920 Zermatt, tel. 027 967 24 06, hotelbahnhofzermatt.com, 2 pk vanaf CHF 100, bed op dortoir CHF 35

Actief

Viewpoint Matterhorn

Naar Zermatt kom je voor de Matterhorn! Een perfecte driehoekige rotspiek die tot in de hemel reikt. Trekpleister voor alpinisten, esthetisch embleem, berg met ideale maten. Die moet je gezien hebben, vooropgesteld natuurlijk dat het helder weer is. Diverse *viewpoints* en *photopoints* strijden om de eer van mooiste panorama op de beroemde berg. Het toeristenbureau van Zermatt heeft maar liefst twaalf photopoints aangewezen voor een fantastisch uitzicht op de berg. Hierbij de drie mooiste:

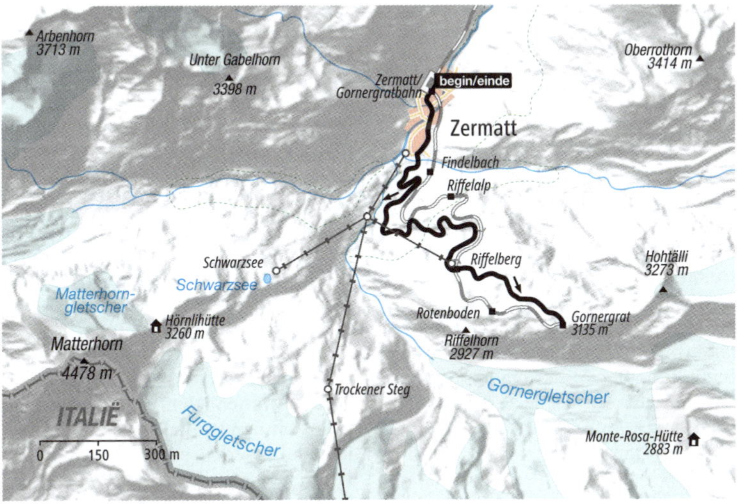

Wandeling Gornergrat

Photopoint Kirchbrücke: het bekendste en populairste fotopunt van het dorp. In 2019 werd op de brug een nieuw uitkijkplatform gebouwd, dat meer ruimte en een beter uitzicht biedt. Tip: vroeg opstaan, om de eerste zonnestralen op de Matterhorn niet te missen.
Te voet vanaf de Bahnhofstrasse, langs de kerk en het museum tot de volgende brug

Photopoint Riffelsee: de weerspiegeling van de Matterhorn op het wateroppervlak trekt op magische wijze mensen uit de hele wereld aan. Een fotopunt dat hoog op veel *bucketlists* staat. Erg mooi in het najaar met oranjegele kleuren. Tip: sta vroeg op en pak de eerste trein.
Neem de Gornergrat Bahn naar station Rotenboden en wandel naar het meer.

Photopoint 'Home of Winter-Iglo': dit fotopunt is nieuw en alleen in de winter aanwezig. Het is een speciaal gebouwde iglo met een gezellige zithoek en een groot venster dat uitzicht geeft op de Matterhorn.
Met de Gornergrat Bahn naar station Rotenboden en dan te voet in 15 min. naar het iglodorp, of op ski's over piste nr. 45

Beroemde tandradbaan

Gornergrat: De tandradtrein voert naar de Gornergrat op 3135 m hoogte, voor het mooiste uitzicht op de Matterhorn. Vanaf dit hooggelegen punt ligt de ijskoude bergwereld echt aan je voeten en zie je, behalve natuurlijk de Matterhorn, ook de toppen van het Monte Rosamassief: de Dufourspitze (4634 m) en de Lyskamm (4538 m). De Dufourspitze is de hoogste top van Zwitserland, hij wordt gedeeld met Italië. 's Zomers gaat elke do. tussen 4 en 6 uur 's morgens een extra trein naar de Gornergrat om de zon te zien opkomen.
gornergrat.ch, enkel CHF 63

Te voet

Zermatt-Gornergrat: deze supertocht voert ook naar de Gornergrat, maar nu te voet. Heen (of wie liever afdaalt, terug) langs de tandradtrein. Een prachtig wandelpad voert uit Zermatt (1630 m) via Winkelmatten (1673 m), Riffelalp (2222 m), hotel Riffelberg (2566 m) en Rotenboden (2815 m) in 5½ uur naar de Gornergrat (3131 m).

Info

- **Toeristenbureau:** Bahnhofplatz 5, 3920 Zermatt, tel. 027 966 81 00, zermatt.ch.
- **Zermatt Peak Pas:** voor onbeperkt toegang tot alle bergbanen naar de toppen die Zermatt omgeven, zoals de Rothorn, Klein Matterhorn of Gornergrat. Geldigheid een tot zeven dagen; prijs CHF 216-390, 6-16 jaar 50%, tot 6 jaar gratis.

Saas-Fee

G9

Het beboste, diep ingesneden Saastal voert naar Saas-Grund en uiteindelijk Saas-Fee op 1790 m hoogte. De vakantieplaats doet niet veel onder voor Zermatt, al mist het natuurlijk de Matterhorn. Het kan zich daarentegen beroemen op het Mischabelmassief met als hoogste geheel Zwitserse top de Dom (4545 m) en nog twaalf andere vierduizenders met uitgestrekte gletsjers ertussen. 's Zomers en 's winters wordt het dorp druk bezocht, onder meer als snowboardmekka. Toch is Saas-Fee ook bekroond als duurzaamste toeristenplaats in de Alpen; bij het binnenrijden van het dorp worden automobilisten vanzelf een parkeergarage binnengeleid. In alle rust de plaats binnenwandelen krijgt hierdoor iets betoverends, zeker als de zon wil schijnen op de gigantische Feegletsjer. In de pastorie van het moderne kerkje is een streekmuseum, het **Saaser Mu-**

Wandelen in de herfst boven Saas-Fee, op de achtergrond de eerste wintersneeuw op de Alphubel (4206 m).

seum, met voorwerpen die horen bij het boerenbestaan (juni-okt. 10-11.30, 13.30-17.30 uur, ma. gesl.). Het dorp heeft diverse oude huizen, maar nog veel meer moderne hotels; op de website saas-fee.ch kun je kiezen uit ongeveer vijftig hotels en zeshonderd vakantiewoningen.

Slapen en eten

Appartement & hotel

Elite Alpine Lodge: dit concept combineert de vrijheid van een appartement met het comfort van een hotel (ontbijtbuffet, wellness).

Haltenstrasse 21, 3906 Saas-Fee, tel. 027 957 14 00, elite-saas-fee.ch, appartementen CHF 196-744 per nacht

Budgethotel met sauna

Wellness Hostel 4000: Zwitserlands eerste jeugdherberg met een eigen spa- en fitnessafdeling ligt op een rustige locatie aan de rand van Saas-Fee. Het duurzame gebouw heeft een-, twee-, vier- en zespersoonskamers. De ruime spa heeft een Finse sauna, kruiden-stoombad, whirlpool en 25m-zwembad.

Panoramastrasse 1, 3906 Saas-Fee, tel. 027 958 50 50, wellnesshostel4000.ch, 2 pk vanaf CHF 158 (incl. ontbijt en wellness)

Michelinster

Waldhotel Fletschorn: echt stijlvol uit eten kan in dit hotel, 25 min. lopen van het busstation van Saas-Fee. Onder leiding van chef Markus Neff heeft het restaurant een Michelinster en achttien Gault-Millau punten. De prijs is er ook naar: lunchmenu

CHF 90, avondmenu's vanaf CHF 180; voor hotelgasten zijn er aantrekkelijke half-pensionaanbiedingen.
3906 Saas-Fee, tel. 027 957 21 31, waldhotel fletschhorn.business.site, 2 pk vanaf CHF 297

Konditorei

Hotel Imseng: bij dit hotel kunnen liefhebbers van brood, koek, chocola en ijs dagelijks terecht in de *Konditorei* en het gratis *Bäckermuseum*.
Dorfplatz 35, Saas-Fee, tel. 027 958 12 58

Actief

Kabelbanen

Rond Saas-Fee zijn talloze wandelroutes en kabelbanen. Een topper is de **Alpin Express** naar de **Mittelallalin** (3457 m). Het eerste deel van de tocht erheen gaat per kabelbaan naar **Felskinn**, het laatste deel per kabelspoor deels door de berg heen naar Mittelallalin. Daar is een in de Feegletsjer uitgehakte ijsgrot (hoogseizoen dag. geopend) en een panoramarestaurant, waar je in een uur tijd met restaurant en al ronddraait. Vanuit Mittelallalin kan er het hele jaar geskied worden op de Allalingletsjer. Andere kabelbanen zetten je af op **Längflue** (tussenstop op **Spielboden**, waar de alpenmarmotten onder de kabelbaan fourageren) of bij **Plattjen**, waar een pad naar de Britanniahütte leidt.

Info

- **Toeristenbureau:** tegenover het busstation, 3906 Saas-Fee, tel. 027 958 18 58, saas-fee.ch.
- **Saastal Pas:** gasten van hotels, jeugdherberg, appartementen, camperplaats en campings in Saas-Grund ontvangen voor de duur van hun verblijf deze pas voor gratis gebruik van postbus en alle kabelbanen in het Saastal (uitgezonderd de Metro Alpin).

Brig

G8

De bedrijvige hoofdstad van het Duitstalige Wallis ligt op een kruispunt van internationale handelswegen. Het is de belangrijkste plaats op de doorgaande route tussen de Simplonpas en de Lötschbergtunnel naar Berner Oberland. Het centrum van Brig is grotendeels autovrij.

17e-eeuwse 'oligarch'

Midden in Brig ligt het karakteristieke **Stockalperpaleis** waarvan de uivormige torenspitsen de reiziger van verre tegemoet blinken. Vandaag de dag zou hij waarschijnlijk miljardair geweest zijn; Kaspar Jodok von Stockalper verdiende in de 17e eeuw een gigantisch vermogen met het drijven van handel en bouwde in Brig het Stockalperschloss. Binnenplaats en het museum over zijn leven zijn een bezoek waard!
Alte Simplonstrasse 28, 3900 Brig, tel. 027 921 60 30, rondleidingen mei-okt.

Museum

Bezoekerscentrum Aletsch

World Nature Forum: in Naters bij Brig opende in 2018 dit bezoekerscentrum over het UNESCO Werelderfgoed Jungfrau-Aletsch, een modern multimediamuseum met thema's over alpenreliëf, mensen in de bergen, klimaat- en landschapsveranderingen, water en de ontsluiting van de Alpen (met restaurant en museumshop).
Bahnhofstrasse 9a, 3904 Naters, wnf.ch, di.-zo. 10-17 uur, CHF 18

Slapen

Uit de Belle Epoque

Hotel de Londres: in 1884 gebouwd

Stockalperpaleis, Brig

voor Engelse toeristen, onderging dit hotel uit de belle époque een grondige renovatie tot modern designhotel met achttien kamers en suites. Hart van het hotel is de gezellige *Wohnstuba* met bar. Dakterras met uitzicht op de markt.

Bahnhofstrasse 17, 3900 Brig, tel. 027 530 10 77, hotel-delondres.ch, 2 pk vanaf CHF 198

Actief

Thermalbad Brigerbad: de al bij de Romeinen bekende thermen groeiden uit tot een groot zwem- en thermencomplex met twaalf baden, sauna en hamam.

3900 Brigerbad, tel. 027 948 48 48, thermal bad-wallis.ch, dag. 9-21 uur, entree CHF 27 (3 uur) / 37 (dagkaart)

Info

- **Toeristenbureau:** Bahnhofstrasse 2, 3900 Brig, tel. 027 921 60 30, brig-sim plon.ch.

Simplonpas

G8

De Simplonpas verbindt het Rhônedal met het Italiaanse Domodossola. De Romeinen gebruikten deze pas al en de familie Stockalper werd in de 17e eeuw schatrijk door het bezit van de pas, waarop ze naar believen tol hief. Maar deze oversteek werd pas echt belangrijk toen Napoleon in 1808 van het muilezelpad, dat door de diepe Gondokloof leidde, een goede weg liet maken voor het vervoer van zijn troepen op weg naar Milaan.

Sindsdien is de bochtige weg steeds verder verbeterd, in 1980 werd de 678 m lange Ganterbrücke die op pijlers van 150 m hoogte het Gantertal overspant, in gebruik genomen. De Simplon is goed te berijden, het hele jaar geopend en biedt magifieke uitzichten. Op de pashoogte (2005 m) staat een grote adelaar als monument voor de Zwitserse mobilisatie in WOII en bevindt zich het Stockalper-Hospiz uit 1825. Na de pas begint

Lievelingsplek

Aletschgletsjer

De Grote Aletschgletsjer is met een oppervlakte van 117 km^2 de grootste en langste ijsstroom van de Alpen. Over een lengte van 23 km kruipt hij traag vanaf de Konkordiaplatz omlaag. Bovenaan is hij 800 m dik en komt het ijs van de firnbekkens van Jungfrau (4185 m), Mönch (4099 m), Grünhorn (4044 m) en Aletschhorn (4195 m) bij elkaar. Verscheidene gletsjers vormen zo met elkaar de Grote Aletschgletsjer. Op de middenmorenen worden puin en gruis meegevoerd die als lengtestrepen over de gletsjer te zien zijn. Met een gemiddelde snelheid van 200 m per jaar stroomt de gletsjer omlaag; via de Massaschlucht stroomt het smeltwater bij Brig in de Rhône. Ook de Aletschgletsjer krimpt net als alle andere gletsjers, en sinds 1880 is hij al 3 km kwijtgeraakt. Het onderste gedeelte van de Grote Aletschgletsjer is voor wandelaars verrassend goed te bereiken. De mooiste uitkijkjes heb je vanaf de *Panoramaweg*, een hoogtewandeling van Bettmeralp naar de Märjelensee.

de afdaling via het dorp Simplon en de wilde Gondokloof naar het plaatsje Gondo op 855 m op de grens met Italië.

Slapen

Pelgrims en reizigers

Simplon Hospiz: het rozekleurige *Hospiz* is de grootste pasherberg van de Alpen en werd door Napoleon gebouwd en overgedragen aan de Abt van het beroemde Sint-Bernhardklooster. Nog steeds beheren de monniken dit klooster en de herberg, die vroeger plaats bood aan driehonderd gasten. De huidige herberg heeft het aantal kamers teruggebracht en biedt plaats aan 130 gasten. Een overnachting in de historische herberg is een leuke ervaring.

Tel. 027 979 13 22, simplon-hospiz.com, 2 pk incl. ontbijt vanaf CHF 100

Goms

H7

Tussen Brig en Gletsch heeft de bovenloop van het Rhônedal een geheel eigen naam gekregen: het Goms. Ten noorden van het Goms ligt de enorme barrière van de Berner Alpen met de Grote Aletschgletsjer, de Fieschergletsjer, de Ober- en de Unteraargletsjer. Fiesch is de laatste grote plaats in het Goms; daarachter liggen in het brede dal nog enkele authentieke Walliser dorpen als Ernen, Bellwald, Münster, Ulrichen en Oberwald. De Grimsel-, Furka- en Nufenenpas aan het einde vormen de doorgang met respectievelijk het Berner Oberland, Centraal-Zwitserland en Ticino.

Vooral het boveneinde van het dal, het Obergoms, is een rustig vakantiegebied met prachtige wandelmogelijkheden. Het hooggelegen dal vormt in de winter een prachtig langlaufgebied.

Aletsch Arena

Het hele gebied rond de Aletschgletsjer wordt met de term **Aletsch Arena** aangeduid en is vermeld op de UNESCO-Werelderfgoedlijst om het hooggebergtelandschap en om het **Aletschwald**, een schitterend bos aan de rand van de gletsjer met arven en lariksen. Sommige arven zijn meer dan 900 jaar oud en daarmee de oudste bomen van Zwitserland. Het Aletschwald is al sinds 1933 beschermd en met geluk zie je er herten, gemzen en hoenders.

De ijsstroom van de Aletschgletsjer kun je vanaf twee kanten bereiken: aan de noordkant via het dal dat bij Brig naar het noorden gaat (vanuit Naters, Blatten en Belalp), of vanuit het zuiden (Mörel, Betten en Fiesch). Er zijn drie uitkijkpunten per kabelbaan bereikbaar en je kunt uit Riederalp, Bettmeralp en Fiesch bijna dagelijks mee op gletsjertochten met gids.

Toegang Blatten

Vanuit bergdorp Blatten (1322 m) gaat een gondelbaan naar Belalp (2086 m), waar bewegwijzerde wandelroutes beginnen, onder andere naar de Aletschgletsjer en de hangbrug naar Riederalp.

Toegang Riederalp

Vanuit Mörel gaan drie gondelbanen naar Riederalp in de buurt van de Aletschgletsjer. Riederalp, hoog boven het Rhônedal, is een autovrij dorp met chalets, hotels en restaurants, een golfbaan en een klein museum over het bergboerenleven (**Alpmuseum**, 20 juni-

15 okt. di. 14-17 uur). Het makkelijkst is de Aletschgletsjer te bereiken door van Riederalp een van de stoeltjesliften te nemen naar Moosfluh (2335 m), dicht bij de gletsjer.

Hangbrug over de Massakloof

Vanaf Riederfurka voert een wandeling door het Aletschwald en over een 124 m lange hangbrug naar de poort van de Aletschgletsjer (9 km, 4 uur).

Toegang Bettmeralp

Vanuit het dal gaat een gondelbaan naar Bettmeralp (1950 m; via het dorp Betten of rechtstreeks). Hogerop in het rustige dorpje gaat de gondel naar de Bettmerhorn (2876 m), een van de uitzichtpunten op de Aletschgletsjer.

E

ENTDECKERPASS ALETSCH+

Voor toegang tot alle bergbanen en treinen in het Aletschgebied. Passen van 1 tot 21 dagen (op afzonderlijke dagen inzetbaar): dagpas CHF 55/110 (gezinspas); aletscharena.ch.

Pro Natura Zentrum Aletsch: in Riederfurka is het Aletsch-bezoekerscentrum gevestigd in de bijzondere Villa Cassel uit 1902. Het informeert over het UNESCO-Werelderfgoed Jungfrau-Aletsch, heeft een Alpentuin, winkel, theesalon en u kunt u deelnemen aan wild- en marmottenexcursies. In het centrum kunt u ook overnachten in twee- tot zespersoons kamers (2 pk incl. ontbijt CHF 85 per persoon). 3987 Riederalp, tel. 027 928 62 20, pronatura-aletsch.ch, half juni-half okt. dag. 9-18 uur

Toegang Fiesch

Fiesch is een grote plaats met mooie donkerbruine huizen en veel accommodatie. Uit Fiesch vertrekt een gondelbaan via Fiescheralp naar de Eggishorn (2869 m), voor het mooiste uitzicht op de gletsjer.

Slapen en eten

Luxe B&B

Baumhaus Fiesch: dit van stammen gebouwde baumhaus wordt door gasten hoog gewaardeerd om zijn acht grote luxe kamers met veel hout, het gratis gebruik van zwembad en sportcentrum in Fiesch en de gratis taxidienst naar restaurant Gommerstuba.

Schulhausstrasse, 3984 Fiesch, tel. 027 971 01 93, baumhausfiesch.ch, 2 pk vanaf CHF 130

Gourmetrestaurant

Gommerstuba: in dorp Niederernen, 2 km buiten Fiesch, verwennen Franziska en Rolf Gruber je met hun creatieve kookkunst; vijftien Gault Millau punten.

3995 Niederernen, tel. 027 97 12 971, gommerstuba.com, ma. en di. gesl., menu vanaf CHF 69

Bio kaas

Bio Bergkäserei Goms: deze kaasmakerij verwerkt en verkoopt kaas van kaasboeren uit het Goms, die op traditionele, biologische wijze produceren. In de winkel kun je lokale kazen kopen, die namen dragen als *Hobelkäse, Bascheli* of *Gluringer*.

3998 Gluringen, tel. 027 973 20 80, biogomser.ch, ma.-za. 9-12 en 14-18, za. tot 17 uur

Binntal

📍H8

Ernen, aan de ingang van het Binntal is het best bewaarde dorpsgezicht van Wallis. Om het grote vierkante plein staan fraaie historische huizen, zoals het met fresco's uit 1578 versierde Tellenhaus, het Sigristenhaus en het Rathaus. In het dorp staan ook prachtige oude linden. De plaatselijke St.-Georgkirche heeft zo'n goede akoestiek, dat er jaarlijks een festival voor klassieke muziek wordt gehouden.

Indrukwekkende hangbrug

Een spannende attractie is de in 2015 opengestelde **Goms Brücke**, een 280 m lange hangbrug die op 95 m hoogte de Rhône overspant. De brug is toegankelijk vanuit Fürgangen, maar kan ook worden bereikt via een mooi wandelpad uit Ernen.

Regionaal natuurpark

Als je het Binntal verder inrijdt, bereik je na 10 km het bergdorp Binn, met mooie door de zon gebruinde Walliser huizen. Met enkele hotels en restaurants en de camping bij Giesse, een goede uitvalsbasis voor wandelingen door het landschapspark Binntal. Een groot deel van het Binntal, tot aan de Italiaanse grens, heeft namelijk de status van natuur- en landschapsreservaat. Het staat bekend om zijn rijke flora en fauna, en om de grote mineralenrijkdom.

Slapen

Bekroond

Hotel Ofenhorn: het in traditionele stijl gerenoveerde hotel Ofenhorn (1883) in Binn werd uitgeroepen tot historisch hotel van het jaar 2013. Het heeft dertig kamers, modern en uitgevoerd in belle-époquestijl, en een fijn terras onder de bomen.

Het dorp Binn met boogbrug over de bergbeek Binna

Uf em Acher, 3996 Binn, tel. 027 971 45 45, ofenhorn.ch, 2 pk vanaf CHF 150

Actief

Mineralen zoeken in het Binntal

De dorpjes Binn en Fäld zijn goede uitgangspunten voor mineralenzoekers. Het is aan te raden eerst eens bij de *Strahler* (kristallenzoekers) Toni Imhof of André Gorsatt in hun mineralenmuseum annex winkels binnen te lopen om te zien wat er zoal te vinden is. Bovendien verkopen en verhuren ze hamers en beitels en houden ze wekelijks mineralenzoekwandelingen.

Mineralenmuseum en -winkel Dr. André Gorsatt: Fäld 102, 3996 Binn, op afspraak tel. 079 436 65 77, andre-gorsatt.ch; Mineralien Imhof, Dorfstrasse 43, 3996 Binn, tel. 027 971 45 64, mineralien-imhof.ch

Furkapas

J7

In Oberwald, het laatste dorp in Obergoms, kunnen auto's inschepen voor de trein die door de Furkabasistunnel naar Realp rijdt en zo de **Furkapas** (2431 m) vermijden (dienstregeling: matterhorngotthardbahn.ch). Hierna slingert de weg omhoog langs de bruisende Rhônewaterval (die zich aan het oog van de automobilist onttrekt), met een onverwachte blik op de Rhônegletsjer naar het dorpje **Gletsch**. Vandaar gaat de weg verder omhoog, links naar de Grimselpas, rechts naar de Furkapas en het achterliggende Andermatt.

Smeltend ijs

Op de Furkapas is het zicht op de blinkend witte **Rhônegletsjer** groots: ruim 20 km² ijs strekt zich uit tussen toppen van meer dan 3000 m hoogte. Aan de voet van de gletsjer staat Hotel Belvédère met ernaast een kleine in het ijs uitgehakte grot. Sinds 1874 zijn over de Rhônegletsjer rijen gekleurde stenen gelegd, om de gletsjerbewegingen te onderzoeken. Het bleek dat het midden van de gletsjertong veel sneller stroomde dan de zijkanten ervan. Je kunt goed zien dat het front zich sindsdien sterk heeft teruggetrokken: in 1818 lag de gletsjer nog vlak bij Gletsch.

Slapen

Nostalgie uit de Belle Époque

Grand Hotel Glacier du Rhône: hotel uit de beginperiode van het toerisme. Je overnacht in nostalgische kamers en dineert in de grote eetzaal, of in de gezellige Walliser Stube. Als je liever kampeert, kan dat hier ook: in de eigen tuin van het hotel (met gebruik van het sanitair van het hotel). Het hotel wordt momenteel gerenoveerd en heropent in 2023.

Furkastrasse, Gletsch, tel. 027 973 15 15, glacier-du-rhone.ch.

IJsgrot in de Rhônegletsjer, Furkapas

Toegift

Menno Boermans, Air Zermatt

Een Nederlander bij de reddingsdienst

Menno Boermans in actie bij Air Zermatt

In Nederland is Menno Boermans vooral bekend als journalistiek- en bergsportfotograaf. Hij publiceerde (samen met Melvin Redekker) het boek *Ooghoogte*, een fotoboek over de bergsport. Als fotojournalist en bergsporter kwam hij in 2004 naar Zermatt om een reportage te maken over de bergreddingsdienst Air Zermatt. Hij was meteen verkocht en van het een kwam het ander. Hij verhuisde naar Zwitserland en woont nu in Grächen, een dorp bij Zermatt, en heeft sinds 2008 een droombaan als een van de tien vliegparamedics bij Air Zermatt.

Voor zijn werk als bergredder heeft hij in Zwitserland diverse medische opleidingen gedaan. Later volgde hij trainingen in Search and Rescue. Bij het redden van mensen komt natuurlijk veel ellende kijken, maar het werk geeft hem ook veel voldoening.

Als je te voet van Täsch naar Zermatt wandelt komt je vlak buiten Zermatt langs de heliport van Air Zermatt. Het is de moeite waard daar even te gaan kijken. Rondleidingen zijn er alleen voor groepen, maar er is een winkeltje, waar je onder andere boeken en kleding kunt kopen. Buiten vliegen de helikopters af en aan.

Air Zermatt: 11 helikopters, 13 piloten, 10 paramedics, 12 mechaniciens

Als je Menno vraagt naar wat je als toerist beslist moet zien in Zermatt antwoord hij meteen: ‘De Matterhorn!’ Er is in Zermatt een museum over de Matterhorn en er zijn tal van viewpoints op de beroemde berg. Een tip: koop de door Menno Boermans geschreven wandelgids *Met uitzicht op de Matterhorn* (uitgever Robert Weijdert, 2019). Het is natuurlijk heel decadent, maar het ultieme Matterhorn-gevoel krijg je tijdens een *sightseeing flight* rondom de berg met een helikopter van Air Zermatt (20, 30 of 40 min. rond de Matterhorn, CHF 220/320/420 per persoon; Air Zermatt: Spissstrasse 107, 3920 Zermatt, tel. 027 570 70 00, air-zermatt.ch).

Meer weten over bergredding: bij Sion Airport wordt op dit moment de Alpine Rescue Experience gebouwd, een belevenis-museum over de bergredding. Het nieuwe museum opent in 2025. ■

Ticino (Tessin)

Tussen besneeuwde bergen en subtropische meren — Het zonnige Ticino ligt aan de zuidzijde van de Alpen en vormt een mix van Italiaanse taal en flair en mondaine steden als Lugano en Locarno aan blauwgroene meren.

Erin duiken

blz. 212

Bellinzona ✪

Drie machtige Lombardische burchten Monte Bello, Castelgrande en Castello di Sasso Corbaro sloten het stadje af tegen vijanden en zijn beschermd als UNESCO-Werelderfgoed.

blz. 228

Toparchitect Mario Botta

De beroemde Tessiner architect ontwierp in Tessin kerken, kapellen, een bankgebouw en zelfs een kabelbaan. Deze ontdekkingsreis voert naar de kapel op de Monte Tamaro en de kleine kerk van Mogno.

De palmboom is het symbool van het kanton Ticino.

blz. 223

Isole di Brissago

Twee paradijselijke eilandjes in het Lago Maggiore met een subtropische botanische tuin.

blz. 225

LAC: Lugano Arte e Cultura

Nieuw cultuurcentrum met theater, concertzaal en kunstmuseum.

blz. 214

De Tibetaanse brug van Carasc

Spannende Tibetaanse hangbrug, hoog boven Bellinzona.

& beleven

blz. 232

Monte San Giorgio

Het UNESCO-Werelderfgoed Monte San Giorgio is het *Jurassic Parc* van Ticino, de berg bevat 200 miljoen jaar oude dinosauriërfossielen.

blz. 219

Centro Monte Verità

Overnachten op de *berg van de waarheid*, een voormalige kunstenaarskolonie op een zonnig uitzichtterras hoog boven Ascona.

blz. 223

Valle Verzasca

Heerlijk zonnen, baden en spelen op de schitterende rotsformaties in de rivier bij de middeleeuwse Ponte dei Salti in het Valle Verzasca.

blz. 220

In de sporen van de Walsers naar Bosco Gurin:

Het hooggelegen dorp, bereikbaar na een bochtenrijke rit vanuit het Lago Maggiore, werd ooit gekoloniseerd vanuit het noorden, over de Alpenhoofdkam heen.

blz. 231

Monte Generoso

Super uitzichtberg van Ticino. Kijk uit over het Lago di Lugano, het Monte Rosa-massief en over de Povlakte tot aan de spits van de dom van Milaan.

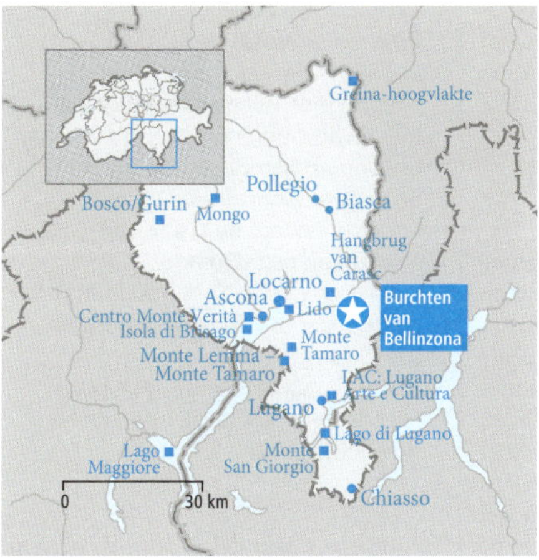

Via ai Grotti: soms staat er maar een granieten tafeltje voor een *grotto*. Als je kunt kiezen uit meerdere *grotti*, zoals in de Via ai Grotti in Biasca, dan kan het een lange avond worden.

Italiaanse sfeer in Zwitserse bergen

H

Het Italiaanstalige Ticino (Duits Tessin) is het zuidelijkste kanton van Zwitserland. Het bevindt zich geheel aan de zuidkant van de Alpen en is genoemd naar de rivier de Ticino, die vanuit de besneeuwde bergen naar het Lago Maggiore stroomt. Een gebied van weelderig groene berghellingen en een warm klimaat met wijngaarden en palmen: Mediterrane sferen, geuren en kleuren.

Mondaine steden en stille uithoeken

Langs de oevers van het diepblauwe Lago Maggiore en het Lago di Lugano liggen de mondaine steden Locarno, Ascona en Lugano, met tal van culturele attracties, musea en festivals. Het toeristische Ticino heeft ook tal van stille en onbekende uithoeken: aan de noordkant wordt het kanton omsloten door 3000 m hoge bergen. Het Val Verzasca en het Vallemaggia, met kastanjebossen, kleine dorpen met nauwe straten en granieten huizen dringen er diep in door. De bruisende bergbeken uit deze dalen wateren af op de grote meren van Ticino.

Ticino is vooral ook een streek voor de actieve vakantieganger: mountainbiken en wandelen door de bergen, zeilen en kajakken op de meren, avontuurlijke tochten met kabelbanen en over hangbruggen, of gewoon lekker ontspannen en zonnen aan het strand: in Ticino liggen al deze mogelijkheden binnen handbereik.

TER ORIËNTATIE

O

Toeristische informatie: Ticino Turismo, Via Lugano 12, 6501 Bellinzona, tel. 091 825 70 56.
Internet: ticino.ch: toeristische info, met tips over eten en drinken, sport, festiviteiten; tessin.ch: boekingssite voor hotels en vakantiewoningen; ticinotopten.ch: de highlights van Ticino.
Reis en vervoer: de Gotthardspoorlijn vormt de noord-zuidverbinding met Milaan. Doorgaande treinen stoppen in Airolo, Bellinzona, Lugano en Mendrisio. Bellinzona heeft een spoorverbinding met Locarno en met de Centovalli-smalspoorbaan naar Domodossola in Italië (centovalli.ch). Aansluitende postbussen bedienen alle bergdalen (postauto.ch).
Auto: Ticino bereik je vanuit het noorden via de Gotthardtunnel en de snelweg A2.

Valle Leventina

Van de doorgaande route af

De reis door Ticino begint aan de zuidkant van de Gotthard in Airolo. Na een afdaling over de Gotthardpas heb je na de vele bochten het gevoel beneden te zijn aangekomen. Maar die indruk is slechts schijn. Hier begint de Leventina, een lang bergdal dat 1200 m verder afdaalt tot je aan de oever van het Lago Maggiore op 200 m boven de zeespiegel het laagste punt van Zwitserland hebt bereikt. Voor de toerist uit het noorden is het Valle Leventina de eerste kennismaking met het landschap aan de zuidflank van de Alpen. Met zijn Gotthardautostrada is het de doorgaande route naar Italië. Het loont de moeite de snelweg te verlaten om het dal met de dorpjes te verkennen. De San Nicolao in Giornico geldt als een van de mooiste kerken van Ticino. Op de hellingen van dit grote dal zijn wandel- en klimtochten te ondernemen, net als in de zijdalen Val Bedretto en Valle di Blenio, die een echt alpien karakter dragen.

Het benedendal van Biasca tot Bellinzona draagt de naam *Rivièra*, waarschijnlijk afkomstig uit de begintijd van het toerisme. Hoogtepunt en afsluiting van het dal vormt de stad Bellinzona met zijn drie indrukwekkende burchten.

Airolo

J7

Airolo is met ruim 1500 inwoners de grootste plaats in het bovendal van de Valle Leventina. De gemeente was tot ver in de 19e eeuw belangrijk als laatste halte voor de Gotthardpas. De burgemeester bepaalde vroeger als enige of de pas 's winters werd gesloten of kon worden geopend. De aanleg van de spoor- en autotunnels degradeerde Airolo tot een halte langs de snelweg. Airolo vormt voor

Middeleeuwse brug en kerken, Giornico

wandelaars en toerskiërs een goed uitgangspunt voor berg- en skitochten in het zuidelijke deel van het Gotthardmassief.

Valle Bedretto

J7

Stil bergdal

Bij Airolo ligt het Valle Bedretto dat aan de noordzijde wordt gedomineerd door de Pizzo Rotondo (3192 m), de hoogste top van het Gotthardmassief. Hier ontspringt de rivier de Ticino. In het Val Bedretto merk je weinig van de zuidelijke sfeer. Het is een stil hooggebergtedal met sparrenbossen, schuimende beekjes en granietpieken die oprijzen boven de bergweiden. Op deze hoogte liggen slechts enkele gehuchten. De weg door het Valle Bedretto stijgt naar de Nufenenpas (2478 m), de verbinding met Ulrichen in Wallis (open juni-okt.).

Supersteil

Langs de oude weg gaat vanuit Ambri een tandradbaan naar het 1795 m hoog gelegen **Piora**. Een van de steilste tandradbanen ter wereld werd in 1917 aangelegd voor de bouw van het stuwmeer en in 1921 opengesteld voor publiek. Het 1380 m lange kabelspoor heeft een maximale helling van 88%. Vanaf het bergstation voert een weggetje naar het achtergelegen Lago Ritóm (1850 m), een stuwmeer in een prachtig, beschermd berglandschap. Een mooi wandelgebied.

ritom.ch, mei-okt. 8.30-19.20 uur

Slapen

Rust en eenvoud

Ristorante/albergo All'acqua: verlaat bij Airolo de Valle Levantina en rijd naar het gehucht All'acqua, naar dit heerlijk eenvoudige hotelletje omgeven door bergweiden. De keuken heeft als motto *semplicitá* (eenvoud) en maakt vooral gebruik van lokale ingrediënten.

All'acqua 6781 Bedretto, tel. 091 869 11 11, ristorante-allacqua.ch, 2 pk CHF125/140, halfpension CHF 35

Aan het stuwmeer

Rifugio Lago Ritóm: deze voordelige herberg is alleen 's zomers geopend en in een kwartier bereikbaar vanaf het bergstation van de tandradbaan Ambri – Piora.

Tel. 091 868 14 24, lagoritom.ch, 2 pk, incl. halfpension CHF 65 p.p.

Eten

Verrassende composities

Hotel Ristorante Forni: goede keuken van chefkok Simone Ciaranfi, die verrast met gerechten als visstrudel met venkel en mandarijnen, afgewerkt met een vleugje eucalyptus. In de winter wordt ook wild geserveerd. Je kunt er uiteraard ook overnachten in cormfortabele kamers.

Via Stazione, Airolo, tel. 091 869 12 70, forni.ch; 2 pk vanaf CHF 190

Kaasparadijs

Caseificio del Gottardo: aan de zuidkant van Airolo (naast de kabelbaan) ligt deze kaasmakerij, met winkel, klein museum en restaurant. Door de glazen ruiten kun je meekijken bij de kaasbereiding. Proef in de winkel de lekkerste kaassoorten en sla voor thuis een voorraadje in. In het restaurant voeren kaasgerechten natuurlijk de boventoon; de kaasfondue is heerlijk.

6780 Airolo, tel. 091 869 11 80, cdga.ch, restaurant dag. 7-24, winkel dag. 9-20 uur.

Info

- **Toeristenbureau:** Viale Stazione (in het station), 6780 Airolo, tel. 091 869 15 33, leventinaturismo.ch, info over het skigebied en de kabelbanen: airolo.ch.

Giornico

K7

Op de onderste daltrede van de Leventina ligt het fraaie dorpje Giornico, een van de oudste dorpen in het dal. Omdat hier een eilandje in de rivier ligt, overspannen twee middeleeuwse boogbruggen de Ticino. Giornico is beslist een stop waard om zijn drie middeleeuwse romaanse kerken en een toren. Het dorp bezit geen hotel, wel een heel bijzonder restaurant.

Vroeg-romaanse kerk

De **San Nicolao** werd tussen de 12e en 15e eeuw gebouwd, opgetrokken uit rechte blokken graniet en voorzien van prachtige granieten dierfiguren in de kapitelen, aan de voet van de portaalzuilen en op de doopvont. De San Nicolao is een van de mooiste vroeg-romaanse kerken van Ticino. Het interieur bevat romaanse en laatgotische fresco's.

Eten

Idyllisch eiland-grotto

Grotto dei due Ponti: op een klein eiland in de Ticino ligt deze idyllische grotto, die via een boogbrug wordt bereikt. De inrichting is modern, de keuken behoort tot de betere.

grotto2ponti.ch, mei-okt. 11-14.30 en 17-24 uur, di. gesl.

Biasca

K8

Het dorp Biasca is een bedrijvig streekcentrum, strategisch gelegen op het kruispunt van de Gotthardpas en de Lukmanierpas. Biasca is minder interessant om te overnachten, maar buiten het stadje liggen een aantal fantastische *grotti* (kleine tavernes, zie Eten).

V

TICINO IN DE HERFST

Bezoek Ticino bij voorkeur in de herfst. Opvallend in de bergdalen zijn de kastanjebossen, die tot hoog op de hellingen groeien. Het mooist is een bezoek in oktober, wanneer de verkleurende bladeren het landschap onderdompelen in een oranje gloed. En bovendien zijn er dan overal in Ticino wijn-, oogst- en kastanjefeesten.

Langste spoortunnel ter wereld

In Pollegio ten westen van Biasca is een bezoekerscentrum over de bouw van de nieuwe 57 km lange HSL-treintunnel. De bouw van deze **Gotthard-basistunnel** werd begonnen in 1999 en voltooid in 2016. Het is de langste spoortunnel ter wereld, met aparte buizen voor beide richtingen. Met alle dwarsbuizen en verbindingen is er in totaal 153,5 km tunnel geboord. In het bezoekerscentrum zijn multimediapresentaties over de spoorlijn en over thema's op het gebied van mobiliteit.

Infocentro Gottardo Sud, Pollegio, tel. 091 873 05 50, alptransit.ch, expositie di.-zo. 9-18 uur, gratis

Eten

Grottoparadijs

Via ai Grotti: vanuit Biasca richting Lukmanierpas: staat met bordjes aangegeven. Er zijn in totaal ongeveer 150 grotti, de meeste zijn echter privé. Vier zijn er openbaar, maar alleen 's zomers vanaf de namiddag geopend. Probeer een van de vier, als die vol is ga je naar de volgende.

Grotto Pini
Via ai Grotti 34, tel. 091 862 12 21

Grotto Petronilla
Via ai Grotti 36 a, tel. 091 862 39 29

Grotto Del Mulo: hele jaar geopend.
Via ai Grotti 38, tel. 076-490 74 70

Grotto Lino: mei-okt.
Via ai Grotti 40, tel. 091 862 45 47

Lukmanierpas K7

Vanuit Biasca kun je een excursie maken door het **Val Blenio** naar de **Lukmanierpas/Passo Lucomagno**. Het zonnige dal langs het riviertje de Brenno wordt ook Valle di Sole genoemd en maakt een vriendelijke indruk met uitgestrekte bergweiden en bossen van tamme kastanjes en arven. Cultuurliefhebbers vinden hier een van de mooiste romaanse kerkjes van Ticino, de **San Carlo Negrentino**. Na Olivone, de hoofdplaats van het dal, gaat de weg met grote lussen richting Passo Lucomagno. De naam stamt van het Latijnse *lucus magnus* (grote woud). Toen de Romeinen deze overgang benutten, moesten zij door een woest berggebied en door heuvels die begroeid waren met dicht bos. De pas door het Valle Santa Maria voert nu door een beschermd natuurgebied van open alpenweiden, die in de zomer vol staan met kleurige bloemen.

Slapen en eten

Rustico

Een grote keus aan **rustici** in het Val di Blenio, die voor een vakantie gehuurd kunnen worden, vind je op de website rustici.ch.

Betoverend

Casa Lucomagno: in Olivone werd de vroegere zomerresidentie uit de 19e eeuw zorgvuldig gerenoveerd tot gastenkamers en vakantiewoningen met originele meubels. Douche/toilet op de gang.
Tel. 091 872 16 03, casalucomagno.ch, 2 pk CHF 136

Ecologisch

Centro Pro Natura: bij Aquacalda, 5 km ten zuiden van de Lukmanierpas, biedt dit natuurcentrum hotelkamers, een natuurcamping en een ecologisch restaurant. Je kunt er overnachten in een Mongoolse yurt en voor de hotelgasten is er een yurt-sauna.
Strada del Lucomagno, Blenio (Acquacalda), tel. 091 872 26 10, pronatura-lucomagno.ch, 2 pk CFH 140

Rustiek maar modern

Pensione Centrale: een klein, gezellig pension met enkele eenvoudige kamers. Voor de gasten wordt 's avonds gekookt met verse streekproducten.
Via alla Chiesa, tel. 091 872 11 07, osteria-centraleolivone.ch, 2 pk CHF 90-110

Biokaas

Kaasmakerij Töira: in Olivone, vlak voor de afslag naar de Lukmanierpas, kun je meekijken bij de kaasbereiding.
Tel. 091 872 11 06, caseificiotoira.ch, juli-aug. 8-12, 14-18.30 uur

Actief

Hangbrug en romaanse kerk

Chiesa San Carlo di Negrentino: vanuit Acquarossa kun je een wandeling maken over historische paden naar deze prachtige romaanse 11e-eeuwse kerk met kostbare romaanse en laatgotische fresco's, in een schilderachtige omgeving. In 2007 werd een voetgangershangbrug aangelegd, die kerk verbindt met het dorp Leontica. Achter de kerk van Leontica (bekend vanwege de jaarlijkse processies) kun je op het muildierpad weer omlaag naar Acquarossa (de kerk is ook bereikbaar per auto). **Tip**: haal eerst bij het restaurant in Prugiasco de sleutel van de kerk.

Toekomstig nationaal park

Capanna Adula: in Dangio (niet te verwarren met Dongio) begint een pad naar de Capanna Adula, een berghut aan de voet van de Rheinwaldhorn, met 3402 m de hoogste berg van Ticino. Het **Adulagebergte**, op de grens van Ticino en Graubünden wordt mogelijk in de toekomst een nationaal park.

Sportklimmen

Luzzone-stuwdam: in Olivone vertakt het Valle di Blenio zich en gaat een zijweg naar Campo Blenio in het Val di Campo. De asfaltweg eindigt bij de stuwdam van Luzzone, waar Tessiner berggidsen een moeilijke en spectaculaire sportklimroute hebben aangelegd op de 165 m hoge stuwdam. Moeilijkheid tot 7-. (Voor een borg van CFH 20 kun je een sleutel afhalen bij ristorante Luzzone, tel. 091 872 13 55, waarmee je een ladder kunt pakken om bij de route te komen.)

Trekking Greina

Deze tweedaagse bergtocht voert over de uitgestrekte **Greina-hoogvlakte** op

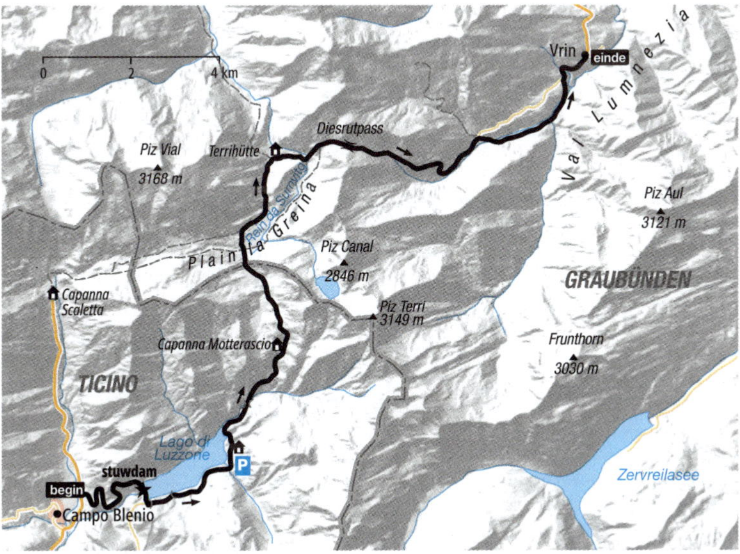

De tweedaagse hike over de hoogvlakte van Greina

2200 m op de grens met Graubünden. Volgens plannen uit 1950 zou de hoogvlakte gebruikt gaan worden voor de energiewinning. Waar de Rein da Sumvitg met wilde watervallen het dal in stroomt, zou een grote stuwdam worden aangelegd. Natuurbeschermers wisten in 1986 de energiemaatschappij tegen te houden en de Greina werd een beschermd landschap, een uitgestrekte, door de mens onberoerde hoogvlakte.

De wandeltocht is mogelijk van half juni tot half oktober en voert langs twee berghutten naar het dorpje Vrin in Graubünden.

Startpunt: stuwdam van Luzzone; lengte 28 km, 1650 hoogtemeters; Capanna Motterascio: tel. 091 872 16 22, capannamotterascio.ch; Capanna Terri: tel. 081 943 12 05, terrihuette.ch

Bellinzona ✪ K8

De meest 'Italiaanse' stad van Zwitserland

La città dei castelli is de eerste grote plaats die je langs de Gotthardautostrada vanuit het noorden tegenkomt. Reeds van ver zie je drie middeleeuwse burchten oprijzen. Aan de voet van de burchten ligt de oude binnenstad van deze kantonhoofdstad van Ticino. Het is een plezierig, gezellig stadje, met typisch Italiaanse piazza's (pleintjes) en statige patriciërshuizen met balkons en arcaden. Op de sfeervolle zaterdagmarkt op de centrale Piazza Collegiata en de Piazza Nosetto worden Tessiner kaas en salami verkocht. Van het station (met toeristenbureau) naar het centrum loopt de Viale Stazione met schaduwrijke bomen en aardige winkels. Aan de bogenrijke Piazza Nosetto ligt het in 1926 gebouwde Palazzo Civico, het stadhuis met prachtige binnenhof.

De castelli van Bellinzona

Vanwege zijn strategische ligging op het kruispunt van twee grote paswegen, de St. Gotthard en de San Bernardino, en de weg naar Milaan, was Bellinzona al sinds de Romeinse tijd een twistpunt tussen Zwitsers en Italianen. Aan de hertogen van Milaan (13e-15e eeuw) heeft de stad zijn vestingen te danken. De drie burchten in Lombardische stijl zijn verbonden door vestingmuren, en hadden als doel het dal tegen de Zwitsers te beschermen. Dat voorkwam uiteindelijk niet dat de stad in 1500 door de Eedgenoten werd veroverd, en dit Italiaanstalige gebied Zwitsers werd.

De grotendeels intacte burchten, muren, torens, kantelen en poorten van dit imposante vestingwerk zullen je zeker verrassen! Een pittige wandeling van ongeveer 1,5 uur verbindt de drie burchten met elkaar (aangegeven met gekleurde verfpijlen).

De oudste burcht

Direct aan de westkant van het centrum ligt op een heuvel het **Castelgrande** met het historisch museum dat archeologische en kunsthistorische collecties bevat. Klim vanaf de Piazza Nosetto door een van de steegjes omhoog, of neem de lift in de rotsen (vanaf de Piazza Collegiata) direct omhoog naar deze oudste burcht. Vraag naar de film van een halfuur, die een goed overzicht geeft van het hele vestingcomplex. In het hoogseizoen worden er operavoorstellingen gehouden op de binnenplaats van het Castelgrande.

Museo di Castelgrande, tel. 091 825 81 45, nov.-mrt. dag. 10-17, april-okt. dag. 10-18 uur, CHF 5

Ridderkasteel

Terug naar het centrum, en dan omhoog over de oostelijke helling kom je bij het **Castello di Montebello**, dat er nog steeds uitziet als een echte ridder-

Castello di Montebello en (op de achtergrond) het Castelgrande, Bellinzona

burcht. In deze voormalige zetel van de Zwitserse landvoogd is het **Museo civico** gehuisvest, met onder meer archeologische vondsten en wapens.

Museo civico, tel. 091 825 13 42, mrt.-nov. dag. 10.30-16, apr.-okt. 10-18 uur, CHF 5

De bovenste burcht

En ten slotte brengt een stevige klim je bij het **Castello di Sasso Corbaro**, dat 230 m boven het dal op een uitstekende bergpunt oprijst en waar je vanaf de belvedère een mooi uitzicht hebt. Op de binnenplaats wacht de historische Osteria Sasso Corbaro op je bezoek.

Castello di Sasso Corbaro, tel. 091 825 59 06, mrt.-nov. dag.10.30-16, apr.-okt. 10-18 uur, CHF 5

Voorstad

In Ravecchia, een zuidelijk voorstadje van Bellinzona, staat de romaanse basiliek **San Biagio**, versierd met fresco's. Naast de San Biagio kun je een bezoek brengen aan de kunstcollectie in de 19e-eeuwse **Villa dei Cedri**. Hier zijn werken te zien van 19e- en 20e-eeuwse kunstenaars als Segantini en Kokoschka.

Piazza S.Biagio 9, 6500 Bellinzona, tel. 091 821 85 20, villacedri.ch, wo.-vr. 14-18, za.,zo. 11-18 uur, CHF 12

Slapen en eten

Historie in een modern jasje

Hotel Internazionale: het traditionele hotel bij het station is recent gerenoveerd. Met een kleine spa is het Bellinzona's aangenaamste hotel.

Viale stazione 35, tel. 091 825 43 33, hotel-internazionale.ch, 2 pk vanaf CHF 170

Op stand

Osteria Sasso Corbaro: in het hof van de hoogste burcht van Bellinzona zit je op granieten banken onder de wijnbladeren.

Via Sasso Corbaro 44, osteriasassocorbaro.ch

Beroemde grotto

Grottino Ticinese: Vlak buiten het centrum ligt dit restaurant van Dario Joppini, die ongelooflijk lekker kookt; geliefd zijn de gnocchi en de vitello tonnato.

Via Luigi Lavizzari 1, grottinoticinesebellinzona.ch, tel. 091 826 39 64, 's winters zo. gesl.

Actief

De Tibetaanse brug van Carasc

Boven **Monte Carasso**, ten westen van Bellinzona, werd in 2015 een spannende 270 m lange Tibetaanse hangbrug geopend tussen de dorpen Sementina en Monte Carasso. De brug hangt 130 m boven de kloof en is bereikbaar vanaf het tussenstation Curzútt van de kabelbaan uit Monte Carasso, of te voet op wandelroute **Via delle Vigne**.

Kabelbaan Monte Carasso, Via Pedmùnt, 6513 Monte Carasso, tel. 091 825 81 88, mornera.ch, dag. 06.30-21.30 uur

Info

- **Toeristenbureau:** er is een nieuw informatiepunt in het centrum van Bellinzona, op de Piazza Collegiata 12, tel. 091 825 21 31, bellinzonaevalli.ch.
- **Bellinzona Pass:** voor toegang tot de drie burchten en hun musea, inclusief kunstmuseum Villa dei Cedri (20% korting op Funivia Monte Carasso – Tibetaanse brug – en Museo dei Fossili del Monte San Giorgio): CHF 28.

Lago Maggiore

Een lang, breed, blauwgroen lint

De hoge bergen verlenen een speciale charme aan het Lago Maggiore, ook Verbano genoemd, waarvan slechts een vijfde op Zwitsers grondgebied ligt. Sierlijk golft

Palmen aan het Lago Maggiore

het meer tussen de groene bergen door. Bij Magadino tegenover Locarno stroomt de kaarsrecht gekanaliseerde Ticino door een brede vlakte het meer in. Ook de beken uit de valleien van Verzasca en Maggia monden uit in het Lago Maggiore, en hebben grote delta's in het meer gevormd waarop de steden Locarno en Ascona liggen, omringd door weelderige parken en tuinen.

Locarno

K8

Heerlijk oord voor overwinteraars

Het prettige klimaat en het grote aantal zonuren maken Locarno in voor- en najaar en zelfs in de winter, tot een geliefde verblijfplaats. Een wandeling over de promenade langs het meer is extra aangenaam door de vele bloemen en planten langs de oever en in de tuinen. Camelia's, magnolia's en mimosa bloeien vaak al in februari. En in maart is er een heus cameliafestival.

Dwars op de boulevard ligt de langgerekte Piazza Grande, de grootste piazza van Ticino, geplaveid met rivierkeitjes, in de zomer het toneel van rock- en filmfestivals, in de winter wordt ze omgetoverd in een feeërieke ijsbaan (Locarno on Ice). In augustus, als het internationale filmfestival wordt gehouden, gonst Locarno van de drukte en mengen de toeristen met de Ticinesi. Tijdens het filmfestival maakt een reusachtig scherm van Piazza Grande een enorme openluchtbioscoop. De Piazza wordt aan de westkant afgesloten door de resten van het Castello Visconteo met het museo civico over de geschiedenis van Locarno, en de kleine maar prachtige 16e-eeuwse kerk San Francesco met naastgelegen kloosterhof. Achter de Piazza Grande ligt de compacte binnenstad van Locarno tegen de heuvel aangebouwd, met smalle steile steegjes en statige patriciërshuizen, die achter hun gevels patio's met galerijen, tuinen en fonteinen verbergen. Je vindt er leuke winkeltjes en tal van cafés en eethuisjes.

Vlak bij de haven in het centrum van Locarno vind je de **Ghisla Art Collection** in een knalrood kubusvormig gebouw van de lokale architecten Moro & Moro: moderne en hedendaagse kunst van onder meer Picasso, Mirò, Botero, Frank Stella, Appel en Basquiat (zie blz. 233).

Via Antonio Ciseri 3, 6600 Locarno, tel. 091 751 01 52, ghisla-art.ch, apr.-okt. wo.-zo. 13.30-18, nov.-mrt. tot 17.30 uur, CHF 18

Links van de barokke San Antonio Abate staat het Casa Rusca, een 17e-eeuws patriciërshuis met mooie binnenhof en gewelfde galerijen. Hier is de **Pinacoteca Casa Rusca** gevestigd, met tentoonstellingen van moderne kunst. In de hof staan onder andere kunstwerken van Jean Arp.

Piazza S. Antonio, 6600 Locarno, tel. 091 7 56 31 85, museocasarusca.ch, di.-zo. 10-12, 14-17 uur, CHF 15

Oeverpromenade

Voor een ontspannen wandeling volg je de oeverpromenade **Lungolago**, vanaf de aanlegplaats van de boten, de Debarcadero, in zuidelijke richting. Voorbij de jachthaven ligt de **Giardini Jean Arp**, een beeldentuin ter nagedachtenis aan de kunstenaar Jean Arp, waarvan je hier enkele van zijn sculpturen kunt bewonderen. Dan langs het Lido di Locarno naar het **Parco delle Camelie** (cameliapark). De beste tijd om de camelia's in bloei te zien is maart-april.

Het **Lido van Locarno** is een groot zwemcomplex met diverse buitenbanen en een verwarmd bad. Nog meer wellness ervaar je in de naastgelegen spa, met sauna, Turks bad en baden met zout water. Het buitenzwembad is zo aangelegd dat het lijkt alsof je in het meer zwemt.

Termali Salini & Spa, Lido Locarno, Via Respini 7, 6600 Locarno, tel. 091 786 96 96, lidolocarno.ch, dagkaart CHF 35

Slapen

Uitzichtrijk

La Barca Blu: modern hotel boven Locarno, vlak bij Santuario Madonna del Sasso; stijlvolle ruime kamers, veel ervan met balkon; met kleine wellnessafdeling.

Via al Parco 2, 6644 Locarno, tel. 091 743 47 60, 22, barcablu.ch, 2 pk vanaf CHF 130

Jazz

Millennium Garni: dit kleine hotel, het voormalige douanekantoor, noemt zichzelf The Jazz Hotel. De elf kamers dragen namen als Duke Ellington en Charlie Parker.

Via Dogana Nuova 2, tel. 091 759 67 67, millennium-hotel.ch, 2 pk vanaf CHF 140

Voordelig stadshotel

Garni Du Lac: ontving in 2013 de *Prix Bienvenue* als beste stadshotel. Centraal gelegen; 's zomers ontbijt je op het terras.

Via Ramogna 3, tel. 091 751 29 21, du-lac-locarno.ch, 2 pk vanaf CHF 145

Om lang te blijven

Campofelice Camping & Bungalows: ruime en luxe camping, aan de monding van de Verzasca. Naar keuze overnachten in je eigen tent, een van de vijftig moderne twee- tot zespersoonsbungalows, appartement of hotelkamer. Kies zelf hoe luxe je wilt 'kamperen'.

Via alle Brere 7, 6598 Tenero, tel. 091 745 14 17, campofelice.ch

Eten

Vis

Ristorante Cittadella: in de Albergo Cittadella. Uitstekend visrestaurant in de oude binnenstad. Op de eerste verdieping eet je chic, op de begane grond is de kaart eenvoudiger.

Via Cittadella 18, 6600 Locarno, tel. 091 751 58 85. cittadella.ch, ma. gesl.

Klein eethuis

Borghese: klein eethuisje met een binnenplaats, maar de keuken zet grootse gerechten op tafel, 's winters fondue en raclette.

Via Borghese 20, tel. 091 751 04 98, ma.-vr.

Reuzepizza

Al Torchio: de tafeltjes buiten zijn geliefd en snel te klein als de enorme pizza's voor twee worden geserveerd, waar vier genoeg aan hebben.

Viale Verbano 15, Muralto, tel. 091 743 43 77

Ontmoetingsplek

Gran Caffè Verbano: hét café aan de Piazza Grande, een klassiek gebouw met een modern interieur. De ontmoetingsplek van vele generaties Locarnesi.

Piazza Grande 5, tel. 091 752 00 15, barverbano.ch

Actief

De funicolare naar de madonna

Madonna del Sasso: wandelaars nemen het pad door de kloof en anderen het kabeltreintje (funicolare Locarno – Madonna del Sasso), dat vertrekt vlak bij het station. In de barokke bedevaartskerk boven Locarno zijn *De Vlucht naar Egypte* van Bramantino (1520), *De Graflegging* van de Ticinese schilder A. Ciseri (1865) en een 15e-eeuwse piëta bijzonder. Vanaf de galerij heb je fraai uitzicht op Locarno.

Via Santuario 2, Orselina, tel. 091 743 62 65, madonnadelsasso.org, treintje dag. 6.30-18.30 uur

Designkabelbaan

Als voortzetting van het kabeltreintje is er de designkabelbaan naar de huisberg van Locarno: de **Monte Cardada** (1332 m). Mario Botta ontwierp dal- en bergstations en de gondels. Van het panoramaterras van staal bij het eindstation heb je een spectaculair uitzicht op het Lago Mag-

Lievelingsplek

Centovalli Express: Locarno – Domodossola

Honderd zijdalen telt *Centovalli*, of in ieder geval veel. Dichtbebost zijn ze en steil. Door het dal loopt een smalle bochtenrijke weg en een smalspoorlijn. Wie van het dal wil genieten laat zich het best vervoeren met de *Centovalli-spoorlijn*. Het treintje verbindt de Gotthard- met de Simplonspoorlijn en is uit Tessin via Domodossola (Italië) en de Simplontunnel de kortste weg naar Wallis. De treinreis is een belevenis en voert door de prachtige landschappen van het Centovalli en het Italiaanse Valle Vigezzo. De trein slingert over 18 imposante bruggen en door 28 tunnels, langs kloven en begroeide bergen, waartussen de schilderachtige dorpen liggen. Met een Zwitserse treinpas kun je gratis gebruikmaken van ook het Italiaanse deel van het traject.

giore en de Walliser Alpen. Een stoeltjeslift gaat nog verder omhoog, naar de **Cimetta** (1671 m), waar het uitzicht nog omvattender is. Het diepste en hoogste punt van Zwitserland in één oogopslag: het Lago Maggiore en de Dufourspitze op de Monte Rosa.

Info en evenementen

- **Toeristenbureau:** Largo Zorzi 1, 6600 Locarno, tel. 091 791 00 91, ascona-locarno.com.
- **Veerdiensten:** vervoer per boot is populair en vaak handiger dan met bus of trein. De snelle bootdienst tussen Locarno en het Italiaanse Stresa doet ook Ascona en Brissago aan. Naar de andere plaatsen aan de Zwitserse oever gaan boten van de NLM (Navigazione Lago Maggiore). Dienstregeling bij het toeristenbureau en de bootsteiger aan het begin van de promenade.
- **Cameliafestival:** drie dagen, eind maart; camellia.ch.
- **Moon and Stars:** juli, moonandstars.ch; internationale popsterren geven concerten op de Piazza Grande.
- **Filmfestival Locarno:** 1e helft aug., locarnofestival.ch.
- **Locarno on Ice:** eind nov.-begin jan., locarnoonice.ch.

Ascona

K9

Aan Locarno grenst de toeristenplaats Ascona. Ooit een typisch Ticinees vissersdorp, nu een exclusief vakantieoord waar veel Duitsers en Duitstalige Zwitsers een tweede huis bezitten. Gezellig is de Piazza, de promenade aan het meer, met terrasjes langs het water. Typisch Ticinees gebleven is de oude *Borgo*, het dorp. Het is prettig slenteren door de pittoreske en geheel autovrije oude straatjes, pleintjes en steegjes met galerieën en boetiekjes.

Musea

De 'berg van de waarheid'

Klim vanuit het centrum omhoog naar de **Monte Verità**, de berg van de waarheid, waar rond 1900 artiesten en intellectuelen een kolonie stichtten, op zoek naar alternatieve waarden en levenswijzen. Tot 1940 was het een trefpunt van (vooral Duitse) intellectuelen, anarchisten en kunstenaars – Carl Jung, Herman Hesse, Hans Arp, Walter Gropius, Marcel Breuer, Oskar Schlemmer, Paul Klee en Jawlensky verbleven er, kort, lang of voorgoed. Het **Museo Monte Verità** gaat in op de geschiedenis van deze kolonie van wereldverbeteraars. De tuinen met tropische planten en uitzicht op het meer zijn openbaar toegankelijk en heerlijk om tot rust te komen. Je kunt pauzeren in het theehuis of in een van de twee uitstekende restaurants.

Via Collina 84, tel. 091 785 40 40, monteverita.org, april-okt. dag. 10-18, nov.-mrt. za.-zo. 11-17 uur

Duitse kunstenaars

Het **Museo d'Arte Moderna** zit in het Palazzo Pancaldi aan de Via Borgo. Het toont werk van (Duitse) kunstenaars die een band hadden met Ascona zoals Richard Seewald, Paul Klee, Marianne Werefkin en Hermann Hesse.

Via Borgo 34, tel. 091 759 81 40, museoascona.ch, mrt.-dec. di.-za. 10-12, 14-17; zo. 10.30-12.30 uur, CHF 10

Fondazione Epper toont schilderijen van Ignaz en Mischa Epper en andere 20e-eeuwse expressionisten (wisselende exposities).

Via Carrà dei Nasi 1, tel. 091 7 91 19 42, fondazioneepper.ch, wo.-zo. 10-17 uur

De Isole di Brissago, twee eilandjes met subtropische planten in het Lago Maggiore

Slapen en eten

De Caraïben?

Albergo Losone: verscholen tussen de grootste palmentuin van Zwitserland. Het verwarmde zwembad met rietgedekte huisjes draagt bij aan het tropische gevoel. Viersterrenhotel, ook voor kinderen; beste familiehotel van het jaar 2022.

Via dei Pioppi 14, 6616 Losone-Ascona, tel. 091 785 70 00, albergolosone.ch, 2 pk vanaf CHF 350

Designhotel

La Meridiana: elegant hotel in een historisch Tessiner huis, uitzicht op het meer vanuit alle kamers. Leeszaal, fitness, huurfietsen.

Piazza G. Motta 61, tel. 091 786 90 90, garni-la-meridiana.ch, 2 pk v.a. 240 CHF

Bauhaus

Hotel Monte Verità: in de voormalige kunstenaarsoase kun je overnachten in diverse gebouwen: het Bauhaushotel, de Jugendstilvilla of een van de drie bijbehorende vakantiewoningen. Voor elke smaak en beurs.

Via Collina 84, tel. 091 785 40 40, monteverita.org, 2 pk CHF 95-350

Grotto met moderne touch

Grottino Ticinese: deze sympathieke grotto is door zijn mix van typisch Tessiner keuken en zonnige groene tuin een favoriete plek van locals. Probeer hier eens een polenta (maisgriesmeelgerecht).

Via San Materno 10, 6616 Losone, tel. 091 791 32 30, grottino-ticinese.ch

Info en evenementen

- **Toeristenbureau:** Viale Papio 5, 6612 Ascona, tel. 091 791 00 91, ascona-locarno.com.
- **Fietsverhuur:** Bike Chiandussi, Via Circonvallazione 14, tel. 091 780 55 42. Mountainbikes, toer-, en racefietsen.
- **Jazz Ascona:** hele maand juni, tweehonderd jazzconcerten.
- **Straatartiestenfestival:** hele maand juni, strassen-kuenstlerfestival.ch
- **Settimane Musicali di Ascona:** eind aug.-half okt., klassieke concerten in de Collegio Papiokerk.
- **Kastanjefestival:** half okt.

ONTDEKKINGSREIS
Naar Bosco Gurin

In de sporen van de Walsers

Info

Planning:
dagtocht.

Begin/Einde:
Locarno/Bosco Gurin (📍 B/C 1/2).

Toeristenbureau Bosco Gurin: tel. 091 759 02 03, boscogurin.ch

Ook voor de huidige reiziger, die vanaf het Lago Maggiore de bergen inrijdt, ligt Bosco Gurin ❶ erg afgelegen. Maar destijds, toen de kolonisatie van het Walserdorp begon, was de weg nog veel lastiger: namelijk vanuit het noorden, over de Tessiner bergen heen.

Van Locarno voert de Via Cantonale in noordelijke richting langs de Maggia naar Cevio en slingert de smalle weg door het afgelegen Valle di Bosco omhoog naar het Walserdorp Bosco Gurin op 1506 m hoogte aan het eind van het dal. Bosco Gurin is het hoogste dorp van Ticino en een van de mooiste Zwitserse bergdorpen. Het is het enige in Ticino waar Duits de voertaal is. De reden: het dorp werd niet vanaf het Lago Maggiore, maar in 1253 over de Alpen vanuit het noorden gesticht door de 'Walser', inwoners van het Zwitserse kanton Wallis. Ze brachten hun taal en bouwstijl mee; dat zie en hoor je tot op heden. Het schilderachtige dorp met zijn steegjes en zijn huizen met een stenen basis en houten opbouw is prachtig bewaard gebleven en kent zestig permanente inwoners. Vanwege de Walser erfenis en de mooie omgeving is het een geliefde vakantiebestemming.

Hout op steen

De weg eindigt voor Hotel Walser; auto's moeten buiten het dorp parkeren. Bij een wandeling door de steegjes vallen op de gevels de kleurrijke gravures op, zogenaamde *sgrafitti*. Veel ervan werden geschilderd door Hans Anton Tomamichel, in Bosco Gurin geboren en opgegroeid (1899-1984). Honderd huizen en evenveel schuren en stallen vormen het dorp. Niet alleen de gevels van de huizen, maar ook hun bouwwijze is opvallend: een stenen basis met een houten opbouw.

Houten Walser woonhuis in Bosco Gurin

Geschiedenis van de Walser

Zeer interessant is de geschiedenis van de Walser, omdat ze laat zien hoe de mensen zich in nieuwe gebieden vestigden. In de 9e eeuw werden, door het afsmelten van de gletsjers, de hoge bergdalen groener en de passen begaanbaar. De Alemannen trokken dieper gebergte in: een reis naar de binnenste bergdalen rond het Gotthardmassief. In de Goms, het bovenste Rhônedal, ontstond het eerste belangrijke vestingsgebied van de bergboeren. Het leven was zwaar, de opbrengsten uit het hooggebergte waren mager.

Walsermuseum

Het Walsermuseum van Bosco Gurin is ondergebracht in een boerderij uit 1386, een van de oudste van Zwitserland. Hoe de dorpelingen leefden toont het museum, dat is ingericht met originele meubels en landbouwgereedschappen. Hoe karig de voeding was maakt de museumtuin met oude cultuurplanten duidelijk.

Zwaarden tot ploegscharen

Op grote hoogtes waar permanente bewoning ongewoon was, kapten in de 13e eeuw de Walser immigranten het bergbos, plantten er fruitbomen en weidden er vee. De Walser kolonisatie begon vanuit de Goms, in vogelvlucht half zo ver verwijderd van Bosco Gurin als het Lago Maggiore. De kolonisten trokken steeds verder de onbewoonde bergdalen in. De opbrengsten waren gering, maar daarvoor in de plaats kregen de kolonisten iets voor de middeleeuwen ongehoords: persoonlijke vrijheid. Zwaarden tot ploegscharen – deze bijbelspreuk zou een Walsermotto kunnen zijn, want ze dienden niet in het leger, hadden vrije keus van vestiging, vrijheid van huwelijk en betaalden vrijwel geen belastingen.

Museum Walserhaus: tel. 091 754 18 19, walserhaus.ch, Pasen-okt. di.-za. 10-11.30, 13.30-17, zon- en feestdagen 13.30-17 uur, CHF 6.

Tien moedige families

Halfnomaden brachten in het voorjaar hun vee over de bergpas Guriner Furggu (Furka) naar de Maiensäss, de zomerweiden, en haalden het in de herfst weer terug. Op de almen bouwden ze eerst een schuilhut, dan een stevigere *torba*, met de typische 'muizenstenen' op de draagbalken, die het binnendringen van knaagdieren verhinderden. In Bosco Gurin bevinden zich nog vijftien van zulke graanschuren. Omdat de erfenis 'geheel en ondeelbaar' moest worden doorgegeven, trokken de tweede erfgenamen en de andere zonen verder en werden kolonisten net als hun voorvaderen. Zo stichtten in 1244 tien families uit de Pomatt (in het huidige Italië) het dorp Gurin, bebouwden de almweiden en maakten van de torba een stevig Walserhuis.

Vliegende zielen

Hoe hard het leven boven in de bergen was, toont ook de zogenaamde Seelabalgga in het museum: lag iemand op sterven, werd dit venster in het Walserhuis geopend, zodat zijn ziel naar de hemel kon vliegen. Midden in het dorp torent de kerk uit 1253. Witgekalkt ziet die er totaal anders uit dan de romaanse campanille in de andere Tessiner dalen.

... wänn mu anandra liapa tüat

Duitse spreuken sieren de gevels. Het Gurinerduits – *Gurijnartitsch* –is middeleeuws Alemaans, zegt men. 'Ze kletsen in een taal die Dante zou doen blozen en Goethe zou doen huilen', schreef een taalonderzoeker rond 1900. Op een Guriner gevel is dat zo te lezen: 'D's Naeschtschi – Chlys, abar groaßas gnüag, wänn mu anandra liapa tüat' ('Het nest – klein, maar groot genoeg, als men van elkaar houdt'). Thuis spreken de Guriner hun Walserduits. Maar hoe lang nog? De zeven kinderen van Bosco Gurin gaan in Cevio naar school, sinds de basisschool in Gurin werd opgeheven. Het onderwijs in Cevio is in het Italiaans.

Met de skilift naar oude paden

Toerisme is voor Bosco Gurin het enige alternatief om de emigratie te stoppen. Zo werd de skilift gemoderniseerd, die precies naar de bergpas omhoog voert, waarover het dorp gekoloniseerd werd. Zo kun je zonder inspanning omhoog zweven naar de Guriner Furka, waarover 700 jaar geleden moedige kolonisten naar het zuiden trokken, om een dorp te stichten.

Info

Slapen:
Hotel Walser: modern comfortabel hotel aan de ingang van het dorp; sfeervol restaurant met grote open haard, sauna en fitnessruimte.

Adres: 6685 Bosco Gurin, tel. 091 759 02 02, hotel-bosco gurin.ch/en, 2 pk met halfpension vanaf CHF 206.

Isole di Brissago

K9

De Isole di Brissago, tegenover Porto Ronco, vormen het onvermijdelijke, maar zeer terechte uitstapje voor gasten aan het Lago Maggiore. Op het **Isola Grande**, de grootste van de twee eilandjes, bevindt zich de veel geroemde botanische tuin van het kanton Tessin. Het milde klimaat zorgt ervoor dat hier op een klein oppervlak zo'n 1700 subtropische plantensoorten groeien. Op het eiland is een restaurant in de statige villa.

Het kleinste eiland, St. Apollinare, is niet toegankelijk en wordt overgelaten aan de uitbundige natuur.

isoledibrissago.ch, tel. 091 791 43 61, bootverbinding vanuit Locarno, Ascona, Brissago en Porto Ronco, toegang CHF 10

Valle Verzasca

K8

Drie ruige bergdalen

Een uitstapje van het Lago Maggiore in een van de lange zijdalen in de *Alpi Ticinesi* mag op je vakantie niet ontbreken. Naar keuze: **Val Verzasca, Valle Maggia** of het **Centovalli**. Door het kleinschalige toerisme heerst hier een rust die doet denken aan vervlogen tijden. Heb je weinig tijd? Bezoek dan het Valle Verzasca, weliswaar het meest toeristische, maar snel te bereiken vanuit Locarno. Vanuit Gordola, ten oosten van Locarno, klimt een weg naar het ruige Valle Verzasca, het bekendste bergdal van Ticino. Grootste attractie is de bergbeek met zijn smaragdgroene water tussen de grote rotsblokken. De weg voert langs schilderachtige dorpen. Eerst kronkelt de weg naar de 220 m hoge dam en het stuwmeer van Vogorno, dat zich als een fjord tussen de steile wanden uitstrekt.

De Golden Eye sprong

Vanaf de parkeerplaats wandel je over de **stuwdam van Vogorno**, duizelingwekkend uitzicht gegarandeerd! Hier werd een van de beste stunts uit de filmgeschiedenis uitgevoerd: James Bonds sprong vanaf de 220 m hoge stuwdam in de film *Golden Eye*. Treedt in zijn spoor en maak nu zelf de 007-sprong: de ultieme adrenalinekick.

Golden Eye bungee-jump: Casa Rosina, Tegna, tel. 091 780 78 00/079 600 70 07, trekking.ch

Spookdorp Corippo

Voorbij het stuwmeer voert een brug naar het bergdorp **Corippo**, tot begin 20e eeuw een centrum van de linnenindustrie. Door concurrentie uit het buitenland werd de productie van vlas onderuitgehaald en liep het dorp leeg. In 1975 werd het verlaten dorp in zijn geheel beschermd als architectuurmonument. In 1850 leefden hier circa 350 mensen, nu nog 22. Veel woningen worden zijn verbouwd tot vakantiehuizen.

Valle Verzasca, schitterende rotsformaties in de rivier bij de Ponte dei Salti

Smaragdgroene bergbeek
Belangrijkste attractie van Lavertezzo is de **Ponte dei Salti**, met zijn twee bogen (17e eeuw) en gereconstrueerd in 1960. Voor de middelste pijler werd gebruikgemaakt van een ontzagwekkend brok graniet dat daar toch al lag. Het is leuk om rond te struinen tussen de schitterende rotsblokken in de rivier of een duik te nemen in het ijskoude water. Maar pas op: na regenval kan dit levensgevaarlijk zijn!

Sonogno

De weg door het dal eindigt in het vrij toeristische dorp Sonogno, dat een goed bewaarde dorpskern bezit. Een wandeling van 20 minuten voert naar een hoge waterval, de Cascata La Froda. Veel dorpsbewoners werken in de wolbewerking, van schaap tot afgewerkt product. Deze op initiatief van **Pro Verzasca** geïntroduceerde huisindustrie heeft werkgelegenheid teruggebracht in dit met ontvolking bedreigde dal. Bezoek de dorpswinkel *Artigianato Pro Verzasca* voor handgesponnen en geverfde wol, aardewerk en houtsnijwerk.

Slapen en eten

Bungalows
Rustici della Verzasca: 17 rusticostijl appartementen boven het meer van Vogorno; met sauna, sportfaciliteiten en een osteria.

6632 Vogorno, tel. 091 745 16 84, rustici-verzasca.ch, vanaf CHF 600 per week

Verse vis
Ai Piee: Verse forel uit de Verzasca, gestoomd, gebakken of gevuld. In Brione, halverwege het Valle Verzasca.

Via Cantonale, 6634 Brione, tel. 091 746 15 44, piee.ch

Lugano

K9

Kosmopolitisch en elegant
De stad strekt zich uit langs de beschutte oever van het gelijknamige meer, gelegen tussen twee wachters: de Monte Brè en de Monte San Salvatore, beide circa 1000 m hoog. De grootste stad van Ticino trekt met zijn milde klimaat het hele jaar veel bezoekers. Lugano pronkt met moderne architectuur, een prachtige dom, kunstmusea en een gezellige historische binnenstad langs het meer.

Wie met de Gotthardtrein aankomt op het station in de bovenstad kan met het tandradbaantje snel naar de benedenstad en het **Centro Storico** (historische binnenstad) langs het meer. In de nauwe, onregelmatige en bochtige straatjes verdringen zich de inwoners en de toeristen. Onderlangs het meer ligt de Riva, de groene boulevard, die 's avonds uitnodigt tot een *passegiata* (wandelingetje).

Lugano is een levendig toeristencentrum met veel hotels en ieder denkbaar vertier. Goede wandelwegen en talrijke bus- en bootverbindingen met de omringende dorpen maken vele uitstapjes in het bergland mogelijk.

Sfeer in het Centro storico
Tussen het oude centrum en het station ligt op een terras (omgeven door lelijke nieuwbouw) de kathedraal ❶ **San Lorenzo**. De gebeeldhouwde, marmeren voorgevel (1517) met zijn strakke harmonieuze lijnen is een mooi voorbeeld van Lombardische renaissance. De zuidelijke toegang tot de binnenstad is de ❷ **Piazza Riforma**, het uitgaanscentrum van de stad. Nauwe straatjes met arcaden monden uit op dit grote plein met een ruime keus aan terrasjes. Aan de zuidkant ervan staat aan de Piazza R. Rezzonico de Municipio (stadhuis),

Lugano

Gaan zien

1. San Lorenzo
2. Piazza Riforma
3. Santa Maria degli Angioli
4. Lugano Arte e Cultura
5. Parco Civico

Slapen

1. Villa Corona
2. Albergo Federale
3. Vakantiedorp Albonago
4. Hotel Pestalozzi

Eten

1. Cyrano
2. Antica Osteria del Porto
3. Grotto Morchino
4. Antico Ristorante Caprino
5. Canvetto Luganese

Uitgaan

1. Grand Café al Porto
2. Lido Bar
3. Etnic

Shoppen

1. Via Cattedrale
2. Via Canova
3. Foglia

---

met Tourist Office. Op de binnenplaats staat daar een standbeeld van Spartacus (1848) van Vincenzo Vela.

Bij de Piazza B. Luini (Via Loreto), aan de zuidkant van de oude stad, staat de ❸ **Santa Maria degli Angioli**. De kerk werd gebouwd aan het eind van de 15e eeuw en is beroemd om de fresco's van de lijdensweg van Christus en het Madonnabeeld in de achterste kapel, beide van Bernardino Luini (16e eeuw), een leerling van Michelangelo.

Op een steenworp afstand van het meer aan de Piazza Bernardino Luini staat sinds 2015 het opvallende architectonische hoogstandje, het ❹ **LAC – Lugano Arte e Cultura**, een cultuurcentrum met theater, concertzaal en museum voor moderne kunst. In 2010 fuseerden de stedelijke en cantonale kunstmusea tot het **MASI – Museo d'arte della Svizzera Italiana**, het 'Museum van de Zwitsers-Italiaanse kunst'. Het museum is verdeeld over twee locaties: het renaissancegebouw **Palazzo Reali** toont oude kunst uit de periode 1400-1850, en het nieuwe **LAC** toont een zeer diverse collectie kunst van na 1850, onder meer Corot, Pisarro, Kandinsky, Schlemmer, Feininger, Arp.

Palazzo Reali (oude kunst), Via Canova 10, di., 14-17, wo.-zo. 10-17 uur, CHF 12; LAC (moderne kunst), Piazza B. Luini 6, 6900 Lugano, tel. 058 866 42 00, masilugano.ch, di.-vr. 11-18, do. tot 20, vr.-zo. 10-18 uur, CHF 8/20 (beide musea samen CHF 24)

Aan de oostkant van het centrum ligt het stadspark **5** **Parco Civico** en aangrenzend het Lido strandbad. Het stadspark vraagt gewoon om even lekker te ontspannen, in de schaduw van de hoge bomen, tussen de subtropische planten. Verderop in het Parco Civico ligt het Museo Cantonale di Storia Naturale (natuurhistorisch museum) met onder andere mineralen en fossielen uit Ticino (di.-za. 9-12 en 14-17 uur; gratis).

Slapen

Romantisch

1 **Villa Carona:** een 200 jaar oud patriciërshuis in Carona, waar Herman Hesse vaak verbleef, is opgeknapt tot een romantisch vakantieverblijf boven het meer van Lugano. Kamers met antieke meubels en een zonneterras met jacuzzi zorgen voor een onbezorgd *dolce far niente*.

Via Principale 53, 6914 Carona-Lugano, tel. 091 649 70 55, villacarona.ch/en, 2 pk vanaf CHF 190

Stijlvol

2 **Albergo Federale:** vlak bij het station, met grote moderne kamers, uitstekend restaurant en tuinterras.

Via Paolo Regazzoni 8, 6900 Lugano, tel. 091 910 08 08, hotel-federale.ch, 2 pk vanaf CHF 199

Leuk voor kinderen

3 **Reka vakantiedorp Albonago:** ook op de helling van de Monte Brè ligt dit kindvriendelijke Reka-bungalowdorp met 45 chalets, veel activiteiten voor gezinnen en een eigen zwembad.

Via Albonago 59A, 6962 Viganello, tel. 031 329 66 99, reka.ch

Een ontdekking

4 **Hotel Pestalozzi:** op loopafstand van het centrum is in een oud palazzo dit designhotel ingetrokken. Functionele smaakvolle kamers en voor een redelijke prijs krijgt men bovendien ook een heel degelijk ontbijt. Let vooral op de mooie muurschildering van het Lago in de ontbijtzaal.

Piazza Indipendenza 9, tel. 091 921 46 46, pestalozzi-lugano.ch, 2 pk vanaf CHF 150 (met douche op de etage CHF 110)

Eten

Edele keuken

1 **Cyrano:** het restaurant heeft al kort na de opening dertien punten in de Gault Millau verzameld. Koel design binnen of buiten dineren in de gezellige tuin.

Corso Pestalozzi 27, tel. 091 922 21 82, za., zo. gesl.

Bezienswaardig

2 **Antica Osteria del Porto:** alleen al de ligging is een bezoek waard, in het groen bij de landtong van de beek, tussen Lido en Parco Ciani. Ook geschikt om alleen een glaasje te drinken.

Via Foce 9, tel. 091 971 42 00, anticaosteria delporto.ch, dag. 11-24 uur

Beroemd

3 **Grotto Morchino:** '...in het steile bergbos op een smal terras stonden stenen banken en tafels in de schaduw van de bomen, uit de rotskelder bracht de waard een koele wijn...', schreef Hermann

Hesse en hij moet daarmee Morchino hebben bedoeld. Boven Lugano Paradiso, in een haarspeldbocht in het bos. Aangename atmosfeer, charmant geleid door Pier-Luigi Olgiati.

Via Carona 1, Pazzallo, tel. 091 994 60 44, morchino.ch, 12-13.45/19-21.15 uur, do. gesl.

Grotto per boot

4 **Grotte San Rocco:** idyllischer kun je een Grotto niet bereiken: je belt op en wordt vanaf de centrale steiger in Lugano met een bootje opgehaald en naar de overkant gebracht; de nobele Grotto is alleen over het water te bereiken.

Via San Rocco 3, 6823 Caprino, tel. 091 923 98 60, grottosanrocco.ch, mei-okt. ma. gesl. (lijndienst of watertaxi naar San Rocco)

Stadsoase

5 **Canvetto Luganese:** een kleine oase in de stad, Tessiner keuken, ook vegetarische gerechten, voordelige lunchmenu's.

Via R. Simen 14 b, canvettoluganese.ch

Uitgaan

Weense charme

1 **Grand Café al Porto:** oud gerenoveerd koffiehuis met patio; lekkernijen uit de bekendste Konditorei van Locarno.

Via Pessina 3, tel. 091 910 51 30, grand-cafe-lugano.ch, 8-18.30 uur, zo. gesl.

Aan het meer

2 **Al Lido bar:** het Lido van Lugano heeft een fijn zandstrand, verwarmde zwembaden en een relaxte strandbar. Het is hier tot laat gezellig en de openluchtbioscoop is tot middernacht geopend.

Viale Castagnola 6, 6900 Lugano, tel. 091 971 55 00, allidobar.com

Afro

3 **Etnic:** Afrikaanse jazzmuziek, Latijns-Amerikaanse en Japanse keuken.

Quartiere Maghetti, Strada di Pregassona 44 etnic.ch, tel. 091 923 38 25, wo.-zo. 16-23 uur.

Shoppen

Winkelstraten

De autovrije **Via Pessina** en **Via Nassa** vormen één lange winkelstraat met veel modezaken; goedkoper aanbod is te vinden in de winkeltjes van de 1 **Via Cattedrale** (steil omhoog richting station).

Antiekmarkt

2 **Via Canova:** za. 8-17 uur.

Bloemen, groenten en fruit

Piazza della Riforma: di. en vr. van 7-12 uur.

Grappa

3 **Foglia:** drankwinkel en grappaproducent, voordeliger dan de chique winkels in Lugano's voetgangerszone.

Via Bosia 4, Paradiso, tel. 091 994 52 05

Actief

De huisbergen van Lugano

Monte Brè: in de wijk Cassarate aan de Via Pico bevindt zich het dalstation van het kabelbaantje naar de Monte Brè. Om het halfuur vertrekt een funiculare. Vanaf de 925 m hoge top heb je uitzicht op het meer en de omgeving en kun je misschien in het westen de witte toppen van de Monte Rosa en de Gran Paradiso zien oplichten. Er zijn mooie wandelingen te maken. Bijvoorbeeld naar de dorpen Brè (nu stadswijk van Lugano) en Cureggia. In Brè kun je het **Wilhelm Schmid Museum** bezoeken. De Zwitserse schilder Schmid (1892-1971) was een vertegenwoordiger van het magisch realisme.

Contrada Prò 22; apr.-okt. do.-zo. 10-12 en 14-18 uur; toegang gratis)

ONTDEKKINGSREIS
De meesterwerken van Mario Botta

Twee opvallende kerken van deze beroemde architect
Mario Botta is een architect uit Ticino (geb. Mendrissio, 1943). Hij ontwierp toonaangevende musea, bankgebouwen en woonhuizen over de hele wereld. Twee kerken van hem kun je bekijken in Ticino: op de Monte Tamaro en in het dorp Mogno.

Info

Kaart: K9

Informatie:

Kabelbaan Monte Tamaro: monte tamaro.ch, tel. 091 946 23 03, mrt.- nov. dag. 8.30-17 uur, retour CHF 24; combinatieticket met kabelbaan en bustransfer terug: CHF 51.

Kabelbaan Monte Lemma: monte lemma.ch, tel. 091 609 11 68, april-nov., dag. 8.30-17 uur, retour CHF 24.

De kapel van de Monte Tamaro

Zo'n 16 km ten noorden van Lugano vertrekt in Rivera de gondellift naar de Alpe Foppa (1530 m) op de flank van de 1962 m hoge uitkijkberg Monte Tamaro. Precies op de bergkam tussen Locarno en Lugano.

Vlak bij het bergstation bouwde Botta de kapel Santa Maria degli Angeli (1996) met een lange boogbrug. De kapel is gebouwd van beton en bekleed met porfier, een dieptegesteente met een rode glans. Vanaf de kapel sta je in een uur boven op de Monte Tamaro. Een bezoek aan de kapel is goed te combineren met de schitterende bergwandeling over de bergkam vanaf de Monte Lemma.

Wandeling Monte Lemma – Monte Tamaro

Vanuit Miglieglia (706 m) vertrekt de stoeltjeslift naar de Monte Lema (1620 m), waar de wandeling start over de bergkam naar de Monte Tamaro. Vanaf de top van de Monte Lemma heb je uitzicht op het Lago Maggiore en de besneeuwde alpentoppen in Wallis. Het pad is breed en niet te missen. De route gaat voortdurend op en neer en de stijgingen vormen opgeteld aan het eind van de dag een stevige bergtocht. Het laatste stuk naar de Monte Tamaro is steil. Dan volgt de afdaling van 30 minuten naar de kabelbaan van Alpe Foppa en de kapel van Mario Botta.

Chiesa di San Giovanni Battista
Een flink stuk rijden de andere kant op ligt aan het eind van het Val Lavizarra het dorp Mogno, waar Botta de Chiesa di San Giovanni Battista, een wonderschone kleine kerk, heeft gebouwd (1996) op de plaats van de 17e-eeuwse kerk die in 1986 door een lawine werd weggevaagd. De witgrijze cilinder, onderin ellipsvormig en bovenin rond, is gebouwd met marmer uit Peccia en graniet uit Riveo. In de boogvormen en in de wit-zwartafwisseling grijpt Botta terug op de romaanse bouwstijl.

De ruimtelijke werking in het serene interieur wordt grotendeels bepaald door het vele licht dat via het schuine glazen dak binnenvalt. Met de sterke, bolle rug naar de bergwand lijkt de kerk het dorp te behoeden voor nieuw lawinegevaar.

Wandeling Monte Lemma – Monte Tamaro
14 km, 4 uur, 960 hoogtemeters

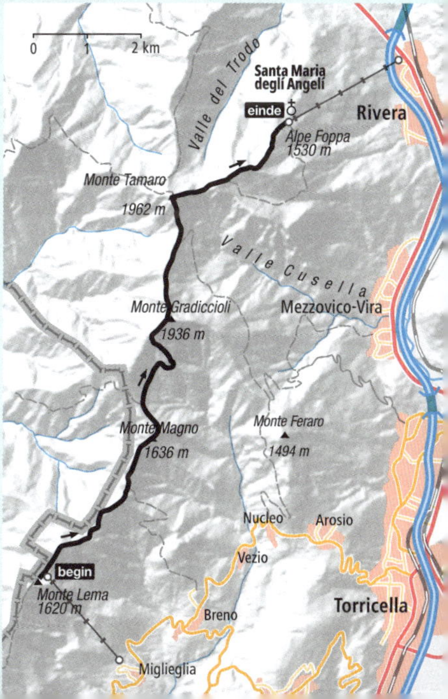

LAC: Lugano Arte e Cultura

Monte San Savatore: vanuit Paradiso aan de zuidkant van Lugano gaat een kabeltreintje naar de 912 m hoge Monte San Savatore, die andere markante huisberg van Lugano, waar je een prachtig panorama hebt op Lugano, het meer en bij helder weer de toppen van Wallis.
Kabeltrein: elk halfuur tot 23 uur

Info

- **Toeristenbureau:** Palazzo Civico, Riva Albertolli, 6901 Lugano, tel. 091 866 66 00, luganoturismo.ch.

Lago di Lugano

Armen als een zeester

De blauwgroene armen van het meer strekken zich naar verschillende richtingen uit, omlijst door begroeide heuvels en steile rotsen. De hoogste berg van het gebied, en volgens velen het mooiste uitzichtpunt, is de Monte Generoso. Maar zelfs van deze berg is het meer met zijn vertakkingen niet in zijn geheel te zien. De dorpen langs het meer hebben een subtropische begroeiing met veel kastanjebomen, die verderop in de dalen uitdijen tot bossen. Olijfboomgaarden, cipressen en wijngaarden geven een zuidelijke noot aan het landschap. Door de geringe oppervlakte en grillige vorm van het meer liggen alle bezienswaardigheden betrekkelijk dicht bij elkaar. Kort op elkaar wisselen de landschappen, doorkijkjes en uitzichten elkaar af. Door de verstedelijking van dit zuidelijkste puntje van Zwitserland zijn de smalle wegen langs het meer druk. Maak daarom bij voorkeur gebruik van de bootverbindingen over het meer.

Gandria K9

Aan de in de rotsen uitgehouwen weg van Castagnola naar Porlezza ligt 5 km van Lugano het oude vissersdorp Gandria. De typische galerijenhuisjes liggen

opeengestapeld tegen de rotswand, die steil in het meer afloopt. Door de smalle, autoloze straatjes slenteren het hele jaar toeristen. De nadering van Gandria per boot over het meer (20 min. vanuit Lugano) is het aantrekkelijkst. Aan te raden is ook de **olijvenwandelweg** van Lugano via Cassarate en Castagnola langs het meer naar Gandria.

Aan de overkant van het meer is een oude grenspost Cantina di Gandria omgebouwd tot het **Zwitsers douanemuseum** over de bewaking van de grenzen in de bergstaat. Een interessant museum met actuele thema's in de wereld van open grenzen, migratie en vluchtelingenstromen. Het museum is per boot bereikbaar vanuit Lugano en alleen geopend in het scheepvaartseizoen van april tot oktober.

Cantine di Gandria, 6978 Paradiso, afd.ch, apr.-okt. 13.30-17.30 uur, gratis

Op de **olijvenwandelweg** van Lugano naar Gandria vind je langs de oever in de Villa Heleneum het **Museo delle Culture** met een collectie buiten-Europese etnografische kunst. Het park rond de villa is ingericht met subtropische palmen en citrusbomen, zeldzame camelia's, agapanthus en gemberplanten.

Via Cortivo 24, 6976 Castagnola, tel. 058 866 69 60; stadsbus lijn 1: halte Posta; di.-zo. 10-18 uur; park: dag., gratis

Mendrisiotto K10

Het zuidelijkste puntje van Zwitserland, onder het Lago di Lugano, Mendrisiotto, lijkt met zijn heuvels met wijngaarden en cipressen meer op Italië dan op de Zwitserse Alpen. Wie de snelweg E35 verlaat vindt hier enkele prachtige dorpjes, wijngaarden en excursiemogelijkheden naar de uitzichtberg Monte Generoso of de fossielenberg Monte San Giorgo.

Monte Generoso

Superpanorama

Een trip vanaf Capolago met het tandradspoor naar de Monte Generoso (1701 m) is een grote toeristenattractie. In 2018 heropende de tandradbaan met een nieuw futuristisch bergrestaurant op de top. In 36 min. klimt het treintje via San Nicolao en Bella Vista naar Generoso Vetta (top). Op de stations onderweg zijn restaurants en albergo's. Vanaf het eindstation is het nog 100 m naar de top klimmen, waar je van een schitterend uitzicht geniet over het Lago di Lugano, een groot deel van de Alpenketen en over de Povlakte heen tot aan de Apennijnen. Op heldere dagen moet je de spits van de dom van Milaan kunnen zien en in het noorden de witgekartelde horizon van de Monte Rosa. Vanaf de diverse treinhaltes zijn wandelingen uitgezet.

montegeneroso.ch, apr.-okt. dag. elk uur

Uitzicht vanaf de Monte Generoso op het meer van Lugano

Monte San Giorgo K10

Een berg vol fossielen

Tijdens een boottocht over het Meer van Lugano lijkt de Monte San Giorgo vanuit de verte slechts een klein verhoging in het landschap. Naarmate de boot dichter deze 1096 m hoge berg nadert, wordt hij steeds indrukwekkender. Hoe ongenaakbaar deze berg ook lijkt, 200 miljoen jaar geleden bestond hij niet. Destijds lag hier een zee waar op de bodem laag na laag werd afgezet en in die lagen kwamen dieren terecht die fossiliseerden. Tijdens de Alpiene plooiing tussen 65 en 2,5 miljoen jaar geleden werd het gebied opgeheven en kwam als gebergte tevoorschijn met zijn laag na laag gefossiliseerde dieren.

Geen berg in heel Zwitserland herbergt zoveel fossielen als deze Monte San Giorgio. De berg werd in 2003 tot UNESCO-Werelderfgoed verklaard. Naast grote aantallen ongewervelde dieren, werden er vijftig soorten vissen en vijfentwintig soorten zoutwaterreptielen gevonden, sommige wel 6 m lang. Twee nieuwe soorten werden opgegraven, de ruim 2 m lange Ceresiosaurus en de nog iets langere Ticinosaurus ferox, een dier dat op grond van zijn uiterlijk de toevoeging *ferox* of woest kreeg.

Op het *Sentiero naturalistico* (natuurleerpad) over de berg kom je langs diverse groeven waar sauriërskeletten werden gevonden (4,5 uur lopen, bergschoenen aanbevolen).

Fossielenmuseum

Het hooggelegen dorp **Meride** heeft vele mooie stegen en pleintjes. Het door architect Mario Botta verbouwde **Museo dei Fossili** toont fossielen uit de Monte San Giorgio: originelen, kopieën en afbeeldingen van sauriërs, vissen en ongewervelde dieren uit het Trias-tijdperk (240-200 miljoen jaar geleden).

Via Bernardo Peyer 9, 6866 Meride, tel. 091 640 00 80, montesangiorgio.org, di.-zo. 9-17 uur, CHF 12

Toegift
Ghisla Art Collection

Kunstverzamelaars Pierino en Martine Ghisla

Pierino en Martine Ghisla in hun museum in Locarno

In een knalrood kubusvormig gebouw van de lokale architecten Moro & Moro, in het centrum van Locarno. In acht vertrekken wordt hier de kunstcollectie van het echtpaar Martine en Pierino Ghisla tentoongesteld: moderne en hedendaagse kunst van internationaal vermaarde kunstenaars.

Het is succesverhaal van de kunstverzamelaar Pierino Ghisla. Pierino, geboren in Marolta in Ticino, ging op zijn veertiende werken bij zijn oom in Brussel, een importeur van fruit en groenten. Hij bleef er uiteindelijk 47 jaar, nam het bedrijf over op zijn 22e en trouwde met Martine, een Belgische. Het echtpaar raakte geïnteresseerd in kunst en bezocht regelmatig kunstveilingen. Pierino kocht 30 jaar geleden zijn eerste schilderij, een werk van de Franse abstracte schilder Georges Mathieu, die het echtpaar had leren kennen in Knokke. Pierino en zijn vrouw, gefascineerd door moderne en hedendaagse kunst, begonnen hun eigen collectie op te bouwen. Pierino en Martine zijn ondertussen gepensioneerd en hebben hun droom verwezenlijkt: ze vestigden zich in Pierino's geboortestreek in Locarno, openden in 2014 de Fondazione Ghisla Art Collection (zie blz. 215) en delen hier nu hun eigen kunstcollectie met het publiek. Het gaat om werken van Picasso, Niki de Saint Phalle, Frank Stella, Karel Appel, Jean-Michel Basquiat, Tom Wesselmann. Ook van Belgen: Jan Fabre, Arne Quinze, Pierre Alechinsky, Paul Delvaux, Jean-Michel Folon, René Magritte, Rinus Van de Velde en tal van minder bekende kunstenaars.

30 jaar geleden kocht Pierino zijn eerste schilderij

Over de helderrode monoliet zegt Pierino: 'Het is een plek waarvan de buitenkant opzettelijk intrigerend moest zijn, om het publiek te verleiden de galerie binnen te gaan!'

Op de vraag waarom hij zo graag naar Ticino wilde terugkeren, was Pierino's antwoord kort: 'Voor het mediterrane klimaat! Locarno is een van de warmste steden van Zwitserland'. ■

Graubünden

Het grootste kanton van Zwitserland — Het 'Bündnerland' wordt geheel ingenomen door de bergketens van de Alpen, waar elk van de vele bergdalen zijn karakter, cultuur en taal heeft weten te behouden.

Erin duiken

blz. 257

Oberengadin ✪

Een breed hooggebergtedal, op een hoogte van 1800 m. Diepblauwe meren liggen er ingebed tussen bergketens die reiken tot 4000 m. Een eldorado voor wandelaars, klimmers en allerlei soorten wintersporters.

blz. 237

Chur

Een van de oudste steden van Zwitserland en de hoofdstad van Graubünden heeft een Altstadt met schilderachtige steegjes en pleintjes, gezellige restaurants en een paar prachtige musea.

De steenbok prijkt op het wapen van Graubünden.

blz. 244

Albulabahn en Bernina Express

De combinatie van de spoorlijnen Albulabahn en Bernina Express verbindt het koude noorden met het zonnige zuidpuntje van Graubünden. Het is een van de mooiste treinritten van Europa; niet voor niets op de UNESCO Werelderfgoedlijst.

blz. 240

Davos

Het vroegere chique kuuroord groeide uit tot de grootste wintersportplaats van Zwitserland.

blz. 265

Zwitsers nationaal park

Op 170 km² krijgt de natuur alle ruimte. Op een wandeling door het Val Trupchun is het spotten van een steenbok, het wapendier van Graubünden, bijna gegarandeerd!

blz. 250

Therme Vals

De moderne architectuur van Peter Zumthor zorgt voor een unieke wellnesservaring in dit afgelegen plaatsje.

blz. 255

Soglio

Rijd omhoog naar dit mooiste Bergeller bergdorp op een zonnig terras voor een subliem uitzicht op de tegenovergelegen granietpieken rond de Piz Cengalo en de Piz Badile.

&

blz. 267

Guarda

Dit Unterengadiner dorp met zijn fraaie stenen huizen behoort tot de mooiste dorpen van Graubünden.

blz. 268

Klooster Müstair

Het kleine nonnenklooster St. Johann van Müstair is bekend om zijn de eeuwenoude schilderingen in de kloosterkerk St. Johann. De wandschilderingen stammen uit de Karolingische tijd, omstreeks 810.

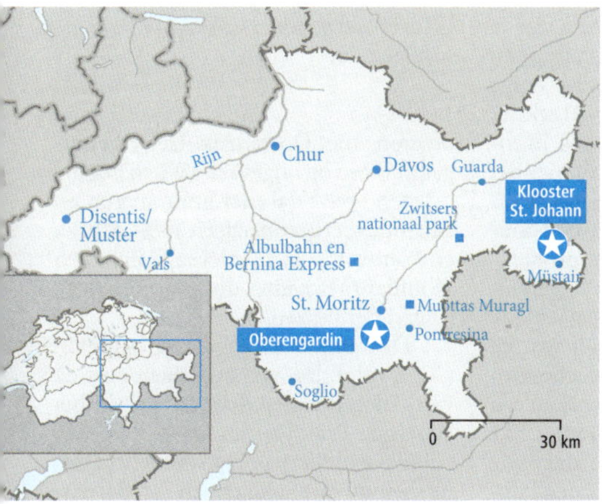

Sankt Moritz, Festival da Jazz
Gerenommeerde internationale artiesten van verschillende jazzstijlen verdelen zich over de clubs en hotels van deze chique wintersportplaats.

beleven

Land van 150 dalen

Graubünden / Grigioni / Grischuns

G

Grootste kanton van Zwitserland

Graubünden is met 7105 km² het grootste kanton van Zwitserland en wordt geheel ingenomen door de Alpen. Het 'Bündnerland' beschikt over 937 bergen, 150 dalen en 615 meren. Haast elk van de vele dalen heeft zijn karakter, cultuur en taal weten te behouden. Het is het enige kanton dat drietalig is: men spreekt er Duits, Italiaans en Reto-Romaans. In enkele afgelegen bergdalen wordt hier het Reto-Romaans gesproken, de vierde officiële taal van Zwitserland, die nog door zo'n 40.000 Zwitsers wordt gesproken.

Graubünden heeft grootse berglandschappen, doorkruist door spectaculaire spoorlijnen. Het spoorwegnet van de *Rhätische Bahn* biedt fantastische mogelijkheden om de diverse uithoeken van het kanton te verkennen. Avontuurlijke vakantiegangers vinden uitdagende mountainbikeroutes en duizenden kilometers wandelpaden, maar ook bekende toeristencentra en luxe wellnesscentra.

Een bijzondere plaats neem het Engadin in, het mooie dal van de Inn, dat zich uitstrekt vanaf de oorsprong van de rivier boven de Malojapas tot aan de grens met Oostenrijk. Het Oberengadin is een op ongeveer 1800 m hoogte gelegen breed dal met grote meren en bekende toeristenplaatsen als St. Moritz en Pontresina. Het Unterengadin is een kloofdal met kleine dorpen met grote Engadiner huizen.

De reis door Graubünden begint in Chur, volgt dan van oost naar west de vele dalen die diep doordringen in het gebergte: Prättigau en Davos, Flüela-, Albula- en Julierpas. Dan komt het Hinterrheintal met Splügen- en San Bernardinopas, vervolgens het Vorderrheintal. Daarna het Oberengadin en de aansluitende Italiaanstalige gebieden Bregaglia (Bergell) en Posciavo. Ten slotte voert de rivier de Inn door het Unterengadin naar de grens met Oostenrijk.

TER ORIËNTATIE O

Toeristische info: Graubünden Tourismus, Alexanderstrasse 24, 7001 Chur, tel. 081-254 24 24.
Internet: graubuenden.ch.
Reis en vervoer: de snelste route voert per auto of trein via Basel en Zürich (A3) naar Chur, de toegangspoort en hoofdstad van Graubünden. Vliegen kun je op Zürich, en vandaar verder per trein of huurauto.

Chur

M5

Deze enige echte stad in Graubünden is meteen ook de oudste stad van Zwitserland. Chur is met 35.000 inwoners een middelgrote stad en maakt een plezierige en ontspannen indruk. De vrijwel geheel autovrije Altstadt met zijn bezienswaardige gebouwen, fonteinen en steegjes is sfeervol – je voelt dat je al wat dichter bij Italië komt.

De Romeinen maakten Chur tot hoofdstad van hun provincie Raetia Prima, die zich uitstrekte van de Bodensee tot het Lago Maggiore. Daarna werd Chur als bisschopsstad een van de eerste centra van de christelijke kerk in het Alpengebied. Sinds Graubünden in 1803 bij het Eedgenootschap kwam, is Chur kantonshoofdstad en ontwikkelde het zich tot cultureel en economisch centrum van het Bündnerland. Chur is een bezoek waard om zijn Altstadt en musea.

Altstadt

De meeste bezienswaardigheden en de leukste straatjes en pleinen vind je in het zuidelijk deel van de binnenstad. Het gezelligste plein is de ❶ **Arcasplatz**. Het driehoekige plein wordt omgeven door historische panden en heeft 's zomers veel terrasjes en restaurants.

Als kenmerk van Chur torent de 15e-eeuwse ❷ **St. Martinskirche** met zijn spitse toren boven de oude binnenstad uit. Vanaf de kansel predikte hier in 1523 Johannes Comander de Reformatie en ondergroef de autoriteit van de slechts 200 m verder residerende bisschop. In het schip zijn drie prachtige glasramen van de Bündner kunstenaar Augusto Giacometti uit 1918.

Kathedraal en bisschoppelijk slot

Via een trap en de romaanse poort betreed je de ❸ **Hof** waar eertijds ook de Romeinse nederzetting heeft gelegen.

De Arcasplatz, van het Chur Festival tot de Hit Parade, alles gebeurt op dit gezellige plein in het hart van Chur

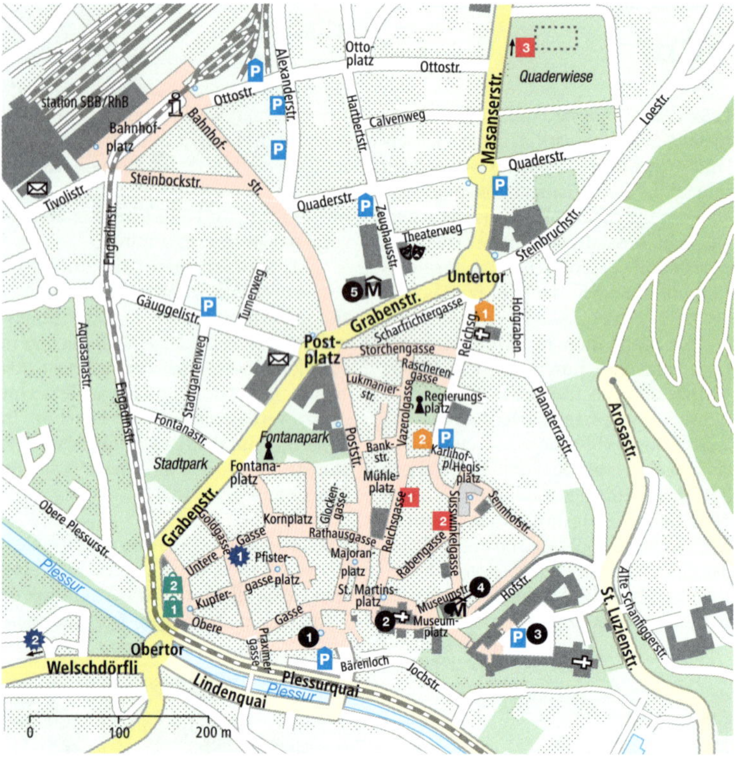

Chur

Gaan zien

1. Arcasplatz
2. St. Martinskirche
3. Hof
4. Rätisches Museum
5. Bündner Kunstmuseum

Slapen

1. Romantik Hotel Stern
2. Ambiente Hotel Freieck

Eten

1. Cafestübli
2. Süsswinkel
3. Da Noi

Uitgaan

1. Tom's beer box
2. Giger Bar

Shoppen

1. Zuckerbäckerei Obertor
2. Membrini

Hier bevinden zich de kathedraal en het bisschoppelijke slot. De kathedraal werd in de 12e en 13e eeuw in laatromaanse stijl gebouwd. Het hoogaltaar van de Ravensburger Jakob Russ wordt beschouwd als het belangrijkste laatgotische houtsnijwerkaltaar van Zwitserland. Links aan de Hof liggen de barokke gebouwen van het bisschoppelijk slot (niet te bezichtigen).

Musea

Geschiedenis en cultuur

4 **Rätisches Museum:** het 17e-eeuws Haus Buol, tegenover de Hof, huisvest het mooie en uitgebreide museum over de (pre)historie en cultuurgeschiedenis van Graubünden.

Hofstrasse 1, tel. 081 257 48 40, raetischesmuseum.gr.ch, di.-zo. 10-17 uur, CHF 0

Kunst in een ultramodern jasje

Aan de rand van de Altstadt ligt het 5 **Bündner Kunstmuseum**, het belangrijkste kunstmuseum van Graubünden. De neoclassicistische Villa Planta werd in 2016 door architecten Barozzi/Veiga voorzien van een ultramoderne uitbouw en verbonden door een ondergrondese gang. De vaste collectie concentreert zich op de belangrijkste schilders uit Graubünden van de 18e-20e eeuw, onder wie Angelica Kauffmann, Giovanni Segantini, de familie Giacometti (Augusto, Giovanni en Alberto), Cuno Amiet en de expressionisten rond de Duitse schilder Kirchner (woonde in Davos). De nieuwbouw toont hedendaagse Zwitserse kunst.

Bahnhofstrasse 35, 7000 Chur, tel. 081 257 28 70, buendner-kunstmuseum.ch, di.-zo. 10-17, do. tot 20 uur, CHF 12

Slapen

Klassiek

1 **Hotel Stern:** smaakvol viersterrenhotel, ingericht met veel arvenhout. Goede service en uitstekend restaurant. Maak kennis met klassieke Bündnergerechten *capuns*, *maluns* of *pizzocheri*.

Reichsgasse 11, tel. 081 258 57 57, stern-chur.ch, 2 pk vanaf CHF 200

Centraal

2 **Ambiente Hotel Freieck:** vriendelijk hotel in de Altstadt, moderne ruime kamers, ingericht volgens de principes van feng shui. Met eigen parkeerplaatsen vlak bij het hotel.

Reichsgasse 44, tel. 081 255 15 15, freieck.ch, 2 pk CHF 160-240

Eten

Chur heeft de hoogste horecadichtheid van Zwitserland. Werkelijk alles is hier, van gourmetrestaurant tot tapasbar.

Trefpunt

1 **Cafestübli:** populair café in het geboortehuis van de schilder Angelica Kauffmann met bijbehorend winkeltje. Rijke selectie koffie en thee, ook heerlijke *Flammkuchen*.

Reichsgasse 57

Brasserie

2 **Süsswinkel:** gezellig en geliefd trefpunt midden in de Altstadt met rustig binnenhofje.

Süsswinkelgasse 1, tel. 081 252 28 56.

Mediterraan

3 **Da Noi:** echte mediterrane keuken, onderscheiden met dertien Gault Millau-punten; met heerlijk terras.

Vazerolgasse 12, 7000 Chur, tel. 081 252 58 58, da-noi.ch, di. t/m za.

Shoppen

De Altstadt van Chur heeft meer dan honderd winkeltjes, met een bont aanbod aan mode, souvenirs en delicatessen.

Gänggelimarkt

Vlooienmarkt: eerste za. in de maand op de Arcasplatz.

Nusstorte en Röteli

1 **Zuckerbäckerei Obertor:** je kunt hier terecht voor de *Bündner Nusstorte*,

een rijkgevulde, smakelijke notentaart, of *Churer Röteli*, een aparte kersenlikeur.
Untere Gasse 32

Bergkristallen

2 **Membrini:** liefhebbers van mineralen en versteend hout moeten beslist een kijkje nemen in de winkel van de familie Membrini, beroemde *Strahler* (kristallenzoekers) uit Graubünden.
Untere Gasse 26/Ochsenplatz, membrini.ch

Uitgaan

Cult bar

1 **Tom's beer box:** hét trefpunt in de Altstadt, 140 soorten bier.
Untere Gasse 11

Aliens

2 **Giger Bar:** bar met design van Hans Ruedi Giger, bekend van de decors uit de film *Alien*.
Comercialstrasse 23 (buitenwijk van Chur)

Info en evenementen

- **Toeristenbureau:** Bahnhofplatz 3, 7001 Chur, tel. 081 252 18 18, churtourismus.ch. Elke wo.-middag zijn er rondleidingen door de Altstadt (1,5 uur, CHF 15). Of kies voor de individuele audiotour voor mobiel (gratis download: City E-guide Chur).
- **Streetfoodfestival:** mei, marktkraampjes in de binnenstad nemen je mee op een culinaire reis rond de wereld.
- **Chur Festival:** eind aug., de binnenstad verandert drie dagen in een groot toneel met muziek, theater, artiesten, eten en drinken (churerfest.ch).
- **Weihnachtsmarkt:** eind nov. (een week voor de eerste Advent), grote regionale Kerstmarkt in de binnenstad. Met 160 kraampjes een van de grootste Kerstmarkten van Zwitserland.

In de omgeving van Chur

Heididorp

Maienfeld is het centrum van de wijnstreek Bündner Herrschaft op de rechter Rijnoever. Sinds van het beroemde Heidiverhaal, in 1888 geschreven door Johanna Spyri, televisieseries zijn gemaakt trekt het schilderachtige *Städtli* vooral Japanners en toeristen uit alle werelddelen. Johanna Spyri liet zich voor haar roman inspireren door de omgeving van Maienfeld. De idylle die ze in haar verhalen over het weeskindje Heidi heeft beschreven kun je in het **Heididorf** beleven. Kinderen kunnen zich onderdompelen in de wereld van Heidi en Peter en over het *Heidi-belevenispad* wandelen.
Bahnhofstrasse 1, 7304 Maienfeld, tel. 081 330 19 12, heididorf.ch, CHF 13,90, tot 14 jaar CHF 5,90

Davos

N6

Aan het eind van het dal Prättigau ligt het stadje Davos, te midden van alpenweiden, 3000 m hoge bergen en omgeven door stille dalen zoals het Dischmatal, Sertigtal en Flüelatal. Het op 1500 m hoogte gelegen Wallser boerendorp Davos gaf in de 19e eeuw de aanzet tot het toerisme in Graubünden en groeide door de opkomst van de wintersport in 100 jaar uit tot echte 'Alpenstad'. Davos is een aparte mix van stedelijke flair en grootse bergnatuur. Het World Economic Forum vergadert sinds 1960 in Davos, een bijeenkomst van *captains of industry*, staatshoofden en politici. Davos heeft een enorm aanbod aan hotels, gastronomie en culturele evenementen.

Van kuuroord tot skitoerisme

De expansie begon nadat in de tweede

Het tandradbaantje rijdt elk kwartier vanuit Davos-Platz omhoog naar het vroegere sanatorium op de Schatzalp

helft van de 19e eeuw de Duitse arts dr. Alexander Sprengler de heilzame werking van het hooggebergteklimaat voor lijders aan longziekten ontdekt had. Samen met de Nederlandse hotelier Willem Jan Holsboer (1834-1898) maakte hij van Davos een gerenommeerd herstellingsoord.

Na de kuurpatiënten kwamen als snel de eerste wintertoeristen. Sinds de ontdekking van de antibiotica en de succesvolle behandeling van tuberculose werd Davos steeds meer een wintersportplaats en congrescentrum. Met de aanleg van 's werelds eerste skilift in 1935 en de ontsluiting van het Parsennskigebied groeide Davos uit tot grootste wintersportplaats van Zwitserland.

Davos-Platz

Het langgerekte stadje bestaat uit twee dorpskernen: Davos-Dorf in het noorden en het grotere Davos-Platz in het zuiden. Het plein bij hotel Alte Post vormt het hart van Davos-Platz, met de Bubenbrunnen en een klokkenspel, dat in 1977 door Nederland aan Davos werd geschonken. Op de Postplatz begint de hoofdslagader van Davos: de Promenade, die geflankeerd door winkels, restaurants en hotels naar het Kurpark loopt. Vlak bij de Platz staat de fraaie Pfarrkirche, met in het koor gebrandschilderde ramen van Augusto Giacometti (1928).

Volg je de Promenade langs de kabelbaan en het Kirchnermuseum, dan kom je langs het Congrescentrum en het Kurpark, een oase van rust in het drukke stadje. Hier staat het grote sportcomplex met een overdekte ijsbaan voor ijshockey en kunstrijden en een grote natuurijsbaan.

Musea

Historie van het skiën

Wintersportmuseum: in het vroegere Postkantoor is een klein museum (beperkt geopend) ingericht over de geschiedenis van diverse wintersporten.

Promenade 43, tel. 081 413 24 84, wintersportmuseum.ch, di., do. 16.30-18.30 uur, CHF 10

Expressionistische kunst

Kirchnermuseum: het museum van beton, staal, glas en hout (1992) van architecten Gigon/Guyer herbergt een collectie schilderijen, tekeningen en beelden van de Duitse expressionistische schilder Ernst Ludwig Kirchner. De schilder woonde van 1917 tot zijn dood in 1938 in Davos, waar hij de depressies probeerde te verwerken die hij tijdens WO I opliep. Tijdens het nazibewind raakte Kirchner vervreemd van Duitsland, omdat zijn kunst als entartet werd beschouwd.

Kirchner-Platz/Promenade 82 (tegenover Hotel Belvedere), tel. 081 410 63 00, kirchnermuseum.ch, di.-zo. 11-18, CHF 12

Beroemd sanatorium

Vanuit Davos-Platz vertrekt een tandradtreintje naar **Schatzalp** en het gelijknamige Berghotel. De Schatzalp en een sanatorium in Davos vormden in 1912 de inspiratie voor Thomas Manns roman *Der Zauberberg*.

Kabelbaan 8-24 uur, elke 15-30 min., enkele rit CHF 10

Alpentuin en rodelbaan

Vlakbij ligt op 1864 m hoogte het **Alpinum**, een uitgestrekte botanische alpentuin. Met 3500 planten, de grootste alpentuin van Zwitserland. Na het bezoek kun je in razende vaart afdalen over de 500 m lange *Sommerschlittelbahn*, en 's winters op de besneeuwde *Rodelbahn*.

Alpinum: mei-okt. dag. 9-18 uur, CHF 5

Davos-Dorf

Davos eindigt in het wat dorpse Davos-Dorf bij de Davoser See, geschikt voor surfen, zeilen en zwemmen. Hier is het dalstation van de kabeltrein (Parsennbahn) naar het Weissfluhjoch (2693 m). Daar bevindt zich het Zwitsers instituut voor sneeuw- en lawineonderzoek. Een zweefbaan gaat 's winters nog verder naar de Weissfluh op 2817 m; in de toekomst gaat deze kabelbaan mogelijk ook 's zomers open.

Het origineelste werk van de lokale kunstenaar Wilhelm Schwermann staat in Davos-Dorf. Midden in het drukke verkeer staat voor hotel Seehof de **Skisturzbrunnen** uit 1936, een zeshoekige fontein met tuimelende skiër.

Heimatmuseum

Aan de overkant van de Landwasser ligt het **Heimatmuseum Davos**, een cultuurhistorisch museum in een boerderij uit de 16e eeuw van de familie Jenatsch, die sinds 1942 als museum fungeert. Bijzonder is de nagebouwde Berghof, een sanatorium, gebaseerd op onder meer de roman *De Toverberg* van Thomas Mann.

Museumstrasse 1, tel. 081 416 26 66, heimatmuseum-davos.ch, di.-zo. 15-17 uur

Slapen

Hoog boven Davos

Berghotel Schatzalp: boven Davos ligt dit voormalig sanatorium met origineel jugendstil-interieur. Een van die heel mooie historische hotels in Zwitserland. Een soort droom om er te zijn, met eigen lift en parkeerplaats in het dorp.

Tel. 081 415 51 51, schatzalp.ch, 2 pk vanaf CHF 360

Mooi uitzicht

Chalet-Hotel Larix: klein, gezellig hotel in chaletstijl met een lange historie, rustige ligging met uitzicht op de Jakobshorn; kleine sauna, zeer goede keuken.

Obere Albertistrasse 10, tel. 081 413 11 88, hotel-larix.ch, 2 pk vanaf CHF 140

Eten

Excentriek

Bistro Gentiana: kleine gezellige bistro met zelfgemaakte taart, Bündner specialiteiten en kaasfondues; overdag fijn terras in de zon. 's Avonds reserveren.

Davos-Platz, Promenade 53, tel. 081 413 56 49, wo. gesl.

Chinees

Zauberberg (in Hotel Europe): de naam doet het niet vermoeden, maar hier is een zeer goede Chinese keuken.

Promenade 63, tel. 081 415 42 00, 's winters dag., 's zomers di.-zo.-avond.

Après-ski

Bolgen Plaza: hét trefpunt – en niet alleen na de piste.

Skistrasse 26, tel. 081 413 58 18, bolgenplaza.ch, 's zomers ma., di. gesl.

Actief

Hoogtewandelpad

Hohe Promenade: in elk seizoen een belevenis, de hoogtewandeling van 2,5 km tussen Davos-Dorf en Davos-Platz. Het pad is het hele jaar begaanbaar; 's winters als een sneeuwwandelpad. Het pad begint in Davos-Dorf achter Hotel Seehof.

Waterplezier

Eau-là-là: zwembad en wellnessbad met sauna, whirlpool en een reuzeglijbaan.

Promenade 90, tel. 081 413 64 63, ma.-za. 10-22, zo. 10-18 uur, zwembad/wellness CHF 10 (zwembad)/28 (met wellness)

Info en evenementen

- **Toeristenbureau:** Tourismus und Sportzentrum, Talstrasse 41, 7270 Davos-Platz, tel. 081 415 21 21, davos.ch.
- **Davos Klosters Premium Card:** gasten van de regio Davos-Klosters ontvangen 's zomers deze kortingskaart voor onder meer gratis gebruik van openbaar vervoer en flinke korting op alle bergbanen.
- **Davos Sounds Good:** juli. Groot jazzfestival met tachtig concerten in Davos en Klosters en een bonte *Streetparade* (jazzdavosklosters.ch).
- **Swissalpine:** eind juli. Grote ultra-bergloop; afstanden tot 78,5 km door het gebergte (swissalpine.ch).

Julierpas

N7

Van de drie paswegen tussen Chur en het Engadin (Julier-, Albula- en Flüelapas) is de Julierpas de belangrijkste, snelste en gemakkelijkste verbinding en als enige het hele jaar geopend. De pas begint bij het plaatsje Tiefencastel, schilderachtig gelegen in een keteldal waar vier wegen bij elkaar komen. Het plaatsje noemt zich dan ook 'de draaischijf in het land der honderd dalen'.

Bij Bivio splitst de weg naar de Julierpas zich (*bivio* betekent tweesprong). In de Romeinse tijd was Bivio een belangrijke handelsplaats en kon men hier kiezen: rechtsaf over de Septimerpas (2310 m), of linksaf over de Julierpas. Het pad over de Septimerpas naar het Val Bregaglia is in vergetelheid geraakt, maar tegenwoordig nog steeds in trek bij wandelaars. Uiteindelijk won de Julierpas het in belangrijkheid van de Septimerpas en werd het de hoofdroute naar Sankt Moritz. Op de Julierpashoogte (2284 m) ligt een klein meer, het Hospiz (La Veduta) en de resten van twee Romeinse zuilen. Aan de andere kant daalt de weg tussen hoge rotswanden door naar het Engadin. Bij de laatste bochten krijg je fraai uitzicht op dit dal met zijn meren en besneeuwde bergen van het Berninamassief.

ONTDEKKINGSREIS
Albulabahn en Bernina Express

Chur/Davos – Sankt Moritz – Berninapas – Tirano

Info

Begin/Einde: een- of tweedaagse treinexcursie Thusis – Sankt Moritz – Tirano

De **UNESCO Welterbe Pass** geeft vanaf CHF 56 twee dagen toegang op de treinen tussen Thusis en Tirano (rhb.ch).
Bahnmuseum: Albula Platz 2A, Bergün, tel. 081 420 00 06, bahnmuseum-albula.ch, di.-zo. 10-17, za. tot 18 uur;
Ortsmuseum (modelspoor): wo., do., za, zo. 14-17; wo. ook 19-21 uur; combiticket voor beide musea CHF 18,50.

De combinatie van de spoorlijnen Albulabahn en de Bernina Express verbindt het koude noorden van Graubünden met het zonnige zuidpuntje van het kanton. Het is een van de mooiste treinritten van Europa. Sinds 2009 staan beide trajecten met hun tunnels, keerlussen en spoorbruggen op de UNESCO-Werelderfgoedlijst.

Albulabahn

De Albulabahn is het eerste deel van de Rhätische Bahn – de spoorwegmaatschappij van Graubünden – van Chur over Tiefencastel en Samedan naar St. Moritz. De lijn werd gebouwd van 1898-1908. Het eerste spectaculaire punt, vlak voor Filisur, is het **Landwasserviadukt** ❶, met 64 m hoge brugpijlers een van de mooiste spoorviaducten van Zwitserland. Voorbij Filisur draait de trein het dal van de Albula in en begint het echte bergtraject. Steeds weer door tunnels schroeft de lijn zich, soms spiraalvormig, omhoog. Er zijn vier viaducten en drie keertunnels. Spectaculair is het traject tussen Bergün en Preda. Als je Bergün voor het eerst passeert, ligt het dorp rechts. Als de trein vervolgens uit de eerste tunnel komt, zie je Bergün links wat weggezonken liggen. Opnieuw verdwijnt de trein in een tunnel en dan ligt het dorp ineens rechts in de diepte.

Het Landwasser-viadukt bij Filisur

Spoorwegmusea

Tegenover het station van Bergün staat sinds 2012 het **Bahnmuseum Albula** ❷ (spoorwegmuseum), met diverse exposities, historisch treinmaterieel en een modelbaan van Bernhard Tarnutzer, schaal 1:45, van de Albulabahn. Het **Ortsmuseum**, eveneens in Bergün bezit ook een modelspoorlijn van de Albula Bahn Club, Preda-Bergün, schaal 1:87.

Sleetje rijden Preda – Bergün

De autoweg over de Albulapas stijgt vanaf Bergün langs de spoorlijn naar Preda en is in de winter voor auto's afgesloten. Dan wordt dit 6 km lange traject gebruikt als rodelbaan. Huur bij het station een sleetje en suis omlaag naar Bergün!

Albulatunnel

Bij Preda gaat de lijn de Albulatunnel in, om er na 5866 m bij Spinas weer uit te komen (op dit traject is autovervoer mogelijk). Via Bever komt de spoorlijn in het Oberengadin en eindigt in St. Moritz.

Bernina Express

Tweede deel van de ontdekkingsreis start in St. Moritz, waar je de trein kunt nemen voor weer zo'n fascinerende rit door het gebergte, een van de spectaculairste die je in Zwitserland met de trein kunt maken. De in 1910 voltooide **Berninabahn** is de hoogste spoorweg van Europa, dat wil zeggen zonder tandrad. Het hoogste punt, de Berninapas, ligt op 2256 m, en hij blijft het gehele jaar in werking. Het mooie van deze spoorlijn

Voor treintjesgekken is er een speciaal wandelpad van Preda naar Bergün, het **Bahnhistorisches Lehrpfad** ❶ met informatieborden over de bouw en ligging van de spoorlijn, en waarop ook de passeertijden van de trein zijn aangegeven. Op het pad daal je in 2 uur 400 m af en houd je steeds zicht op de spectaculaire Albulaspoorlijn, tunnels en viaducten.

is dat je onderweg overal kunt uitstappen voor een wandeling.

Berninapas ❸
Langs de stationnetjes van Morteratsch en Diavolezza rijdt de trein naar de Berninapas op 2256 m en volgt het indrukwekkendste gedeelte van het traject, aan de zuidzijde van de pas. Tussen het Bernina Hospiz en Poschiavo wordt een groot hoogteverschil overwonnen met bochten en keertunnels.

Alp Grüm ❹
Bij het stationnetje Alp Grüm (2091 m) heb je vanaf het zonnige terras uitzicht op de Piz Palü (3901 m), de Palügletsjer en het Val Poschiavo.

Val Poschiavo
Van de hoge alpiene wereld met zijn gletsjers daalt de spoorbaan af in het warme Val Poschiavo. In het zuidpuntje liggen de uitgestrekte wijnbergen van de veltlinerwijn. Men spreekt hier Italiaans, en is zowel geografisch als economisch georiënteerd op Italië. De trein gaat verder naar Tirano in Italië, maar het is de moeite waard om uit te stappen in een van de laatste Zwitserse plaatsen: **Poschiavo ❺**, een dorp met stedelijke allures en een mediterrane sfeer. Uit armoede gingen in het verleden veel inwoners werken in het buitenland, in Spanje bijvoorbeeld. Zij keerden vaak rijk terug en lieten voorname paleisjes bouwen, de zogenaamde Palazzi Spanioli.

Info

Overnachten:

Kurhaus Bergün: Puoz 112, 7482 Bergün, tel. 081-407 22 22, kurhausbergun.ch, 2 pk vanaf CHF 150. Art-nouveauhotel met uitstekend restaurant met lokale en ecologische producten.

Hotel Alp Grüm: tel. 081 844 03 18, alpgrum.ch, 2 pk vanaf CHF 160. Een overnachting in dit hotel annex station heeft iets heel speciaals: uit je raam kijk je direct in de ijswanden van de Piz Palü.

Hotel Albrici: Plazza da Cumün 137, 7742 Poschiavo, tel. 081 844 01 73, hotelalbrici.ch, 2 pk CHF 140-240. Historische hotel aan de schilderachtige Piazza Comunale.

Savognin

M7

Een drukke wintersportplaats, gelegen aan weerszijden van de rivier de Gelgia. Beide dorpsdelen waaruit Savognin bestaat hebben elk hun barokke kerk. De mooiste van die kerken is de St.Martin, hoog boven de linkeroever. Het interieur heeft een koepelgewelf, dat in 1681 op imponerende wijze werd beschilderd door Carlo Nuvolone uit Milaan.

Bijna 8 jaar woonde de Italiaanse schilder Giovanni Segantini in Savognin. Tegenover zijn huis werd in 1999, 100 jaar na zijn dood, de kunstgalerie Sala Segantini gebouwd. Voor zijn schilderijen moet je echter naar het museum in St. Moritz (zie blz. 256).

Hinterrheintal

Dit ooit moeilijk toegankelijke dal is door de aanleg van een autosnelweg en de San Bernardinotunnel een doorgaande autoroute geworden op weg naar Ticino. Het is nog steeds een wild dal, gevormd door de Hinterrhein, een van de bronrivieren van de Rijn. Het loont de moeite de hoofdweg regelmatig te verlaten.

Thusis

M6

De grootste plaats in het dal van de Hinterrhein is Thusis. Dit knooppunt van wegen was van oudsher een handelsplaats; hier waren de Gilden van transporteurs gevestigd die de handel beheersten over het gevaarlijke muildierpad door de Via Mala (Kwade Weg) naar het zuiden, naar de Splügenpas en de San Bernardinopas.

Ten zuiden van Thusis kolkt de Rijn in twee diepe kloven: de Rofflaschlucht en de *Via Mala*. Beide ooit berucht om hun ontoegankelijkheid, zijn nu toeristische attracties geworden.

Het beschilderde plafond van de St. Martinuskirche in Zillis

Beroemd plafond

In **Zillis** bij Thusis staat de romaanse **St. Martinuskerk**, beroemd om het beschilderde plafond uit de 12e eeuw. Het plafond is verdeeld in 153 vakken van 90 x 90 cm. De voorstellingen tonen scènes uit het Nieuwe Testament, op een manier zoals middeleeuwse boeken werden geïllustreerd. Om de nekspieren te ontzien zijn er handspiegels beschikbaar. Op de Postplatz is een expositie over de schilderingen en de kerk.

Am Postplatz, Zillis, zillis-st-martin.ch, apr. t/m okt. dag. 10-17.30 uur, CHF 6

De 'slechte weg'

Op de oude weg vanuit Thusis kom je bij de plek, waar het Rijndal zich versmalt tot de nauwe, 600 m diepe kloof **Via Mala**, waar amper daglicht doordringt. In de

diepte kolkt de rivier. In het verleden moesten reizigers over de nodige moed beschikken om met hun lastdieren het bergpad te volgen. Waar de rotsen te steil waren voor een pad, werden balken in de rotswand gedreven, waarover planken en aarde werden gelegd. Over de kloof spannen zich drie historische bruggen. Bij een ervan daalt een trap met 321 treden af tot vlak bij de stuivende waterval. Meer dan 100 jaar na de ontsluiting van de Via Mala werd in 2014 met de opening van een bezoekerscentrum, uitkijkplatform en een nieuwe voetgangersbrug een bezoek aan de kloof nog interessanter.
viamala.ch, april-nov., dag. 9-18, 's zomers 8-19 uur, CHF 6

7 jaar boren!

De **Rofflaschlucht** bevindt zich tussen Andeer en Avers. Ook mooi, maar minder spectaculair dan de Via Mala. Een bijzondere familiegeschiedenis ligt aan de basis van de ontsluiting van de kloof. In 1907 keerde de Amerikaanse immigrant Christian Pitschen-Melchior naar zijn vaderland terug en nam het Gasthaus bij de Rofflakloof over. Geïnspireerd door de Niagara-watervallen nam Christian zich voor om van de waterval in de kloof een toeristenattractie te maken en begon hij zich een weg door de kloof te banen. Circa 7 jaar werkte hij aan het pad, waarbij hij meer dan achtduizend explosieven gebruikte om een tunnel naar de waterval te maken. Het voetpad langs de razende Rijn is een imposante belevenis. Het pad begint bij het historische *Gasthaus*, waar ook een restaurant en een klein museum is.
7440 Andeer, rofflaschlucht.ch, eind mrt.-nov. do.-zo. 9-18 uur, mei-nov. dag., CHF 3,50

Slapen

Vakantiehotel

Hotel Fravi: kasteelachtig kuur- en vakantiehotel in het dorp Andeer, ten noorden van de Rofflaschlucht; ontving in 2015 de *prix bienvenue*.
Veia Granda 1, 7440 Andeer, tel. 081 660 01 01, fravi-hotel.ch, 2 pk vanaf CHF 130

Sfeervol Walserhuis

Gasthaus Alpina: rustig gelegen bergpension midden in het natuurpark Beverin met zeven kamers in een gerenoveerd Walserchalet uit 1900. Het echtpaar Jufer zorgt met een goede keuken, hot tub en sauna voor ontspanning van vermoeide reizigers, wandelaars en fietsers.
7428 Tschappina (vanuit Thusis omhoogrijden naar natuurpark Beverin), tel. 081 651 13 86, gasthaus-alpina.ch, 2 pk vanaf CHF 104

NIEUWE NATUURPARKEN

N

In Graubünden zijn de afgelopen jaren twee nieuwe natuurparken ontstaan: Parc Ela en Naturpark Beverin.

Parc Ela: sinds 2012 verenigden negentien gemeenten in het gebied rond de bergpassen Albula, Julier en Septimer zich en vormden samen het grootste regionale natuurpark van Zwitserland (parc-ela.ch).

Natuurpark Beverin: het dal van de Hinterrhein tussen Thusis en Splügen en het grootste deel van het naastgelegen Safiental is beschermd in het 413 km² grote park, dat is genoemd naar de hoogste berg in het gebied: de Piz Beverin, 2998 m (naturpark-beverin.ch).

Splügen

L7

Dit stille dorp is de hoofdplaats van het Rheinwald, het bovenste deel van het dal van de Hinterrhein. Het plaatsje was in de 18e eeuw een belangrijke halteplaats aan de handelsroutes over de Splügenpas. Ook nu nog is het dorp een stop waard; leuk om even te voet te verkennen en om iets te gaan eten of drinken in een van zijn historische *Gasthäuser*: het Bodenhaus uit 1822, of het Weiss Kreuz, beide nog steeds hotels.

Slapen en eten

Drie eeuwen historie

Weiss Kreuz: oude herberg met drie eeuwen historie. De dikke muren en oude dakbalken werden zorgvuldig gerestaureerd en zorgen voor karaktervolle hotelkamers. Ook een prima stop om op weg naar de Splügen- of San Bernardinopas even een koffiestop te maken.

Oberdorf 66, 7435 Splügen, tel. 081 630 91 30, weiss-kreuz.ch, 2 pk vanaf CHF 187

San Bernardinopas

L7

Het laatste dorp voor de San Bernardinotunnel en de aanvang van de pas is Hinterrhein. Voorbij het dorp takt een pad af langs de Hinterrhein naar de Zapporthütte (2276 m), waar de Hinterrhein ontspringt als gletsjerbeek van de Rheinwaldgletsjer.

Na Hinterrhein heb je 's zomers ('s winters is de pas gesloten) de keus: 10 minuten door de tunnel of een uur over de oude pas? Na de 7 km lange San Bernardinotunnel kom je aan de zuidzijde bij het dorp San Bernardino, waar Italiaans wordt gesproken, en wordt de lange afdaling richting Ticino ingezet, de warmte en de palmbomen tegemoet van het Valle Mesolcina. Evenwijdig aan het Valle Mesolcina loopt het Val Calanca, een diep ingesneden en ongerept dal, nog grotendeels onbekend bij toeristen.

Vorderrheintal

K/L6

Het Vorderrheintal (of Surselva) doorklieft noordelijk Graubünden van oost naar west. Het heeft enkele mooie, rustige zijdalen en aan het eind geeft de Oberalppas toegang tot Andermatt en buigt het Val Medel naar de Lukmanierpas, een oude pasovergang naar Ticino.

Ruinaulta

Grand Canyon van Zwitserland

Tussen Illanz en Reichenau stortten 10.000 jaar geleden bij Flims vele miljoenen kubieke meters rots het dal in. Daarin heeft de Rijn de reusachtige Ruinaulta-canyon uitgeslepen, waar het lichtblauwe water tussen indrukwekkende rotsformaties slingert. De kloof is bereikbaar over het water, te voet, met de trein of op de fiets (rheinschlucht.ch).

Actief

Bergwandeling

Senda Ruinaulta: een van de mooiste wandelingen vanaf Flims voert langs de Caumasee naar uitkijkpunt il Spir, hoog boven de Ruinaulta (8,5 km, 3 uur). Met een *Ruinaulta-ticket* kun je de Rijnkloof verkennen per trein en postbus.

Fietsroute

Veloroute Rheinroute: volg met de fiets of mountainbike de smalle weg van Ilanz naar Reichenau (24 km). Na Versam wordt het weggetje smal en slecht, maar juist daar heb je het mooiste zicht op het landschap van rotswanden en de slingerende rivier.

Zwemparadijsjes
Door een bergstorting bij Flims ontstonden drie meertjes: de **Laaxersee**, de **Crestasee** en de **Caumasee** in het bos bij Flims Waldhaus. De laatste is ongetwijfeld de mooiste (zie foto beneden).

Info

- **Toeristenbureau:** Surselva Information, Bahnhof RhB, 7130 Ilanz, tel. 081 920 11 05, surselva.info.

Valsertal

L6

Rampen hebben het Valsertal veelvuldig geteisterd. Nog in 1951 sloeg de witte dood toe: lawines stortten zich in het dal. Negentien mensen kwamen om en Vals was dagenlang van de buitenwereld afgesloten. Vanuit Ilanz voert een weg het 23 km lange dal in. Aan het eindpunt ligt Vals-Platz, een schilderachtige wintersportplaats van donkere Walser chalets, die met zware platen graniet of gneis zijn gedekt. Door de aanwezigheid van warme minerale bronnen is Vals een drukbezocht kuuroord geworden.

Badderen in serene sfeer
Als grote attractie geldt het wellnesscomplex **Therme Vals**, een must voor liefhebbers van warm water en moderne architectuur. Het badgebouw uit 1996 is ontworpen door architect Peter Zumthor en werd al na 2 jaar tot beschermd erfgoed verklaard. Met 60.000 gestapelde stroken donker kwartsiet schiep hij een warme, grijze sluimerwereld. De sobere, architectuur van *Stein, Berg, Wasser* voegt iets toe aan de beleving van de waterbaden. Baden wordt hier een serene ervaring.
Hele jaar ma., di. 11-18, wo.-zo. 11-20 uur, 7132therme.com, CHF 80 (ma., di. CHF 60)

Slapen

Designhotel
Hotel Therme: architecten Peter Zumthor, Tadao Ando, Thom Mayne en

Caumasee bij Flims, met ondiep water dat 's zomers snel opwarmt. Je kunt naar het eilandje in het midden zwemmen

R

WAAR ONTSPRINGT DE RIJN?

De langste rivier van West-Europa vindt zijn oorsprong in Graubünden maar waar precies de bron moet worden gevonden, daarover lopen de meningen uiteen. De enige echte bron bestaat dan ook niet, zeker is echter dat er twee hoofdtakken bestaan, de Vorderrhein en de Hinterrhein. De bewoners van Surselva vinden dat de meertjes van Toma bij de Oberalppas het begin van de Rijn vormen, de mensen in het Rheinwald eisen dezelfde eer op voor hun Rheinwaldgletsjer. Natuurlijk hebben ze allemaal gelijk.
Maar toch, als je in de Glacier-Express over de Oberalppas rijdt, wordt in alle talen gemeld dat de Tomasee als echte oorsprong van de Rijn wordt beschouwd.

Kengo Kuma ontwierpen naast de prachtige thermengebouwen de interieurs van Hotel Therme. Kamers en suites met muren van kwartsiet of hout, met designmeubels, geen tv maar wel audio met een smaakvolle selectie cd's. En wie zich het mooie penthouse kan veroorloven, kan zich vanuit elke plek in Zwitserland met de helikopter laten ophalen.

7132 Vals, 7132.com, 2 pk vanaf CHF 460 (incl. entree Therme)

Info

- **Toeristenbureau:** Poststrasse 45, 7132 Vals, tel. 081 920 70 70, vals.ch.

Disentis

K6

Barokke pracht en praal

Boven het dorp, tegen de groene beboste hellingen, lichten de grote gebouwen van **Kloster Disentis** wit op. Een verlaten woestenij, *Desertina*, moet het bovendal van de Vorderrhein geweest zijn, toen de Frankische monnik Sigisbert hier omstreeks 750 een benedictijnenklooster stichtte. De huidige barokke kloosterkerk (rond 1700) is een pronkstuk, gebouwd naar plannen van Caspar Moosbrugger, die ook de schepper is van de kloosterkerk te Einsiedeln. Het interieur maakt indruk door zijn ruimtewerking die wordt geaccentueerd door het binnenvallende licht. De kloostergebouwen dienen nu als internaat. Er is ook een klein museum met beelden en textiel.

Het hoogste deel van het dal van de Vorderrhein heet Val Tavetsch. De weg erdoorheen stijgt verder naar de Oberalppas (2044 m) en daalt aan de ander kant af naar Andermatt in Centraal-Zwitserland.

7180 Disentis, tel. 081 929 69 00, kloster-disentis.ch, dag. 8.30-17 uur

Actief

Naar de bron van de Rijn

Even onder de Oberalppas takt een voetpad af, dat voert naar **Lai da Tuma** of **Tomasee** (2345 m; 1,5 uur), de oorsprong van de Vorderrhein. Omdat de Rijn in Nederland uitmondt in de Noordzee bij Katwijk staat er bij het startpunt van de wandelroute een replica van de vuurtoren van Katwijk aan Zee.

Info

- **Toeristenbureau:** Via Alpsu 62, 7188 Sedrun, tel. 081 920 40 30, disentis-sedrun.ch/en.

Val Bregaglia (Bergell)

Van de Malojapas (het boveneinde van het Engadin) daalt de weg met talrijke bochten in het **Val Bregaglia** af. Dit dal, in het Duits **Bergell** genoemd, strekt zich terrasvormig uit van de Malojapas tot Chiavenna in Italië. Ongeveer 20 km van het dal ligt op Zwitsers grondgebied. Over deze afstand is het hoogteverschil ruim 1100 meter en krijgt de vegetatie een steeds zuidelijker karakter. Het dal wordt omgeven door granietmassieven tot 3500 m hoogte, een eldorado voor klimmers. Ook onder wandelaars is het dal geliefd, vooral in het najaar wanneer de kastanjebossen kleuren en de hoge toppen al een winterkleed dragen.

De aantrekkingskracht van het Val Bregaglia bestaat niet alleen uit het natuurschoon van bossen en hoge bergen, maar ook uit schilderachtige dorpjes met hun oude boerenwoningen. De bewoners van de streek vormen een van de weinige Italiaanssprekende gemeenschappen die protestants zijn.

Vicosoprano

De oude hoofdplaats, en nog steeds de grootste plaats in het dal is Vicosoprano, op 1050 m, tussen weiden en bossen. Een mooi dorp met patriciërshuizen waarvan enkele beschilderd zijn met sgraffito. Het heeft een mooi pleintje met fontein bij het oude gerechtsgebouw uit 1583. Bijzonder is de schandpaal met ketting, die nog steeds prijkt aan de voorzijde. Als je door het dorp slentert, kijk dan ook even achter het dorp bij de boogbrug over de Maira, die stamt uit 1543. Enkele hotels en restaurants, een camping en de kabel-

Boerenhuis uit 1880 met sgrafitto-schilderwerk in het dorp Vicosoprano

baan naar het Albigna-stuwmeer maken het dorp tot een geschikt uitgangspunt voor bergtochten. Vlakbij in Borgonovo staat de kerk San Giorgio (1694), met een door Augusto Giacometti vervaardigd glasvenster; rond de kerk liggen enkele Giacometti's begraven.

Eten en slapen

Patriciërshuis uit 1530

Albergo Corona: van de weinige hotels in het Val Bregaglia is dit een van de betere. In een gerenoveerd patriciërshuis vind je een keuze aan kamers, van budgetkamer tot 'Patriciërssuite'. Ook het restaurant is uitstekend en bekroond in de gids Gault Millau; met mooi weer kun je buiten eten op het stenen terras aan de achterzijde.

Via Principale 23, 7603 Vicosoprano, tel. 081 822 12 35, hotelcorona.ch, 2 pk CHF 130-240

Camping tussen alpenweiden

Camping Mulina: mooie, eenvoudige camping een paar kilometer buiten het dorp; de enige camping in het Zwitserse deel van het Bregaglia.

7603 Vicosoprano, tel. 081 822 10 35, bregaglia.ch

Yoghurt, melk, kaas

Lateria Bregaglia: de coöperatieve kaasmakerij verkoopt melkproducten en kaas van (biologische) bergboeren uit het Bregaglia. De oude kaas heet toepasselijk 'granito Bregaglia'.

Latteria Bregaglia (bij de brug over de Maira), 7603 Vicosoprano, latteriabregaglia.ch, tel. 081 822 12 40, ma.-za. 8-12 uur

Actief

Zelfbedieningskabelbaan

Het hooggelegen **Albignadal** aan de zuidkant van het Val Bregaglia is populair onder klimmers en wandelaars. Het dal wordt afgesloten door de 3378 m hoge Cima di Castello en de Albignagletsjer en bereik je met een kleine kabelbaan, die naar de Albignastuwdam op 2000 m hoogte gaat. Voor ervaren klimmers is er een klimtuin vlak bij de stuwdam en kan de beroemde rotspiek Fiamma (vlam) worden beklommen. Wandelaars lopen verder naar de Albignahut aan het eind van het meer.

Albigna-kabelbaan gedeeltelijk zelfbediening, juni-okt. dag. 7.15-11.45, 13.15-16.45 uur

Stampa

M8

De hoofdplaats van het Val Bregaglia is genoemd naar de machtige familie Stampa, die hier haar zetel had. Het plaatsje is een stop waard om twee interessante musea.

Kunst en cultuurhistorie

Joannes Stampa liet in 1581 het **Ciäsa Granda** (grote huis) bouwen, dat nu is ingericht als streekmuseum, met afdelingen over de plaatselijke cultuur, flora, fauna en geologie. Een ondergrondse aanbouw is gewijd aan de kunstenaarsfamilie Giacometti (die in dit dal woonden en werkten) en de schilder Varlin. Er zijn enkele belangrijke werken van Giovanni Giacometti en zijn zoon Alberto te zien.

Strada Principale 131, 7605 Stampa, tel. 081 822 17 16, juni-okt. dag. 14-17 uur, CHF 8

Neogotisch paleisje

Een van de merkwaardigste gebouwen van het Bergell is het **Palazzo Castelmur**, een burcht in gotisch-Moorse stijl, die werd aangebouwd tegen een patriciërshuis uit 1723. Het kasteeltje verbergt een 19e-eeuws interieur met trompe-l'oeil muurschilderingen. Er worden regelmatig concerten gegeven.

7605 Stampa, tel. 081 822 15 54, palazzo-castelmur.ch, juni-okt. di.-zo. 14-17, juli t/m sept vanaf 11 uur, CHF 5

K

VAL BREGAGLIA: DAL VAN KUNSTENAARS

Het Val Bregaglia met zijn prachtige bossen, ruige, machtige bergen en authentieke dorpjes inspireert al eeuwenlang schilders, schrijvers en dichters. De Giacometti's – van wie beeldhouwer Alberto de bekendste was – brachten hier hun jeugd door. De vallei trok ook andere kunstenaars aan, zoals Giovanni Segantini, die zijn laatste levensjaren schilderde in de natuur van het Engadin en het Bergell, vanuit zijn huis in Maloja. De schilder Varlin (1900-1977) koos het dorpje Bondo als zijn woonplaats. Ook beeldhouwers, ambachtslieden en schrijvers – onder wie de dichter Rainer Maria Rilke – werden betoverd door de sobere charme van dit gebied en brachten er hulde aan.

Bondo en Promontogno M8

Bij Promontogno vindt een verandering plaats in de plantengroei. Het alpiene bovendal, de *Sopraporta*, gaat na een smalle kloof over in het met kastanje-, noten- en fruitbomen begroeide benedendal, de *Sottaporta*. De hoofdweg neemt een tunnel door de bergengte. Volg bij voorkeur de oude weg door de kloof naar het tweelingdorp Bondo-Promontogno.

Het gehucht Bondo ligt op 823 m hoogte aan de ingang van het Val Bondasca, in de schaduw van Pizzo Badile, en is het mooiste dorp van de vallei. In Bondo staan aan de schilderachtige, smalle straatjes talrijke met sgraffito versierde huizen. Het dorpje wordt beheerst door de romaanse toren van de kerk San Martino en het Palazzo Salis uit 1774.

Bergstorting augustus 2017

In 2017 vond er een enorme bergstorting plaats in de wanden van de Piz Cengalo boven Bondo en raasde een gigantische Murgang, een stroom van modder en rotsen, door het dorp. Het was de grootste bergstorting in Zwitserland van de afgelopen eeuw. Acht mensen die in het gebied aan het wandelen en klimmen waren, worden sindsdien vermist en nog steeds zijn de hellingen rondom de plaats van het ongeluk afgesloten voor wandelaars. Dankzij een alarmsysteem, dat de bewegingen op de berg monitort, werden de inwoners van Bondo op tijd geëvacueerd. Maar de schade is groot: diverse huizen, de brug en de klimmerscamping langs de rivier werden geheel weggeslagen.

Eten

Schaduwrijke Grotto

Crot da Bond: aan de rand van het dorp, onder de kastanje- en lindebomen ligt een kleine *Grotto*, waar je 's avonds iets kunt drinken, met wat brood, kaas en lokaal gemaakte worst. Soms is er op zaterdagavond livemuziek of wordt er gegrild.

Via dai Crott 126, 7606 Bondo, wo.-za. 19.30-24 uur

De sentiero panoramico, de hoogtewandeling boven het Val Bregaglia

Molino, panificio e alimentari

Scartazzini & Co: de dorpswinkel in Promontogno verkoopt ook lokale producten zoals *mascarplin*, lokale kazen, groenten en vlees en vers brood, gebakken in de familiebakkerij. De graanmolen van de familie Scartazzini produceert ook verschillende soorten pasta, kastanje-walnotentaart, *bisciolan* (zoet vruchtenbrood) en meel, die je in de winkel kunt kopen.
7606 Promontogno, tel. 081 822 11 13, molinoscartazzini.ch, dag. 8.30-12, 15-18 uur

Soglio

M8

Op een zonnige helling boven het dal ligt Soglio, een van de mooiste dorpen van Zwitserland. De kern van het oude bergdorp Soglio wordt gevormd door de herenhuizen van de familie von Salis, die hier maar liefst vijf *palazzi* bouwde. Een van de Salishuizen, het Casa Battista uit 1630, waar de Duitse dichter Rainer Maria Rilke in de zomer van 1919 verbleef, is nu een hotel (Palazzo Salis). Eromheen staan in Soglio huizen en stallen, die als een vogelnest tegen elkaar aan zijn gebouwd.

Vlak buiten Soglio vind je het *Malstandort*, de plek waar de schilder Giovanni Segantini moet hebben gestaan toen hij het eerste doek van zijn drieluik maakte: *Werden – La vita*. Het toont het landschap bij Soglio in de ondergaande zon, met op de achtergrond de Scioragroep en de Bondascagletsjer.

Tussen Castasegna en Soglio bevindt zich een schitterend kastanjebos, een van de grootste van Europa. De kastanje – een gecultiveerde plant die door de Romeinen naar Bergell werd gebracht – wordt nog steeds op traditionele wijze verbouwd. Onder de grote kastanjebomen staan de *cascine* (hutjes), waar de kastanjes worden gedroogd. Door het kastanjebos is een natuurpad uitgezet.

Kastanjeoogst bij Soglio

Slapen

Stijlvol

Albergo Palazzo Salis: 'aankomen en de tijd vergeten' is het motto van dit behagelijke hotel met zestien unieke kamers. Aan de voorkant uitzicht op de pieken van de Scioragroep en achter het palazzo vormt de tuin een oase van rust. Was al eens historisch hotel van het jaar.
Villaggio 131, 7610 Soglio, tel. 081 822 12 08, palazzo-salis.ch, 2 pk vanaf CHF 340

Actief

Hoogtepad

Sentiero Panoramica: er is nauwelijks iets mooiers dan op een zonnige herfstdag de *Panoramica* te bewandelen aan de noordkant hoog boven het Val Bregaglia. De wandelroute wordt nog altijd redelijk weinig belopen. Onderweg geniet je van het contrast tussen de steile granietpieken, de schilderachtige dorpjes en het

Lievelingsplek

Panorama Soglio

Op de zonnige noordhelling 300 m boven het dal ligt boven een groot tammekastanjebos Soglio, een van de mooiste en meest authentieke dorpen van Zwitserland. De schilder Giovanni Segantini noemde het *la soglia del Paradiso, de drempel van het paradijs.* Het is alsof je een tijdreis maakt naar dit boerendorp met zijn nauwe straatjes en huizen die bijeen liggen als een vogelnest. Maar het zijn niet alleen de fraaie oude palazzi, het is vooral het prachtige uitzicht over het dal heen op de spitse besneeuwde toppen van het Val Bondasca. Geniet van het contrast tussen de ruige granietpieken en het gecultiveerde landschap.

grootste kastanjebos van Europa. Route: Casaccia (1460 m) - Soglio (1095 m) - Castasegna (690 m), 19 km, 400 m stijgen, 1200 m afdalen, duur: ca. 5 uur; terug per postbus.

Bondasca

Het wilde **Bondascadal** is het indrukwekkendste bergdal van Bregaglia. Sinds de verwoestende bergstorting van 2017 is helaas een groot deel van het dal nog steeds afgesloten. Er is vanuit Bondo wel een nieuw huttenpad aangelegd naar de rifugio Sasc-Fura, aan de voet van de Piz Badile in een indrukwekkende omgeving.

Castasegna

Bij het eveneens schitterende dorp Castasegna bereik je de grens met Italië. Het dorp ligt op 623 m en heeft een mediterraan klimaat, met tuinen waarin palmbomen, vijgenbomen, camelia's en wijnstokken gedijen. Voor je verder reist naar Italië, is het de moeite waard nog een stop te maken in de levensmiddelenwinkel annex konditorei.

Eten

Alles met noten en kastanjes

Pasticceria Salis: in het mooie café met wintertuin en terras kun je genieten van heerlijke specialiteiten, zoals kastanje-ijs of taarten, die wisselen met de dagen van de week: op maandag appelgebak, op woensdag amandeltaart, op donderdag notentaart en op zaterdag slagroomtaart. De specialiteiten van het huis zijn de kastanjetaart en de *Nusstorte* (notentaart), winnaars van medailles op de *Swiss bakery trophy* in 2006 en 2008.

Via Principale 16, 7608 Castasegna ma.-za. 8-19 uur; ook boeken, brochures en kaarten

Info

- **Toeristenbureau Bregaglia:** Strada Principale 101, 7605 Stampa, tel. 081 822 15 55, bregaglia.ch.
- **Infopoint Soglio:** in de zomer is er in de oude kaasmakerij (Vecchia Latteria 7610 Soglio) een informatiepunt met verkoop van boeken en handwerkproducten.

Oberengadin ✪

Het Oberengadin is een breed hooggebergtedal, op 1800 m hoogte, met een hele rij diepblauwe meren. De hellingen zijn bedekt met alpenweiden en met bossen van sparren, arven en lariksen. Daar bovenuit rijzen de besneeuwde toppen van de Berninagroep. In deze schitterende wereld ontwikkelde Sankt Moritz zich als een van de eerste tot een wintersportoord van wereldnaam. De winter is hier hét seizoen, zeker zes maanden lang, gevolgd door het voorjaar met zijn alpenbloemen, en een bijna mediterrane zomer. In die wereld kwam Nietzsche tot zichzelf en was de Alpenschilder Giovanni Segantini getroffen door het oorspronkelijke landschap en de talloze schakeringen van kleur en licht. Het Oberengadin is een wandelgebied van wereldklasse, met tochten naar beroemde uitzichtpunten als Muottas Muragl en Fuorcla Surlej.

Maloja ▶ N 7

Langs de Silser See voert de vlakke weg naar het kleine Maloja. Vóór het dorp ligt het in neorenaissancestijl (1884) gebouwde Maloja Palace, sinds 2009 weer hotel. Het uitzonderlijke van de

Malojapas (1815 m) is dat hij slechts één helling heeft. Bij Hotel Kulm (1815 m) ligt de pashoogte. Vooral in de middag is het uitzicht vanaf de rots prachtig.

Segantiniatelier

Tegenover hotel Schweizerhaus staat het huis van de Italiaanse schilder **Giovanni Segantini** (1858-1899), die begraven ligt op het kleine bergkerkhof. In zijn ronde atelier zijn enkele van zijn Alpenlandschappen te zien. Naast dit atelier leidt een weggetje naar de Belvedèretoren, waar een natuurcentrum is gehuisvest.

Atelier 's zomers di.-zo. 15-17

S

SENTIERO SEGANTINI

In de sporen van Segantini: in 1894 verliet Giovanni Segantini Savognin om zich in Maloja te vestigen. Het merenlandschap, de bergen en vooral het bijzondere licht inspireerden de schilder. In de laatste jaren van zijn leven maakte hij hier de beroemde Alpen-triptiek *Werden – Sein – Vergehen*. Ongeveer 100 jaar na Segantini's aankomst in Maloja, werd de *Sentiero Segantini* gecreëerd. De 2 uur durende wandeling volgt in twaalf etappes de sporen van Segantini rond Maloja. Informatieborden documenteren het leven en werk van de kunstenaar. Het pad begint bij het atelier Segantini en leidt naar de Torre Belvedere, de gletsjermolens (die Segantini gebruikte voor zijn schilderij *IJdelheid*), omlaag naar het Sils-meer en terug. Vertrekpunt: Atelier Segantini, info: segantini.com; een brochure van de Sentiero Segantini is verkrijgbaar bij Infopoints in het Engadin en het Val Bregaglia.

Sils

N7

Tussen de Silser- en de Silvaplaner See ligt in een bosrijke omgeving Sils im Engadin. Deze plaats bestaat uit twee delen: Sils-Maria aan de ingang van het Fexdal, en Sils-Baselgia aan de Silser See. In Sils-Baselgia, met zijn oude huizen en kerkje uit 1446, heb je mooi uitzicht op het natuurreservaat en schiereiland Chasté. Rond het schiereiland kun je een mooie wandeling maken, langs de resten van een burcht en een gedenksteen voor de filosoof Friedrich Nietzsche, die zeven zomers in Sils doorbracht (1881-1888). Het huis waar hij verbleef, het Nietzsche-Haus, is te bezichtigen (di.-zo. 15-18 uur, rondleiding wo. 11.30 uur). Oude Engadiner huizen, de barokke kerk en de hotels bepalen het aanzien van Sils-Maria. Vooral het stille autovrije Fextal leent zich goed voor wandelingen. Met de nostalgische ouderwetse paardenkoets kun je je laten afzetten bij het hotel aan het eind van dit prachtige bergdal.

Silvaplana

N7

Op het punt waar de weg over de Julierpas in het Oberengadin uitmondt, ligt Silvaplana, een aantrekkelijke verblijfplaats op de brede landtong tussen de Silvaplaner See en de Champferer See. Hoog boven deze meren kan 's zomers behalve gewandeld ook geskied worden in het Corvatschgebied. De Corvatschzweefbaan brengt de skiër naar een hoogte van ruim 3300 m (met zonneterras en restaurants). Voor wandelaars is het tussenstation Murtel (2702 m) een geschikt uitgangspunt voor bijvoorbeeld een wandeling van drie kwartier naar de Fuorcla Surlej (2760 m), voor een schitterend uitzicht op de Berninagroep.

Herfstsfeer aan het meer van Sils

Slapen

Nostalgisch

Hotel Fex: dit berghotel uit de begintijd van het bergtoerisme werd oorspronkelijk in St. Moritz gebouwd, maar later afgebroken en in het autovrije Fextal op een prachtige plek weer in elkaar gezet. Een romantisch hotel met veel originele historische details. Gasten worden opgehaald door de hotelbus of met de paardenkoets.
Via da Fex 73, 7514 Fex/Sils, tel. 081 832 60 00, hotelfex.ch, 2 pk vanaf CHF 180

Info

- **Toeristenbureaus:**
Silvaplana: Via dal Farrer 2, 7513 Silvaplana, tel. 081 838 60 00.
Sils: Chesa Cumünela, 7514 Sils-Maria, tel. 081 838 50 50.
Maloja: Strada principale, 7516 Maloja, tel. 081 824 31 88.
- **All Inclusive Card:** in de zomer is in de overnachtingsprijs van circa honderd hotels het gebruik inbegrepen van alle kabelbanen en bussen in het Oberengadin.

Actief

Gletsjermolens

Marmiti dei Giganti: voorbij de Belvederetoren ligt een natuurreservaat met hoogveen, dennen en alpenroosjes, en gletsjermolens (kolkend smeltwater met stenen en gruis maakte grote gaten in het gesteente). De grootste gletsjermolens, de Marmiti dei Giganti, zijn 15 m diep en liggen op 10 min. lopen van Maloja.

De bron van de Inn

Lej dal Lunghin: een mooie wandeltocht voert naar het meertje op 2484 m hoogte, waaruit de Inn met een waterval ontspringt (2,5 uur). Voorbij het meertje staat een richtingaanwijzer, die aanduidt dat de Piz Lunghin de waterscheiding vormt tussen de Maira (via de Po naar de Adriatische Zee), de Julia (via de Rijn naar de Noordzee) en de Inn, die in de Donau naar de Zwarte Zee stroomt.

Sankt Moritz

N7

Het dorp was lang synoniem voor aristocratie en geld: bontjassen, Rolls-Royces en Afghaanse windhonden. Hier brengt de *happy few* traditioneel hun wintervakantie door. Sankt Moritz heeft de grootste concentratie luxehotels van Zwitserland. Skiën kan men hier acht maanden per jaar. Zelfs in de zomer wordt hoog in het gletsjergebied van de Corvatsch en Diavolezza geskied. Als de sneeuw eenmaal gesmolten is, dan kan St. Moritz tegenvallen. Het is leuk om er langs de luxueuze etalages te slenteren en vanaf een terras de *beau monde* aan je voorbij te zien trekken. Maar oorden als Silvaplana, Sils, Celerina of Samedan zijn dan prettiger, gemoedelijker en goedkoper.

Historie

In 1864 nodigde Johannes Badrutt, grondlegger van een hoteldynastie, de eerste Engelse gasten uit om ook eens in de winter te komen. Hij haalde ze over met de belofte van zonneschijn – gemiddeld schijnt de zon hier 322 dagen per jaar. De Britten introduceerden curling, bobsleeën en wintergolf. Als trendsetter bleef St. Moritz nieuwe wintersporten ontwikkelen: paardenrennen (1907) en windhondenraces op de sneeuw (1937), de eerste skischool (1929), en twee keer de Olympische Spelen (1928 en 1948). Het voormalige skioord voor de rijken ontkwam niet aan de popularisering. Duizenden gewone skiërs bezoeken nu elke winter dit gerenommeerde wintersportoord.

Sankt Moritz-Dorf

Het hart van Sankt Moritz ligt aan de noordoever van de **St. Moritzsee**. De helling lijkt geheel bedekt met hotelpaleizen, gedomineerd door het Badrutt's Palace Hotel met zijn markante toren. Vanuit de parkeergarage Serletta aan het meer voert een lange roltrap, die tevens als kunstgalerie dient, omhoog naar het autovrije centrum en winkelstraten met shops van Prada, Gucci, Versace en Armani. Opvallende moderne architectuur is onder meer het met larikshout bedekte appartementengebouw Chesa Futura (2004) van de Engelse architect Norman Foster.

Oude huizen en gezellige hoekjes vind je in St. Moritz niet, en de culturele bezienswaardigheden zijn beperkt tot de 13e-eeuwse scheve klokkentoren van de in 1890 afgebroken St. Mauritiuskirche en twee musea: het Engadiner Museum en het Segantini Museum. Maar St. Moritz heeft andere pluspunten: sport, gastronomie en hotels. 's Winters als het bevroren meer het toneel voor paardenrennen, cricket- en polotoernooien wordt, volgt het ene na het andere evenement.

Musea

Streekmuseum

Het compleet heringerichte **Engadiner Museum** is gehuisvest in een historisch gebouw en heeft geënsceneerde historische interieurs, samengesteld uit originele meubels en objecten die zijn bijeengebracht uit het hele Ober- en Unterengadin en de omringende valleien.

Via dal Bagn 39, 7500 St. Moritz, tel. 081 833 43 33, engadiner-museum.ch, wo., za., zo. 11-17 uur, in de winter niet op wo., CHF 15

Geheel gerenoveerd

Het in 2019 gerenoveerde **Segantini Museum** bezit werken van de bekende Alpenschilder Giovanni Segantini, waaronder zijn bekendste werk het (onvoltooide)

Alpendrieluik *Werden-Sein-Vergehen*, dat in de koepelzaal de bekronende afsluiting van een bezoek vormt.

Via Somplaz 30, 7500 St. Moritz, tel. 081 833 44 54, segantini-museum.ch, di.-zo. 11-18 uur, CHF 15

Slapen

Vrijwel alle hotels van St. Moritz (in totaal 13.000 bedden), met inbegrip van de vijfsterrenhotels Carlton en Kulm, hebben aanbiedingen om mensen te trekken, met uitzondering van Badrutt's Palace Hotel, dit blijft nog altijd even exclusief.

Whisky

Waldhaus am See: misschien het beste driesterrenhotel van Zwitserland, met geëngageerde directeur, wijnkelder met meer dan 50.000 flessen en de grootste whiskybar ter wereld (2500 labels).

Via Dim Lej 6, tel. 081 836 60 00, waldhaus-am-see.ch, 2 pk vanaf CHF 230

Rust gegarandeerd

Chesa Salis: in het dorpje Bever, vlak buiten St. Moritz lijkt de tijd te hebben stilgestaan en staat tussen de historische patriciërshuizen van het dorp dit prachtige historische hotel. Kamers met fraaie houten Engadiner meubels.

Fuschigna 2, 7502 Bever-Sankt Moritz, tel. 081 851 16 16, chesa-salis.ch, 2 pk vanaf CHF 180

Trendy hideaway

Ley da Staz: restaurant aan de idyllische Lej da Staz buiten St. Moritz. Een wandeling van 25 min. brengt je naar dit autovrije natuurgebied. Met tea-lounge en terras.

7500 St. Moritz-Celerina, tel. 081 833 60 50

Budget

Jugendherberge St. Moritz-Bad: de rustig gelegen jeugdherberg is de beste budget-optie voor wie een voordelige wintervakantie zoekt in dit super skioord.

Via Surpunt 60, tel. 081 836 61 11, youthhostel.ch/st.moritz, 2 pk vanaf CHF 202

Curling, een door de Engelsen naar Sankt Moritz gebrachte sport

Evenementen

- **Snow Polo World Cup:** januari, polotoernooi op het bevroren meer (snowpolo-stmoritz.com).
- **White Turf:** februari, paardenraces op het bevroren meer.
- **Snow & Symphony:** maart/april, festival van klassieke muziek.
- **Engadiner skimarathon:** maart, langlaufmarathon met 12.000 deelnemers.
- **Engadiner wielermarathon:** juli, nog jong, nu al een klassieker – 211 km met 3800 hoogtemeters en vijf passen.
- **British Classic Car Meeting:** juli, *vintage cars* met rally en grote show (bccm-stmoritz.ch).
- **La Tavolata:** eind juli, een 400 m lange eettafel wordt opgesteld in St. Moritz en biedt lekkernijen.
- **Festival da Jazz:** juli/augustus, jazzfestival in talloze clubs en hotels (festi valdajazz.ch).
- **Art Masters:** augustus, heel St. Moritz wordt een kunstexpositie (stmoritzartmas ters.org).

Info

- **Toeristenbureau:** Via Maistra 12, 7500 St. Moritz tel. 081 837 33 33, engadin.ch.
- **All Inclusive Card:** in de zomer is in de overnachtingsprijs van circa honderd hotels het gebruik inbegrepen van alle kabelbanen en bussen in het Oberengadin.

Pontresina

N7

Mondaine toeristenplaats

Dit Oberengadiner dorp hoeft de concurrentie met St. Moritz niet te schuwen. Het langgerekte Pontresina ligt in het zonovergoten dal van de Bernina, te midden van alpenweiden, lariks- en arvenbossen. In het oude dorpsdeel staan nog enkele Engadiner boerenhuizen, versierd met sgraffito. In de herberg Zum Weissen Kreuz begon in 1850 het toerisme. Daarna is Pontresina uitgegroeid tot een van de bekendste hoteldorpen van Zwitserland. Helaas doet de massaliteit van het toerisme en de vele hotels, die de laatste jaren werden gebouwd, afbruik aan de vroegere dorpse sfeer. Pontresina bezit de grootste *Bergsteigerschule* van Zwitserland, gericht op tochten in de Berninagroep.

Belangrijkste culturele bezienswaardigheid is het kerkje **Santa Maria** bij het kerkhof boven het dorp, met een romaanse toren. De wanden en het houten plafond zijn voorzien van schilderingen uit de 13e en 15e eeuw.

Via Giarsun 58, 7504 Pontresina, zomer ma.-vr. 15.30-17.30, winter ma., wo., vr. 14.30-16 uur

Steenbokparadijs

In de bergen rond Pontresina leven veel steenbokken en rond de **Piz Albris** (3166 m) huist de grootste kolonie van de Alpen. Nog specialer wordt het elk voorjaar: als de sneeuw in het dal al is gesmolten, maar de bergen nog wit zijn, komen de steenbokken omlaag naar de dorpsrand van Pontresina en kun je van eind april tot begin juni de 'Koning van de Alpen' van dichtbij bewonderen.

Museum

Alpien museum

Museum Alpin: in een mooi Engadiner huis bevindt zich dit museum over de natuur, cultuurhistorie en de ontwikkeling van het toerisme in Pontresina en het alpinisme in de Berninagroep.

Via Maistra 199, 7504 Pontresina, tel. 081 842 72 73, alleen in de zomer, ma.-za. 15.30-18, CHF8

Slapen en eten

Pure luxe

Grand Hotel Kronenhof: deftig en sprookjesachtig luxehotel uit het eind van de 19e eeuw, met neobarok balzaal-restaurant en een top wellnessafdeling.

Via Maistra 130, 7504 Pontresina, tel. 081 830 30 30, kronenhof.com, 2 pk vanaf CHF 495 (incl. HP)

Modern

Hotel Müller: mooi gerenoveerd historisch pand met vriendelijke uitstraling en gebruik van natuurlijke materialen.

Via Maistra 202, 7504 Pontresina, tel. 081 839 30 00, hotel-mueller.ch, 2 pk vanaf CHF 180

Vis en zoet

Kochendörfer (in Hotel Albris): overdag verwent het traditionele café met originele *Engadiner Nusstorte*, 's avonds serveert het restaurant heerlijke visgerechten.

Via Maistra 228, 7504 Pontresina, tel. 081 838 80 40, albris.ch

Vers van de alp

Sennerei Pontresina: grote keus aan kazen, onder meer van de Alpschaukäserei Morteratsch, melkproducten en delicatessen.

Via Cruscheda 3, 7504 Pontresina

Actief

Klimmen

Bergsteigerschule Pontresina: bergtochten in de rots- en gletsjerwereld (klettersteigen, alpiene hochtouren, rotsklimmen Bergell). Populair is de gletsjertocht over de Morteratschgletsjer vanuit Diavolezza.

Via Maistra 163, tel. 081 842 82 82, bergsteiger-pontresina.ch

H

HOOGTEWANDELING MUOTTAS MURAGL-PONTRESINA

Een tandradbaan uit 1907 klimt met een stijging van 52% naar het uitzichtpunt **Muottas Muragl** (2453 m), met hotel en restaurant. Vanwege het panorama op het merengebied bij St. Moritz is dit een drukbezocht punt. Maar er is nog een reden: van Muottas Muragl loopt een 7 km lange *Höhenweg* zonder overdreven hoogteverschillen naar Alp Languard (2270 m) boven Pontresina, en vanaf daar met de stoeltjelift (of te voet) omlaag naar Pontresina. Dit is waarschijnlijk het meest belopen hoogtepad in Graubünden. Onderweg heb je grootse vergezichten. Wie dit rondje doet, is het goedkoopst uit met een combinatieticket voor beide banen.
Lengte: 7,5 km, ca. 3 uur, 380 m stijgen, 510 m dalen.
Muottas Murgl: 's zomers dag. 7.45-23 uur, enkel/retour CHF 28/38.

De gletsjerwereld in

Tegenover Pontresina mondt het **Val Roseg** uit in het Val Bernina, dat toegang geeft tot de gletsjerwereld van het Berninamassief. Dit dal is verboden voor auto‘s, maar vanaf het station van Pontresina kun je met paardenkoets naar Restaurant Roseg (1999 m), waar je uitzicht hebt op de Roseggletsjer. Van het restaurant is het nog een uur wandelen naar de gletsjers.

Naar de Morteratschgletsjer

Buiten Pontresina begint de weg naar de Berninapas en passeer je het gehucht **Morteratsch**, dat uit niet meer bestaat dan een stationnetje, een hotel en een camping. Je kunt hier naar de voet van

Gletsjertocht onder leiding van een berggids op de Morteratschgletscher

de Morteratschgletsjer lopen, waar een gletsjerleerpad uitleg geeft over de sporen die het ijs achterliet. Markeringen die de jaarlijkse eindpunten van de gletsjertong aangeven maken zichtbaar hoe dramatisch de gletsjer zich heeft teruggetrokken de laatste decennia.

'Duivels' uitzichtpunt

Volgende attractie, 6 km voor de Berninapas, is het dalstation waar de kabelbaan vertrekt naar **Diavolezza**, een uitzichtpunt (met hotel en restaurant) op bijna 3000 m, met een panorama op gletsjers en beroemde bergen als de Piz Palü, Bellavista en Piz Bernina. Op de gletsjer kan het hele jaar door worden geskied en gesnowboard.

Info

- **Toeristenbureau:** Via Maistra 133, 7504 Pontresina, tel. 081 838 83 00, engadin.ch.

Berninapas

07

De tocht over de **Berninapas** (2328 m) behoort tot de mooiste (auto- of trein-) routes van Zwitserland Vanaf het Bernina Hospiz op de pashoogte heb je uitzicht op de Piz Cambrena (3603 m) met zijn gletsjer. Dan daalt de pasweg vanuit het met sneeuw en ijs bedekte hooggebergte binnen een afstand van 25 km 2000 m af naar het zuiden, naar het Zwitserse, maar Italiaanssprekende **Valposchiavo**, met zijn weelderige, bijna subtropische plantengroei met palmen en fruitboomgaarden.

De Berninapas vormt de verbinding tussen het Oberengadin en het Italiaanse Valtellina. In de middeleeuwen bestond er een levendig handelsverkeer tussen het Engadin en het destijds nog Zwitserse Valtellina, vanwaar de wijn in grote hoeveelheden naar het noorden vervoerd werd.

Zuoz

07

In dit welvarende dorp hangt een echte Engadiner sfeer in de schilderachtige stegen en pleintjes. Zetel van de familie is nog steeds het imposante Plantahaus in Zuoz. Onder het dorpsplein staat de laatgotische kerk San Luzi (sleutel bij het toeristenbureau). Het witte interieur staat in contrast met de kleurige glas-in-loodramen van Augusto Giacometti en Constant Könz uit Zuoz.

Slapen en eten

Designhotel

Hotel Castell: traditioneel kuurhotel met veel hedendaagse kunst; rustig gelegen boven het dorp. De moderne hamam en bar werden ontworpen door kunstenaars Pipilotti Rist en Gabrielle Hächler.

Via Castell 300, tel. 081 851 52 53, hotelcastell.ch, 2 pk vanaf CHF 225

Op het dorpsplein van Zuoz staat de Bärenbrunnen. De beer in de fontein vormt het familiewapen van de Planta, die hier ooit de scepter zwaaide

Uniek

Dorta: culinaire *belevenisgastronomie* in een verbouwde hooischuur bij de Inn. Sfeervol restaurant met originele Engadiner keuken met zelf gebakken brood, en gerechten als hooisoep, *Zuozer Pizokel* (*Spätzli*) of fondue.

Via Dorta 72, tel. 081 854 20 40, dorta.ch, ma. gesl.

Info

- **Toeristenbureau:** 7524 Zuoz, tel. 081 854 15 10, engadin.ch/zuoz. Elke maandag om 16 uur is er een dorpsrondleiding vanaf de berenbron op de Dorfplatz.

Unterengadin

Bij Zernez begint het Unterengadin, dat de oude Engadiner sfeer beter heeft weten te bewaren en bescheidener is dan het Oberengadin. Hoog boven de rivier de Inn liggen op zonnige terrassen juweeltjes van boerendorpen als Guarda en Ardez. Een andere sfeer ademt Scuol, de grootste toeristenplaats van het dal, dat zich door de aanwezigheid van heilzame bronnen heeft ontwikkeld tot badplaats. Zernez, het eerste dorp in het Unterengadin, is de toegangspoort tot het nationaal park.

Schweizer Nationalpark

Het Zwitsers nationaal park werd opgericht in 1914 en is daarmee het oudste

Steenbokken in het Zwitsers nationaal park

park van de Alpen. De natuur is heer en meester in het 170 km^2 grote gebied. Hier vinden alle diersoorten van de Alpen een schuilplaats, tot beren en lammergieren aan toe; met 80 km wandel- en educatieve natuurpaden.

Bezoekerscentrum

Aan de uitvalsweg naar het nationale park staat het kubusvormige **Nationalparkzentrum**, een ontwerp uit 2008 van architect Valerio Olgiati. Met exposities over de flora, fauna en geologie van het park en alle benodigde informatie over wandelingen, wildobservaties, rondleidingen en berghutten (tevens toeristenbureau). Bekijk er via een webcam de lammergieren op hun nest.

Nationalparkzentrum, Via d'Urtatsch 2, 7530 Zernez, tel. 081 851 41 41, nationalpark.ch, half mei-okt. dag. 8.30-18, expositie CHF 7

Wild kijken in het Val Trupchun

Het wildrijkste dal van het hele nationaal park is het **Val Trupchun**. Een garantie krijg je niet op het waarnemen van wild, maar in geen enkel ander dal is de kans om edelherten, gemzen, steenbokken, marmotten en steenarenden te zien zo groot als hier. Vanaf de parking loop je zo het dal binnen en bereik je na een halfuur al een gezellige berghut. Verderop neemt de kans op wild toe, ook overdag (start bij P Prasüras bij S-chanf – bordje *Parc naziunel*, wit-rode wandelroute).

Slapen en eten

Smaakvol

Hotel Crusch Alba: zeer stijlvolle mix van oud en nieuw, uit hout, steen en glas. Uitgeroepen tot beste driesterrenhotel van 2013. Het restaurant is ook een gezellig trefpunt voor de plaatselijke bewoners.

Röven 53, 7530 Zernez, tel. 081 856 13 30, cruschalba-zernez.ch, 2 pk vanaf CHF 230 (incl. HP)

Middenin het nationaal park

Hotel Parc Naziunal: ongeveer 14 km van Zernez aan de weg naar de Ofenpas, ideaal uitgangspunt voor wandelen in het park.

Il Fuorn, 7530 Zernez, tel. 081 856 12 26, ilfuorn.ch, 2 pk vanaf CHF 133

Guarda

O6

Op de linker helling hoog boven de Inn ligt het mooiste dorp van Graubünden: Guarda. Het autovrije plaatsje heeft een beschermd dorpsgezicht van nationaal belang met goed onderhouden Engadiner huizen, prachtig versierd met sgraffito en schilderingen. De massieve gebouwen, poorten en steegjes ademen de sfeer van vervlogen tijden.

Slapen

Lange historie

Hotel Meisser: heerlijk hotelcomplex van diverse gebouwen en chalets: arvenhouten vertrekken, eetzaal in jugendstil en een lounge met bibliotheek en open haard.

Dorfstrasse 21, 7545 Guarda, tel. 081 862 21 32, hotel-meisser.ch, 2 pk vanaf CHF 180

Info

- **Toeristenbureau:** 7545 Guarda, tel. 081 862 23 42, scuol.ch/guarda.

Bad Scuol

P6

Bron met zeven smaken

De grootste en belangrijkste toeristenplaats in het Unterengadin. Zowel bronnenbadplaats als *luftkurort*, vanwege de droge en gezonde bos- en berglucht. Scuol heeft schilderachtige pleintjes en straatjes. Bovenin, in het *Oberdorf* bevindt zich het recreatiebad. Als je afdaalt naar Scuol Sot, het *Unterdorf* met zijn wirwar van straatjes en pleintjes, zie je de mooiste Engadiner huizen. Aan de voet van de kerk ligt de Brunnen, een fontein met zeven verschillende bronnen, waar je zeven verschillende smaken water kunt tappen. Water uit de ene kraan is licht koolzuurhoudend, uit de andere scherp ijzerhoudend (neem een paar flessen mee om te vullen).

Streekmuseum

Het **Museum d'Engiadina Bassa** is ondergebracht in het mooie Cha Gronda, het 'Grote Huis' met de arcaden.

Plaz, 7550 Scuol Sot, tel. 079 438 36 64, juni-okt. di.-vr. 16-18 uur, CHF 5

Minerale bronnen in overvloed

Scuol beschikt over maar liefst twintig minerale bronnen. In het **Engadiner Bad/Bogn Engiadina** sproeit, klatert en stoomt het overal. Het centrum heeft warmwatergrotten, stoombaden, sauna's, een Romeins badhuis en een Thais restaurant.

Wintersfeer in Bad Scuol

Via dals Bogns 23, 7550 Scuol, tel. 081 861 26 00, engadinbadscuol.ch, dag. 8-21.45 uur, vanaf CHF 21 (avond). Restaurant Nam Thai, tel. 081 864 81 43, do.-ma. 18-21.30 uur.

Bastion van de Habsburgers

Schloss Tarasp staat op een heuvel, hoog boven het dal van de Inn. De 11e-eeuwse burcht behoorde tot 1803 bij Tirol en vormde een Habsburgse enclave in het Zwitserse Engadin. Het kasteel is nu in handen van de hertog van Hessen en is alleen tijdens rondleidingen in de zomer te bezichtigen.

Sparsels, 7553 Scuol-Tarasp, tel. 081 864 93 68, schloss-tarasp.ch, rondleidingen mei-okt. diverse malen per dag, CHF 15; café ma. gesl.

Slapen en eten

Wellness

Hotel Astras: hotel met directe toegang tot het wellnesscomplex.

Stradun 325, tel. 081 864 11 25, astras.ch, 2 pk vanaf 175 CHF (incl. toegang Bogn Engiadina Scuol)

Houtbouw

Hotel Engiadina: Engadiner huis uit de 16e eeuw, ingericht met veel arvenhout.

Rablüzza 152, tel. 081 864 14 21, hotel-engiadina.ch, 2 pk vanaf CHF 198

Biokeuken

Pizzeria Giovanni (in Hotel Curuna): pizza, pasta en andere Italiaanse specialiteiten, met gebruik van biologische producten.

Stradun 210a, tel. 081 864 14 51, wo.-ma. alleen avond

Info

- **Toeristenbureau:** 7550 Scuol (treinstation), tel. 081 861 88 00, scuol.ch.

Val Müstair

P6

Aan de oostkant van de Ofenpas (2149 m) ligt het zuidelijk aandoende Val Müstair op de grens met Italië. Het dal zet in op duurzaam toerisme en is samen met het aangrenzende nationale park erkent als UNESCO-Biosfeerreservaat. Santa Maria is het mooiste dorp van het dal, met fraaie huizen aan smalle straatjes.

Benedictijnerklooster

Müstair is bekend om zijn **benedictijnerklooster St. Johann** met middeleeuwse fresco's in de kloosterkerk. Het klooster moet zijn gesticht door Karel de Grote en de wandschilderingen stammen uit de Karolingische tijd, omstreeks 810. De kerk staat op de UNESCO-Werelderfgoedlijst en is dagelijks geopend. In de 1000 jaar oude woontoren van de abdis is een kloostermuseum en winkel.

Tel. 081 851 62 28, muestair.ch, museum: ma.-za. 9-17, zo. 13:30-17, CHF 10

Overnachten en eten

Historisch

Chasa Chalavaina: historisch hotel in een mooi ingericht huis uit 1499.

Plaz Grond 24, 7537 Müstair, tel. 081 858 54 68, chalavaina.ch, 2 pk vanaf CHF 190

Camping Muglin: rustige camping aan de rivier, met sauna in de oude hooischuur.

Via Muglin 223, 7537 Müstair, tel. 081 858 59 90, campingmuglin.ch

Likeur

Antica distilleria Beretta: sinds 1792 worden hier likeurtjes en kruidenmengsels gebrouwen van bloemen, kruiden, arvenappels, wilde vruchten enzovoort.

Curtin da Plaz 18, 7532 Tschierv, tel. 081 850 39 20, distilleriaberetta.ch

Toegift

Piz Amalia, de koninklijke berg

Het bordje op de top vermeldt: 'Piz Amalia (2918 m). Ingewijd op 4 juni 2004 ter gelegenheid van de doop van Hare Koninklijke Hoogheid Prinses Catharina-Amalia Beatrix Carmen Victoria der Nederlanden. Aangeboden door de Nederlandse Klim- en Bergsport Vereniging.'

De Nederlandse driekleur op de top van de Piz Amalia

Een speciale berg voor koningsgezinde Nederlanders. De benoeming van deze tot dan toe naamloze en vrij onbekende berg in het Unterengadin was het resultaat van een PR-campagne van het Zwitsers Verkeersbureau, als teken van de vriendschapsband tussen Zwitserland en Nederland. Op 4 juni beklom een Zwitsers-Nederlandse delegatie onder leiding van bergbeklimmer en 'Zwitserland Ambassadeur' Ronald Naar (het laatste stuk op klompen), samen met de burgemeester van Scuol de berg en werd hij feestelijk 'gedoopt' tot Piz Amalia ter gelegenheid van de doop van de kroonprinses. Sindsdien heet de berg Piz Amalia. Vanuit het Val S-charl ziet de berg er indrukwekkend uit, maar via de noordgraat is de top vrij gemakkelijk te beklimmen.

In het kader van de vriendschapsband tussen de beide landen vindt sinds 2015 rond de berg elk jaar in september een muziekfestival voor jong Nederlands en Zwitsers muzikaal talent plaats: het **Piz Amalia Music Festival**. Elk jaar worden enkele leerlingen van het Haags Conservatorium en van het Konservatorium Winterthur geselecteerd om onder leiding van hun docenten een kamermuziekprogramma voor te bereiden en uit te voeren met werken van Zwitserse en Nederlandse componisten. De concerten vinden plaats op locaties in de natuur of in historische kerkjes rond Scuol.

Drie concerten zijn openbaar en gratis te bezoeken!

En natuurlijk wordt tijdens het Piz Amalia Music Festival ook de naamgever beklommen: het festival start telkens op vrijdag om 6 uur met een beklimming van Piz Amalia onder leiding van een gids. Succesvolle beklimmers van de berg kunnen lid worden van de *Piz Amalia Club* (bergtocht CHF 50, aanmelding bij het toeristenbureau van Scuol; info festival: pizamalia.ch). ■

De kleine lettertjes

De beer is los! Overal in Zwitserland kom je de beer tegen, in vlaggen en wapens van steden en kantons. Ruim 100 jaar nadat het laatste exemplaar werd gedood, keert de bruine beer nu terug in de Zwitserse Alpen. De eerste beer werd in 2005 gezien in het Zwitsers nationaal park, afkomstig uit Italië. Inmiddels komen ze elke zomer terug naar Zwitserland.

Aankomst

… met het vliegtuig

Vanuit Amsterdam vliegen KLM en Swiss direct op **Basel**, **Zürich** en **Genève**. EasyJet vliegt van Amsterdam ook op Basel, Zürich en Genève, voor lagere tarieven. Vanuit Brussel hebben Brussels Airlines en Swiss dagelijkse vluchten op diverse bestemmingen in Zwitserland.

lowcostairlines.nl, vliegwinkel.nl, klm.com, swiss.com, brussels airlines.com, easyjet.com

… met de trein

De treinverbinding tussen Nederland/België en Zwitserland is goed. Dagelijks rijden er diverse snelle treinen. De reistijd vanuit Amsterdam naar Basel met de snelle ICE is circa 7 uur, vanuit Brussel is dat 6 uur. Er zijn ook nachttreinen met slaapaccommodatie.

nshispeed.nl, tel. 030 23 000 23 en treinreiswinkel.nl; voor België: b-rail.be, tel. 02 528 28 28.

… met de bus

Flixbus onderhoudt verbindingen met Basel, Genève en Zürich vanuit Nederlandse en Belgische steden. In het wintersportseizoen rijden er vanuit Nederland pendelbussen van Interbus naar diverse bestemmingen in Wallis.

flixbus.nl, interbus.nu

… met de auto

Op de website van de ANWB vind je informatie over verkeer, files, tolwegen, Autobahnvignetten, laadmogelijkheden voor elektrische auto's en brandstofprijzen. Vanuit Utrecht is de afstand naar Basel, 706 km, naar Brig 905 km en naar St. Moritz 962 km. Vanuit Midden-Nederland is de route door Duitsland het snelst. Voor reizigers uit Zuid-Nederland of België is de route door Frankrijk sneller. Je moet in Frankrijk tol betalen; daar staat tegenover dat je in Luxemburg goedkoop kunt tanken.

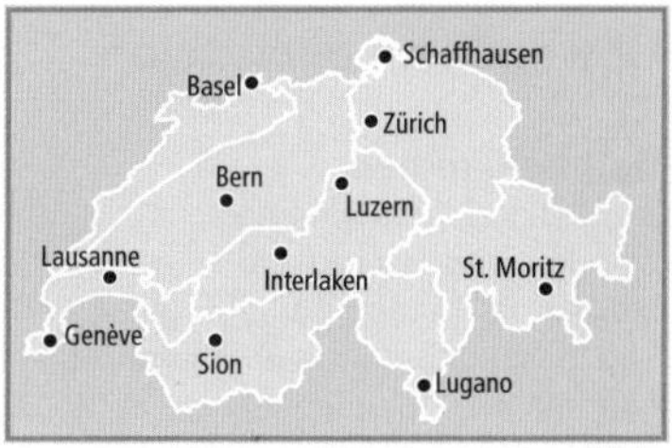

K

IN HET KORT

Officiële naam: *Confoederatio Helvetica* (Zwitserse Bondsstaat), afgekort CH. In de verschillende landstalen heet Zwitserland: *Suisse* (Frans), *Schweiz* (Duits), *Svizzera* (Italiaans) of *Svizra* (Reto-Romaans).
Grootte: 41.285 km^2, ongeveer even groot als Nederland.
Aantal inwoners: 8,1 miljoen.
Hoofdstad: Bern.
Inwonertal grootste steden: Zürich: 421.878, Genève: 203.856, Basel: 173.863, Lausanne: 140.202, Bern: 134.290, Winterthur: 105.676.
Talen: Duits (67,3%), Frans (20,4%), Reto-Romaans (0,5%), Italiaans (6,5%)
Betaalmiddel: Zwitserse Frank, (CHF).
Tijdzone: MET (als in Nederland).
Landennummer: 0041.
Staat en politiek: Zwitserland is een bondsstaat die bestaat uit 26 kantons.
President: Ignazio Cassis (2022, jaarlijks roulerende functie)

Brandstof: LPG is beperkt in Zwitserland verkrijgbaar. De prijs voor benzine is in Zwitserland iets lager dan die in Nederland, diesel is iets duurder. anwb.nl

Bewegen en onthaasten

Bergbeklimmen

Zwitserland trekt klimmers uit de hele wereld, uitgedaagd door beroemde bergen als Matterhorn of Eiger. Er zijn 152 berghutten in de Zwitserse Alpen, bedoeld als uitgangspunt voor klimtochten. De Schweizerische Alpen Club geeft een overzicht op sac-cas.ch. Daar vind je informatie over hutten en klimgebieden en kun je berghutten online reserveren. Klimcursussen kunnen worden gevolgd bij *Bergsteigerschulen* (bergsportschulen.ch), of via je eigen nationale bergsportvereniging: in Nederland: nkbv.nl; in België: klimenbergsportfederatie.be. Op veel plaatsen kunnen via lokale gidsenbureaus bergtochten worden gemaakt onder leiding van een berggids.

Canyoning

Canyoning is mogelijk in Wallis op een groot aantal locaties, in Centraal-Zwitserland in Interlaken, Engelberg en het Emmental, in Ticino in Intragna en Osagna, in Graubünden in Thusis en in Vaud in Château-d'Oex.

Fietsen, mountainbiken

Zwitserland heeft negen nationale fietsroutes en drie nationale mountainbikeroutes en een fietsroutenet van 3300 km. *Veloland* Zwitserland heeft ruim 8000 km fietspaden. Fietsen en mountainbiken zijn populair geworden, mede door die goede infrastructuur. Je kunt de fiets meenemen op de boot, in de bus en de trein, vaak ook met bergbanen. Op de website veloland.ch staat informatie over fietsen en mountainbiken (routegidsen, actuele route-informatie, fietsvriendelijk onderdak, fietsverhuur).

De snelle opmars van de elektrische fiets gaat niet aan Zwitserland voorbij; in veel vakantieplaatsen zijn e-bikes te huur. Via de website myswitzerland.com, kun je arrangementen boeken voor fietsen zonder bagage. Fietsservicepunten zijn er in het hele land.

Golf

Zwitserland heeft 91 golfbanen. Op de website myswitzerland.com. staat een overzicht van alle golfbanen, plus 42 golfhotels, gelegen in de nabijheid van de mooiste banen. De zeven golfparken die Migros sinds 1995 opende, droegen bij aan de popularisering van de golfsport. Veel golfterreinen liggen op grote hoogte in een prachtig bergdecor. Dergelijke banen zijn pas vanaf mei-juni bespeelbaar.

Parapente en bungeejumpen

Parapente wordt veel beoefend in de bergen. Raadpleeg de regionale toeristenbureaus voor vliegscholen. Bungeejumpen kan op steeds meer plekken worden gedaan, zoals in Chippis, Fiesch, Engelberg, vanuit de Schilthornbahn, uit de gondel naar de Stockhorn en in het Valle Verzasca in Ticino.

Wandelen

Zwitserland is een fantastisch wandelland, met een netwerk van 62.000 km wandelpaden, waarvan 21.000 km bergpaden. De bewegwijzering (gele bordjes) en wandelkaarten zijn uitstekend.

De belangrijkste langeafstandspaden van Zwitserland zijn: *Trans Swiss Trail 1* (31 etappes van Basel naar Chiasso); de *Trans Swiss Trail 3*, of *Alpenpanoramatrail*, is mogelijk de mooiste wandeldoorsnede van Zwitserland (31 etappes van Genève naar de Bodensee); de *Via Alpina*, van Montreux naar Liechtenstein, gaat over 14 Alpenpassen; de *Alpine Passes Trail* (33 etappes) door Wallis en Graubünden.

Alle landelijke, regionale en veel lokale routes staan beschreven op wandersite.ch en wanderungen.ch. In Zwitserland zijn topografische wandelkaarten overal verkrijgbaar. Vrijwel alle grote toeristenbureaus geven folders uit

APPS VOOR OUTDOORSPORTERS

Schweiz Mobil app (schweiz mobil.ch): topografische kaarten, met meer dan zeshonderd wandel-, fiets-, mountainbike-, skate- en kanoroutes, inclusief informatie over openbaar vervoer en overnachtingsadressen. Mogelijkheid om kaartjes te downloaden en te printen.
Swisstopo: de officiële nationale topografische kaart van Zwitserland.
wanderungen.ch: uitgebreide wandelinformatie (Top-Touren, kaarten, wandelgebieden en gps-files).
wandersite.ch: informatie over allerlei soorten wandelingen.
Swiss Parks app: overzicht van alle parken en natuurgebieden.
MountaiNow: over de omstandigheden in de bergen voor klimmers en wandelaars.
Rega app: bergreddingsdienst, met een keer swipen kun je de Rega-centrale waarschuwen.
Meteoswiss app: weerbericht.
Swiss Snow app: sneeuwberichten, skiliften, weer en pistekaarten.

met wandeltips en op de sites van regionale toeristenbureaus kun je wandelingen downloaden.

Watersport

Aan alle grotere meren kun je zeil- en roeiboten, kano's en surfplanken huren en les nemen. Houd er rekening mee dat op veel bergmeren plotseling rukwinden kunnen opsteken. Voor kanoërs zijn er uitdagende rivieren. De langste kanoroute van Zwitserland is de Aare-kanoroute, 120 km van Biel tot Full aan de Rijn. Voor wildwaterkajakkers en rafters zijn de Inn, Vorderrhein, Hinterrhein en Rhône geliefd.
kanuland.ch

Wellness

Zwitserland heeft meer dan twintig thermale baden (*spa's*), vaak met een lange traditie. De Romeinen genoten al van de badhuizen in het stadje Baden. Zwitserland heeft circa zeventig wellnesshotels en speciale wellnessbestemmingen.

De belangrijkste zijn: Leukerbad (grootste spa van de Alpen), Gstaad (ultramodern), Baden (sinds de Romeinse tijd; nieuw is de Spa Fortycovon van Mario Botta), Bad Zurzach (grootste zwembad- en saunacomplex), Salzwasserbrunnen Rheinfelden, Engadin-bad in Scuol, Rigi-Weggis-Vitznau en Thermen Vals. Een overzicht vind je op my switzerland.com.

Wintersport

Zwitserland is het wintersportland bij uitstek.

Zomerskiën

Zomerskiën kan alleen in de hoogste gebieden boven de 3000 m en is sterk van de weersomstandigheden afhankelijk. Over het algemeen kan er alleen in de ochtenduren geskied worden, 's middags is de zon te sterk en neemt de sneeuwkwaliteit af. Informeer van tevoren naar de toestand van de sneeuw.

TIP VOOR WATERRATTEN

Rijn- en Aarezwemmen: bij mooi weer dobberen de Zwitsers massaal in de Rijn bij Basel en de Aare in Bern (ondanks de sterke stroming). Erg populair is dit *Aareschwimmen* en *Rheinschwimmen*, waarbij men zich kilometers door de stroom laat meevoeren met een drijftas (met je kleren waterdicht verpakt), om vanaf het eindpunt weer terug te wandelen. In Basel zie je 's zomers soms honderden mensen in de rivier dobberen. Zwemspullen niet vergeten!

Zwemmen
Het heldere en schone water van de meren van Ticino, Genève of van de Bodensee nodigt 's zomers uit tot een duik. Vooral de meren in Ticino hebben 's zomers een aangename temperatuur. Ook in veel bergmeren kan worden gezwommen, maar blijft het water vrij lang koud. En als het te koud is om te zwemmen in de openlucht zijn er altijd nog de vele verwarmde zwembaden, thermen en wellnesscentra.

Douanebepalingen

Nederlanders en Belgen moeten in het bezit zijn van een geldig paspoort of een geldige identiteitskaart. Zwitserland maakt geen deel uit van de Europese Unie, maar hoort wel tot de Schengenlanden wat inhoudt dat er aan de binnengrenzen geen controle op identiteitspapieren plaatsvindt. Voor meer informatie over formaliteiten, rond huisdieren bijvoorbeeld of invoerbepalingen, verwijzen we naar anwb.nl onder Landeninformatie.

Eten en drinken

De Zwitserse keuken(s)
De Zwitserse keuken combineert invloeden uit de Duitse-, Franse- en Italiaanse keuken. De regionale verschillen zijn groot en vallen samen met de taalgebieden. Veel gerechten hebben de lokale grenzen overschreden en zijn in heel Zwitserland populair.

Älplermagronen (Alpenmacaroni): een gegratineerd gerecht van aardappelen, pasta, kaas, room en uien, doorgaans geserveerd met appelmoes.

Rösti: een koek van gebakken geraspte, gekookte of rauwe aardappelen; in tientallen mogelijke varianten.

Kaasfondue en **raclette**: geschraapte en gesmolten kaas, die tegen het vuur aan een zijde wordt verwarmd.

W

ZWITSERSE WIJN?

Uit Zwitserland komen uitstekende wijnen. Buiten het land weinig bekend, want ze worden niet veel geëxporteerd. De grootste wijnstreken liggen in Franstalig Zwitserland: Langs het Meer van Genève (van west naar oost): La Côte, Lavaux en de Chablais. De bekendste witte wijn is hier de *dorin*, de bekendste rode de *salvagnin*.
De Walliser wijnen komen uit het Rhônedal. De bekendste witte Walliser wijnen zijn de *fendant* en de johannisberg. De belangrijkste rode is de *dôle*.
In Noordoost-Zwitserland leveren de wijngaarden rond Zürich en Schaffhausen lekkere pinot-noirwijnen (*Blauburgunder*). Graubünden heeft wijn uit het Rijndal ten noorden van Chur (die Herrschaft). De vurig rode *herrschaftler* en *completer* zijn zeldzaam en prijzig.
De huiswijn van Graubünden, de *veltliner*, komt van over de grens. Het huidige Valtellina was eertijds een wingewest van Graubünden.
De wijn van Ticino is de *merlot*, een krachtige rode wijn van hoge kwaliteit.

Birchermüesli: de *oer-müesli* werd rond 1900 ontwikkeld door de Zwitserse arts Oskar Bircher-Benner van havervlokken, citroensap, melk, geraspte appel, hazelnoten of amandelen (als licht verteerbare avondmaaltijd).

Duitstalige Zwitserland: hier zijn het de talrijke streekgerechten die voor de meeste verrassing zorgen. Op de menukaart staat een bonte verzameling gerechten. Uit Noordoost-Zwitserland komt de populaire *St. Galler Bratwurst*: meestal

kalfsworst die gewoonlijk wordt geserveerd met uien en rösti. Uit Bern stamt de voedzame *Berner Platte* (Berner-schotel) – een overvloedig gerecht met vlees- en worstsoorten. In heel Zwitserland bekend is het *Zürcher Geschnetzeltes*, een gerecht met kalfsvlees en champignons geserveerd met een roomsaus en rösti.
Graubünden: kenmerkend is de stevige Bündner boerenkeuken met typische gerechten als *Pizzoccheri* (boekweitnoedels met groenten en kaas), *Capuns* (rollades van snijbiet, gevuld met groenten en vlees), *Maluns* (geraspte aardappelen, vermengd met meel en langzaam geroosterd in boter), *Churer Fleischtorte* (vleestaart uit Chur) of het *Birnbrot* (een dunne laag brooddeeg gevuld met een mengeling van gedroogd fruit en noten). Niet te vergeten zijn de *Engadiner Nusstorte* (taart met noten), de *Bündner Gerstensuppe* (gerstesoep) en natuurlijk het *Bündnerfleisch*. De beste delen van het rund worden gepekeld en geperst en vervolgens maandenlang in de ijle berglucht te drogen gehangen.

Romandië (Frans Zwitserland): geliefd zijn hier de diverse worstsoorten, zoetwatervis en de paddenstoelen. *Fondue*, *raclette* en *croûte au fromage* stammen eveneens uit Franstalig Zwitserland en zijn in heel Zwitserland geliefd. Meerforel en baars wordt vooral gegeten rond de meren van Genève, Neuchâtel en Biel.

In **Ticino** kookt men op z'n Italiaans. Voor inheemse gerechten moet je naar *trattoria's* en *grotti*. Naast de vele pastagerechten (*spagetti, fettuccini, lasagne, tortellini, rigatoni, ravioli, cannelloni*) eet men hier de *polenta*, een maisbrij, die met kaas of worst gemengd als hoofd- of bijgerecht wordt geserveerd. *Marroni* (eetbare kastanjes) worden in heel Zwitserland in de winter geroosterd en warm op straat verkocht, of als *vermicelli* (gekookt en gesuikerd en dan door een pers gehaald - als een soort spaghetti) als dessert aangeboden. Op kastanjefeesten in Ticino worden allerlei producten van kastanjes aangeboden, zoals broden, deegwaren, pralines en broodbeleg.

Restaurants

In de Zwitserse steden en toeristenplaatsen is volop keus aan restaurants. De chique restaurants hebben doorgaans een Franse-Zwitserse of internationale keuken. Genève en Zürich hebben de grootste keus aan exotische restaurants, uit Azië maar ook uit het Midden-Oosten en Afrika. Een groot deel van de landelijke restaurants voert vanouds een *gutbürgerliche Küche*, met entrecôtes, steaks, schnitzels, kaasfondue, enzovoort. Speciale vermelding verdienen de Manora-restaurants, zelfbedieningsrestaurants van het Manor warenhuis en alleen te vinden in de grotere steden. Veel verse producten en prettig geprijsd; de formule doet denken aan de La Place-restaurants. Vergelijkbaar zijn de vegetarische restaurants-takeaways Tibits (tibits.ch).

Swiss slow food

Als reactie op de internationalisering en de fastfoodketens zijn oude recepten hier en daar weer in ere hersteld, noem het maar Zwitsers *slow food*. En veel van de betere restaurants maken gebruik van *bodenständige* producten, geteeld in eigen streek en volgens ecologische principes.

P

PRIJSPEIL ETEN EN DRINKEN

Doorgaans is het eten in Zwitserland verzorgd en van goede kwaliteit, maar wel ca. 50% duurder dan thuis. Hieronder enkele prijzen: eenvoudig lunchmenu: vanaf CHF 30; 3-gangendiner: vanaf CHF 50-75; koffie: CHF 4,50; bier/wijn: vanaf CHF 7.

Feestdagen

Algemene officiële feestdagen zijn: Nieuwjaar (1 jan.), Paasmaandag, Hemelvaart, Pinkstermaandag, Eerste Kerstdag en 1 augustus (nationale feestdag). In de katholieke kantons (Fribourg, Wallis, Appenzell, St. Gallen, Ticino) worden bovendien gevierd: Driekoningen (6 jan.), St.-Jozef (19 mrt.), Sacramentsdag (2e do. na Pinksteren), St.-Petrus en St.-Paulus (29 juni), Maria Hemelvaart (15 aug.), Allerheiligen (1 nov.), Onbevlekte Ontvangenis (8 dec.) en 2e Kerstdag. Regionale feestdagen zijn: 23 juni Jura, 21 september Franstalig Zwitserland, 25 september Obwalden, 31 december Genève.

Geld

De munteenheid van Zwitserland is de Zwitserse frank (CHF). De laatste jaren is de koers van de Zwitserse frank sterk gestegen en ongeveer gelijk aan de euro (koers op 1-7-2022: 1 CHF = € 0,96). In grote mate worden euro's geaccepteerd; wisselgeld krijg je in franken.

Internet en media

Alle hotels zijn online en de meeste bieden gratis wifi. Het wachtwoord is bij de receptie op te vragen.

S

STROOM

De netspanning in Zwitserland is 230 Volt. Platte stekkers kunnen overal worden ingeplugd. Voor andere typen stekkers heb je een verloopstekker (wereldstekker) nodig.

Voor nieuws download je de app SFR News, het belangrijkste onafhankelijke online nieuws van Zwitserland. Zwitserland is overigens nog een traditioneel krantenland. Belangrijkste landelijke kranten zijn de *Neue Zürcher Zeitung* en de *Tages-Anzeiger*.

Kinderen

Wat is leuk om te doen met kinderen? Een gezinsvakantie in Zwitserland betekent een actieve vakantie met fiets- en wandeltochten in de natuur. Er zijn eindeloos veel activiteiten die leuk zijn voor kinderen. Denk bijvoorbeeld aan: wandelen over spannende hangbruggen, leuke treinritten, boottochtjes en kabelbanen, tochten door kloven, naar watervallen en gletsjers. Voor waterpret zijn er de vele meren, met strandjes en speelterreinen en zwembaden. Ook zijn er leuke accommodaties voor gezinnen met kinderen, zoals overnachten op een boerderij en slapen in het stro. En veel vakantieparken (Landal, REKA) hebben *kids clubs* en kinderopvang voor de allerkleinsten. Kinderen tot 16 jaar genieten vaak van aanzienlijke kortingen in hotels, bij attracties en zwembaden.

Klimaat

Zwitserland is een land met verschillende klimaten. De Alpen hebben een hooggebergteklimaat, de lager gelegen en middelhoge gebieden (Basel, Mittelland, Jura, noordoosten) een gematigd tot koud landklimaat en het gebied aan de zuidkant van de Alpen (Lugano, Locarno) heeft een mediterraan klimaat met milde winters en warme zomers.

Zomer in Zwitserland

Ondanks een imago van een koud land van bergen en sneeuw zijn de zomers in grote delen van Zwitserland overwegend warm met maximumtemperaturen tussen 20 en 25°C. De hoger gelegen berggebieden (Berner Oberland, Graubünden en Wallis) hebben aanzienlijk lagere temperaturen, met als vuistregel een daling van de temperatuur per 100 hoogtemeter met 0,5-1,0°C. Op de hoogste bergtoppen komt de temperatuur zelfs amper boven het vriespunt uit en ligt sneeuw en ijs. In totaal is zo'n 2000 km² van Zwitserland bedekt met gletsjers en sneeuw.

Neerslag

Noordwest-Zwitserland, de Alpen en Jura kennen hoge neerslagcijfers, veroorzaakt door stijgingsregens aan de voet van het gebergte. In de wintermaanden valt in de Alpen en de Jura sneeuw tussen december en april. Het centrale Mittelland is wat droger dan de berggebieden omdat die voor een groot deel de buien opvangen. En vooral de zuidzijde van de Alpen (Ticino, delen van Graubünden en Wallis) heeft veel drogere zomers. Gemiddeld valt er in Zwitserland 1100 tot 1500 millimeter per jaar.

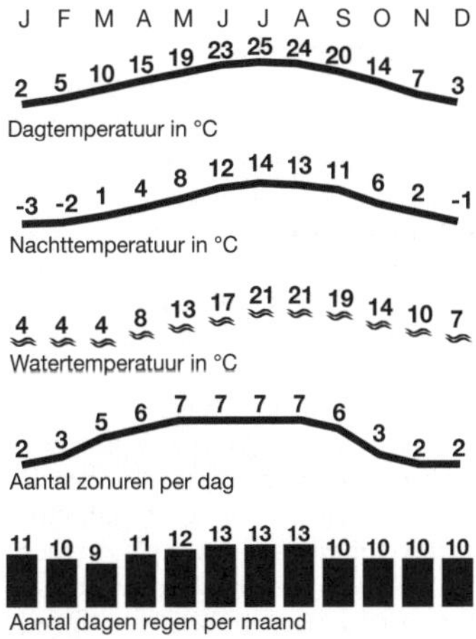

Zo is het weer in Zwitserland (Zürich)

Leestips

Er is geen typisch Zwitserse literatuur. De literatuur in Zwitserland kent een nauwe wisselwerking met het eigen taalgebied (Duits, Frans, Reto-Romaans en Italiaans). Het klassieke drama *Wilhelm Tell* werd een jaar voor zijn dood geschreven door de Duitse dichter **Friedrich von Schiller** (1759-1805). Geen andere Zwitser werd zo bekend als Wilhelm Tell, de nationale held. Zijn beeltenis staat op de achterkant van de vijf-frankenmunt.

Het beroemdste personage in de Duitstalige Zwitserse literatuur is zonder twijfel *Heidi*, de heldin in de kinderboeken van **Johanna Spyri** (1827-1901). De Heidi-romans behoren tot de populairste kinderboeken aller tijden.

Bekende persoonlijkheden in Duitstalige Zwitserse literatuur in de 20e eeuw waren **Max Frisch** (1911-1991) met werken als *Homo Faber, Biedermann und die Brandstifter* en *Stiller*, alsmede **Friedrich Dürrenmatt** (1921-1990), bekend van *Der Richter und sein Henker*.

De belangrijkste Franstalige Zwitserse auteur uit de 18e eeuw was **Jean-Jacques Rousseau** (1712-1778), geboren en getogen in Genève.

De Duitse schrijver **Thomas Mann** (1875-1955) leefde lange tijd in Zwitserland en werd bekend om zijn roman *Der Zauberberg* (1924), die zich afspeelt in het kuuroord Davos.

Overnachten

Hotels

In Zwitserland met zijn lange traditie als toeristenland is een enorm aanbod aan hotels, in alle prijscategorieën. De steden zijn over het algemeen duurder dan daarbuiten. Gemiddeld genomen kost een tweepersoonskamer inclusief ontbijt in een driesterrenhotel in de Zwitserse vakantiegebieden in het hoogseizoen € 150-200; in de steden € 200, in Wallis en Graubünden iets minder.

Hotels boeken

Boeken kan rechtstreeks, via boekingssites, op **myswitzerland.com** (Zwitserland Toerisme), of via de websites van veel steden (Basel, Zürich, Genève). Het loont de moeite verschillende sites met elkaar te vergelijken. Zakelijke hotels hebben vaak voordelige weekendaanbiedingen en last-minuteprijzen. Een site als **tripadvisor.com** is handig om zijn recensies, hoewel reserveren vaak voordeliger is op **booking.com**, is het aan te raden direct bij het hotel te boeken (daar verdienen de hotels meer aan).

Historische hotels en B&B

Wie prijs stelt op een verblijf in een historische herberg, een wellnesshotel met geneeskrachtig bronwater, of een luxueuze designhotel, kan in Zwitserland beslist iets van zijn gading vinden. Op de website van Zwitserland Toerisme (MySwitzerland.com) kun je zoeken op hotelcategorie: romantische hotels, hotels in de bergen, wellnesshotels, enzovoort. Een selectie van historische hotels vind je op **swiss-historic-hotels.ch;** circa duizend bed&breakfast-adressen in Zwitserland vind je op **bnb.ch**.

Vakantiewoningen

Het huren van een vakantiewoning of chalet voor een of meer weken is vaak een voordeligere optie dan een hotel. Ook op dit gebied heeft de site van Zwitserland Toerisme (chalet.myswitzerland.com) een groot aanbod; je kunt daar rechtstreeks boeken. Met name toeristische streken als het Berner Oberland, Graubünden of Wallis hebben een groot aanbod aan vakantiewoningen. Enkele aanbieders in Zwitserland zijn **Interhome**, **Landal** en **REKA**, een Zwitserse non-profitorganisatie met een groot aantal vakantiedorpen (geschikt voor gezinnen; activiteiten voor kinderen).

interhome.com, landal.nl, reka.ch

Budgetaccommodatie

Voor jeugdherbergen geldt geen leeftijdsgrens, je kunt ter plekke lid worden. Er zijn verrassend mooie herbergen, ook in de grote steden. De herberg van Saas Fee heeft zelfs een uitgebreide sauna; prijzen variëren van CHF 40-80 per persoon in een tweepersoonskamer inclusief ontbijt.

youthhostel.ch

Natuurvriendenhuizen

Eenvoudige accommodatie voor mensen die graag midden in de natuur verblijven. Op hun website zijn de ligging en tarieven te zien van tientallen *Naturfreundehäuser*. De tarieven behoren tot de laagste die men in Zwitserland kent, circa CHF 25 per persoon per nacht.

alternatives-wandern.ch

Agrarisch toerisme

Schlafen im Stroh (slapen in het stro) kan op meer dan tweehonderd boerderijen door heel Zwitserland (vooral Noord-Zwitserland). Informatie over deze overnachtingsmogelijkheden (vaak kamers of appartementen, soms slaap je echt in het stro, in je eigen slaapzak):

agrotourismus.ch

Kamperen

Vrij kamperen is in Zwitserland niet toegestaan. Zwitserland telt een paar honderd campings. Een overzicht ervan vind je op de website van de Zwitserse campingfederatie: **sccv.ch.**

De **TCS** (Touring Club Suisse) heeft 25 mooie campings, vaak met chalets, bungalows, pods, tipi-tenten of andersoortige accommodatie (tcs.ch). Op de campingwebsite van de ANWB (**anwb-camping.nl**) vind je onder het thema char-

mecampings een selectie van kleinschalige, rustige en mooi gelegen campings. Twee personen met een tent en een auto kost gemiddeld CHF 35-45. Reserveren voor het hoogseizoen valt aan te bevelen, vooral voor bergsportcampings en de campings aan de meren.
De laatste jaren zijn er nieuwe initiatieven over **kamperen bij locals**:
nomady.ch, zelter.ch en swissterroir.ch.

Berghutten

De 152 berghutten van de Zwitserse Alpen Club (Schweizerische Alpenclub, SAC) zijn meer dan elders bedoeld als uitgangspunt van klimtochten, minder als etappedoel in langeafstandswandelingen. Sommige hutten zijn echter heel geschikt om naar toe te wandelen en er te overnachten; men overnacht meestal op meerpersoons kamers. Leden van Nederlandse en Belgische bergsportverenigingen ontvangen korting in de hutten van de Schweizerische Alpenclub SAC.
SAC, tel. 031 370 18 18, sac-cas.ch

Reisdocumenten

Inwoners van de EU (ook kinderen) hebben een geldig paspoort of een geldige identiteitskaart nodig.

Reisplanning

Beste reisperiode

De Zwitserse steden kan men het hele jaar door bezoeken, evenals Ticino aan de zuidkant van de Alpen. In december zijn er in veel steden gezellige kerstmarkten. In de lager gelegen delen van Zwitserland (het Mittelland, de vele meren, of de laaggelegen delen van het gebergte) verdwijnt in het voorjaar de sneeuw snel en stijgen de temperaturen. Rondreizen kun je hier al vanaf april, met het besneeuwde bergland als decor, maar niet met het idee het gebergte te gaan doorkruisen. Een groot deel van Zwitserland, de Alpen, kent twee hoogseizoenen: zomer én winter, met twee stille tussenseizoenen. De grote wintersportgebieden in Zwitserland zijn zeer sneeuwzeker in de periode december t/m april. Daarna ligt er tussen april en juni te weinig sneeuw om te skiën, maar nog te veel om te wandelen en te fietsen in de bergen. De meeste hoge passen zijn vóór 1 mei nog gesloten voor het verkeer, enkele zelfs pas tot juni.
De zomer – tussen eind juni en september – is de beste periode voor een actieve vakantie (bergwandelen, mountainbiken), waarbij je ook dan rekening moet houden met snel wisselende weersomstandigheden in de bergen. Begin juli is het hooggebergte op zijn mooist, dan bloeien de alpenweiden uitbundig. In de lager gelegen delen ten zuiden van de Alpen (Ticino) is het in juli en augustus zeer warm en mogelijk drukkend.
De **herfst** is schitterend vanwege de prachtige vergezichten die ontstaan door de heldere atmosfeer en het verkleuren van de bladeren. Voor landschapsfotografie is deze periode de mooiste. Na oktober zijn vrijwel alle hoge passen gesloten en is het wachten op het winterseizoen.

Schoolvakanties

Deze variëren per kanton (schulferien.org/schweiz). De zomervakantie ligt globaal tussen begin juli en half/eind augustus. Dit is in Zwitserland ook het hoogseizoen, met de hoogste prijzen van de meeste accommodaties.

Kleding

Neem luchtige, maar ook warme kleding mee voor wisselende weersomstandigheden. Op bergtochten neem je voor de veiligheid altijd een trui en een regenjack mee. In de winter heb je warme kleding, handschoenen, muts, sjaal en warme jas nodig. Thermisch ondergoed zorgt voor extra warmte.

jan.	feb.	mrt.	apr.	mei	juni	juli	aug.	sept.	okt.	nov.	dec.

- hoogseizoen winter (jan. – mrt.)
- laagseizoen (apr. – juni)
- hoogseizoen zomer (juli – aug.)
- laagseizoen (sept. – nov.)
- hoogseizoen winter (dec.)
- wintersport tot en met Pasen (jan. – apr.)
- wintersport vanaf half nov.
- wandelseizoen laagland en Mittelland (apr. – okt.)
- bergwandelen in de Alpen (juni – aug.)
- carnavalsfeesten en paasprocessies (feb. – apr.)
- toerskiën in de Alpen (feb. – mei)
- muziekfestivals, zomerfeesten, lokale volksfeesten, Alpauf- und Alpabzüge (tochten naar en van de alp), alpenfeesten (juni – sept.)
- oogstfeesten, herfstmarkten, wijnfeesten; herfstkleuren in de bergdalen (sept. – nov.)
- kerstmarkten, concerten, oudjaarsfeesten (dec.)
- rondreizen en citytrips (jan. – juni)
- rondreizen en citytrips (sept. – dec.)

januari
Snow Festival, Grindelwald; luchtballonfestival, Château-d'Oex

februari
Tschäggättä, Lötschental (carnaval); Basel Fasnacht (carnaval)

april
Sechseläuten, Zürich (3e ma. in april); klassieke muziekfestivals Interlaken, Luzern, Ascona

juni - juli
muziekfestivals Genève (klassiek, jazz, rock), Lugano (jazz), Montreux (jazz), Gurten (Bern), Nyon, Luzern, Zürich

juni - half september
Wilhelm Tell Spiele, Interlaken

23.6
feestdag kanton Jura

juli
Alphoorn Festival, Nendaz

1 augustus
Zwitserse nationale feestdag

augustus
filmfestival Locarno

24.9 Regionale feestdag kanton Obwalden

21.9
feestdag Franstalig Zwitserland

4e ma. in nov.
Zibelemärit, Bern (wintermarkt)

november
herfstfestival, Lugano

31.12
feestdag Genève

Seizoensgebonden evenementen

Zwitserland kent een groot aantal feesten en culturele evenementen. Veel ervan zijn regionaal en weerspiegelen de processen in het boerenjaar, zoals het verdrijven van de winter, of het drijven van de koeien naar de alm in juni. In de moderne tijd zijn daar talloze muziek-, film- en outdoorfestivals bij gekomen.

Winter- en voorjaar: in alle kantons wordt aan het eind van de winter carnaval gevierd. De belangrijkste zijn die van Basel en Luzern. Soms worden angstaanjagende maskers en vermommingen gedragen om boze geesten of de winter te verjagen. In Zürich eindigt de winter officieel met het *Sechseläuten* (na de winter wordt de klok weer om 6 uur geluid), een groot feest op de derde maandag in april (zie blz. 89). Bekend is ook de paasprocessie van Mendrisio, met meer dan tweehonderd acteurs.

De **zomer** is de tijd van de muziekfestivals, zomerfeesten en van lokale volksfeesten, zoals de *Alpauf- und Alpabzüge*. Aan het begin en het eind van de zomer dossen de bergboeren hun koeien prachtig uit met bloemen en bellen. Ze wandelen met hun kuddes naar de alpenweide en als de herfst nadert weer op dezelfde feestelijke wijze naar het dal. Deze tochten naar en van de alp trekken duizenden toeschouwers. Ook zijn er 's zomers worstelwedstrijden en jodelfeesten, met alphoornblazers en vaandelzwaaiers. Uniek zijn de Walliser koeiengevechten, of *Combats des Reines,* waarbij de trotse Eringer koeien wedijveren om de heerschappij over de kudde.

Op **1 augustus** vieren de Zwitsers hun nationale feestdag, waarop het ontstaan van het Eedgenootschap wordt gevierd. Met toespraken, vreugdevuren en vuurwerk. Grote feesten in Zürich, Basel, Genève, Bern en Lugano en een speciale viering op de Rütli-weide.

De **herfst** is de tijd van oogstfeesten, herfstmarkten en wijnfeesten, vooral in West-Zwitserland en Ticino. Op 6 december wordt in enkele kantons het kinderfeest *Nikolaus* gevierd. De goedheiligman heet hier *Sammichlaus.*

Rond **Kerst** zijn er concerten, koren, Kerstmarkten en kerkdiensten. Op **oudejaarsavond** knallen niet alleen de kurken. Het einde van het jaar wordt op veel plaatsen met luidruchtige optochten, vuurwerk, trommelen, bellen, knallende zwepen en vermomde figuren gevierd. Zo worden volgens oude traditie kwade geesten op afstand gehouden. Op *Schulsilvester* in Zürich maken de kinderen en jongeren lawaai met koebellen, tijdens het *Silvesterdreschen* in Hallwil wordt het jaar met zweepslagen afgesloten, in Urnäsch gaan de mannen verkleed als *Silvesterklausen* onder luid gebel van huis tot huis.

Reizen met een beperking

Veel hotels en accommodaties zijn rolstoeltoegankelijk. Via het SBB Call Center Handicap (tel. 0800-007 102) bestel je een gratis in- of uitstaphulp op 160 stations. Veel kabelbanen en boten zijn ook toegankelijk voor rolstoelen. **Mobility International Schweiz** (MIS), geeft reisinformatie voor mensen met een handicap.
procap-reisen.ch

Telefoon

Landnummer Zwitserland: 41. Let op: Zwitserland is geen EU-lidstaat en valt buiten de roamingafspraken. Een aantal telecompartijen houdt uit gemak voor Zwitserland wel de EU-tarieven aan. In berggebieden is soms geen bereik.

Toeristeninformatie

Verkeersbureaus

Zwitsers verkeersbureau - Zwitserland

Toerisme: tel. 00800 100 200 29 (gratis), Het verkeersbureau voor Zwitserland in Nederland en in België heeft geen bezoekadres. Er is een *call center* voor heel Europa, waar je in de eigen taal te woord wordt gestaan. De website is zeer uitvoerig en biedt informatie op regio, plaats, allerlei thema's en ook boekingsmogelijkheden. Je kunt via de website diverse brochures aanvragen of downloaden.
myswitzerland.com

Informatie ter plaatse
In alle grotere plaatsen en steden zijn toeristenbureaus. De adressen en websites zijn bij de betreffende plaatsen vermeld. Je kunt er onder meer terecht voor hotelreserveringen, het boeken van tours en excursies en het aanschaffen van museumpassen of andere kortingspassen.

Internet
Hier worden enkele algemene toeristische websites en apps vermeld ter voorbereiding van je vakantie. Aan het begin van ieder hoofdstuk vind je een overzicht van de regionale toeristische websites.
Feestdagen: feiertagskalender.ch.
Middeleeuwse feesten: adagionline.com.
Restaurants: resto.ch.
Grand Tour of Switzerland App: ontdek en plan je rondrit langs deze iconische autoroute.
In your pocket city essentials: deze gratis app biedt compacte gidsen voor ongeveer twintig Zwitserse steden. Je vindt er allerlei tips over bezienswaardigheden en activiteiten, cafés, restaurants en openbaar vervoer. Met geïntegreerde kaart (ook offline).

Veiligheid en noodgevallen

In Zwitserland gelden de gebruikelijke voorzorgsmaatregelen: laat geen waardevolle spullen in de auto achter en berg ze op een veilige plek op in grote mensenmassa's en op drukke plaatsen.

Medische zorg
Het niveau van de zorg in Zwitserland is hoog, maar duur. Zorg mede daarom voor een goede reisverzekering. Vraag bij je zorgverzekeraar of via ehic.nl een **Europese gezondheidskaart (EHIC)** aan, voor vergoeding van noodzakelijke medische zorg bij ziekte of ongeval. De meeste zorgverzekeraars geven een zorgpas uit die tevens dient als Europese gezondheidskaart.
Teken: let op teken als je wandelt of kampeert in de natuur, want deze kunnen de ziekte van Lyme overbrengen.

Apotheken
Apotheken zijn geopend van 8.30-18.30 uur, buiten deze tijden zijn er 24-uursdiensten. Het is raadzaam zelf een reisapotheek met reguliere geneesmiddelen mee te nemen. Voor geneesmiddelen die onder de Opiumwet vallen (bepaalde slaapmiddelen en sterke pijnstillers) heb je een gelegaliseerde medische verklaring nodig (meer informatie: hetcak.nl).

Noodnummers
Landelijk alarmnummer: 112
Politie: 117
Ambulance: 144
Brandweer: 118
ANWB Alarmcentrale: tel. 0031 70 314 14 14
Blokkeren bankpas/creditcard: deze telefoonnummers staan vermeld op de passen of heb je ontvangen via je bank (voor vertrek noteren en meenemen).
Of gebruik bij diefstal of vermissing van bankpas/creditcard: pasblokkeren.com, cardstop.be

Ambassades / consulaten
...voor Nederland: Nederlandse Ambassade: Seftigenstrasse 7, Postfach CH-3000 Bern 14, tel. 031 350 87 00,

nederlandwereldwijd.nl, open alleen op afspraak. In noodgevallen kun je bellen met het BZ Contactcenter in Nederland: tel. +31 247 247 247.

...voor België: Belgische Ambassade: Weltpoststrasse 4, Postfach CH-3000, Bern 16, tel. 031 350 01 50, switzerland.diplomatie.belgium.be.

Vervoer ter plekke

Eigen vervoer

Voor het gebruik van snelwegen in Zwitserland heb je een **Autobahnvignet** nodig. Het vignet is een kalenderjaar geldig plus december ervóór en januari erna. Het vignet kost CHF 40 en is verkrijgbaar bij de ANWB (online te bestellen), tankstations in Duitsland voor de grens, of direct aan de grens; er kan met bankpas, creditcard of in euro's worden betaald. Aanhangers/caravans moeten een eigen vignet voeren. Voor een huurauto in Zwitserland hoef je geen extra vignet aan te schaffen. Verder wordt er tol geheven bij enkele grote Alpentunnels buiten de snelwegen, zoals de Grote Sint Bernhardtunnel en de San Bernardinotunnel.

Hulp bij pech en ongeval: langs de snelwegen kun je bij praatpalen, telefonisch op tel. +41 140, of via de **TCS-app** de hulp inroepen van de **TCS** (Touring club Suisse, tcs.ch), de zusterorganisatie van de ANWB.

Parkeren

De meeste stadscentra kennen betaald parkeren. In een 'blauwe zone' kan met een parkeerschijf gratis worden geparkeerd. Bij het parkeren op een steile helling moet je de auto behalve met de handrem nog extra vastzetten door hem ook nog in de laagste versnelling te zetten, een band tegen het trottoir te draaien, of door een steen achter een wiel te plaatsen. Parkeren en stoppen is verboden ter hoogte van een gele streep.

V

(AFWIJKENDE) VERKEERSREGELS

Maximum snelheid: autosnelweg: 120 km/u; buiten de bebouwde kom 80 km/u; binnen de bebouwde 50 km/u. Boetes voor snelheidsovertredingen zijn zeer hoog!
Alcohol: het maximaal toegestane alcoholgehalte in het bloed is 0,5 promille; voor bestuurders die hun rijbewijs korter dan 3 jaar hebben is dit 0,01 promille.
Mobiel bellen: voor alle bestuurders (ook fietsers) verboden tijdens het rijden. Handsfree bellen is toegestaan.
Bergwegen: stijgend verkeer heeft voorrang op dalend verkeer, tenzij het stijgende voertuig zich dicht bij een uitwijkplaats bevindt. Op een *Bergpoststrasse* (postweg), herkenbaar aan een blauw vierkant bord met een gele signaalhoorn, moeten de aanwijzingen van de postautochauffeur worden opgevolgd.
Verlichting: ook overdag verplicht met licht aan te rijden (sinds 2014).
Flitspaalsignalering: radardetectieapparatuur is verboden evenals apparatuur met signalering voor flitspalen (navigatieapps, telefoons, tablets en laptops).
Winterbanden en sneeuwkettingen: het gebruik van winterbanden is niet verplicht, maar als je bij winterse omstandigheden in een auto zonder winterbanden het overige verkeer hindert, kun je een boete krijgen. Bij een ongeval kan men je aansprakelijk stellen. Het gebruik van sneeuwkettingen is verplicht als de toestand van de weg dat noodzakelijk maakt; dat staat aangegeven met een verkeersbord. Je wordt aangeraden in de winter altijd sneeuwkettingen mee te nemen.

E-cars
Voor rijders van een elektrische auto: een kaart van alle laadstations in Zwitserland staat op: map.geo.admin.ch, zoek op 'Ladestationen'.

Verkeersinformatie in Zwitserland
Verkeer: inforoute.ch; hulpdienst: tcs.ch; weerbericht: (0041) 162; toestand van de bergpassen en wegen: (0041) 163. Handig is ook de **Alpine Passes app** (alpen-paesse.ch) met informatie over toegankelijkheid, openings- en sluitingsdata van alle paswegen.

Trein en openbaar vervoer
Zwitserland is een van de beste landen om met het openbaar vervoer rond te reizen. Het openbaar vervoer staat op een zeer hoog niveau. Het spoornetwerk is wijd vertakt, frequent en accuraat. Daarom is een vakantie in Zwitserland per trein beslist te overwegen. Een relaxte heen- en terugreis en ter plekke kun je met de trein en de Postauto overal komen. De tarieven zijn echter hoog, zeker wanneer je plannen hebt voor onvergetelijke treinritten zoals met de *Glacier Express* of de *Bernina Express*. Er zijn diverse kortingsmogelijkheden voor het **Swiss Travel System** (reizen met openbaar vervoer binnen Zwitserland: trein, bus, boot, en kortingen op veel bergbanen, zie hieronder). Treintickets kun je aanschaffen bij een reisbureau of bij NS Internationaal (nsinternationaal.nl) of bestellen via het Switzerland Travel Centre (swissrailways.com). In België via de NMBS (b-rail.be). Dienstregelingen Zwitserse spoorwegen: sbb.ch, of via de SBB mobile app.

K

VOORDEELPASSEN

Swiss Travel Pass: onbeperkt reizen gedurende 3, 4, 6, 8, of 15 dagen (vanaf CHF 232, 15% reductie bij 2 of meer personen, <16 jaar 50%, 16-26 jaar 25% korting). En gratis toegang tot meer dan 500 musea.
Swiss Travel Pass Flex: binnen een maand op een aantal te kiezen dagen (3, 4, 8 of 15 dagen, vanaf CHF 267).
Als je met de auto naar Zwitserland reist en van plan bent een aantal keer gebruik te maken van treinen, bussen en kabelbanen is het aantrekkelijk een **Swiss Half Fare Card** aan te schaffen: 50% reductie op openbaar vervoer (trein, bus, boot, stadsvervoer en enkele kabelbanen). De card is een maand geldig, kinderen reizen gratis mee, kost CHF 120,- en is online aan te schaffen op myswissalps.com, of via treinreiswinkel.nl.

De Grand Tour per trein
Er is ook een spoorvariant van de **Grand Tour of Switzerland**: een 1200 km lange treinrondrit door het land, bestaande uit een aantal beroemde treintrajecten. Eerst van Basel naar Zürich en St. Gallen, dan met de *Voralpen-Express* naar Luzern en de *GoldenPass Panoramic* naar Montreux. Dan de trein via Martigny en Visp naar Zermatt en met de *Glacier Express* naar Chur en Sankt Moritz. Verder met de *Bernina Express* en de aansluitende bus naar Locarno, waar de *Gotthard Panorama Express* je via Luzern terugbrengt naar Basel of Zürich.

Bus
Ook voor het onverwoestbare instituut Postauto, de gele bus die tot in vrijwel alle dorpen en gehuchten komt, bestaan abonnementen. Informatie en dienstregelingen op postauto.ch.

Boot
De grote meren in Zwitserland hebben hun eigen bootdiensten die opgenomen zijn in het **Swiss Travel System** (passen gelden ook voor deze bootdiensten). De witte salonboten met eerste- en twee-

deklasdekken varen geregeld tussen de vele plaatsen langs de oevers. De meeste veerdiensten nemen geen auto's mee, afgezien van enkele uitzonderingen (Bodensee, Vierwaldstättersee, Zürichsee). Je kunt diverse speciale excursies maken over de vele meren, zelfs een driemerentocht is mogelijk: Biel-Murten-Neuchâtel-Biel. Meren met een eigen bootdienst: Bodensee, Untersee en Rijn, Meer van Genève, Thunersee, Brienzersee, Vierwaldstättersee inclusief Alpnacher See en Urner See, Zugersee, Ägerisee, Zürichsee, Hallwiler See, Murten See, Bielersee, Lac de Neuchâtel, Walensee, Silser See, Lago di Lugano, Lago Maggiore.

Tandrad- en kabelbanen

Tot het openbaar vervoer worden ook de tandradtreinen en veel kabelbanen gerekend, waarvan dit land de pionier is. De meeste zijn ook 's zomers in werking. Bij veel ervan is ook de Swiss Travel Pass geldig, of krijg je daarmee korting. Onvergetelijk uitzicht op de hoge Alpentoppen heb je vanaf de Säntis of Pilatus, of de uitkijkpunten Diavolezza en de Gornergrat. En helemaal er middenin zit je bij het Jungfraujoch (hoogste spoorwegstation op 3454 m), de Metro Alpin in Saas-Fee, of de Klein-Matterhorn (3800 m) bij Zermatt. Op myswitzerland.com vind je de dienstregelingen van alle kabelbanen, tandradbanen en panoramatreinen.

DE GRAND TOUR PER TREIN

Er is ook een spoorvariant van de **Grand Tour of Switzerland**: een 1200 km lange treinrondrit door het land, bestaande uit een aantal beroemde treintrajecten. Met gebruik van de Swiss Travel Pass kun je de volgende rondrit maken: eerst van Basel naar Zürich en St. Gallen, dan met de *Voralpen-Express* naar Luzern en de *GoldenPass Panoramic* naar Montreux. Dan de trein via Martigny en Visp naar Zermatt en met de *Glacier Express* naar Chur en Sankt Moritz. Verder met de *Bernina Express* en de aansluitende bus naar Locarno, waar de *Gotthard Panorama Express* je via Luzern terugbrengt naar Basel of Zürich.

Met de Postbus bereik je elk Zwitsers dorp en bergdal

Toeristische woordenlijst

Algemeen

goedemorgen/dag	guten Morgen/Tag	bonjour	buon giorno
goedenavond	guten Abend	bonsoir	buona sera
tot ziens	auf Wiedersehen	au revoir	arrivederci
sorry	Entschuldigung	pardon	scusa
hallo	hallo/grüß dich	salut	ciao
alstublieft	bitte	s'il vous plaît	prego/per favore
bedankt	danke	merci	grazie
ja/nee	ja/nein	oui/non	si/no

Op reis

auto/bus	Auto/Bus	voiture/le car	màcchina/autobus
bushalte	Haltestelle	arrête	fermata
kaartje	Fahrkarte	ticket	biglietto
tankstation	Tankstelle	station d'essence	stazione di servizio
rechts/links	rechts/links	à droite/ à gauche	a destra/a sinistra
rechtdoor	geradeaus	tout droit	diritto
inlichtingen	Auskunft	information	informazione
postzegels	Briefmarken	timbres	francobolli
station	Bahnhof	gare	stazione
vliegveld	Flughafen	aéroport	aeroporto
eenrichtingverkeer	Einbahnstraße	rue à sens unique	senso ùnico
ingang	Eingang	entrée	entrata
open	geöffnet	ouvert	aperto/-a
gesloten	geschlossen	fermé	chiuso/-a

Tijd

uur/dag	Stunde/Tag	heure/le jour	ora/giorno
week/maand	Woche/Monat	semaine/mois	settimana/mese
jaar	Jahr	année	anno
vandaag/gisteren	heute/gestern	aujourd'hui/hier	oggi/ieri
morgen	morgen	demain	domani
's morgens/'s avonds	morgens/abends	le matin/le soir	di mattina/di sera
's middags	mittags	le midi	a mezzogiorno
maandag	Montag	lundi	lunedì
dinsdag	Dienstag	mardi	martedì
woensdag	Mittwoch	mercredi	mercoledì
donderdag	Donnerstag	jeudi	giovedì
vrijdag	Freitag	vendredi	venerdÌ
zaterdag	Samstag	samedi	sàbato
zondag	Sonntag	dimanche	doménica

Nood

help!	Hilfe!	au secours!	Soccorso!/Aiuto!
politie	Polizei	police	polizìa
arts/tandarts	Arzt/Zahnarzt	médecin/dentiste	mèdico/dentista
apotheek	Apotheke	pharmacie	farmacìa
ziekenhuis	Krankenhaus	l'hôpital	ospedale
ongeluk/pech	Unfall/Panne	l'accident	incidente/guasto
ambulance	Ambulance	ambulance	ambulancia

Overnachten

hotel/pension	Hotel/Pension	l'hôtel/pension	albergo/pensione
eenpersoonskamer	Einzelzimmer	chambre individuelle	camera singola
tweepersoonskamer	Doppelzimmer	chambre double	camera doppia
met/zonder badkamer	mit/ohne Bad	avec/sans salle de bains	con/senza bagno
toilet	Toilette	toilet	bagno, gabinetto
douche	Dusche	douche	docci
met ontbijt	mit Frühstück	avec petit-déjeuner	con prima colazione
halfpension	Halbpension	avec demi-pension	mezza pensione
bagage	Gepäck	bagage	bagagli

Shoppen

rekening/betalen	Rechnung/bezahlen	note/payer	conto/pagare
geld	Geld	argent	soldi
geldautomaat	Geldautomat	bancomat	bancomat

B

BELANGRIJKE ZINNEN

Algemeen

Ik spreek geen ...	Ich spreche kein Deutsch	Je ne parle pas francais	Non parlo italiano
Ik heet ...	Ich heiße …	Je m'apelle	Mi chiamo …
Hoe heet jij/u?	Wie heißt du/ heißen Sie?	Comment tu t'appel-les/vous appellez?	Come ti chiami/si chiama?
Hoe gaat het?	Wie geht es dir/ Ihnen?	Ça va?	Come stai/sta?
Dank u, goed.	Danke, gut.	Merci, bien	Grazie, bene.
Tot ziens!	Auf wiedersehen!	Au revoir!	Arrivederci!

Nood

Kun je mij helpen alstublieft?	Können Sie mir bitte helfen?	Pourriez-vous m'aider?	Mi può aiutare, per favore?
Ik heb een arts nodig.	Ich brauche einen Arzt.	J'ai besoin d'un médecin.	Ho bisogno di un mèdico.
Hier doet het pijn.	Hier tut es weh.	Ça me fait mal ici.	Mi fa male qui.

Culinaire woordenlijst

Ontbijt

Zmorge	ontbijt
Birchermüesli	müesli van havervlokken, melk,citroensap, appel en hazelnoten
Weggli	broodjes
Gipfeli	croissant

Lunch/diner

Zmittag	middageten
Zvieri	tussendoortje in de namiddag
Znacht	avondeten

Soepen

Busecca (Ticino)	soep met groenten en kalfsingewanden
Bündner Gerstensuppe	stevige gerstesoep
Mehlsuppe (Basel)	vleessoep
Risi e bisi (Ticino)	rijstsoep met erwten, spek en reuzel
Zuppa pavese (Ticino)	bouillon met eidooiers
Zuppa di pesci	vissoep
Zuppa di trippa	soep met aardappel, groente, spek en pens

Kaasgerechten

Chäs	kaas
Chässchnitte/Croute au fromage	brood met gebakken kaas
Walliser Käseschnitte	brood met gebakken kaas en omelet
Vacherin Mont-d'Or	Jurakaas uit de oven
Fondue Moitié-moitié	kaasfondue van half gruyère, half vacherin
Raclette (Wallis)	bij houtvuur gesmolten, geschraapte kaas

Aardappelgerechten

Rösti	gebakken geraspte aardappelen
Gummelisalat	aardappelsalade
Maluns (Graubünden)	geroosterd en gepaneerd aardappelkruimel
Ommelette di patate e maiale (Ticino)	omelet met aardappel en spek
Papet (Vaud)	aardappelschotel met prei en worst

Pasta- en meelgerechten

Hörnli/Makrönli	macaroni
Älplermagronen	gratin van aardappel, pasta, kaas en room
Pizzoccheri	boekweitnoedels, groente en kaas
Polenta (Ticino)	maisbrij met kaas of vleesragout

Vis

Äsche	zalm
Egli	rivierbaars
Forelle blau	gekookte forel
Hechtli	gebakken snoek
Rötel	zalmforel
Truite à la mode du Doubs	gekookte forel

Vlees en gevogelte

Berner Platte	schotel van vlees, worst, bonen en zuurkool

Bündnerfleisch	gedroogde, gerookte ham
Capuns (Graubünden)	stamppot van gerst, groente en spek
Churer Fleischtorte	vleestaart uit Chur
Fondue bourguignon (Lausanne)	vleesfondue in hete olie
Mistchratzerli	gevuld gegrild haantje
Mostbröckli	gemarineerd en gedroogd rundvlees
Ofeguggi, Ofeturti	omelet met spek
Salzis (Graubünden)	Bündner salami
St. Galler Bratwurst	kalfsworst, ui en rösti
Zürcher Geschnetzeltes	kalfsvlees met room en champignons

Groente

Capuns	snijbietrollade gevuld met pasta
Cholera (Wallis)	groentekoek
Marroni	(geroosterde) tamme kastanjes
Nüsslisalat	veldsla/rapunzel

Nagerechten en taart

Glacé	ijs
Meringue/Baiser	eiwitgebak geserveerd met slagroom
Vermicelli	gesuikerde kastanjes in spaghettivorm

Koek, taart en koffie

Biber	peperkoek (taaitaai)
Birnbrot	brooddeeg gevuld met gedroogd fruit en noten
Engadiner Nusstorte	taart met noten, karamel, honing en room
Giraffentorte	taart met chocola, hazelnoot en schnapps
Kirschtorte	gebak met kirschlaag
Leckerli (Basel)	amandelkoekjes met honing
Quarktorte	kwarktaart
Rüblitorte	worteltjestaart
Café crème/lungo	(grote) zwarte koffie
Kaffi Fertig	gezoete koffie met gedestilleerd
Schoggi Mélange	chocolodemelk met slagroom

Dranken

Bier	grote bier
Spezi/Stange	glas bier
Gazosa	Ticiner limonade
Gespritzter	wijn en mineraalwater
Mineral	mineraalwater
Ovomaltine	instant granendrank
Panage/panacé	bier met limonade
Rivella	frisdrank uit wei

R

IN HET RESTAURANT

Nederlands	Duits	Frans	Italiaans
Kan ik een tafel reserveren	Ich möchte einen Tisch reservieren	Est ce que je peux réserver un table	Vorrei prenotare una távola
Ober/juffrouw	Kellner/Kellnerin	garçon/madame	cameriere/cameriera
De menukaart, a.u.b.	Die Speisekarte, bitte	La carte, s'il vous plait	Il menù, per favore
De wijnkaart	Weinkarte	carte du vin	lista dei vini
Eet smakelijk!	En Gute!	bon apetit!	buon apetito!

Het

Een geslaagd huwelijk van high tech en toerisme: De gemoderniseerde Hammetschwand Lift, die je in minder dan een minuut 152 m loodrecht omhoogvoert naar de Bürgenstock boven het Vierwoudstedenmeer

magazine

De Babylonische spraakverwarring

Land met vier talen: Duits, Frans, Italiaans en Reto-Romaans — De wet verplicht ieder kind op school een tweede nationale taal te leren en veel jongeren spreken ook nog Engels.

Zwitsers Duits (67,3 %)

Het zangerige *Schwytzerdütsch* dat gesproken wordt, is vaak nauwelijks te verstaan voor Nederlandse reizigers. Maar gelukkig verstaan de Zwitsers elkaar vaak ook niet, zodat iedereen wel verplicht is – hoewel ze er een hekel aan hebben – om *Hochdeutsch* te spreken om met elkaar te kunnen communiceren. Het Hoogduits, dat op de scholen wordt onderwezen is ook de officiële schrijftaal. Het *Schwytzerdütsch* kent vele dialecten. Het is handig een paar woordjes Zwitsers Duits uit het hoofd te leren:

Grüezi mit ein and – hallo, goedendag (tegen meerdere personen)
Merci vilmal (klemtoon op de e) – hartelijk dank
Adee, widerluege – tot ziens
En guete – eet smakelijk

Zwitsers Frans (20,4%)

In West-Zwitserland – Jura, Fribourg, Neuchâtel, Vaud, Genève en westelijk Wallis – wordt Frans gesproken. Men spreekt van *Suisse Romande* of Romandië. In het

Swissness in Gstaad

gebied rond Murten en Fribourg en in de stad Biel/Bienne is men volledig tweetalig; binnen zinnen worden vaak woorden uit beide talen gebruikt. Ook het Frans kent zijn Zwitserse varianten, maar niet zoiets als Zwitserfrans. Het Frans is gelijk aan dat in Frankrijk, op enkele uitzonderingen na, zoals het gebruik van getallen: de Zwitsers zeggen *septante*, *octante* en *nonante* in plaats van *souixante-dix*, *quatre-vingt en quatre-vingt-dix* (makkelijker).

Zwitsers Italiaans (6,5%)

In drie zuidelijke dalen van Graubünden/Grisons (Calanca, Bregaglia en Poschiavo) en in het hele kanton Ticino is Italiaans de voertaal. Zwitsers Italiaans heeft een Lombardijns accent.

Reto-Romaans (0,5%)

Deze taal ontstond in Graubünden toen de taal van de oorpronkelijke bewoners, de Retiërs, werd vermengd met het Latijn van de Romeinen. Dit alpiene Latijn was vroeger over het gehele berggebied van de Gotthard tot aan Triëst verbreid. In Graubünden spreekt men over *Romontsch* of *Rumantsch*. Sinds de 19e eeuw neemt het aantal sprekers van Reto-Romaans af, het zijn er nu nog maar zo'n 40.000. Bovendien zijn er vier varianten. Praktische zaken als schoolboeken, overheidscommunicatie en toerisme bevorderden in veel plaatsen de overgang naar Duits.

Röstigraben

Met de grappig bedoelde term *Röstigraben* (röstikloof, genoemd naar het klassieke Zwitserse aardappelgerecht) beschrijft men de culturele grens tussen Frans- en Duitstalige Zwitsers, maar vooral de kloof in mentaliteit en politieke voorkeur tussen beide bevolkingsgroepen. Als voorbeeld diende de Saane/Sarine, de rivier die de taalgrens vormt in het tweetalige kanton en de stad Fribourg/Freiburg. Ten westen van de *Röstigraben* is men over het algemeen progressiever en meer gericht op Europa. In het Frans spreekt men overigens van een *rideau de rösti* (röstigordijn) of *barrière de rösti* (röstihek). De poging om ook een *polentagracht* in te voeren voor de taalgrens met de Italiaanstalige Zwitsers was weinig succesvol.

Swinglish

Zoals de Zwitsers ooit teruggrepen op het Latijn om een naam te geven aan hun nieuwe land (*Confoederatio Helvetica*) ontstaat er nu een soort vijfde taal: *Swinglish* (Swiss meets English). Met vier officiële talen is het soms lastig om, bijvoorbeeld op verkeersborden of verpakkingen, iets aan te geven, het moet dan officieel in alle talen. Daarvoor heeft men een oplossing: toeristische borden langs wegen roepen daarom *Welcome to Switzerland*. En wat drukt het gevoel om Zwitser te zijn beter uit dan het Engelse woord *Swissness*.

De Grand Tour of Switzerland

Het toerisme in Zwitserland is twee eeuwen oud — Daarvoor werden de Alpen gemeden, als plaats waar goden en demonen huisden, die 's winters voor lawines zorgden.

De bergen werden gezien als obstakels, die men zo snel mogelijk diende over te steken op weg naar Italië. De Alpenpassen, in feite de laagste overgangen tussen de bergen, werden beklommen als ware het de hoogste bergtoppen.

De eerste toeristen

In de 18e eeuw veranderde dit toen wetenschappers, schrijvers en kunstenaars de Alpen verkenden en het berglandschap en hun bewoners gingen verheerlijken. Het gedicht *Die Alpen* (1732) van de Zwitserse arts Albrecht von Haller en de roman *Julie ou la Nouvelle Heloïse* (1761) van Rousseau – een liefdesroman die zich afspeelde in de bergen – vormde de aanzet tot de komst van de eerste toeristen, die op hun *Grand Tour* door Europa voortaan Zwitserland bezochten als zelfstandig reisdoel. *The Prisoner of Chillon* van Byron en de tot de verbeelding sprekende beklimming van de Matterhorn door Engelse alpinisten zorgden voor de nodige nieuwsgierigheid van met name welgestelde Engelse toeristen naar dat onherbergzame land. De *Grand Tour of Switzerland* was geboren.

Spoorlijnen brachten steeds meer toeristen naar Zwitserland, waar luxueuze berghotels werden gebouwd en waar werd gezocht naar ingenieuze manieren om de toeristen naar de hoogste toppen te brengen. In 1871 werd met de Rigibahn de eerste tandradtrein van Europa gebouwd, waarna onder meer de Pilatus-, Jungfrau- en Gornergratbanen volgden. De eerste met kabels aangedreven tandradbaan was in 1879 aan de Brienzersee de baan naar hotel Giessbach, om toeristen vanaf het meer naar het hotel te brengen.

Postkoets over de Gotthardpas, schilderij Gotthardpost van Rudolf Koller, 1873, Kunsthaus Zürich

Met de moderne postbus over de Fukapas. Op de achtergrond de Grimselpas en de Finsteraarhorn

De Gouden Eeuw van het alpinisme

De beklimming van de Mont Blanc in 1786 was de aanzet tot het beklimmen van de een na de andere hoge Alpentop. De periode tussen 1850 en 1865 wordt dan ook wel de Gouden Eeuw van het alpinisme genoemd, waarin vooral Engelse alpinisten met hun Zwitserse gidsen vele vierduizenders beklommen. Die periode van veroveringsdrang werd afgesloten met de tragische beklimming van de Matterhorn in 1865 door Edward Whymper en zijn team.

Kuuroorden en wellness

De geneeskrachtige werking van de Zwitserse thermale bronnen was al bij de Romeinen bekend, maar het kuren steeg pas tot grote hoogte nadat aan het eind van de 19e eeuw de Duitse arts dr. Alexander Sprengler de heilzame werking van het hooggebergteklimaat voor lijders aan longziekten als tuberculose ontdekt had. Samen met de Nederlandse hotelier Willem Jan Holsboer maakte hij van Davos een gerenommeerd herstellingsoord, dat wereldberoemd werd door Thomas Manns roman *De Toverberg*. Met de kuurpatiënten kwamen ook de eerste wintertoeristen. Na de ontdekking van de antibiotica ontwikkelde Davos zich tot wintersportplaats. Tot op heden vind je nog overal in de Zwitserse bergen historische *Grand Hotels*. De nieuwste trend in kuren zijn de welnesscentra, veelal op de mooiste locaties.

De moderne Grand Tour

De huidige autoreiziger kan nu ook de *Grand Tour of Switzerland* volgen, een ontdekkingsreis van 1643 km, door vier taalgebieden, over vijf Alpenpassen, langs meer dan twintig grote meren, elf UNESCO-Werelderfgoedsites en twee biosfeerreservaten. De route is bewegwijzerd met 650 borden (of volg gewoon je GPS) en heeft een uitgebreide eigen website. Een kaart ervan vind je achter in deze reisgids. De laatste ontwikkelingen zijn een Grand Tour met de trein of een E-Grand Tour of Switzerland.

E-Grand Tour

De E-Grand Tour biedt vakantiegangers in Zwitserland sinds 2017 de mogelijkheid om de volledige Grand Tour of Switzerland te volgen in een schone, elektrische auto. Een dicht netwerk van laadstations langs de 1600 kilometer lange route zorgen ervoor dat niemand met een lege accu komt te zitten.

I

INFORMATIE

De Grand Tour of Switzerland heeft een uitgebreide eigen website en app: myswitzerland.com/grandtour. Daar vind je informatie over de etapes, bezienswaardigheden, accommodaties, aanbiedingen en activiteiten langs de route. Via de app kun je kiezen uit voorgeselecteerde trajecten of je eigen route plannen. Voor rijders van een elektrische auto: een kaart van alle laadstations in Zwitserland staat op: map.geo.admin.ch, zoek op 'Ladestationen'.
Voor treinreizigers: met één treinticket, de Swiss Travel Pass, kun je diverse panoramatreinroutes (zoals de Bernina Express en de Glacier Express) aan elkaar rijgen en een ronde door Zwitserland ook per trein beleven.

Nationale parken en natuurreservaten

Beschermde natuur — Het parklandschap van Zwitserland krijgt langzaam gestalte. Er zijn op dit moment twintig beschermde natuurgebieden: nationale parken, biosfeerreservaten, regionale parken en natuurreservaten.

15% beschermde natuur

En er komt elk jaar meer beschermde natuur bij. Al deze parken samen beschermen natuur van buitengewone schoonheid en waarde en beslaan in totaal 6109 vierkante kilometer. Dit komt overeen met ongeveer 15% van het oppervlak van Zwitserland. Het oudste en nog steeds enige nationale park van Zwitserland bevindt zich in het Engadin. Naast dit park zijn er in Zwitserland de laatste jaren negentien regionale parken, natuurreservaten en natuurbelevingsparken bij gekomen. Al deze gebieden behoren tot de oorspronkelijkste natuur- en cultuurlandschappen van het land. En daarnaast is er een enorm oppervlak hooggebergte met gletsjers en sneeuwvelden, waaronder het UNESCO-Wereldnatuurerfgoed Jungfrau-Aletsch. Kortom, heel veel natuur!

Chamana Cluozza, Zwitsers nationaal park. De onlangs gerenoveerde berghut behoort nu tot de meest duurzame berghutten van Zwitserland

De Ofenpas voert dwars door het grotendeels ongerepte nationale park van Zwitserland

Schweizer Nationalpark

Dit bekendste nationale park van Zwitserland werd 100 jaar geleden als eerste nationale park van de Alpen opgericht. Sinds 2010 vormt het samen met het Val Müstair een UNESCO-Biosfeerreservaat. Het park ligt in het Unterengadin, langs de grens met Italië, met als hoogste toppen de Piz Pisoc (3174 m) en de Piz Quattervals (3164 m). Van de 11e tot en met de 17e eeuw vond hier nog mijnbouw plaats, waarvoor veel hout werd gebruikt. In die tijd werd het hout uit deze dichtbeboste dalen massaal gekapt en verhandeld. Aan het eind van de 19e eeuw was het gebied grotendeels kaal door boskap en overbeweiding en lag het er berooid bij. In 1914 werd besloten tot algehele bescherming van het gebied. Sindsdien geniet het Schweizer Nationalpark de hoogste bescherming van alle parken in Midden-Europa en wordt de natuur volledig met rust gelaten. Wandelen is beperkt tot de paden, bomen mogen niet worden gekapt en er mag niet worden gejaagd. In de winter (de kwetsbare tijd voor de natuur) is het hele park verboden gebied. Door deze consequente en langdurige natuurbescherming is de natuur weer geheel hersteld en vormt het park een ideaal gebied voor natuuronderzoek naar hoe flora en fauna zich in een natuurlijke situatie ontwikkelen. Een groot deel van de bossen bestaat inmiddels uit bergdennen (Pinus mugo), na de kap van sparren in het verleden. Boven de boomgrens leven alpenmarmotten, gemzen en steenbokken. Die laatste zijn hier opnieuw uitgezet, nadat ze eind 19e eeuw hier uitgeroeid waren. Ze breiden zich gestaag uit. Beren zijn er niet, de laatste werd in 1904 geschoten, over herinvoering van wolven wordt nagedacht. De in de Alpen uitgestorven lammergier is ook uitgezet, ze kunnen via satellieten worden gevolgd.

Steenbokken in het Val Cluozza

De populatie lijkt nu groot genoeg om te overleven. Steenarenden zijn er met zes broedparen, notenkrakers en bonte spechten zie en hoor je overal.

Nieuwe nationale parken?

Afgelopen jaren waren er een aantal kandidaten voor de titel nationaal park: het Parc Adula (berggebied op de grens Ticino/Graubünden) en het Parco Nazionale del Locarnese (van het Lago Maggiore tot aan de bergtoppen bij Bosco Gurin). Deze toekomstige natuurgebieden onderscheiden zich van het bestaande Zwitserse nationale park omdat hier niet alleen de natuur voorrang krijgt, maar er verder gekeken wordt. Zo komen er twee verschillende zones, een kernzone en een randzone, waarin duurzame activiteiten mogelijk zijn (traditionele landbouw, berghutten, duurzaam toerisme zoals skitoeren en wandelen). De bevolking stemde in 2017 echter tegen een definitief verdrag voor beide nationale parken.

ZWITSERSE NATUURPARKEN

A

Nationaal park: 1 Zwitsers Nationaal Park GR (1914).
Natuurbelevingspark: 2 Parc naturel du Jorat VD (2021), 3 Wildnispark Zürich Sihlwald ZH (2010).
Regionaal natuurpark: 4 Parc Jura vaudois VD (2013), 5 Parc du Doubs JU/NE/BE (2013), 6 Parc Chasseral BE/NE (2012), 7 Naturpark Thal SO (2010), 8 Jurapark Aargau AG/SO (2012), 9 Naturpark Schaffhausen SH (2018), 10 Parc régional Gruyère-Pays-d'Enhaut VD/FR (2012), 11 Naturpark Gantrisch BE/FR (2012), 12 Naturpark Diemtigtal BE (2012),13 UNESCO Biosphäre Entlebuch LU (2008), 14 Parc régional de la Vallée du Trient VS (2020), 15 Naturpark Pfyn-Finges VS (2013), 16 Landschaftspark Binntal VS (2012), 17 Parco Val Calanca GR (2022), 18 Naturpark Beverin GR (2013), 19 Parc Ela GR (2012), 20 Biosfera Val Müstair GR (2011).

Kunstenaars in de Alpen

Moderne kunst — Het kleine Zwitserland heeft sinds eind 19e eeuw een verrassend aantal kunstenaars voortgebracht.

Beeldhouwers als Jean Tinguely en Alberto Giacometti, of architecten als Le Corbusier werkten in heel Europa en kregen met hun werk een uitstraling tot ver over de Zwitserse grenzen. In recente tijd zijn vooral enkele Zwitserse sterarchitecten als Mario Botta en Herzog & de Meuron wereldwijd bekend. Daarnaast zijn er een aantal interessante – maar veelal buiten het land weinig bekende – Zwitserse schilders als Ferdinand Hodler, Cuno Amiet, Felix Valloton, Giovanni Giacometti, Giovanni Segantini, die ieder een eigen kenmerkende stijl ontwikkelden en van wie het werk in een groot aantal Zwitserse musea is te bewonderen.

Schilders van de Alpen

Veel Zwitserse schilders kozen de Alpen als motief voor hun werken. Twee daarvan springen erbovenuit: Ferdinand Hodler en Giovanni Segantini.

Ferdinand Hodler

Ferdinand Hodler (1853-1918) genoot zijn schildersopleiding in Genève en Parijs en schilderde, naast portretten en symbolische werken, vooral de Zwitserse bergen. Mensen zijn afwezig in deze berglandschappen, die in een expressionistische stijl zijn geschilderd. Het zijn als het

Ferdinand Hodler, de Niessen; Kunstmuseum Basel

Giovanni Segantini, Oberengadiner landschap; Kunstmuseum Bern

ware *bergportretten*, waarbij vormen, bergen en water, zijn vereenvoudigd tot heldere kleurcontrasten. De soberheid van zijn late schilderijen van de Thunersee en het Meer van Genève creëert een gevoel van onmetelijke ruimte. In zijn laatste levensjaren schilderde Hodler alleen nog het landschap rond het meer van Genève. Hodlers iconische bergmotieven staan afgebeeld op diverse Zwitserse postzegels.

Giovanni Segantini

De oorspronkelijk Italiaanse schilder Giovanni Segantini (1858-1899) vestigde zich vanaf 1886 in Graubünden, eerst in Savognin, de laatste 5 jaar van zijn leven in Maloja. Geïnspireerd door de ongerepte bergwereld van het Engadin en het oorspronkelijke boerenleven ontwikkelde hij een geheel eigen impressionistische schildertechniek om het kristalheldere berglandschap vast te leggen. Segantini verbleef in de winter vaak in Soglio in het naburige Val Bregaglia. Met een woordspeling noemde hij het dorp *la soglia del Paradiso*, de drempel naar het paradijs. Bekend werd zijn uitzicht vanaf Soglio op de granietpieken van de tegenovergelegen bergen. Segantini's werken werden in Zwitserland zo gewaardeerd, dat hij het land mocht vertegenwoordigen op de wereldtentoonstelling van 1900 in Parijs met een drieluik *Werden, Sein, Vergehen* (Worden, Zijn, Vergaan). Helaas overleed de kunstenaar vlak voor de tentoonstelling. Deze grote doeken werden de belangrijkste erfenis van Segantini, en hangen nu in het aan hem gewijde museum in Sankt Moritz.

M

WELKE MUSEA MAG IK NIET MISSEN?

Belangrijke Zwitserse musea voor moderne en hedendaagse kunst zijn: Fondation Beyeler (Basel), Kunstmuseum Bern, Kunsthaus Zürich, Museum Reinhart (Winterthur), Plateforme10 (Lausanne), Fondation Gianadda (Martigny) en MAMCO (*Musée d'Art Moderne et Contemporain*) in Genève. Een aantal Zwitserse kunstenaars heeft een eigen museum: Zentrum Paul Klee (Bern), Kirchnermuseum (Davos), Segantini Museum (St. Moritz).

In cijfers

Over cijfers lees je makkelijk heen — Maar het kunnen eyeopeners zijn. Neem even de tijd voor een paar verrassende inzichten. En lees hieronder wat in Zwitserland telt.

4

officiële talen kent het land. Duits spreekt 67% van de bevolking, Frans 20%, Italiaans 7% en Reto-Romaans 0,5%. Voor de officiële naam grijpt men terug op het Latijn: Confoederatio Helvetica (Zwitserse Bondsstaat).

299792458

meter per seconde bedraagt de lichtsnelheid. Bijna met deze snelheid botsen de elementaire deeltjes in de 27 kilometer grote deeltjesversneller van de CERN, 100 meter onder de grond in een buitenwijk van Genève.

20,7

miljoen Zwitserse horloges worden er jaarlijks wereldwijd verkocht. Andere belangrijke exportproducten zijn kaas, chocolade (4x zoveel) en koffie (16x zoveel).

-7,9

graden is de gemiddelde jaarlijkse temperatuur op het Jungfraujoch, de koudste (voor toeristen bereikbare) plek van Zwitserland.

41.290

vierkante kilometer meet Zwitserland, ongeveer evenveel als Nederland. Op dat oppervlak bevinden zich 26 kantons, 1484 meren, 944 km² gletsjers, 40 Alpenpassen en 4 taalgebieden. Een enorme variatie op een kleine schaal.

8,6

miljoen inwoners heeft Zwitserland. Een op de vijf bewoners is echter geen 'Zwitser', maar heeft een buitenlands paspoort.

7

leden kent de Bundesrat, het hoofd van de Zwitserse regering. Elk jaar vervult een ander lid van deze raad de rol van President. Ignazio Cassis was in 2022 de president van de Zwitserse Confederatie.

159

is de prijsindex in Zwitserland, vergeleken met het gemiddelde van de Europese Unie (100). Zwitserland is daarmee na de Scandinavische landen en Luxemburg het duurste land van Europa.

70

Franssprekende Zwitsers hebben hun eigen namen voor de getallen 70, 80 en 90. Dus geen soixante-dix (zeventig), quatre-vingt (tachtig) of quatre-vingt-dix (negentig), maar gewoon septante, octante en nonante.

1848

is het jaar waarin de moderne Zwitserse staat werd opgericht. Daarvoor bestond Zwitserland uit een bondgenootschap van onafhankelijke kantons, het Eedgenootschap. Dat begon in 1291 op de Rütliweide, met de eed van de kantons Uri, Schwyz en Unterwalden.

661.740

bedden zijn er in Zwitserland beschikbaar voor toeristen (2020), goed voor 38,5 miljoen toeristische overnachtingen. Door corona daalde de afgelopen 2 jaar het aantal buitenlandse gasten, maar steeg het binnenlandse toerisme sterk. 15 miljard franken verdient het land elk jaar aan het toerisme.

4.634

meter hoog meet de Dufourspitze van het Monte Rosamassief. Het is het hoogste punt van Zwitserland en na de Mont Blanc de op één na hoogste berg in de Alpen. Hij maakt deel uit van de 48 vierduizenders van het land.

57,5

kilometer lang is de Gotthard-basistunnel. Hij het is daarmee de langste spoortunnel ter wereld.

3,5

procent bedraagt het werkloosheidscijfer voor Zwitserland (2022). Dat is laag voor Europese begrippen, maar voor de Zwitsers historisch hoog.

20.000

kilometer beslaat het routenetwerk van wandelpaden, fiets-, skate- en kanoroutes en het is perfecte geïntegreerd met het openbaar vervoer. Zwitserland stimuleert daarmee het duurzaam toerisme.

30

% van Zwitserland is bebost en 15% is berschermd natuurgebied, en de tendens is stijgend. Bossen beschermen onder andere tegen lawines en leggen CO_2 vast. Zwitserland behoort tot de schoonste landen van Europa.

Het Bundeshaus in Bern, zetel van het Zwitserse parlement. De 26 fonteinen op het plein symboliseren alle 26 Zwitserse kantons

Reizen door tijd en ruimte

Een neutrale enclave — In het hart van Europa heeft soevereiniteit en neutraliteit altijd hoog in het vaandel gestaan. Zwitserland lijkt een enclave van afzijdigheid in Europa, maar was en is daar altijd sterk mee verbonden.

Prehistorie
ca. 10.000-3000 jaar geleden

Vondsten in grotten vormen de eerste bewijzen van menselijke aanwezigheid in de Jura en in Appenzell. Na de laatste ijstijd verspreiden de mensen zich over de vlaktes die achterbleven na het afsmelten van de gletsjers. Mensen gaan in nederzettingen wonen en over op de landbouw. Bij La Tène aan het Meer van Neuchâtel zijn belangrijke resten gevonden van paalwoningen uit de ijzertijd (ca. 3000 v.Chr.). Keltische stammen bewonen het gebied rond Basel en Bern. De Helvetiërs verspreiden zich verder over Zwitserland.

Gaan bekijken
Naturhistorisches Museum, Bern, blz. 61
Museum Laténium, Hauterive, blz. 66

Romeinse kolonie
58 v.Chr.-300 n.Chr.

Het Romeinse leger onder Julius Caesar verslaat de Helvetiërs, die zich terugtrekken in het westen en noorden. De Romeinen vestigen kolonies en legerplaatsen in Nyon, Kaiseraugst, Biel en Avenches. Ruim 200 jaar houden deze vestigingen stand. Steden als Aventicum (Avenches) met 20.000 inwoners bloeien op en de Romeinen leggen een netwerk van wegen en paswegen aan. De Kelten leven in deze periode van rust vreedzaam samen met de Romeinen.

Gaan bekijken
Historisches Museum, Bern, blz. 61

Middeleeuwen
3e-10e eeuw

Invallen van Germaanse stammen leiden tot de val van het Romeinse Rijk. Het koninkrijk van de Franstalige Bourgondiërs breidt zich vanuit Genève uit over West-Zwitserland. De Duitstalige Alemannen vestigen zich in het noorden en oosten van Zwitserland. Deze verdeling van het gebied vormt de oorsprong voor de huidige taalgrens dwars door Zwitserland. Het christendom verspreidt zich over Zwitserland. In 515 sticht de Bourgondische koning Sigismund in St-Maurice (Wallis) de eerste augustijnerabdij. Diverse Germaanse rijken (Franken, Duitse keizerrijk, Heilige Roomse Rijk) oefenen hun macht uit over het gebied met hun feodale stelsel met adel, geestelijken en boeren. Er volgen eeuwen van betrekkelijke rust. In de 8e eeuw wordt het klooster van Sankt Gallen gesticht.

Gaan bekijken
Augustijnerabdij St-Maurice, blz. 175
Benedictijnenabdij Sankt Gallen, blz. 98

Savoye en Habsburg
11e-13e eeuw

De hertogen van Savoye vergroten hun macht in het Franssprekende deel van Zwitserland, en bouwen in Wallis, het Mittelland en rond het Meer van Neuchâtel burchten met de karakteristieke ronde hoektorens. Machtige adellijke families, Zähringers en Kyburgers, beheersen in Oost-Zwitserland het politieke toneel. De Habsburgers krijgen steeds meer macht in het Duitssprekende deel van Zwitserland en nemen in de 13e eeuw het bezit van de Kyburgers over.

Gaan bekijken
Museum Schloss Lenzburg, blz. 45

De geboorte van Zwitserland
1291

Voortdurende conflicten met de Habsburgers leiden tot de oprichting van het Zwitsers Eedgenootschap. De oerkantons Uri, Schwyz en Unterwalden zweren op 1 augustus 1291 op de Rütliweide een verbond. Met dit Eedgenootschap wordt de basis gelegd voor de latere Zwitserse staat. Sindsdien is 1 augustus de Zwitserse nationale feestdag.

Gaan bekijken
Tells Kapelle en Rütliwiese, blz 308

Groei van het Eedgenootschap
1300-1515

In de volgende twee eeuwen sluiten zich steeds meer kantons aan bij het Eedgenootschap en wordt het leger van de Habsburgers twee keer verslagen door de Zwitserse Bond: bij Sempach 1386 en bij Näfels 1388. Ook de Bourgondiërs worden door de Eedgenoten verslagen in Grandson aan het Meer van Neuchâtel in 1467 en later dat jaar bij Murten. De slag bij Murten op 22 juni wordt nog jaarlijks herdacht en geldt als een belangrijke datum voor de Zwitserse eenheid. Zwitserland verklaart zich in 1499 onafhankelijk van het Vaticaan en niet veel later wordt een vredesverdrag met Frankrijk gesloten, waarin de Eedgenoten zich verplichten van verdere gebiedsuitbreiding af te zien. Dit vormt de basis voor de al eeuwen door de Zwitsers volgehouden neutraliteitspolitiek.

Gaan bekijken:
Forum der Schweizer Geschichte, Schwyz, blz. 135

Reformatie en Contrareformatie
16e-17e eeuw

Vanaf 1531 wordt Zwitserland gekenmerkt door de Reformatie, waarbij de autoriteit van de katholieke kerk wordt afgewezen, evenals veel van haar rituelen. Zwingli en Calvijn zorgen voor twee Reformatiegolven, vooral in de steden. De landelijke gebieden daarentegen voelen zich erdoor bedreigd. Vooral na de Contrareformatie, ingeluid door het Concilie van Trente (1545-1563), leiden conflicten tussen de katholieke en protestantse kantons tot enkele godsdienstoorlogen. In Graubünden vindt de Reformatie zonder veel moeite ingang. Elke gemeente bepaalt zelf tot welke religie ze zich het meest voelt aangetrokken. De Vrede van Westfalen in 1648 erkent Zwitserland voor het eerst als onafhankelijke Europese natie.

Gaan bekijken
Musée de la Reforme, Genève, blz 149

Verlichting en Franse Revolutie
18e eeuw

Vooral in de protestantse gebieden bloeit de handel, het bankwezen en het culturele leven onder invloed van de Verlichting. Grote sociale veranderingen worden ingeluid door de Franse Revolutie. In 1798 bezetten de Fransen het gebied dat dan de Helvetische Republiek gaat heten. De Berner schatkist wordt naar Parijs overgebracht ter financiering van Napoleons oorlogen. Graubünden sluit zich in de Napoleontische tijd aan bij het Zwitsers Eedgenootschap en verliest zijn wingewest Valtellina aan het latere Italië. Op het Congres van Wenen wordt in 1813 de Zwitserse staat met zelfbesturende kantons hersteld. Neuchâtel, Genève en Wallis treden toe tot de nieuwe staat en het Eedgenootschap, waardoor het aantal kantons tot 22 wordt uitgebreid.

Gaan bekijken
Château de Prangins, Nyon, blz. 154

Zwitserland, naar een moderne staat
19e eeuw

Verschillen in taal en godsdienst leiden in 1847 tot de *Sonderbundskrieg* tussen de katholieke en protestantse kantons. Kort daarna vindt de oprichting plaats van het moderne Zwitserland als bondsstaat met een federale grondwet waarbij de macht van de individuele kantons wordt beperkt en de godsdiensten gelijke rechten kregen. In 1891 wordt het referendum ingevoerd en de volksraadpleging, als pijlers van de directe democratie. In de tweede helft van de 19e eeuw worden wegen en spoorwegen aangelegd en er wordt begonnen aan de tunnel door de Gotthard. Daarnaast komt het toerisme op gang. De tot de verbeelding sprekende eerste beklimming van de Matterhorn in 1865 zorgt voor de nodige nieuwsgierigheid. De Zwitserse neutraliteit leidt ertoe dat veel internationale organisaties zich in Zwitserland vestigen.

Gaan bekijken
Landesmuseum, Zürich, blz. 82

De 20e eeuw
Wereldoorlogen

In beide Wereldoorlogen blijft Zwitserland neutraal, ondanks sterke verdeeldheid tussen Franssprekende en Duitssprekende Zwitsers. In de Tweede Wereldoorlog is Zwitserland omsingeld door fascistische mogendheden en er ontstaat een verlammend conflict tussen zich aanpassen aan de situatie en de handel op gang houden of reageren. Onder leiding van generaal Guisan, die alle legeraanvoerders bij elkaar roept op de Rütliwiese, wordt besloten het land te mobiliseren en zich bij een aanval terug te trekken in de bergen. Intussen gaat men door met handel drijven met de As, inclusief wapenleveranties aan Duitsland. Pas in 1944 stopt Zwitserland alle handel met de As-landen. Slechts weinig Joden worden opgenomen in Zwitserland, vanwege een strikte asielpolitiek.

Gaan bekijken
Musée de la Croix-Rouge, Genève, blz. 151

Naoorlogse tijd
1945-1991

Na de oorlog bevindt Zwitserland zich in een vacuüm; de afzijdige houding tijdens de oorlog wordt de Zwitsers niet in dank afgenomen. In de jaren 60 neemt de politieke isolatie af doordat Zwitserland een bemiddelende rol krijgt in diverse internationale conflicten. De industrie, het bankwezen en het toerisme groeien snel, de welvaart neemt toe. In 1979 wordt het Franssprekende deel van de Berner Jura een zelfstandig kanton (Jura) en in 1991 viert Zwitserland zijn zevenhonderdjarig jubileum.

Gaan bekijken
Palais des Nations, Genève, blz. 150
Verkehrshaus der Schweiz, Luzern, blz. 128

Relatie met Europa
1991 tot heden

Via een referendum in 1981 besluiten de Zwitsers geen lid te worden van de Europese Gemeenschap, en in 2001 ook niet van de Europese Unie. Wel treedt Zwitserland toe tot de Verenigde Naties en in 2008 tot de zogenaamde Schengenlanden waarmee paspoortcontrole aan de grenzen vervalt. Zwitserland ziet ondanks jarenlange onderhandelingen in 2021 af van voortzetting van het samenwerkingsverdrag met de EU. Een toekomstig EU-lidmaatschap raakt daardoor steeds verder uit beeld.

Wilhelm Tell en het Eedgenootschap

De beroemde legende — Eind 13e eeuw kregen de Habsburgers steeds meer macht in het Duitssprekende deel van Zwitserland. De zorg voor deze nieuw verworven bezittingen lieten zij over aan Oostenrijkse landvoogden, een oorzaak van conflicten. Hierop is de legende en het verhaal van Wilhelm Tell gebaseerd, die weigerde de hoed te groeten van een Oostenrijkse landvoogd en als straf een appel op het hoofd van zijn zoontje doormidden moest schieten.

Het Eedgenootschap

Na de dood van Rudolf I van Habsburg verenigen de *Waldstätte* Uri, Schwyz en Nidwalden zich in hun verzet tegen de Habsburgers. Op de Rütliwiese aan de Urner See sloten zij op 1 augustus 1291 een verbond. Spoedig trad ook Obwalden toe tot dit verdrag. Met dit Eedgenootschap werd de basis gelegd voor de Zwitserse staat. Nog altijd is 1 augustus de nationale feestdag van Zwitserland. Het in het Latijn gestelde document wordt bewaard in Schwyz. De oerkantons sloten hun verdrag ook met het oog op de handelsroute over de Gotthardpas, die Duitsland met Italië verbond. In 1230 was het Uri gelukt een brug te slaan over de voordien onbegaanbare Schöllenenschlucht, waarmee de handelsroute een feit werd en waarvan de kantons de vruchten wilden plukken.

Wilhelm Tell

De geschiedenis van Wilhelm Tell is het dramatische verhaal van de vrijheidslievende Zwitser die weigert te buigen voor het opgelegde gezag. In de legende is het de wrede Oostenrijkse landvoogd Gessler die op de markt van Altdorf in woede ontvlamt omdat gemzenjager Wilhelm Tell zonder te groeten langs de demonstratief opgestelde Oostenrijkse hoed loopt. Tell, die met zijn zoon Walter op stap is, moet zijn minachting duur bekopen. Slechts op één manier kan hij aan zijn doodvonnis ontsnappen: door van grote afstand met zijn kruisboog een appel van het hoofd van zijn zoon te schieten. Tell schiet zuiver en doorklieft de appel. Dan vraagt Gessler wat de bedoeling is van de tweede pijl die Tell bij zich draagt. 'Als ik mijn zoon zou hebben getroffen dan had ik mij op u gewroken', luidt het antwoord. Gessler kookt over van woede bij het horen van deze brutaliteit en laat Tell boeien en meevoeren naar zijn boot die hem over de Urner See naar het slot bij Küssnacht moet brengen. Op het water barst er een noodweer los dat Gessler en zijn soldaten beangstigt, zelfs zo dat Wilhelm Tell wordt bevrijd van zijn boeien en het roer moet bedienen. Tell koerst langs de steile oever, waar hij

Standbeeld van Wilhelm Tell in Altdorf, hoofdstad van het kanton Uri

een plek kent die hem uit zijn benarde positie kan redden, een klein rotsplateau bij Sisikon waar hij met bovenmenselijke kracht opspringt en de boot terugduwt in de kolkende watermassa. Gessler moet in zijn nederlaag berusten en zinnend op wraak gaat hij huiswaarts. Tell spoedt zich over land naar Küssnacht en ligt al in een hinderlaag in de Hohle Gasse die naar het slot van Gessler leidt voordat de laatste voet aan wal heeft gezet. Daar voltrekt Wilhelm Tell het vonnis en doorboort met een welgemikt schot het hart van de gehate Gessler.

Het referendum

Uniek voor dit vrijheidslievende land is het uitgesproken federalisme. Dit komt tot uitdrukking in de sterke autonomie van de 26 kantons en hun gemeenten en in de directe deelname van de Zwitsers aan de politieke besluitvorming. Ook de afzonderlijke burgers hebben grote invloed. Door de volksinitiatieven en het referendum kunnen de burgers hun invloed op de regeringsactiviteiten uitoefenen. Het referendum is een typisch Zwitserse uitvinding, waarbij het volk kan beslissen over nieuwe bondswetten en algemene besluiten: binnen negentig dagen na het openbaar maken van een bondsbesluit kunnen minimaal 50.000 stemgerechtigden of minimaal acht kantons vragen om een referendum. Het houden van een referendum is verder ook verplicht bij voorgestelde wijzigingen van de grondwet.

Trekken de gletsjers zich terug?

Denk je aan hooggebergte, dan denk je aan gletsjers — Het blauwe ijs van gletsjerbreuken en de lange tongen van dalgletsjers zijn voor velen de symbolen van de Alpen.

Waterhuishouding

Maar behalve fascinerend, zijn de gletsjers ook van groot belang voor de waterhuishouding. Ze slaan 's winters water op en geven die gedurende de zomer als smeltwater weer af. Eeuwenlang vormt het gletsjersmeltwater in Wallis de belangrijkste bron om de velden te bevloeien. Spectaculaire waterleidingen, *bisses* of *Suonen* getuigen hiervan.

Tegenwoordig zijn de gletsjers ook van belang voor de elektriciteitswinning en het toerisme. Het kostbare smeltwater wordt voor de stroomopwekking in stuwmeren opgeslagen. De gletsjers trekken 's zomers veel bezoekers en skigebieden met gletsjers profiteren van een

De grote Aletschgletsjer, met in het midden de duidelijk zichtbare middenmorene

vroege start van het skiseizoen en maken zomerskiën mogelijk.

Gletsjerteruggang

Net als elders op aarde worden door de temperatuurstijging de Zwitserse gletsjers steeds korter. De beweging van een aantal gletsjers is goed gedocumenteerd. Zo werd er in 1874 een onderzoek gestart naar de beweging van de Rhônegletsjer. Men legde gekleurde stenen in rechte lijnen dwars over de gletsjer. Door de verplaatsing van de stenen te volgen kon men aflezen dat de gletsjer in het midden sneller beweegt dan aan de zijkanten en dat de stroomsnelheid ligt tussen de 100 en 250 m per jaar. Tegelijkertijd heeft men kunnen constateren dat de Rhônegletsjer in de laatste eeuw circa 1 km korter is geworden. De grootste gletsjer van de Alpen, de 23 km lange Aletschgletsjer verloor in de laatste eeuw zelfs 3 km. Een andere goed gedocumenteerde gletsjer, de Morteratschgletsjer in het Bernina massief (Graubünden), begon in 1857 op slechts 100 m van station Morteratsch. Sindsdien is die geslonken van 9 naar 6,4 km lengte. Wetenschappers van de Technische Hogeschool Zürich becijferden dat door de hogere temperaturen het Zwitserse gletsjeroppervlak in het decennium 1999-2009 met 12% is verminderd. Als deze tendens doorzet... Voorlopig bedraagt het totale oppervlak van alle 1420 individuele gletsjers in Zwitserland nog altijd 944 km^2.

De Haute Route

De klassieke doorsteek over de gletsjers van de Walliser Alpen van Chamonix naar Zermatt wordt meestal in de winter op toerski's gedaan, maar is ook in de zomer als gletsjertocht mogelijk. De naam *Haute Route* stamt uit de tijd van het klassieke alpinisme, toen de Engelsen in het midden van de 19e eeuw een directe verbinding zochten tussen de bergdorpen Chamonix en Zermatt, zonder elke keer naar het dal te hoeven afdalen. De *High Level Route* werd voor het eerst in de zomer gemaakt. Met de destijds nieuw ingevoerde ski's werd in 1911 de huidige route voor het eerst begaan door de skipioniers François Frédéric Roget en Marcel Kurz. De route voert langs de vierduizenders en over de grootste gletsjers van de Walliser Alpen.

Patrouille des Glaciers

Een variant van de *Haute Route* is de zogenaamde *Patrouille des Glaciers* (gletsjerpatrouille), een internationale ski-alpinismewedstrijd van het Zwitserse leger over 110 km tussen Verbier en Zermatt. Aan deze wedstrijd doen ook civiele teams mee. Bij de vijfduizend deelnemers zijn vaak ook enkele Nederlandse teams (pdg.ch).

Het Zwitserse bankgeheim en het geroofde goud

Zwitserse neutraliteit en zelfstandigheid — Deze brachten het land veel goeds. Internationale organisaties vestigden zich in Zwitserland en er waren vredesconferenties. Maar de neutraliteit heeft een keerzijde. Net als chocolade en horloges nemen het beruchte bankgeheim en het geroofde goud van de Joden een plek in tussen de clichés over dit Alpenland.

Ontstaan van het bankgeheim

Vanaf WOI brachten veel rijken uit het buitenland hun vermogen naar Zwitserse banken, omdat de politieke stabiliteit in hun thuisland niet meer vanzelfsprekend was. De Zwitserse bankwet uit 1934 was een reactie op de bankencrisis na WOI. Gesteund door de wet konden Zwitserse banken informatie over klanten beschermen, door het gebruik van genummerde rekeningen. Tegenwoordig zijn meer dan 100.000 mensen werkzaam in de bankensector, die rond 10% van het bruto binnenlands product levert en vermoedelijk met 3000 miljard US-dollar privaat vermogen zo'n 35% van het wereldwijde *offshore banking* (geld dat niet in het eigen land wordt beheerd) uitmaakt.

De laatste decennia kwam er internationaal verzet tegen het bankgeheim, omdat de Zwitserse banken worden gezien als een belangrijke schakel in de internationale belastingontduiking, het witwassen van crimineel geld en de georganiseerde misdaad. Het bankgeheim leek tot voor kort echter onaantastbaar.

Het geroofde goud

Omdat het ontstaan van het bankgeheim samenviel met de opkomst van het nationaalsocialisme in Duitsland, werd het bankgeheim vaak goedgepraat vanwege de bescherming die het veel Joodse burgers zou hebben geboden. In 1966 ontstond door een publicatie van de bank Credit Suisse de mythe 'dat door het bankgeheim het vermogen en leven van duizenden mensen zou zijn gered'. De rol van de Zwitserse banken in WOII was echter minder nobel. Zwitserland heeft in de oorlogsjaren 295.000 vluchtelingen opgenomen, maar hield door een restrictieve toelatingspolitiek vanaf 1942 Joodse vluchtelingen tegen. Circa 25.000 Joodse vluchtelingen, die de Zwitserse grens wisten te bereiken, werden teruggestuurd, een zekere dood tegemoet.

Zwitserland fungeerde in de oorlog als financiële draaischijf voor de nazi's en nam van de Duitse Reichsbank grote hoeveelheden goud aan als betaalmiddel voor exportleveringen. Dit goud was grotendeels geroofd uit de bezette landen (Nederland, België, Frankrijk, Denemarken) en vaak afkomstig van slachtoffers van de Jodenvervolging. Na de oorlog dwongen de geallieerden de Zwitsers tot het afstaan van dit bezit. De strijd om het roofgoud werd met een betaling van 250 miljoen franken afgehandeld. Later bleek dit bedrag slechts een fractie van de werkelijke hoeveelheid goud te vertegenwoordigen. Na internationale druk kochten de Zwitserse banken in 1998 de Joodse claims af met 1,25 miljard dollar. In de Zwitserse banken ligt nog steeds 61.000 kg uit Nederland geroofd goud, met een waarde van 2 miljard euro. Nederland zag in 2000 echter af van verdere claims daarop.

Afschaffing van het Zwitserse bankgeheim

Het bankgeheim kwam meerdere keren onder druk, door het bekend raken van zogenaamde *Potentatengelder* (weggesluisde vermogens van dictators als Ferdinand Marcos, Slobodan Milosevic of Jean-Claude Duvalier) op Zwitserse bankrekeningen. Door openbaringen van klokkenluiders kwam steeds meer aan het licht over buitenlandse klanten. In 1996 begon een lange juridische strijd tussen diverse overheden en de Zwitserse banken. De VS dwong de Zwitserse banken uiteindelijk tot bekendmaking van de rekeningen van Amerikaanse klanten en deelde boetes uit van respectievelijk 1,25 miljard en 2,8 miljard US-dollar. In 2014 sloot Zwitserland een overeenkomst met de VS over het uitwisselen van financiële gegevens. En met een akkoord over automatische uitwisseling van bankgegevens hebben de Europese Unie en Zwitserland in 2016 het Zwitserse bankgeheim begraven. Vanaf 2018 wordt de bankinformatie over Europese burgers uitgewisseld met de fiscus in de EU-lidstaten en kunnen Europese burgers hun zwart geld niet meer verstoppen op een Zwitserse bankrekening.

SIX Swiss Stock Exchange, Zürich

Laatste etappe

Op dit moment geldt het afschaffen van het bankgeheim alleen voor buitenlanders en worden bankgegevens slechts met een aantal westerse landen gedeeld, maar met veel andere landen niet. Actiegroepen zoals Transparancy International Switzerland, pleiten ook voor het afschaffen van artikel 47 van de Bankwet. Daarin staat dat journalisten in Zwitserland vervolgd kunnen worden voor alleen al het bezitten van private bankgegevens.

Zwitserse politici verklaarden recent nog dat wie in Zwitserland belasting wil ontduiken, 'voorlopig weinig hoeft te vrezen'. Maar linkse politieke partijen en de fiscale autoriteiten van de afzonderlijke Zwitserse kantons denken daar anders over. Het ooit zo onaantastbare bankgeheim lijkt zijn laatste tijd gehad te hebben.

Op de alp: bergkoeien en alpenkaas

Tradities en gebruiken — Veel oude regionale gebruiken, zoals die horen bij het leven op de alpenwei, werden ver buiten de eigen streek bekend en zijn nu toeristische attracties.

Het leven op de alp

De weiden boven de boomgrens (*alpen*) worden 's zomers gebruikt voor de beweiding van koeien, schapen en geiten. Het leven op de alm verloopt op het ritme van de natuur. Wat er op het eerste gezicht idyllisch uitziet, is vooral hard werken. Zo'n 12.000 bergboeren en -boerinnen werken in Zwitserland op 7500 alpbedrijven. Meestal zijn de alpenboeren verantwoordelijk voor het vee van verschillende boeren. Het is hun taak, het vee de weiden op te drijven, tweemaal per dag te melken en kaas te maken. In deze alpenlandbouw ontstonden tradities, die tot op heden zorgvuldig worden onderhouden.

Aan het begin van de zomer vertrekken de boeren in klederdracht en met kunstig versierde dieren in optocht naar de alm, de *Alpaufzug*. In de herfst worden de koeien weer naar het dal gedreven, de *Alpabzug*. Deze feestelijke optochten lokken vele toeschouwers, evenals de feestelijke activiteiten na afloop.

Het zou zo een scene uit Heidi kunnen zijn ... Maar nee, het is de jaarlijkse Alpaufzug, met het vee naar de alpenweiden boven Appenzell

Trotse Walliser bergkoeien strijden om de titel van Koningin

Alpenkaas en bergkaas

De echte *Alpkäse* (fromage d'alpage, alpenkaas) wordt ook nu nog in rokerige alpenhutten met de hand gemaakt, in grote ketels boven het vuur, net als vroeger. De kaas die in het dal het hele jaar door geproduceerd wordt in de moderne kaasmakerijen, wordt – om het verschil met alpenkaas aan te geven – *Bergkäse* (bergkaas) genoemd. De naam *Alpkäse* is beschermd en voorbehouden aan de kaas, die direct op de alp gemaakt wordt. De koeien grazen vrij op de alm en eten de sappige alpenkruiden. De gezonde voeding, de bewegingsvrijheid en het kristalheldere bergwater zorgen voor een smakelijke melk, die direct van de koe tot kaas verwerkt wordt. Al deze criteria hebben niet alleen een positief effect op de smaak van de alpenkaas, ze maken hem ook rijk aan gunstige omega-3-vetzuren, die een positieve invloed hebben op de bloedsomloop.

Alphoorn

De warme klank van de alphoorn draagt zeer ver – de reden, dat het ooit door de herders voor de communicatie gebruikt werd, om de koeien van de weide naar de stal te roepen, wanneer het tijd was om te melken. De alphoorn was ook van belang voor de communicatie met de herders van de naburige alpen. De alphoorn verloor in de 19e eeuw zijn oorspronkelijke functie, en is nu vooral een toeristische attractie en een symbool van Zwitserland. De Zwitserse jodelvereniging, waartoe de alphoornblazers behoren, heeft 1800 leden die alphoornblazer zijn. Alphoorns kun je zien en horen tijdens eedgenootschappelijke jodelfeesten en het jaarlijkse internationale alphoornfestival in Nendaz (Wallis).

Jodelen

Alphoornblazen en jodelen hebben de zelfde oorsprong en werden lange tijd gebruikt door de bergboeren. De oorspronkelijke vorm is het *natuurjodelen*, waarbij geen woorden, maar klanken worden gezongen om elkaar op de hoogte te stellen of bij het opdrijven van de koeien. Pas in de 19e eeuw ontstaan jodelkoren, die jodelliedjes met teksten zingen. Elke 3 jaar in het begin van de zomer nemen rond 10.000 jodelaars, vendelzwaaiers en alphoornblazers deel aan het driedaagse Zwitsers nationaal jodelfeest.

Walliser koeiengevechten

Uniek zijn ook de Walliser koeiengevechten (*Combats des Reines*) van mei tot september, waarbij de trotse donkere Walliser koeien van het ras Eringer wedijveren om de heerschappij over de kudde. Speciaal getrainde koeien (nee, geen stieren!) haken met de horens in elkaar en proberen elkaar weg te duwen en zo de eretitel *Reine* (Koningin) te veroveren. Gelukkig vinden er zelden verwondingen plaats tijdens deze koeiengevechten. De feestelijke kantonnale finale vindt plaats in mei in het dorp Aproz bij Sion.

Nationale sporten: Steinstossen en Schwingen

Nationale sporten — Overal in dit Alpenland kun je genieten van schuttersfeesten met kruisboogschieten, veldschieten, turnen, jodelen, en alpenfeesten met allerlei merkwaardige Zwitsers sporten als *Schwingen*, *Hornussen* of *Steinstossen*.

Eidgenössische Feste

De Zwitsers hebben maar één officiële nationale feestdag: 1 augustus. Maar als aanvulling van deze nationale feestdag zijn er de vele zogenaamde *Eidgenössische Feste (fête fédérale, festa federale)*, georganiseerd door landelijke verenigingen en sportorganisaties. Deze eedgenootschappelijke feesten werden vanaf eind 18e eeuw ingesteld, ter versterking van het Zwitserse nationale gevoel en de saamhorigheid tussen deelnemers uit alle verschillende taalgebieden en culturele groepen. Een groot aantal Eidgenössische Feste hebben zich inmiddels een vaste plaats verworven in de Zwitserse volkscultuur.

Worstelfeest op de Schwägalp, Appenzell Ausserrhoden

Eidgenössische Schwing- und Älplerfest (ESAF)

Het worstel- en alpenboerenfeest is het populairste eedgenootschappelijke feest en vindt elke 3 jaar in augustus plaats in een arena voor 50.000 bezoekers (telkens in een ander kanton). In totaal komen er op dit feest zo'n 250.000 gasten. Omlijst met jodel- en volksmuziek, worden de nationale sporten *Schwingen*, *Hornussen* en *Steinstossen* beoefend. Het laatste feest vond plaats in Pratteln (Basel) en het volgende vindt 2025 plaats in Mollis (Glarus).

Schwingen

De Zwitserse variant van worstelen, het *Schwingen* geldt vooral in de landelijke streken van Duitstalig Zwitserland als de nationale sport. De beste *Schwinger* (worstelaars) worden *Die Bösen* genoemd en strijden om de titel van *Schwingerkönig* (worstelkoning) in een met zaagsel bedekte cirkel met een doorsnede van 7 tot 14 meter. De winnaar van het belangrijke *Eidgenössische* krijgt de *Muni*, een jonge stier als hoofdprijs. In Zwitserland zijn *Die Bösen* net zo bekend als andere grote sporthelden.

Unspunnen – Steinstossen

Het *Steinstossen* (steenwerpen) is nauw met het worstelen verbonden. Eens in de 6 jaar gaan de sterkste mannen van Zwitserland tijdens het Unspunnenfest met elkaar de strijd aan. De zogeheten *Unspunnenstein*, een zware gletsjerzwerfsteen van 83,5 kilo, wordt daarbij zover mogelijk weggegooid. In augustus 2004 vestigde Markus Maire een nieuw record; hij wierp de steen, waar gewone stervelingen amper beweging in krijgen, 4,11 meter ver. De steen is genoemd naar het plaatsje Unspunnen bij Interlaken, waar na de aftocht van de Fransen in 1805 het eerste grote bergboerenfeest plaatsvond.

Een worp tijdens het Schwingen. Er zijn geen gewichtsklassen, zodat lange, zware mannen in het voordeel zijn

Hornussen

Deze teamsport, die lijkt op een mix van golf, cricket en baseball, wordt vooral in de kantons van het Mittelland beoefend. In Bern is deze sport het populairst, met 107 verenigingen. *Hornussen* kent een lange traditie die teruggaat tot de 16e eeuw. De sport is vooral populair bij boeren, en wordt dan ook het liefst op eigen akker gespeeld, onder het genot van een (of meerdere) biertje(s).

Vendelzwaaien

Het vendelzwaaien is een prachtig schouwspel, dat begeleid door alphoornmuziek tot de indrukwekkendste momenten van een volksfeest hoort. Vendelzwaaiers tonen hun kunsten op populaire evenementen zoals de jodel- en worstelfeesten en op de nationale feestdag op 1 augustus. Het vendelzwaaien is een oud gebruik, dat al sinds de middeleeuwen door de stadsgildes werd beoefend. Het vendelzwaaien kent vaste regels met tientallen verschillende worpen en zwaaien.

Wintersport

Zwitserland is een geweldig wintersportland — En dan te bedenken dat de geschiedenis van de wintersport er nog geen 150 jaar oud is.

Honderden kilometers piste

Zwitserland heeft een aantal enorme skigebieden, die soms vele valleien aan elkaar koppelen: Verbier-4 Vallées (412 km), Zermatt (322 km), St. Moritz (321 km), Davos-Klosters (228 km), Arosa-Lenzerheide (225 km), Laax-Flims-Falera (220 km), Gstaad (215 km), Jungfrau Region (206 km).

Wintersport 'uitgevonden' in Sankt Moritz

In hetzelfde jaar van de eerste beklimming van de Matterhorn (1865) begon in Sankt Moritz het wintertoerisme, toen de hotelier Johannes Badrutt zijn Engelse gasten uitnodigde om ook eens in de winter op vakantie te komen. Hij haalde ze over met de belofte van zonneschijn - gemiddeld schijnt de zon hier 322 dagen per jaar. Het werd een groot succes, de Britten kwamen elke winter terug en introduceerden skiën, curling, bobsleeën en wintergolf. Naast St. Moritz, Arosa en Davos kwamen ook plaatsen als Zermatt en Grindelwald snel op als belangrijke skioorden.

De leukste kleine skigebiedjes

Er zijn in Zwitserland ook veel kleine skigebieden. Vaak rond leuke plaatsen, geschikt voor gezinnen en niet zo heel ervaren skiërs en een stuk vriendelijker voor uw portemonnee. Een skipas voor een week kost in de kleinere gebieden circa CHF 200. Hier een kleine selectie:

Engelberg (82 km piste)
Skigebied met lange afdalingen en mooie off piste runs, vooral voor gevorderden. In en rond het stadje is veel te beleven - wel vrij duur.

Andermatt (55 km pistes)
Uitgestrekt skigebied voor gevorderde skiërs met geweldige mogelijkheden voor freeriders. Gezellig dorp.

Wereldkampioenschap Velogemel in Grindelwald

Freeriden in de diepe sneeuw vanaf de Schilthorn, Berner Oberland

Arolla (47 km piste)
Hoog en sneeuwzeker skigebied aan het eind van het Val d'Hérens. Lange pistes in een prachtige omgeving. Arolla is een bergsdorp voor rustzoekers.

Val d'Annivier (200 km piste)
Prachtig bergdal, opgesplitst in twee skigebieden: Saint-Luc/Chandolin en Zinal/Grimentz. Kies per dag bij welk van de vier dorpen je wilt gaan skiën. In Chandolin voor zonnige makkelijke pistes, of in Zinal voor koude poedersneeuwafdalingen.

Leukerbad (50 km piste)
Rustig skigebied voor gevorderden; langlaufen boven op de Gemmipas. Na het skiën ontspannen in het verwarmde zwembad van de Leukerbad-thermen.

Vals, Graubünden (25 km piste)
Veelal pittige pistes rond een prachtig dorp met oude chalets en beroemde wellness; skiën en onthaasten.

Savognin (70 km piste)
Vrij groot skigebied met brede mooie pistes voor beginners, maar ook off-piste mogelijkheden. Leuk dorp, speciaal gericht op gezinnen.

Scuol (70 km piste)
Schitterend skigebied met een 12 km lange afdaling. Prachtig dorp met nog zo'n beroemd wellnesscentrum.

Andere wintersporten

Je kunt in Zwitserland natuurlijk meer dan alleen skiën of langlaufen. Sneeuwschoenwandelen wordt steeds populairder en in veel dorpen zijn speciale hellingen en parcours voor sleetjerijden aangelegd. De Eiger run boven Grindelwald is met 3 km de langste rodelbaan voor sleetjes. En in Grindelwald beoefent men nog een andere heel vreemde wintersport: sinds 1911 verplaatst men zich hier in de winter op de traditionele Velogemel, een met de hand gemaakte houten sneeuwfiets. Je kunt er een uitproberen en huren bij het toeristenbureau. In februari vindt het jaarlijkse wereldkampioenschap Velogemel plaats (velogemel.ch).

Henk Filippo leerde al jong de Zwitserse Alpen kennen tijdens vakanties en raakte verliefd op de besneeuwde Alpentoppen, waarvan hij droomde om er ooit bovenop te kunnen staan. Tijdens en na zijn studie geografie beklom hij er vele, in de zomer, maar ook in de winter op ski's. Tegenwoordig houdt hij het vooral bij bergwandelen, samen met zijn partner Hanna. Naast de bergen leerde hij ook de prachtige Zwitserse stadjes en steden met hun oude binnensteden en vele musea kennen en is hij altijd weer verbaasd over de enorme variatie in mensen, talen en culturen in dit relatief kleine land. Hij raakt er niet snel uitgekeken.

Fotoverantwoording
ANWB: blz. 197 (ANWB), 209 (Maarten Stolp), 34 (Margriet Spangenberg) **Bergkristalle Müller**: blz. 143 (Elio Müller) **Dumont Bildarchiv:** blz. 6, 77, 237, 250, 261 (Dumont), 221, 223 (Florian Werner), 82 (Jan-Peter Boening/Zenit/laif), 104 (Johann Scheibner), 267 (Max Galli/laif), 98 (Rainer Kiedrowski), 214, 247, 255, 259 (Roland Gerth), 266, 298 (Schmidt) **Genève Tourisme**:blz. 187 (Genève Tourisme), **Gerber**: blz. 71 **Ghisla Art Foundation:** blz. 233 **gutundgut**: blz. 269 **Henk Filippo**: blz. 7, 14, 15, 17, 23, 29, 30, 35, 37, 38, 42, 43, 45, 47, 49, 50, 51, 53, 54, 55, 60, 64, 67, 70, 107, 110, 121, 125, 128, 136, 144, 165, 182, 204, 205, 207, 213, 235, 252, 256, 300, 301 **Jeroen Achtien**: blz. 134 **MOB**: blz 145, 168 **Menno Boermans:** blz. 203 **Musée Audemars Piguet**: blz. 40 (Iwan Baan) **Renate Kranenburg**: blz. 105 **Roger Peeters**: blz. 41 **Saastal Tourismus**: blz. 195 **Sasso San Gottardo**: blz. 141 Shutterstock: omslag; **Stéphanie Van Hauwaert**: blz. 171 **Switzerland Tourism**: blz. 158, 170; 219 (Alfonso Zirpoli), 313 (Andre Meier), 241, 264 (Andrea Badrutt), 318 (Andrea Hess), 19, 172, 198 (Andreas Gerth), 113, 163 , 292, 293 (Andy Mettler), 144, 147 (Castelberg & Maurice), 298-299 (Charly Tscharner), 155, 187 (Christof Schuerpf), 6, 12-13, 91, 95, 102, 119, 139, 177, 228-229, 245, 295, 310, 316, 317 (Christof Sonderegger), 285 (Die Post), 230-231 (Fotostudio Pagi), 93, 123 (Ivo Scholz), 232 (Jacques Perler), 81, 115, 136 (Jan Geerk), 189 (Leukerbad Tourismus), 131, 290 (Lucia Degonda), 8 (Mike Kaufmann), 314 (Marcel Steiner), 185, 217 (Marcus Gyger), 319 (Mattia Frederiksson), 112 (Mattias Nutt), 297 (Nico Schaerer), 192 (Pascal Gertschen), 33, 201 (Pedro Rodrigues), 161 (Peter Maurer), 130 (Peter Rueegger), 87 (Raphael Zubler), 202, 265, 304 (Roland Gerth), 116-117 (Schilthornbahn AG), 98 (Stephan Schacher), 109 (Swiss Cities/Studer), 97 (Swiss Image), 309 (Walter Storto) **Valais/Wallis Promotion**: blz. 2-3, 245 (Christian Perret), 179 (Thomas Andenmatten) Zwitserse overheid: blz. 59

Productie: Uitgeverij ANWB
Coördinatie: Els Andriesse
Tekst: Henk Filippo
Tekstbijdragen van Harry Schuring, Roswitha van Maarle en Maarten Mandos
Eindredactie: Mariëlle van der Goen, Quinten Lange
Opmaak: Henk Filippo, Hubert Bredt
Ontwerp omslag: DPS
Concept: DuMont Reiseverlag
Grafisch concept: zmyk, Oliver Griep en Jan Spading
Cartografie: DuMont Reisekartografie

Eerste druk
ISBN: 978-90-18-04906-5

FAQ's*

Waar staat het beeld van Wilhelm Tell?

blz. 300

In welk kanton 'vechten' trotse koeien in plaats van stieren?

blz. 315

Welke berg werd in 1865 voor het eerst beklommen door Edward Whymper en zijn team?

blz. 296

Welke wereldberoemde fysicus kwam uit Bern?

blz. 58

Naar welke plaats vernoemde de Italiaanse banketbakker Gasparini in 1600 zijn schuimgebak meringue?

blz. 122

Wat heeft in Sankt Moritz hotelier Johannes Badrutt in 1864 uitgevonden?

blz. 260

In welke stad mag je in een verkoelende fontein springen?

blz. 22

Kun je de Grand Tour ook zonder auto doen?

blz. 296

Wat heeft de 'Röstigraben' te maken met het bekende Zwitserse gerecht?

blz. 293

Wat is lekkerder: kaasfondue of raclette?

blz. 288

Hoeveel mensen redde Barry?

blz. 179

Wordt Rivella gemaakt van melk?

blz. 289

* *Vragen over vragen – maar is jouw vraag er niet bij? Mail dan naar anwbmedia@anwb.nl. Suggesties voor de volgende druk zien we graag komen.*